НЕИЗВЕСТНЫЙ
ЧАЙКОВСКИЙ

不为人知的
柴科夫斯基

〔俄〕波·叶·瓦伊德曼 主编

司丽杰 译

人民音乐出版社 ·北京
PEOPLE'S MUSIC PUBLISHING HOUSE ·BEIJING

BUWEIRENZHI DE CHAIKEFUSIJI

图书在版编目（CIP）数据

不为人知的柴科夫斯基 /（俄罗斯）波・叶・瓦伊德曼主编 ； 司丽杰译 . -- 北京：人民音乐出版社，2025. 4. -- ISBN 978-7-103-06881-6

Ⅰ．K835.125.76

中国国家版本馆CIP数据核字第2024KJ9459号

责任编辑：李文吟
责任校对：王　珍

著作权合同登记
图字：01-2022-0653号
Неизвестный Чайковский
俄罗斯尤尔根松出版社授权
本作品中文专有出版权由中华版权代理总公司代理取得，由人民音乐出版社有限公司独家出版。
Исключительное авторское право Произведения перевода на китайский язык приобретено Издательский дом "Народная музыка", при посредничестве Китайского агентства по авторским правам.

人民音乐出版社出版发行
（北京市东城区朝阳门内大街甲55号　邮政编码：100010）
新华书店北京发行所经销
北京隆昌伟业印刷有限公司印刷
880×1230毫米　　32开　　13.75印张
2025年4月北京第1版　2025年4月北京第1次印刷
印数：1—2，000册　　定价：90.00元

版权所有　翻版必究
读者服务部联系电话：(010) 58110591
如有缺页、倒装等质量问题，请与出版部联系调换。电话：(010) 58110533

俄罗斯柴科夫斯基国际公益基金会
俄罗斯国立柴科夫斯基故居博物馆
提供支持

俄罗斯尤尔根松出版社
授权引进

中文版出版说明

作曲家的手稿、文件、照片等，既是学术研究、传记写作赖以参考的重要"一手资料"，也以其唯一性、真实性、私密性和历史性等特点，吸引每一位音乐爱好者的关注。为满足我国读者对此类资料的需求，人民音乐出版社引进了近年来颇具国际影响力与学术口碑的、俄罗斯尤尔根松出版社于2009年推出的《不为人知的柴科夫斯基》。

本书既是柴科夫斯基档案研究的成果展示，也是一部形式独特的"传记"。书中主体部分是经过考证、破译、勘定、整理和分类的俄罗斯国立柴科夫斯基故居博物馆（ГДМЧ）档案资料，以去伪存真的博物馆藏品公开了柴科夫斯基的原生家庭、成长经历、职业生涯、生活境遇和婚姻状况等人生细节。编者团队提供了导读[①]和注释，并对以往出版物中有所删减和改动的书信予以复原，由此构成了切实可信的、走近作曲家内在世界的契机。其中部分资料触及了长期以来围绕柴科夫斯基的颇具

[①] 编者团队由四位专家组成。主编波·叶·瓦伊德曼（П. Е. Вайдман）撰写第一章全文、第二和第三章的导语。阿·格·艾因宾德（А. Г. Айнбиндер）撰写第四、第五和第七章的导语。瓦·所·索科洛夫（В. С. Соколов）撰写第六章的导语。加·伊·别洛诺维奇（Г. И. Белонович）整理并提供全书图片资料。

争议的话题。

为了在出版物中尽可能完整还原资料本身所承载的多重信息，俄文原书中保留了手写记号、书写格式、改动痕迹，以及书信和字条中的非俄文部分等。中译本在翻译和编辑过程中尽力保留俄文原书体例，如原书注释中的馆藏信息录入格式（机构名称缩写、分类目录代号、编号等）。同时根据我国读者阅读习惯，对以下各项进行了本土化调整：

第一，为方便读者查找兼规范版式，中译本将俄文原书中排入版心的有关手写记号、改动痕迹和藏品情况的说明性内容等，统一改为脚注。相应地，俄文原书的章后注也统一改为脚注。

第二，为尽量保留资料原貌，对于以俄文为主的书信和字条中出现的非俄文词句，中译本全部保留，译文见脚注；对在以往出版的书信中被删减和改动之处的复原，采用不同字体（楷体）予以区分。

第三，俄罗斯人名由名字、父称（可省略）、姓氏组成，实际生活中常将名字、父称简化为首字母。鉴于本书涉及大量父称和姓氏相同但名字不同的情况，为尽量保留俄文语言习惯并便于我国读者区分，对首次出现的俄罗斯人名，中译本使用查自原书的完整拼写形式，如：彼得·伊里奇·柴科夫斯基（Пётр Ильич Чайковский）。之后再出现时，参照我国其他译自俄文的出版物，在不影响阅读的情况下，以名字、父称的首个汉字代替首字母，如：彼·伊·柴科夫斯基（П. И. Чайковский）。若原书中没出现完整人名，即无从对照查找，则沿用原书的首字母简化形式，如：П. И. 柴科夫斯基（П. И. Чайковский）。

  此外，为便于读者理解书中提到的昵称、地名与特定说法等，中译本增加了必要的译注和中译本编注，均单独注明以区分于俄文原书注释。中译本根据俄文原书注释信息梳理了主要家庭成员（见附录三），供参照阅读。

俄文版出版说明

本书由俄罗斯柴科夫斯基国际公益基金会、俄罗斯国立柴科夫斯基故居博物馆提供支持,由该博物馆首席研究员、柴科夫斯基档案保管人、艺术学博士波·叶·瓦伊德曼(П. Е. Вайдман)担任主编,经整理、校勘而成。在此衷心感谢博物馆馆长、俄罗斯联邦功勋艺术家加·伊·别洛诺维奇(Г. И. Белонович)对本书出版提供的帮助。

目 录

前　言　I

参考文献与机构名称缩写　IV

第一章　不为人知的柴科夫斯基
　　　　一个人和一位艺术家　3

第二章　人生伊始
　　　　柴科夫斯基父母通信选摘　39

第三章　"亲爱的芬妮奇卡……"
　　　　家庭成员与芬妮·裘尔巴赫通信选摘　111

第四章　"您的彼·柴科夫斯基……"
　　　　柴科夫斯基不为人知的书信　193

第五章　《小黄雀，小黄雀……》
　　　　柴科夫斯基的诙谐书信和音乐礼物　229

第六章　从一座"纪念碑"到一个人
　　　　　柴科夫斯基无删减书信选录　　247

第七章　人生点滴
　　　　　档案与文件中的柴科夫斯基　　351

附录一　图片来源　402
附录二　人名索引　404
附录三　彼得·伊里奇·柴科夫斯基的主要家庭成员　418

前　　言

　　本书首次向广大读者展现了重要的俄罗斯作曲家彼得·伊里奇·柴科夫斯基的历史资料，这些资料在以往的相关主流出版物中从未出现。倘若没有作曲家父母之间的信件，没有家庭教师芬妮·裘尔巴赫的信件，没有作曲家的音乐玩笑等这些尤为生动有趣的资料，我们对柴科夫斯基的认知将是不全面的。本书中最引人瞩目的部分，莫过于作曲家此前不为人知的二十九封信、遗嘱等若干私人文件，以及未收录进作曲家全集的、致弟弟阿纳托利·伊里奇·柴科夫斯基和莫杰斯特·伊里奇·柴科夫斯基及其他人的四十四封信。本书使用的所有历史资料均有对应的馆藏档案，馆藏信息见注释，多数资料都提供了馆藏情况说明。书中所有图片都收集于作曲家及其家人的珍藏。本书的出版，旨在为作曲家建立一个现代的、真实的、学术性的生平传记，并打造一部真正完整的柴科夫斯基的音乐与文字遗产的学术评注"作品集"，以满足全世界音乐家、演奏家和音乐爱好者长期以来的迫切需求。

　　在本书中，所有资料中的文本均已转为现代拼写方式，并改用现代标点符号，同时在拼写方式上保留了作曲家所生活的时代的一些词汇特征，如"счастие"和"пиэсы"等单词的拼写①；在标点符号用法上，保留了书信原文的风格和特点，对没有按照现代规范使用书名号的歌剧、乐曲、芭蕾舞剧等作品名称，本书中直接使用斜体，斜体也同样用于转录的史料文本；②作曲家在提笔写信时，称呼后面时而不用常规标点符号，而是感叹号，这是他的典型风格，本书予以保留。

书信和文件的日期以原件为准，在寄自国外的书信中，旧历和新历日期用斜线"／"隔开。③在原件中，"Санкт-Петербург"（圣彼得堡）、"Камско-Воткинский Завод"（卡姆斯克-沃特金斯克工厂）、"Инженер-Генерал-Майор"（少将工程师）等词组的书写方式时有不同，本书根据执笔者最先使用的方式予以统一。对于带有执笔者签名的文件，本书尽量保留原有的文本格式，如另起行、下款、称呼，以及下划线、间距等。

史料文本中的圆括号（较少见）均照单转录。为作区分，

---

① 此处所举为 19 世纪拼写方式，现代俄语中的拼写是"счастье"（幸福）、"пьеса"（小曲、短曲、乐曲）。——译注

* 中译本页边码为俄文原书页码，具体用法见附录二。需要说明：原书排入版心的说明性内容、章后注等，均按照中文阅读习惯置于脚注，原书图片位置也相应微调，因此，中译本页边码只对应原书正文，不对应原书脚注、图片位置等，仅供参考。

② 在中译本中，作品译名、报刊译名等按我国出版规范用书名号，括号内原文随原书体例；转录的史料文本用不同的汉语字体区分（不用斜体）。——中译本编注

③ 俄罗斯人常说的"旧历"指 1918 年 2 月之前用于大多数东正教国家的儒略历，"新历"指 1918 年 2 月之后采用的公历。柴科夫斯基短居并出访国外（主要是西欧）期间，从当地寄往俄国的信上同时有旧历和新历两种日期。——译注

编者对史料文本的补充说明见方括号内文字（即"[ ]"），对其中缺失部分的情况说明也见方括号内。

史料文本中出现的非俄语词句，由 C. C. 切尔诺娃、A. B. 库尔拉耶娃和 E. M. 德沃斯金娜译成俄语。20 世纪 50 年代，由作曲家的侄女娜塔利娅·伊波利托夫娜·阿列克谢耶娃（原姓柴科夫斯卡娅）翻译的芬妮·裘尔巴赫致柴科夫斯基兄弟的书信，以及作曲家的外甥孙女伊琳娜·尤里耶夫娜·索科林斯卡娅（原姓达维多娃）翻译的朱尔·马斯内的电报，也都收于本书。毕竟，寄信人无论在所处时代还是家庭关系上，都与作曲家本人及其时代的语言文化关系密切，所以这些史料也堪称是别具一格的文献和所处时代的书面文物。

对于 O. M. 瓦尔拉莫娃和 C. A. 甘努斯的筹备工作，以及所复制并提供的照片资料，编者在此一并表示感谢。

〔俄〕波·叶·瓦伊德曼

参考文献与机构名称缩写 *

《选集》,第1卷	《彼·伊·柴科夫斯基选集》(П. И. Чайковский: Альманах),第1卷,波·叶·瓦伊德曼、加·伊·别洛诺维奇编订,莫斯科:国立柴科夫斯基故居博物馆(克林)出版社,1995年
《选集》,第2卷	《彼·伊·柴科夫斯基选集》(П. И. Чайковский: Альманах),第2卷,波·叶·瓦伊德曼、加·伊·别洛诺维奇编订,莫斯科:国立柴科夫斯基故居博物馆(克林)出版社,2003年
ГДМЧ	国立柴科夫斯基故居博物馆(克林)
ГИАЛО	列宁格勒州国家历史档案馆(圣彼得堡)
ГМТ	国立托尔斯泰博物馆(莫斯科)
ГЦММК	国立中央格林卡音乐文化博物馆(莫斯科)
ГЦТМБ	国立中央巴赫鲁申戏剧博物馆(莫斯科)
《日记》	《彼·伊·柴科夫斯基的日记(1873—1891)》(Дневники П. И. Чайковского. 1873—1891),莫斯科—彼得格勒:国立出版社音乐部,1923年
《一生》	《彼得·伊里奇·柴科夫斯基的一生》(Жизнь Петра Ильича Чайковского),三卷,莫·伊·柴科夫斯基著,莫斯科—莱比锡:尤尔根松出版社,1900—1902年
ИРМО	俄罗斯皇家音乐协会
К. П.	藏品入库登记簿
МГК	国立莫斯科音乐学院
МО	莫斯科分会

---

* 按俄文原书排序。——中译本编注

РГАЛИ	俄罗斯国家文学艺术档案馆（莫斯科）
РГБ	俄罗斯国家图书馆（莫斯科）
РГИА	俄罗斯国家历史档案馆（圣彼得堡）
РИИИ	俄罗斯艺术史研究院（圣彼得堡）
《音乐报》	《俄罗斯音乐报》（Русская музыкальная газета）
РНБ	俄罗斯国家图书馆（圣彼得堡）
СПбО	圣彼得堡分会
《柴—梅》	《彼·伊·柴科夫斯基与娜·菲·冯·梅克书信集》（П. И. Чайковский – Н. Ф. фон Мекк : переписка），四卷，波·叶·瓦伊德曼编注，车里雅宾斯克：国际音乐制作出版社（MPI），2007年
ЦГАКФФД	中央国家摄影文献档案馆（圣彼得堡）
ЦГА УР	乌德穆尔特共和国中央国家档案馆（伊热夫斯克）
ЦГИА СПб	圣彼得堡中央国家历史档案馆
ЦИАМ	莫斯科中央历史档案馆
《家书》	《彼得·伊里奇·柴科夫斯基的家书》（Пётр Ильич Чайковский. Письма к родным），瓦·亚·日丹诺夫编注，莫斯科：国立音乐出版社，1940年
《柴—尤》	《彼·伊·柴科夫斯基与彼·伊·尤尔根松书信集》（П. И. Чайковский. Переписка с П. И. Юргенсоном），两卷，瓦·亚·日丹诺夫、尼·季·热金编注，莫斯科：国立音乐出版社，1938—1952年
《作品全集》，第1—63卷	《彼·伊·柴科夫斯基作品全集》（П. И. Чайковский. Полное собрание сочинений），第1—62卷，帕·拉姆、瓦·亚科夫列夫等编订，莫斯科：音乐出版社，1940—1971年；第63卷，莫斯科：音乐出版社，1990年
《作品全集：著述与书信》，I—XVII	《彼·伊·柴科夫斯基作品全集：著述与书信》（П. И. Чайковский. Полное собрание сочинений: Литературные произведения и переписка），I—XVII，鲍·弗·阿萨菲耶夫主编，莫斯科：音乐出版社，1953—1981年

图 1-1　彼得·伊里奇·柴科夫斯基
　　　莫斯科　1875 年初
　　　И. Г. 季亚科夫琴科（И. Г. Дьяговченко）照相馆摄

第一章

不为人知的柴科夫斯基

一个人和一位艺术家

彼得·伊里奇·柴科夫斯基①（1840—1893）的音乐是 19 世纪俄罗斯音乐中的罕见现象，其惊人的影响力跨越了年龄和民族。近一个半世纪以来，柴科夫斯基一直深受世界各地音乐爱好者的喜爱。而今天，我们是否可以谈谈"不为人知的柴科夫斯基"？是否有必要更新或补充我们对这位作曲家的了解？

事实证明，世人演奏、聆听柴科夫斯基的音乐的愿望，以及更多地了解他的生活和创作的意愿，不但没有随着时间的流逝而淡化，反而愈发强烈，而且常试图通过由摘句、引文、被任意解读的文字等组成的各种类似文献资料的出版物，满足自己的好奇心。

毋庸置疑，柴科夫斯基的生活和创作是一个密不可分的整体。他在自己生命最后阶段构思了一部题为"人生"的交响曲②，似乎是要通过音乐勾勒出人生道路的所有阶段。在柴科夫斯基

---

① 若无特殊说明，本书中单独出现的姓氏"柴科夫斯基"均指作曲家彼得·伊里奇·柴科夫斯基。——译注
② 去世前构思的、未完成的第七部交响曲。——译注

的笔记本和记事本上，除了乐谱草稿，还写了许多口语化的说明文字，这些文字与他在日记中的坦言都表达了相似的内容，其中许多与列夫·托尔斯泰（1828—1910）的著作（《忏悔录》《我的信仰是什么》《论生命》等）中的思想非常相近。

尽管他的为人和性格特征在留给后人的作品中已体现得淋漓尽致，同样还有那部未能实现创作构思的"人生"交响曲，本书仍将再次尝试通过文献资料讲述这位作曲家在生活中不为人知的一面。

20世纪90年代初产生的、关于其生平和创作遗产中是否存在"不为人知的柴科夫斯基"这一议题，直到21世纪前十年之末，仍然亟待商榷。围绕柴科夫斯基之名而讲述"神话"已成为一种时尚，当一些"神话"被揭穿时，另一些正在被制造，① 而当代的"神话制造"又再次偏离了真实而深刻地阐释作曲家的创作遗产、世界观和个性特征的方向。因此，本书编者认为，有必要提供新的事实、新的文献并予以翔实地解读，还要摆脱研究者的主观视角、时代局限和诸多外在条件的桎梏。

---

① В. Б. 瓦尔科娃（В. Б. Валькова）在《俄罗斯音乐的太阳》(Солнце русской музыки // М. И. Глинка., К 200-летию со дня рождения. Материалы научных конференций. Т. Ⅱ. М., 2006. С. 17-25) 一文中探讨了作为民族文化趋势的"神话制造"问题。作者指出，俄罗斯人内心越来越倾向于制造"神话"，当俄罗斯文化中的每个杰出人物都"被困于一个传统的、固化的认知和联想的光环之下，这些认知和联想就形成了最重要的世界观的定向标"。同时，作者注意到近年来还有另一个趋势："过去的大人物不再是个人道德榜样的承担者和重要思想的传播者，[……]他们存在的事实本身才是更重要的。可以将他们视为一个审视其自身所处时代的契机。[……]这难道不正揭示我们这个将生活和文化全部语义化、符号化感知的'新神话时代'的新特征吗？"（同上，С. 24-25）。

即便是今天，在理解柴科夫斯基的音乐的同时，也需要深入他的艺术家世界，即更多地了解他本人、他的私人生活和创作生活，以及作品的诞生史。毕竟，作曲家的生活是时代文化语境的一部分，是历史维度中的一个维度。在历史维度下，个人的命运和创作经历是艺术史中的事实。正因此，那种认为没有必要探索天才人物的私人生活的观点，无论具有怎样的权威性，都无法让人认同。

对此议题的争论可以追溯到一个多世纪前。早在19世纪，随着关于普希金生活经历的出版物问世，这类争论便拉开帷幕，其中就包括关于柴科夫斯基的争论，如20世纪20至30年代出版的多部关于柴科夫斯基的文献和生平传记。高寿的诗人、评论家和翻译家Г. В. 阿达莫维奇（1892—1971）对此表示强烈反对，他认为这类出版物应遵循下述道德规范：在回忆过去的人和事时，既不要盲目美化，也不要诋毁。譬如，阿达莫维奇称，1923年出版的作曲家日记是"在纪念柴科夫斯基方面铸下的大错"，他认为日记内容的"坦诚和公开令人震惊，难以置信"。阿达莫维奇很难放下理想化的天才形象，也很难放下传统态度，即天才之正确与大众之谬误间的对立，正如他所言："柴科夫斯基的个性充分体现于他的音乐和艺术，也只体现于艺术。[……]①他在艺术中寻求解放，[……]而他在生活中只是一个极为被动的、软弱的、自私的灵魂"。阿达莫维奇还认为，柴科

---

① 方括号"[ ]"为原书体例，其中内容为原书编者所加，后同。——中译本编注

夫斯基的传记作者"对笔下的主人公无能为力",这样的传记"只能引起读者怜悯,此外无法引起任何其他情感"①。

现今,"不为人知的柴科夫斯基"仍然是一个复杂的、多层次的、未被认知的领域。该领域是客观存在的,即便不同时代对相关议题会有独特解读,只要世人对他的作品还有兴趣,只要这些作品还会奏响,那么,这一领域就会一直存在。对我们当代人来说,"不为人知的柴科夫斯基"首先是一个完整的、矛盾的人和艺术家,涵盖其个人生活、创作生活的多样性,同时也意味着对他作为创作者的个性与他的作品、对他作为艺术家的外部环境和内心世界的自然统一的理解。本书旨在填补空白,将尚未被认知的、尚未获得研究的"深渊"上的帷幔掀开,试图找到理解和诠释柴科夫斯基的生活和创作遗产的途径,提供未曾被以往研究者、乐迷,或其同时代人发现的不同角度。

随着时代的进步,出现了公开作曲家文献资料的新方式。在21世纪,作为一种公共资源,信息的价值被极大提高,审查限制正在取消,各种禁忌正在消释,基本上已经没有对话题和表达的限制了。当然,这种趋势也有消极的一面,由于没了限制,曾经的非公开话题如今成了焦点,对伟大人物的生活细节和不足为奇的缺点的讨论开始走向庸俗化。本书中收录的文献、艺术家成长道路的证明文件,均旨在构建一个尽量客观的图景,并提供一种可以深入地、详细地、不加渲染地解读这些文献资

---

① Адамович Г., Вклад русской эмиграции в мировую культуру. Париж, 1961. С.7.

料的可能。

关于柴科夫斯基的最早、实际上从他出生之后的信息,可以在家庭"大事记"——1833 至 1851 年父母间的书信——中找到。在这些书信中,不仅记录了作曲家童年时期的多个片段,还描绘了诸多完整画面,勾勒出一个情感丰富、性格敏感的孩童形象,同时也展现了一个充满爱的家庭气氛。这个家庭中的父母、孩子和众多成员之间,关系无比亲密。通过这些书信,可以观察到柴科夫斯基独特的、在其作品中鲜明展现的、内心世界的根源。只有在这样的家庭氛围中,才能形成他这样的性格,也由此使他创作出堪称"内心独白"的大部分抒情杰作。

本书收录并公开了作曲家的母亲亚历山德拉·安德烈耶夫娜·柴科夫斯基卡娅(1812—1854)和父亲伊利亚·彼得罗维奇·柴科夫斯基(1795—1880)的部分书信(见第二章),其中还有柴科夫斯基四岁时的涂鸦。

一些正待出版、有待了解的资料,以及其他文献来源,可以全面地展现并透彻地还原作曲家的童年生活。例如,他的父母在信中提到的沃特金斯克警察局局长的曾孙 И. А. 利哈切夫,在回忆录中转述了自己祖母的一段讲述:"通过敞开的窗户,可以听到彼得·伊里奇·柴科夫斯基的母亲在弹琴和唱歌,而且彼得·伊里奇本人也是一个活泼好动又善于观察的孩子。"[①]正

---

① *Лихачев И. А.*, Два эпизода из жизни семьи композитора П. И. Чайковского. 馆藏信息: ГДМЧ, дм², № 49。相关记录见 1928 年 11 月 26 日维亚特卡历史协会会议纪要。

因为有此特点,柴科夫斯基后来可以通过音乐的方式,生动而真实地刻画幼时在沃特金斯克工厂见到的谢肉节的周末。柴科夫斯基这位作曲家——创作了钢琴作品《二月》①(选自钢琴套曲《四季》)和 A. H. 奥斯特洛夫斯基的《雪姑娘(一个春天的童话)》中的民间场景音乐——曾经亲眼见到1846年《维亚特卡省报》上描述的景象:

在距喀山约五百俄里的维亚特卡省②,有一家国有沃特金斯克冶铁工厂。这里的谢肉节完全是另一番景象。

节前的一个星期,厂里的小伙子们和工匠的孩子们在宽阔的工厂街道上建起了"城镇",这些"城镇"其实是高达两俄丈、直径约一俄丈的雪柱。市长、将军都来了。在谢肉节的最后一天,也就是星期日,会有人来"抢夺城镇"。谢肉节即将来临,"战场"会被打扫干净。将军命军队布下战斗队形,随即歌声响起:"柳树,柳树,我的绿柳",军队稳步向城镇挺进。突然一声枪响,歌声变成了响亮的欢呼声;当信号一发出,大批民众从四面八方冲向"城镇"。活动的关键是要"抢夺"旗帜和市长本人。[……]眼前到处飞舞着烟草等东西。[……]最后,军队累了;"城镇"守住了;"占领城镇"功亏一篑。将军很恼火,市长打趣他"勇气可嘉"。两方形势逐渐缓和,不再剑拔弩张,开始进入谈判。市长提出,如果能在约定的"进攻"次数内拿下"城镇",就会提供一定数量的葡萄酒作为奖赏。于是军队再次集结,"进攻"重新开始,迅猛的进攻一轮接着一轮。最终,"城镇"被攻占,旗帜被扯下,市长被捆住,

---

① 副标题为《狂欢节》(也译《谢肉节》)。——译注
② "省"(губерния)是沙俄时期的行政区划单位,后略。——译注

酒被喝光。而胜利者则衣衫褴褛、遍体鳞伤地离开,去寻找新的战利品和奖赏。①

现今,"不为人知的柴科夫斯基"这一议题中最关键的是对他所接受的音乐教育、对他音乐能力的培养,以及他是如何掌握专业作曲知识和技术的这一维度,缺乏准确的认知。本书收录了他现存的最早作品——十四岁时创作的《阿纳斯塔西娅圆舞曲》,这首乐曲没有被收入《作品全集》。通过此曲可以明显看出他对曲式的掌握、对时代音乐文化的典型表现手法的通晓。②此外,许多从他童年起就影响其音乐天赋的因素尚未全部揭示出来,其中有老师玛丽亚·马尔科夫娜·帕尔奇科娃(夫姓洛吉诺娃)和 Р. В. 坎丁格对他的培养。目前尚不清楚柴科夫斯基还曾随哪些老师学习,除了在圣彼得堡曾由菲利波夫指导外,他在法学院时曾跟谁学钢琴,他从事音乐创作的志向如何形成,都尚属不详。不过,从 1862 年俄罗斯音乐协会③附属学校的入学申请书(见第七章)可以看出,他不仅已经意识到自己将成为音乐家,而且他非常渴望被培养为作曲家。

---

① *Блинов М. В.*, Масленица в Казани и в Воткинском заводе // Вятские губернские ведомости. 1846. № 52. 此文作者米哈伊尔·瓦西里耶维奇·布利诺夫的父亲瓦西里·叶戈罗维奇·布利诺夫是柴科夫斯基一家(住在沃特金斯克时)的孩子们的教父。
② 此议题和本章后续引用的文献资料及研究成果,均源自阿·格·艾因宾德对本书后续各章相关史料的研究。
③ 俄罗斯音乐协会于 1868 年获得皇家称号,更名为俄罗斯皇家音乐协会。——译注

柴科夫斯基传记中的一个"谜"是他对第一位音乐老师的态度。柴科夫斯基曾觉得,"这位音乐老师"没有受过正规教育,几乎不识谱,幸有某位夫人出于同情教她识谱。然而,他后来已经成为享誉海内外的作曲家,却亲自把取得的一切都归功于"这位音乐老师"——帕尔奇科娃:①正是有了帕尔奇科娃的栽培,加上自身天赋才能,柴科夫斯基独立研习并娴熟演奏了肖邦的两首马祖卡舞曲;当时流亡俄国的波兰军官、优秀的音乐家马舍夫斯基听了年幼的柴科夫斯基的演奏,深受感动并亲吻了这个小男孩。②

从保存于柴科夫斯基档案资料中的、帕尔奇科娃在19世纪80年代写给作曲家的信件可知,她与柴科夫斯基一家住在沃特金斯克时,既指导过未来的作曲家,她本人也会作曲,还在家庭音乐会中演奏。显然,柴科夫斯基很早就掌握的即兴演奏和作曲技术正是受教于她。她的作品中有一首是以浪漫曲《你为何默不作声》③为主题的变奏曲,帕尔奇科娃告诉柴科夫斯基:这首变奏曲"早在1857年就创作完成,很荣幸能献给玛丽亚·亚历山德罗夫娜女皇,并且收到了宫廷大臣转交的、女

---

① 《作品全集:著述与书信》,XIII,第244页。
② 芬妮·裘尔巴赫口述,莫杰斯特·伊里奇·柴科夫斯基执笔(《选集》,第1卷,第156页)。
③ 作词者、作曲者不详。不过,在 и. A. 布宁的短篇小说《田间》中,小说的主角唱过这首浪漫曲。后来布宁写道:"我的父亲曾经在一把老旧而可爱的吉他伴奏下,用自己动情而生涩的歌声唱过这首歌,他时而咏叹,时而用责怪的语气,时而散发着忧愁[……]地唱着那句'你为何默不作声,孤单地坐在那里……'。"

皇生前的一封感谢信"①。帕尔奇科娃曾将若干首自己的变奏曲和其他作品寄给柴科夫斯基，其中一些成为柴科夫斯基的珍藏，这些作品曾长期被划为来路不明的手稿，直到不久前才得到考证，确定了创作者。②

"不为人知的柴科夫斯基"这一议题的另一所指是：对作曲家的创作遗产、遗留文字缺乏完整的了解。他的日记、文件等许多资料，或是未被发现，或是已经遗失，或是没能及时进入学者、演奏家或大众的视野。本书对此尝试在一定程度上予以弥补。

柴科夫斯基未被保存下来的创作遗产超过二十件，既有音乐作品，也有文学作品。其中音乐作品主要创作于青少年时期和圣彼得堡音乐学院读书期间：正如世人所知，他于1865年12月前往莫斯科，在圣彼得堡留下了一整箱作品手稿。后人却连其中的作品名都全然不晓。不仅如此，就连柴科夫斯基创作于19世纪80年代的一些作品都下落不明，例如，为法学院周年纪念而作的《法学院之歌》，1883年为莫斯科加冕庆典改编的格林卡的合唱《光荣颂》。众所周知，这两部作品都曾演出过。在这些已经遗失的、毫无疑问曾演出过的作品中，还有一首为女声合唱而作的康塔塔，词出自圣彼得堡爱国主义学院（柴科夫斯基的母亲曾在此就读）的一名学生之笔，此作品是应作曲

---

① 1888年7月30日，乌尔茹姆。馆藏信息：ГДМЧ, a^4, No 2280。
② 馆藏信息：ГДМЧ, a^4, No 2281；a^{13}, No 16, 20。

家的外甥女 A. Л. 达维多娃（夫姓冯·梅克）之请求而作，她也曾在此就读。该作品完成于 1880 年，柴科夫斯基此时已临近创作顶峰，几乎在所有体裁中均有杰作问世。

还有许多柴科夫斯基的创作遗产尚未寻得，包括一些最重要的手稿，例如，早于 19 世纪 80 年代初创作的全部交响作品草稿。虽然，他的创作草稿、指挥用谱，甚至个别作品的署名手稿，时而从各类文献库和私人收藏中"跃出"，但至今尚不清楚他赠予娜杰日达·菲拉列托夫娜·冯·梅克①的手稿的下落，这其中恰好有《第四交响曲》和歌剧《叶甫盖尼·奥涅金》的草稿，以及由他署名的作品《回忆留恋的地方》（Op.42，小提琴与钢琴）的手稿。另一部遗失的署名手稿是《第六交响曲》的草稿，其存在确实有据可查，该草稿曾被作曲家的弟弟莫杰斯特·伊里奇·柴科夫斯基（以下简称莫杰斯特，1850—1916）于 20 世纪初赠予德国指挥家科格尔②。上述手稿目前均下落不明。

近些年的新发现，给世人探寻柴科夫斯基的未知作品带来希望。其中包括合唱作品《春天》、钢琴曲《抒情瞬间》（原作版），以及题献给维拉·瓦西里耶夫娜·达维多娃的套

---

① 娜杰日达·菲拉列托夫娜·冯·梅克（1831—1894）：俄国富商遗孀，音乐爱好者和赞助人。曾资助柴科夫斯基和德彪西。柴科夫斯基将《第四交响曲》题献给她。——译注

② 古斯塔夫·科格尔（1849—1921）：德国指挥家。曾指挥演出多部俄罗斯音乐作品。——译注

曲①等。本书收录了若干新发现的作品，以及另一些他不为人知或鲜为人知的音乐和诗歌作品，希望可有助于呈现作曲家创作遗产的完整情况。

生活中的柴科夫斯基及其与同时代人（包括音乐家）的社交情况与相关资料也同样依然鲜为人知。柴科夫斯基逝世后不久，就出现了关于他的回忆录，而且主要集中在他逝世后的五十年内，但目前为止还没有完整的回忆录出版，甚至还没有一部此类文献资料的完整汇编问世，足见在对柴科夫斯基——作为一个人和一位艺术家——的传记撰写中，有多少资料尚待发现，有多少空白尚待填补！例如，在法国作曲家马斯内②的一封电报中，记录了两位音乐家交往中的一个鲜为人知的事件。1888年2月16日（新历28日），马斯内从法国马赛向别纳尔达基夫妇致信："我为昨天没赶上火车而沮丧，请向柴科夫斯基大师转达我由衷的钦佩和遗憾。"③当天，在别纳尔达基夫人④的沙龙举办了柴科夫斯基作品音乐晚会，由指挥家科洛纳⑤领导的

---

① 柴科夫斯基创作于1867年的《哈普萨的回忆》（Op.2）。（维拉·瓦西里耶夫娜·达维多娃，1871年改随夫姓布塔科娃，是作曲家的一位远亲。——译注）
② 朱尔·马斯内（1842—1912）：法国作曲家。代表作品有歌剧《曼侬》、芭蕾舞剧《组钟》、管弦乐《幻想曲》，以及清唱剧、歌曲等。——译注
③ 目前尚不知国立柴科夫斯基故居博物馆的档案馆是以何种方式获得马斯内电报（馆藏信息：ГДМЧ，a⁴，№ 6581），很可能是由莫杰斯特提供的。1938年藏品入库登记簿上有字样：未登记资料，№ 19720。伊·尤·索科林斯卡娅译。
④ 玛丽亚·巴甫洛夫娜·别纳尔达基（1849—1913）：沙龙歌手。在圣彼得堡音乐学院学习期间与柴科夫斯基结交。——译注
⑤ 爱德华·科洛纳（1838—1910）：法国指挥家、小提琴家。1873年起在英、俄、美等国指挥巡演，领导了当时颇有名气的"科洛纳音乐会"。——译注。

管弦乐团演奏，柴科夫斯基亲自指挥。尽管，世人普遍认为马斯内与柴科夫斯基是后来才结交的，但电报表明，马斯内在准备参加这场晚会之前就已经与柴科夫斯基相熟，而且柴科夫斯基早就了解了马斯内的作品，他几乎一直很欣赏马斯内的音乐。马斯内的电报还表明，他对柴科夫斯基的态度是非常热情的，这也说明了二人的私交程度。

  在柴科夫斯基传记所依赖的文献资料中，信息量最大、内容最多的当属书信。这些书信数量庞大，目前已知近六千封，但据信实际上约七千封。柴科夫斯基的文笔尤其引人赞叹，他具有非凡的文学创作天赋，文风不拘一格，而且非比寻常地坦诚。普希金在1825年撰写自己的回忆录时坦言：① "私人笔记要写得有诱惑性，让人心旷神怡。无论对谁你也不会如此去爱他，无论对谁你也不会如此了解，就像对待你自己一样。素材是取之不尽的。但做起来很难。不撒谎——可以；保持真诚——从生理上不可能做到。笔有时会停下来，犹如在奔跑中突临深渊——停在那些可能令局外人索然无味的地方。"② 不同于普希金的"悬崖勒马"，柴科夫斯基的信一写就整整好几页，有时还透露最私密的内容，而且从来不羞于承认自己的弱点。当然，信中内容及坦率程度取决于收信人。因此，对比他在同一天内写给不同人的信件时就会发现，他对同一事件或现象的描述

---

① Пушкин А. С., Собрание сочинений. В 16 томах. Т. 13. М.-Л., Издательство Академии Наук СССР. 1937. С. 243.

② 译文引自：〔俄〕普希金著，《普希金书信集》，王志耕、李政文译，海豚出版社 2019 年第 1 版，第 82—83 页。——译注

存在明显差异。

柴科夫斯基的书信涉及他的个人生活、创作经历、对历史事件的态度，以及他对音乐、文学、艺术的偏好，乃至对政治的态度。然而，这些资料的性质非常特殊，每次解读都需特别仔细、慎重，因为这些书信有时是作曲家人生中某些时刻被"神话化"的原因之一，也为其"神话化"提供了助力。不过，同他的日记一样，对于研究其人生经历而言，书信仍然是最丰富、最可靠的资料。

浏览柴科夫斯基的书信和日记，可以从中感受到他的心境状态，观察到他强烈的情绪起伏。他的书写流畅而工整，叙述连贯，详细的讲述会被短小的、情绪化的句子和奔放的笔迹及难以辨认的用词打断。信中显露的情绪还体现在加了多条横线的词语和大量使用的感叹号，通过这些横线和感叹号，简直可以"听到"他讲话时的语气。

尽管柴科夫斯基的大量书信已经出版，但仍有多封尚不为人知且未曾公开，其中很大一部分，或已经遗失，或尚未发现。从作曲家收到的回信数量来看，有几百封他寄出的信件是缺失的。随着曾经不为人知的书信在俄罗斯和国外相继出版，还未公开的书信、署名手稿和其他文献资料正在不断减少。而每一份被发现的资料，都为了解作曲家提供了一个新的事实和见解，从而让我们愈发全面地认识他。

众所周知，几乎所有以往出版的柴科夫斯基书信都被大量删减。这一道德问题每次都被按照个人化的方式处理。尽管已经过去数十年，但所有出版人，无论是作曲家的弟弟莫杰斯特，①还是《作品全集》的多位编辑，都不得不在学术认知、读者兴趣，以及探查其隐私的程度上仔细斟酌。

柴科夫斯基的书信能以一种几乎完美的形式展现他的思想，很容易就被用作言简意赅且措辞优美的引文。同时，其中也不乏大量偏离文学规范的词汇，这些词汇在出版时往往被删减，排除在出版文本之外。然而，其书信中的这类词汇也是他言谈风格的一部分，是其个性的体现。

编者发现，在寄给亲近的人的书信中，他常常不避讳自己的表达方式，其堪称粗鲁的幽默时而会显得极其出格，比如柴科夫斯基于1889年10月2日致作曲家巴拉基列夫②的信。巴拉基列夫比他年长，而且当时似乎是在庇护他。尽管他在信中使用了有伤风化的词语，且其中不乏一些坦率的、极为情绪化的自白，③但这封信本身的性质是严肃的，而且整体上态度

---

① 莫杰斯特撰写并出版了关于作曲家哥哥的三卷本传记《彼得·伊里奇·柴科夫斯基的一生》(Жизнь Петра Ильича Чайковского. Москва-Лейпциг: П. Юргенсон, 1900—1902)。——译注
② 米利·阿列克谢耶维奇·巴拉基列夫（1837—1910）：俄国作曲家、钢琴家。他是俄罗斯民族乐派代表作曲家，"强力集团"成员。代表作品有交响诗《塔玛拉》、钢琴幻想曲《伊斯拉美》等。——译注
③ 在这封信中，柴科夫斯基以一种嘲讽而不失俏皮的语气将巴拉基列夫的钢琴幻想曲《伊斯拉美》称为"亚美尼亚—格鲁吉亚—耶利哥城幻想曲"（армяно-грузино-иерихонская фантазия），不言而喻，是指该作品中的东方色彩、难以置信的技术难度和广阔的音域，但如果透过这些文字捕捉到某些人常指责柴科夫斯基的民族排他性，那就大错特错了。柴科夫斯基在不同时期曾批评过德国人、英国人、犹太人、波兰人等，但他的批评并没有表现出某种具体的厌恶，而只是自身的情绪波动，或是心境低落，或是突如其来的勃然大怒。

尊敬。他在写此信时，正着手创作巴拉基列夫提议的幻想序曲《罗密欧与朱丽叶》：

  我亲爱的朋友！我一直期待灵感降临；在连序曲草稿都没写出来之前，我并不想给您写信。但您知道吗，我已经完全筋疲力尽，却连一个说得过去的乐思都想不出来。我开始担心我的缪斯女神已经走远（也许她正在扎连巴①那儿做客），我可能必须得等很久，所以下决心向您致信，提前向您说明我已灵感尽失，或者换言之，类似加布里埃利②、拉索③等那样，在唯一的神及其先知拉罗什④——这位知名作曲家——面前，已经成了*失势*⑤的音乐家。事实上，除了一些和声课例题外，我在过去的两个月里根本没写出任何东

---

① 尼古拉·伊万诺维奇·扎连巴（1821—1879）：圣彼得堡音乐学院教授。柴科夫斯基就读期间的理论课教师。
② 乔瓦尼·加布里埃利（约1554—1612）：意大利管风琴家、作曲家。——译注
③ 奥兰多·迪·拉索（1532—1594，也译拉絮斯）：佛兰德作曲家。他被誉为16世纪复调艺术的一代宗师。——译注
④ 格尔曼·奥古斯托维奇·拉罗什（1845—1904）：俄国音乐评论家、作曲家。曾发表较有影响的长篇乐评《格林卡及其在音乐史上的意义》。——译注
⑤ "失势"（безмудым）一词在以往出版物中被删减。词根"мудо"（指男性器官）为古罗斯语，随着基督教在古罗斯的传播而禁用。相关研究见：Речевая агрессия в современной культуре. Сб. науч. тр. Челябинск, 2005. С. 17-21; *Успенский Б. А.*, Мифологический аспект русской экспрессивной фразеологии // Избранные труды. Т. 2. М., 1994. С. 53-128; *Михайлин В.*, Русский мат как мужской обсценный код: Проблема происхождения и эволюция статуса // *Михайлин В.*, Тропа звериных слов: Пространственно ориентированные культурные коды в индоевропейской традиции. М.: НЛО, 2005. С. 331-360. （"已经成了失势的音乐家"一句在俄文原书中为"[…] что то же, //безмудым// музыкантом […]"。关于转录信件中的双斜线"//"，本书第六章作了说明：在以往出版物中被删减、在本书中予以恢复的文本，用双斜线标出。在中译本中，鉴于中文阅读习惯，为确保阅读流畅，采用不同字体（楷体）予以区分。——中译本编注）

西，甚至脑海中没有半点儿头绪。①

再如，柴科夫斯基在1892年10月23日致钢琴家济洛季②的信中，曾以粗鄙之词形容自己的降E大调交响曲（未完成）。又如，他在致小提琴家科纽斯③的信中使用了不规范词汇，这封写于1893年8月的信是为了沟通《第六交响曲》的小提琴声部细节。④

在1877年11月26日（新历12月8日）致朋友、音乐学院同事、音乐评论家卡什金⑤的信中，柴科夫斯基相当尖锐地批评了自己的芭蕾舞剧《天鹅湖》：

……我听过芭蕾舞剧《西尔维娅》中莱奥·德利布⑥写的绝妙音乐。虽然我之前已经看了钢琴缩编谱，但维也纳管弦乐团的精彩

---

① 《作品全集：著述与书信》，V，第174页。署名手稿，馆藏信息：ф. 834, ед. хр. 11, л. 17–18 об.。副本，馆藏信息：a^{11-6}，№ 290。
② 亚历山大·伊里奇·济洛季（1863—1945）：俄国钢琴家、指挥家。曾随李斯特学习，1887年起任莫斯科音乐学院钢琴教授。——译注
③ 尤里·爱德华多维奇·科纽斯（1869—1942）：俄国小提琴演奏家、作曲家。1888年毕业于莫斯科音乐学院，后经柴科夫斯基引荐在法国深造，并加入纽约交响乐团。1893至1901年，经柴科夫斯基推荐在莫斯科音乐学院任教。柴科夫斯基创作《第六交响曲》期间，曾向他征询配器方面的建议。——译注
④ 《作品全集：著述与书信》，XVI-Б，第181页；《作品全集：著述与书信》，XVII，第169页。
⑤ 尼古拉·德米特里耶维奇·卡什金（1839—1920）：俄国音乐评论家。柴科夫斯基的友人之一，著有关于柴科夫斯基的回忆录。——译注
⑥ 莱奥·德利布（1836—1891）：法国作曲家、管风琴演奏家。代表作品有轻歌剧《两个木炭币》、芭蕾舞剧《西尔维娅》等。——译注

演奏简直让我着迷，尤其是第一幕。与《西尔维娅》相比，《天鹅湖》纯属狗屎。①

还有一个非常特别的、使用粗鄙之词的情况是，柴科夫斯基也这样形容自己的《第一组曲》，出现在他写给出版人、朋友彼得·伊万诺维奇·尤尔根松②的信中。本书完整地收录了这封信（见第六章）。

在柴科夫斯基所处的社会环境中，朋友和同事的私人信件里出现下流话并不罕见，这项课题已被文学和语言学研究者、专家大量研究。不过，对于出版方而言，这一现象在过去和现在都是棘手的难题，无论是普希金、契诃夫，还是其他历史名人的出版物，③都是如此。

在"不为人知的柴科夫斯基"中，必须提及的方面是其遗留文字中的一部分曾因道德和伦理之故而不予出版。在作曲家逝世后的百余年间，出版方对私密性文本的态度发生了变化，首批此类出版物在不触碰作曲家心理状态的情况下，完整呈现了此类文本。例如，1924 年完整出版的柴科夫斯基致尼古

---

① 《作品全集：著述与书信》，VI，第 259—260 页。
② 彼得·伊万诺维奇·尤尔根松（1836—1903）：俄国音乐出版人。柴科夫斯基的友人之一，二人有大量通信留存，出版为《彼·伊·柴科夫斯基与彼·伊·尤尔根松书信集》（两卷，瓦·亚·日丹诺夫、尼·季·热金编注，莫斯科：国立音乐出版社，1938—1952 年）。——译注
③ Чудаков А., «Неприличные слова» и облик классика // Лит. Обозрение. 1991. No 11. С. 54-56；Эротика в русской литературе, от Баркова до наших дней : Тексты и комментарии. М., 1992, и др.

拉·格里戈里耶维奇·鲁宾斯坦①的书信（1878年1月1日/13日，圣雷莫），其中详细而坦率地讲述了他为何不愿以俄国代表的身份前往巴黎（而在《作品全集》等出版物中，这封信是有所删减的②）：

如果是以另一种形式，而且精神状态良好的话，我认可在巴黎生活一段时间会对自己有益。但现在情况并非这样，你知道我为何有此笃定的看法。毕竟在巴黎，每当要与人结识，而且新结识的人恐怕会很多，我都会怀疑对方知道我长期以来小心翼翼避开众目的事，一想到这点，我就会彻底僵住。好吧，简而言之，我病了，我疯了，我现在不能住在需要抛头露面、引人注意的地方。坦白和你说，尽管我非常想念亲爱的莫斯科和你们大家，但一想到明年将住在莫斯科，我就感到心惊肉跳。我这样怎么能去巴黎！

柴科夫斯基与他最亲近的人——主要是双胞胎弟弟莫杰斯特和阿纳托利·伊里奇·柴科夫斯基（以下简称阿纳托利，1850—1915）——之间的书信极为坦诚，字里行间流露出写信人对收信人特有的信任。因此，无论今后要如何处理将柴科夫斯

---

① 尼古拉·格里戈里耶维奇·鲁宾斯坦（1835—1881）：俄国钢琴家、作曲家。安东·格里戈里耶维奇·鲁宾斯坦（1829—1894）的弟弟。1866年创建莫斯科音乐学院并任院长，柴科夫斯基将《钢琴三重奏》（Op.50）题献给他。——译注
② 《作品全集：著述与书信》，VII，第14—15页。署名手稿，馆藏信息：ГЦММК，ф. 37, № 92. 此封信中的被删减内容最早公开于：История русской музыки в исследованиях и материалах. Т. 1 / Под ред. проф. К. А. Кузнецова. М., 1924. С. 172。

基私密信件公开的问题，在出版其全部遗留文字时，仍要致力于最大限度地保证其完整性和公开性。鉴于其私密信件的独特价值，本书编者和出版方决定，首次无删减地完整还原四十四封信，这些信的收信人有作曲家的弟弟阿纳托利和莫杰斯特、出版人彼·伊·尤尔根松、仆人阿列克谢·伊万诺维奇·索夫罗诺夫，以及他在莫斯科音乐学院的同事、友人卡尔·卡尔洛维奇·阿尔勃莱希特①。通信文本均转录自柴科夫斯基的手稿，未直接见于手稿的文本则取自其他现存文献。那些在以往出版物中被删减的部分，均经由当代俄罗斯作曲家瓦列里·所罗门诺维奇·索科洛夫鉴定甄别（见第六章）。

柴科夫斯基一直有做记录的习惯。他会按时写日记，还随身携带记事本，经常在记事本里做标记以留存备忘，记录近期日程安排，其中不乏所观所感。他的这些标记与创作素材往往交错分布。或许是他的一种自然习惯，或许可能是他一直都有记录任何事的自我要求，这类笔迹堪称随处可见，包括创作素材在内，比如，在信笺夹里的吸墨纸和信纸上，书籍和杂志的空白页，甚至是来信中没有文字的空白处。②这些笔迹有时和来信内容有关；有时是随机的，恰巧当时没有趁手的纸而已。在这些笔迹中，甚至可见一些重要的创作素材，比如，交响曲

---

① 卡尔（康斯坦丁）·卡尔洛维奇·阿尔勃莱希特（1836—1893）：德国大提琴家、教育家。曾任莫斯科音乐学院学监，是俄国合唱协会（Русское хоровое общество）创建者之一。

② 柴科夫斯基的记事本全部保存于国立柴科夫斯基故居博物馆的档案馆。馆藏信息：ГДМЧ, а², № 1-18。

《曼弗雷德》的主题①、合唱作品《为什么过早地夭折》的主题②。他在各种来信背面上留下的每一处笔迹或标记，可以显示出他生活中的每一个独立片段、每一处日常细节，即便是一个小小的连字符也在细细勾勒着"不为人知的柴科夫斯基"。

柴科夫斯基在指挥家、小提琴家兼作曲家阿伦茨③的来信背面，写下了1885年1月中的几天的安排④（读者须知，他在这些天的日记和信件都没有保存下来），他在信的背面留下了三条记录，分别用了黑色铅笔、蓝色铅笔和黑色墨水笔：

1月22日星期二[星期三]十一点，乘车去找孔德拉季耶夫⑤，可能顺便去阿伦茨家。[1月]23日星期三，傍晚去什帕任斯卡娅⑥家。在 H. H. 佩奇科夫斯卡娅⑦家用午餐。下午两点半去找巴塔莎⑧：

---

① 见 E. H. 诺沃西利采娃于1885年5月15日致柴科夫斯基的信。馆藏信息：ГДМЧ, а⁴, No 3142。
② 见安娜·亚科夫列夫娜·亚历山德罗娃-列文森致柴科夫斯基的信（1890年）。馆藏信息：ГДМЧ, а⁴, No 2100。
③ 安德烈·费奥多罗维奇·阿伦茨（1855—1924）：俄国作曲家、指挥家、小提琴家。1877年毕业于莫斯科音乐学院，师从劳布（1832—1875）。曾随柴科夫斯基学习音乐理论。——译注
④ 馆藏信息：ГДМЧ, а³, No 105。
⑤ 尼古拉·德米特里叶维奇·孔德拉季耶夫（1832—1887）：柴科夫斯基的友人，曾是一名律师。——译注
⑥ 尤利娅·彼得罗夫娜·什帕任斯卡娅（？—1919）：剧作家 И. В. 什帕任斯基的妻子。——译注
⑦ H. H. 佩奇科夫斯卡娅：彼·伊·尤尔根松的"事实妻子"（гражданская жена）。——译注
⑧ 亚历山德拉·伊万诺夫娜·休伯特（原姓巴塔林娜，1850—1937）：钢琴家。曾任莫斯科音乐学院教师，是柴科夫斯基的朋友。巴塔莎是巴塔林娜的昵称。——译注

1）询问钹和低音鼓分谱纸张不足的情况；
2）确认打击乐器名称是否改正；

明天星期三的早餐还不确定。星期六在乌萨托夫①家用午餐，之后有一场四重奏晚会。星期日四点在兹韦列夫②家用餐。

柴科夫斯基的上述记录和阿伦茨的来信内容并无关联，但对后人来说弥足珍贵，因为它填补了日记中缺失的部分，展示了作曲家当时的社交圈。

在作曲家与 К. П. 波别多诺斯采夫（东正教正教院总监）之间的书信和电报的背面，记录了另一个非常重要的生活片段。波别多诺斯采夫曾上书亚历山大三世，恳请给予柴科夫斯基物质援助。信中写道：

我本人了解他[即彼·伊·柴科夫斯基]，我担保，他并非因生活混乱而导致资金紧张，他并非赌徒或败家子，他更不是攒钱的能手。他的生活非常朴素有序。我认为，这种情况下，可以适当地施与其陛下的仁慈。

收到波别多诺斯采夫于 1881 年 6 月 3 日寄出的关于拨款的信③后，柴科夫斯基用带有 "ПЧ"④ 的花字（烫印）信纸把信包

---

① Д. А. 乌萨托夫（1847—1913）：男高音歌唱家。曾在柴科夫斯基的歌剧《叶甫盖尼·奥涅金》中饰演连斯基。——译注
② Н. С. 兹韦列夫（1832—1893）：钢琴家。曾任莫斯科音乐学院教授。——译注
③ 馆藏信息：ГДМЧ, а⁴, № 3620。
④ "Пётр Чайковский"（彼得·柴科夫斯基）的首字母。

了起来，在上面用黑色墨水笔写下"К. П. 波[别多诺斯采夫]关于沙皇拨款 3000[卢布]的信"。

波别多诺斯采夫于 1881 年 6 月 3 日又发来电报：①

卡缅卡，法[斯托夫]路，彼得·柴科夫斯基收。我已领到拨款。请告知汇往哪里。

波别多诺斯采夫

柴科夫斯基在这封电报背面工整地列出自己的全部债务，总额高于他收到的拨款：

还列夫②—500[卢布]
还特列季亚科夫③—700[卢布]
还尤尔根松—850[卢布]
还科尔莱弗④—400[卢布]
约 2400[卢布]

总计应还 3600[卢布]⑤

显而易见，上述记录表明，尽管这时期柴科夫斯基有梅克夫人资助，还有作品版税收入、皇家剧院支付的歌剧和芭蕾舞

---

① Письма К. П. Победоносцева к Александру Ⅲ. Т. 1. М., 1925. С. 142.
② 可能指列夫·托尔斯泰，他与柴科夫斯基结识于 1876 年冬。——译注
③ 谢尔盖·米哈伊洛维奇·特列季亚科夫（1834—1892）：俄罗斯皇家音乐协会莫斯科分会理事会成员（后任分会主席）。——译注
④ 列夫·巴甫洛维奇·科尔莱弗（骑兵上尉）是孔拉季家族的亲戚，同时也是柴科夫斯基的债权人。——译注
⑤ 馆藏信息：ГДМЧ, а⁴, № 3619。

剧演出费，他仍然负债累累，大量票据和收据也都印证了这一情况（本书收录了部分票据、收据及其他公文，见第七章）。

本书所有文献资料都指向这样一个事实：一部现代的、最完整的、学术上令人信服的柴科夫斯基传记尚未问世。每一个想要客观地还原作曲家生活的尝试，都会遇到给伟大艺术家作传时面临的典型困难，即往往"更像一个童话故事，而不是已故的普通人的生活"。此外，"世人不会相信，现实往往比想象更可怕，天才的艺术家——仿佛来自'异域'的使者——的生活，表面上看似普通如常人，但其精神世界却复杂非凡，犹如苦修者的'言行录'一般"。[1]鉴于此，本书将侧重展现柴科夫斯基的生平事迹，并提供对其私人生活和个性特征的说明。

面对柴科夫斯基的书信和日记，传记作者往往秉持"艺术家在公众眼中应无可指摘"的观念，只要与他们的设想相矛盾，作曲家自己的文字就会被删减或统统删掉。由于不同时期的标准不同，各种文字段落时有时无，便导致世人对艺术家的想象与其真实生活不尽一致的奇怪情况。在这种情况下，试图展现艺术家的内心生活、全部经历、欲望和挣扎的一类著述反而成了某种抽象概念。然而事实上，作曲家本人就曾多次坦言，他在作品中展现的，恰恰就是生活境遇乃至上帝造就的自己。[2]

柴科夫斯基属于那类生活和工作不可分割的艺术家。历史

---

[1] Суздалев П. К., Врубель. М., 1991. С. 5.
[2] 例如1891年1月14日柴科夫斯基致塔涅耶夫的信（《作品全集：著述与书信》，XVI-A，第29页）。

上这样的例子比比皆是，正如语言学家维诺库尔（1896—1947）所指出的那样，创作者（如作家、诗人、画家等）的个人生活是一种特殊的"创作"形式："诗歌的修辞形式本质上也是个人生活风格的体现"①。世人皆知，拜伦是第一位把自己的作品视为诗体小说——自传性的、充满冒险——的人。②俄罗斯诗人奥尔洛夫（1930—1999）在其关于诗人勃洛克（1880—1921）的著述中写道："[勃洛克]认为，诗人的生活之根在于诗歌，而生活本身（即个人生活）简直'毫无价值'。还认为，'根'只有一个：它萌发于生活，萌发于诗人自身的个性，幻化为诗，它渗透并共生于诗人自身个性的全部探索、他的所得和所失、他的希望与失望、他的衰落与腾飞"。③

20世纪初，出现了一种"反自传"（антибиография）写作，即对杰出人物的常规认知的反叛，这种趋势至今仍在继续，例如，试图通过分析人物的性心理生活来解读其个性和创作的传记文学。④这些著作通常以各种传记为基本素材，作者从

---

① *Винокур Г.*, Биография и культура. М., 1927. С. 82.
② *Фейнберг И. Л.*, Незавершенные работы Пушкина. М., 1955. С. 9.
③ *Орлов Вл.*, Гамаюн : Жизнь Александра Блока. Л., 1978. С. 5.
④ Интимная сексуальная жизнь знаменитых людей. М., 1993（关于柴科夫斯基的部分见第270—274页）。已出版的相关研究有：Wallace I., Wallace S., Wallace A., Wallechinski D. The intimate sex lives of famous people. Hutchinson 1981; *Ноймайр А.* Пётр Ильич Чайковский // *Ноймайр А.*, Музыканты в зеркале медицины. Ростов-на-Дону-М., 1997; *Клейн Л. С.*, Другая любовь. Природа человека и гомосексуальность. СПБ, 2000; *Клейн Л. С.*, Другая сторона светила. Необычная любовь выдающихся людей. СПБ, 2002; *Дворецкий Л. И.*, Музыка и медицина. Размышления врача о музыке и музыкантах. М., 2007; *Якушев И.*, Мимикрия симптоматики // Медицинская газета. 2008. 31 окт. № 83.

中选用符合自己创作理念的事件。毋庸置疑，这些视杰出人物为"个性复合体"的视角（аспекты личностного комплекса），对于认识其作为"人"的本质及这一本质在其创作中的体现，是尤其重要的。然而，若此类著作取用了错误的史实，或采纳了其他传记中的主观论断，就难免导致自己的结论与归纳失之偏颇。

尽管如此，柴科夫斯基的心理和生理特征依然会成为研究对象，甚至在21世纪初也有许多人试图深入了解其个性中的隐秘之处，并试图确定其个性的形成机制。20世纪早期曾有一个名为《天才与天赋的临床档案》的期刊，其中刊载了医生 Г. В. 塞加林（1878—1960）对柴科夫斯基的研究。[1] 20世纪30年代，这一领域的研究仍在继续，不过已经是基于对其生活和创作的翔实而充分的了解之上了。例如，莫斯科精神病学专家、顿河神经—精神病医院的科室主任 Д. С. 奥泽尔茨基（1899—1996）在1930年8月27日参观国立柴科夫斯基故居博物馆时讲道：

> 在深深爱上柴科夫斯基的音乐之后，我自然而然地开始研究自己所掌握的传记资料。我是一名精神病专家，而我的学科和实践领域是"边缘性疾病"（即处于心理健康和心理疾病之间）。这种特殊的专业训练，使我认真考虑写一本专著，尽我所能地反映柴科夫斯基个性中异常的一面。当然，众所周知，在西欧，特别是在德国，

---

[1] Патогенез и биогенез великих и замечательных людей. Вып. 1. Т. 1. 1925. С. 24.

那里的精神病学专家已经出版了大量自己国家和其他国家的伟大人物的病情记录，而且还在陆续出版。这其中最令人反感的是对我们俄罗斯名人的研究（比如关于果戈理和陀思妥耶夫斯基的最新研究）。我感到，自己肩负着纪念俄罗斯伟大人物的重要使命。我们自己在这个方向上正在努力，同时也希望业内同人即将完成的、关于冈察洛夫和格列布·伊万诺维奇·乌斯宾斯基的研究可以尽快问世。至于我自己的研究，我认为，在没有向柴科夫斯基的遗产保护人咨询相关信息的情况下，我无法开始这一拟定的课题。①

柴科夫斯基在世时出现的第一批传记著作，与其音乐在俄罗斯乃至后来在欧洲的传播有关。第一部关于他的翔实可靠的传记，当属他的弟弟莫杰斯特·伊里奇·柴科夫斯基的三卷本著作（他在兄长去世后不久便开始动笔）。曾有同时代人对该著评价道："该三卷本巨著就是'彼得·伊里奇·柴科夫斯基的生活'（其中使用了以作曲家命名的位于克林的档案馆内的一手资料），1901至1903年由莫斯科的尤尔根松出版社出版。这是严肃的音乐史著作，任何一位俄罗斯作曲家都没有如此规模宏大的传记"。② 为20世纪的全部柴科夫斯基传记奠定基础的，正是该著中柴科夫斯基的生平。

莫杰斯特出于对兄长的无限爱戴，完成了他的传记写作。传记中关于作曲家私人生活方面是颇有"分寸"的。导演、评论家沃尔孔斯基（1860—1937）在其关于莫杰斯特的著述中，

---

① 馆藏信息：ГДМЧ, дм^8, No 102。

② Чешихин Вс. Е., История русской оперы (с 1674 по 1903). М., 1905. C. 396.

对其"分寸"有所提及，由此可以确定作曲家弟弟作为传记作者对兄长私人生活的立场。在沃尔孔斯基的书中，有一段关于某日 B. A. 鲁宾斯坦——作曲家安东·格里戈里耶维奇·鲁宾斯坦（1829—1894）的遗孀——在莫杰斯特家中回忆自己丈夫时的情形：

> 莫杰斯特·伊里奇建议她不要公开那些内容。她[即 B. A. **鲁宾斯坦**]与丈夫关系不是很好，她提到他时，就像在讲述一个已婚男人和养家人，她讲得很随意。而且，在这位妻子的笔下，要是艺术家的桂冠不被摘下，那么他的名字就会变得模糊。这让人听了很不舒服。莫杰斯特·伊里奇煞费苦心劝阻她，她极不愿退让。①

莫杰斯特几乎终其一生秉持传记作者的道德立场，这一点在早于 1915 年的、寄自他的另一位兄长伊波利特（1843—1927）的信中可以得到证实，信中写道："我已经完成了六段文字。我根据你的建议，删了全部私密内容，希望你能再读一遍"②。

令人倍感意外的是，莫杰斯特后来另写了一部全然不同的传记③，这份手稿没有新拟题目，只有程式化的"自传"（Автобиография）一词，尽管内容不算完整，却在很大程度上可以被视为另一部作曲家传记。这部传记是至关重要的文献，

---

① *Волконский С. М.*, М. И. Чайковский. М. 1921. 署名手稿，馆藏信息：ГДМЧ, дм⁶, No 21。
② 馆藏信息：ГДМЧ, 6¹⁰, No 6476。
③ 馆藏信息：ГДМЧ, 6², No 1, 21/1。

提供了解读作曲家私人生活的全新方式，其中写了他在此前完成的三卷本著作中未曾涉及的内容。传记手稿没有写完，只涵盖柴科夫斯基青少年时期（一生中最初的十七年）的生活，以及莫杰斯特自己的童年。对于了解作曲家的生活、创作和个性，这份文献具有难以估量的意义。此手稿采用了颇受柴科夫斯基兄弟欣赏的、类似列夫·托尔斯泰的"三部曲"式的安排——"童年""少年""青年"。在打字机打出的原稿文本中，还摘引了但丁的《飨宴》中的一句话："人类中的大多数都像孩子一样靠感觉活着，而不是靠理性。"①

在这部传记中，莫杰斯特显现为浸润于19世纪文化的人。他熟悉并热爱文艺复兴时期及那一时期对人类情感的自然流露，同时也受到20世纪新观念的影响。莫杰斯特的这部传记不仅是20世纪初珍贵的文学纪念碑，也是"19世纪之于"在迈入20世纪时的真诚而纯洁的"忏悔"。从手稿中的"我已经五十六岁"可以判断他写此传记时是1906年。尽管他当时已是享誉世界的作曲家柴科夫斯基传记的作者，他却表示，自己在19世纪末写作三卷本传记时，并不相信文献资料。他的这份未完成的手稿尚未完整出版，不过现在已经在筹备中了。②

这部后作的传记首次涉及了作曲家的性取向话题。因同

---

① 译自俄文原书中的俄译本：Большая часть человечества подобно детям живет чувствами, а не разумом.
② 鉴于这一未被以往的柴科夫斯基传记作者所掌握的文献资料的价值，1938年国立柴科夫斯基故居博物馆的档案管理员提议，将这些文献资料汇编出版。拟出版的资料已准备完毕，但尚未真正进入出版工序。

属一个生活圈,自己同时又是教徒,莫杰斯特努力为自己、为自己的亲属——兄长柴科夫斯基、外甥弗拉基米尔·利沃维奇·达维多夫——辩护。在莫杰斯特的通信中,在他与兄长的交流中,以及在他自己的文学著作中,都提出了如何将宗教教规与真实的个人生活相结合的问题,以及罪恶感与个人选择之间的问题,特别是艺术家的个人选择。例如,1914年莫杰斯特在他翻译的多首莎士比亚十四行诗的前言中坦诚地写道:

> 关于西斯廷教堂的天顶画和《B小调弥撒曲》,还有《浮士德》《唐璜》《鲁斯兰与柳德米拉》《帕西法尔》等歌剧,以及其他代表人类创造力之奇迹的创作者的或多或少真实而详细的证据,令我从幻想中清醒过来。我已经习惯了创作者身上时而庸俗、时而司空见惯的弱点与其作品中的夸张辞藻之间的反差。要接受创作者作为一个"人",会为了区区分厘而与厨子争吵,要接受他会浅薄虚荣,会感性软弱,也会势利或自私自利。而我则从他们的生活中,学会了区分哪些是重要的,哪些是不重要的。我敬爱他们,缅怀他们,但在敬仰他们同时,我并未忘记,他们也是我的兄弟,我和他们一样都生而为"人",为此我很荣幸。①

编者从国立柴科夫斯基故居博物馆的档案中发现了一份珍贵的资料,是莫杰斯特致作家列夫·托尔斯泰的一封信。这封信表明,动笔撰写后一部传记是受到伟大作家的影响,特别是一篇题为《难道这是应该的吗?》的文章。诚如世人所知,这

---

① Чайковский М. И., Сонеты Вильяма Шекспира. М., 1914. C. IV.

篇文章于 1900 年由 В. Г. 切尔特科夫首次刊登于《自由说》①。1906 年 6 月 28 日莫斯科审查委员会公布了一项法令，宣布将收录这篇文章的 И. М. 索科洛夫出版的小册子没收。②目前尚不清楚莫杰斯特读到的是这篇文章的哪一版。他在信中谈到一些托尔斯泰当时（1899 至 1906 年）完成的作品，其中包括 1901 年托尔斯泰被革除教籍后的写作。

这封莫杰斯特致托尔斯泰的信③写于 1906 年 6 月，收信地址是"亚斯纳亚-波利亚纳"（Ясная-Поляна），现保存于国立托尔斯泰博物馆（莫斯科）的档案馆。信封上写着："列夫·尼古拉耶维奇·托尔斯泰伯爵收。莫斯科至库尔斯克铁路，亚斯纳亚-波利亚纳站④"，还有亚斯纳亚-波利亚纳当地的登记信息（"c. 118/51"）与寄信人姓氏（"柴科夫斯基"），这表明此信是已寄未回的。莫杰斯特在写信时已有所预料，他在信末写道："虽然您未必会读完这封信"。在此信中，莫杰斯特措辞尖锐地谴责了作家在《难道这是应该的吗？》中的观点，包括对政治、

---

① 《自由说》是托尔斯泰的学生 В. Г. 切尔特科夫于 1898 年创办的杂志，主要宣扬托尔斯泰不以暴力抗恶的思想主张。该杂志曾刊登其多篇文章，包括《复活》的节选。《难道这是应该的吗？》于 1900 年 11 月初发表在《自由说》第 18 期。可详见 http://feb-web.ru/feb/periodic/pp0-abc/pp2/pp2-0272.htm（访问日期：2023 年 7 月 28 日）。——译注

② Гусев Н. Н., Летопись жизни и творчества Льва Николаевича Толстого. М., 1960. С. 558.

③ 馆藏信息：ГМТ, Ф. 1/ГМТ, I А-7 197/6（ЕЛ）。共三页，信封获存。

④ 亚斯纳亚-波利亚纳站是莫斯科铁路线上距亚斯纳亚-波利亚纳庄园最近的一个火车站。——译注

社会的观点,当然也涉及宗教,但其中主要的部分是与托尔斯泰就同性间爱情(гомосексуал)的辩论——托尔斯泰在1899至1900年出版的小说《复活》中曾略微提及自己的观点,时隔六年莫杰斯特才表达了自己的愤怒。在这一迟到的反馈中,无论是尖锐的语气,还是大胆的申辩,以及非常重要的、对这一现象的个性化理解,都让世人看到了这位柴科夫斯基传记作者与他身为弟弟的立场:他了解兄长,与兄长一同分担相同的、隐藏在身心气质中的艰辛。在给托尔斯泰的信中,他写道:

> 列夫·尼古拉耶维奇:
> 提笔写这封信的人尊敬并爱戴您的灵魂,出于这份爱戴,希望向您——我的导师和伙伴——说出一个真相。我的老师!您偏离了您所宣扬的"爱上帝和邻舍",在不知不觉中,您逐渐变成了一个骄傲的、自满的教派分子,盲目地坚持自己的个人信仰,成了不朽而强大的"真理"斗士之一。不知不觉中,您从神圣之路的探索者、邪恶的毁灭者,变成了傲慢的、对新的暴力和虚伪的播种者。[……]
> 您变得不再厌恶恶习,而是违背了您亲自建立的、纯粹的信仰原则,而且非常、非常近接那些"把玻璃和盘子擦得一尘不染,内心却满是谎言"的人。[……]
> 那个讲述着某个商人穷极一生追求外部财富并深陷于对邻舍的狂热之爱中的您,对我们来说无比亲切。当您净化了伊凡·伊里奇和聂赫留朵夫①的灵魂时,您是多么伟大啊!而当您在《复活》中

---
① 分别是托尔斯泰的小说《伊凡·伊里奇之死》和《复活》中的人物。——译注

义愤填膺、满怀厌恶地谈论那些不幸的、同性取向的人,将其与"政治犯"相提并论时,您又是多么不公和刻毒!您同情"政治犯"的痛苦,确是出于公义,但您通过攻击其他人的罪过来为之辩护,就不应是基督徒所为了。有许多关于性取向异常的当代作品,您哪怕读过一部,就会发现,鄙视甚至惩罚他们,就像是惩罚佝偻病人、聋哑人、盲人一样,是毫无意义而且残忍的。您应该摒弃对这种生理缺陷的残忍态度,应对生而受其害的同胞怀有怜悯之心。沉溺于欲望是错误的,那些顺从异常欲望(sic![①])的同性取向的人是有罪的,但他们并不比嫖客罪过更大。我们的社会对妓院持包容态度,却把前者流放到西伯利亚,这是不是很残酷?很不公正?还有,您对所谓"政治犯"的支持属正义之举,但如果您同样为同性取向的人,为犯下偷窃、害人性命的人,为每一个因失足而蒙羞的同胞发声,那么您就是真正的列夫·尼古拉耶维奇了。人无完人,您也一样。[……]由于一些人的幸福与另一些人的不幸之间的差异是无法修正的,人们只能任由问题愚而未决,向这个世界释放刻毒和本无恶意的愤怒,听从那位不会做"非必要之事"的主的命令,在他面前,一个人应该且只能俯首称臣,并说:"愿你的旨意成就!"

我讨厌匿名信(sic!),虽然您未必会读完这封信,而且就算您万一读到最后(我万分期待!),您也不会在乎是谁写的,但我还是要署名。

莫杰斯特·伊里奇·柴科夫斯基
克林　1906 年 6 月

---

① 该信原文中的"sic"源于拉丁语,表"正是如此""没错""是这样",以此方式强调特定内容,以引起收信人注意。后同。——译注

如前文所述，莫杰斯特没有收到回信。或许，提笔撰写后一部传记是他继续与作家辩论的独特方式，试图以此表达他不同于托尔斯泰的、对不同生活方式的态度。留给全人类不朽杰作的艺术家柴科夫斯基的性格与个人生活，自然是他与托尔斯泰辩论的有力论据。

莫杰斯特会把如此私密性的文献资料公布于众吗？可能会。因为，他希望以这部传记为起点，能够遥见那个他在开篇描述的世界：

如果有一天，有人看了这份手稿（希望如此，但我对此几乎不抱期待），如果他们对我毫不起眼的存在产生了兴趣，就把我对哥哥彼得的讲述作为奖励吧。①

说来有趣，莫杰斯特把他专写兄长的 1857 至 1861 年的部分译成了意大利语。②同时，不知何故，这部传记最终没有写完。因此，在随后 20 世纪的几十年里，国内外柴科夫斯基传记研究仍然显著受到他的第一部传记的影响，并由此引发了"不为人知的柴科夫斯基"这一议题。他因为自己与传记主角同处于一个时代且存在私人关系而形成的主观评价，已经在各个版本之间传递，这一现象对于作曲家去世后不久就出现的传记著作来说，是很正常的。一方面，它们为后人留下了许多同时代人的

---

① 馆藏信息：ГДМЧ，6^2，No 1；21/1。署名手稿和授权打字机转录的稿件篇幅更长。
② 馆藏信息：ГДМЧ，6^4，No 25。

个人回忆；另一方面，这些传记与亲历者弥足珍贵的见证，一同为后人讲述了作曲家生前的某些"神话"。由此，凸显了时代亲历者自身"缺乏客观性"的悖论。

也许从那时起，有些东西就被彻底遗忘了。不过，很多东西已经被发现，而且是以曾经那些同时代人因某种原因无法实现的形式，在他们无法预料的语境下，展现出来了。一定程度而言，当代读者更接近真实的、作为一个"人"和艺术家的柴科夫斯基。本书出版时（2009年），柴科夫斯基已经逝世满一百一十五年，我们对作曲家在世的五十多年的人生已经有了更完整、更客观的认识。因此，21世纪初，我们不仅要归纳以往在文献研究上积累的经验，还要探究新的柴科夫斯基，也就是说，对于柴科夫斯基这一"现象"，要摸索出真正意义上的"新"角度，毫不遗漏地展示其生活和创作的全貌，[①] 这正是几位编者在本书中履行的使命。

〔俄〕波·叶·瓦伊德曼

---

① *Климовицкий А. И.*, Некоторые культурно-исторические парадоксы бытования творческого наследия Чайковского в России // П. И. Чайковский. Наследие. Вы. 2. СПБ., 2000. С. 40.

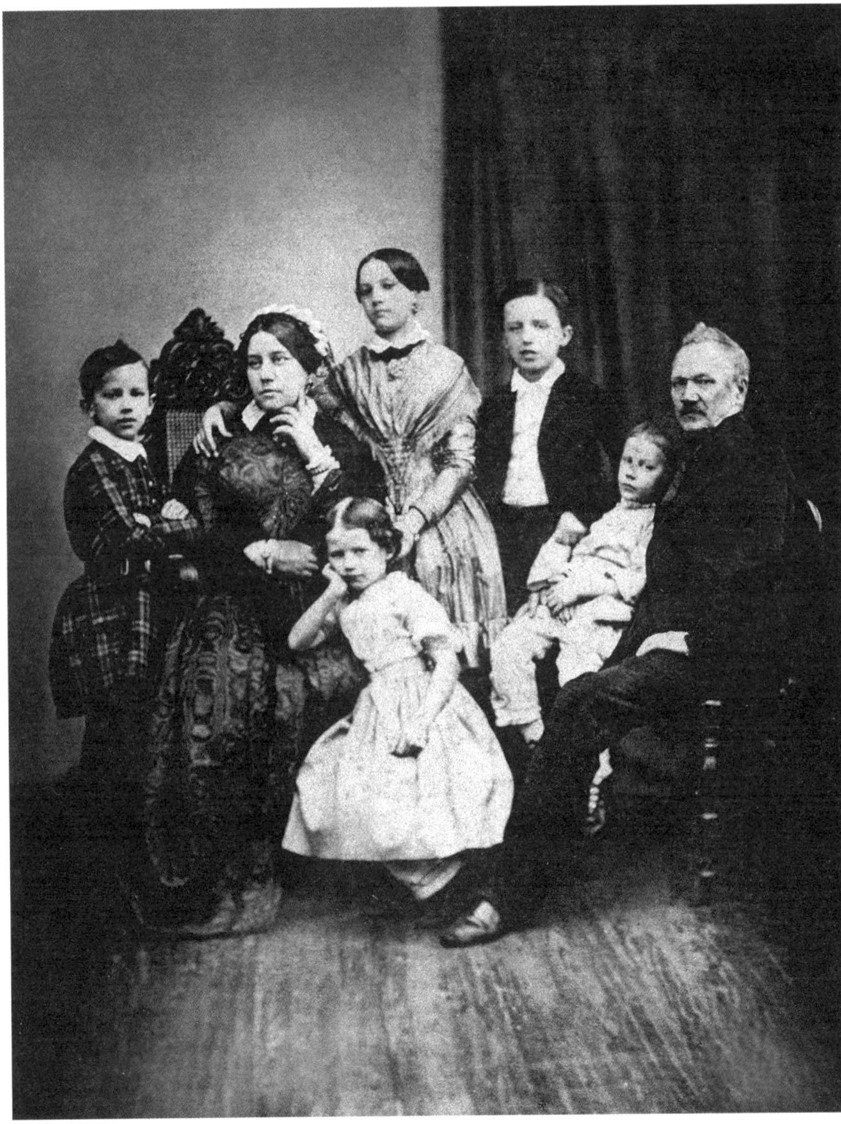

图 2-1 彼得·伊里奇·柴科夫斯基（八岁）家庭合影
圣彼得堡 1848 年秋

从左至右（坐）：母亲亚历山德拉·安德烈耶夫娜、妹妹亚历山德拉、父亲伊利亚·彼得罗维奇、弟弟伊波利特（父亲怀中）

从左至右（立）：彼得（母亲身旁）、同父异母的姐姐季娜伊达、哥哥尼古拉

第二章

人生伊始

柴科夫斯基父母通信选摘[①]

有一份文献资料流传至今，其内容之丰富、表述之生动可谓令人称奇，这便是作曲家的父母和其他家庭成员于1833至1851年间的通信。这些信件由某位家庭成员整理，组成了包含九十余封信件的集子。这些书信记录了大量生活画面，既有作曲家父母的第一天相亲，也有他们对次子彼得·伊里奇·柴科夫斯基的首次提及，并且讲述了他的童年习惯和性格特点，生动清晰地展现了家族的生活方式、社会地位和家庭文化。

作曲家父母（以下简称"柴父""柴母"）之间的通信所展

---

① 馆藏信息：ГДМЧ，а[17]，№ 1–16。这是一个用上等羊皮装订的深棕色集子，内部裱以丝绸，封面和封底有金色图案烫印，封面内侧印有"A. 佩茨曼"字样。该集收录了1818至1851年间九十八封不同格式的信件，共二百一十八页，制作时间及持有者不详，其中包含了可能提到作曲家的独立分页。20世纪初，该集可能由莫杰斯特·伊里奇·柴科夫斯基保管。1938年重新清点未登记藏品时，被登记在编号为№ 19587的博物馆藏品清单中。该集收录了作曲家的祖父和祖母写给女儿和女婿的信（1818年），以及作曲家的父亲致未婚妻（即后来的妻子，作曲家柴科夫斯基的母亲）的信。多封信中还有柴科夫斯基一家（以下简称"柴家"）住在沃特金斯克和阿拉帕耶夫斯克时与他们共同生活的其他家庭成员的附言，以及孩子们写给父母的简短小"信"。

露的特点,在一定程度上被作曲家继承:在信中历数种种细节是出于同亲人交流的需要。信中对家庭生活全部细节的详尽讲述,达到细枝末节的程度,夫妻二人分开时(因外出需要),丈夫写给妻子的信甚至往往是篇幅极长的"日记"。

柴父、柴母写给彼此的信中充满互爱和尊重,以及对子女难以置信的温柔。孩子们在美好和谐、幸福快乐的氛围中成长,童年时光成为作曲家记忆中最珍贵的部分。柴科夫斯基逝世之前曾到蒙贝利亚尔(Монбельяр)看望他的第一位家庭教师芬妮·裘尔巴赫,他后来写道:"我有时会回到遥远的过去,这让我感到有点儿可怕,同时又感到甜蜜,我们二人都努力忍着不流泪"①。回到克林后,柴科夫斯基开始创作他的最后一部交响曲,也正是在这年春天,他将自己的钢琴作品《十八首小曲》(Op.72)中的一首命名为《遥远的往事》。

关于作曲家父母相识的情况,以往只在莫杰斯特的《彼得·伊里奇·柴科夫斯基的一生》②一书的开头部分有所提及,不过这部分因在手稿中被删掉而没有获得出版。从这些被删掉的部分可知,柴父伊利亚·彼得罗维奇·柴科夫斯基丧偶后,在他四十多岁时,与第二任妻子(即柴母)亚历山德拉·安德

---

① 《作品全集:著述与书信》,XVI-Б,第213页。
② 馆藏信息:ГДМЧ, б¹, № 1。

烈耶夫娜·阿西尔①在其继母阿马丽娅·格里戈里耶夫娜·阿西尔（原姓高格里）家中结识。当时众所周知的是，在1833年10月的二人婚礼上，高格里家族的亚历山大·伊万诺维奇（沃伦斯基团禁军大尉）是新娘一方的证婚人，该家族的另一位成员格里高利·费奥多罗维奇（沃伦斯基团禁军中尉）是新郎一方的证婚人。

多年后，柴科夫斯基在歌剧《叶甫盖尼·奥涅金》的脚本初版情节大纲中，安排了一个莫斯科舞会场景。在舞会上，塔季扬娜结识了她未来的丈夫，并同他聊起自己的生活。可见，作曲家了解父母从相识到结婚的经过，而且这一点在他对普希金原作情节的阐释中也有所体现。史料文献表明，柴母和普希金笔下的女主人公一样，在与已届中年的丈夫结婚之前的少女时期，曾谈过一场恋爱。当时四十多岁的柴父、矿业工程师，在致其年轻的未婚妻的信中（1833年4至5月），有一段非常重要的表达："我知道，自己不可能不注意到，有一位年轻人对您表现出了热情，或简言之，表达了爱意。您那时还不认识我。请告诉我，您对他是否也有同样的感觉？如果有，请允许我出于对您热切的爱意，与您保持无私的友谊。从朋友的角度而

---

① 柴母出嫁前姓阿西尔，其信中的亲笔签名和她作业本上的烫印拼写相同（Ассье），但在后来的文献（包括莫杰斯特的三卷本传记）中出现了另一种拼写方式（Асиер）。参考其亲笔签名，以及圣彼得堡和德累斯顿档案馆中的其祖父和曾祖父档案里的姓氏法语拼写，在本书中，作曲家母亲的姓氏统一采用第一种拼写方式（Ассье）。

言，您只是急于让我获得幸福，却还没先试着了解您自己的内心"①。

以下是首次完整收录的柴科夫斯基父母的十六封信。

〔俄〕波·叶·瓦伊德曼

1. 伊·彼·柴科夫斯基致亚·安·阿西尔
[1833年4至5月　圣彼得堡]

这些眼泪意味着什么？请告诉我，请坦白地告诉我。我没想到会看到您的眼泪，既然看到了，就不得不猜想是由我引起的。亲爱的，我的心上人！我一直在寻找机会向您解释，但总有旁人在场，很不方便。坦白说，我很难就一件关系到自己命运的如此重要的事开口。自从您说出了决定命运的"愿意"以来，我的血管就如同点燃了一样，我感到自己处于天堂之巅，其他一切在我眼中都黯然失色，我的眼中只有您一人。但同时，我也愈发感到自己正在被一个想法折磨：您仓促地说出那个带给我幸福的词，对此您是否后悔。这从您的眼中很难读出来，但是您的眼泪……啊！为什么您让我看见了眼泪，我宁可被骗一时，也不愿被骗一世。我整整三晚没合眼，您的眼泪让我到第四晚依然无法入睡。不要以为我在抱怨，这不是抱怨。这段时间与您相处，让我感到我们一直心灵相连，我感到开心、快乐，直到那个想法将我占据。我知道，自己不可能不注意到，有一位年轻人对您表现出了热情，或简言之，表达了爱意。

---

① 这封信完整收录于本书。

您那时还不认识我。请告诉我,您对他是否也有同样的感觉?如果有,请允许我出于对您热切的爱意,与您保持无私的友谊。从朋友的角度而言,您只是急于让我获得幸福,却还没先试着了解您自己的内心。亲爱的,我心灵的主人,要知道,我对您的爱并不是一时兴起。您相信命中注定和心有灵犀吗?如果您相信,那么当然不会拒绝这个"预感",关于这个,我们以后再谈。现在,您用一个词就赋予了我去爱您的权利。我燃起爱火,爱您胜过自己的生命,我不知道还有什么是不能为您牺牲的。但是,在我这样的年纪,就算面对如此强烈的感情也不会丢掉理智了。我的伤口还没有那么深,也许能够愈合,要是您坦率地承认自己的仓促,我是有能力将我不幸的心与您分离的。不要折磨我。您心地善良,试想一下吧,四个月之后的我将多么难以承受您的坦白,到那时我就无法保证自己有能力与您分开了。不过现在还来得及,我现在还能够忘记伤痛,我会说服自己这只是一场愉快的梦,只是一个幻想。我会转身离开,您不会再见到我,我会全身心投入照顾年幼女儿①的生活中,十五年后再来目睹您的幸福生活。亲爱的,心上人!我恳求您,越早决定越好。我不会做出谴责您甚至轻蔑我竞争对手的蠢行,相反,我会尊重并喜欢上这位年轻人,因为我们品位一致。他方方面面都比我优秀,已经占了上风,所以对于您的决定,我完全不会感到惊讶……至于我的热情,再次重申,现在收回还来得及。要知道,我是要么全心全意、要么彻底放手的那种人。结婚成家是人生中最重要的大事。男人和女人都应该多检视自己。也许有人告诉您,我为

---

① 季娜伊达(昵称季娜)·伊里尼奇娜·柴科夫斯卡娅(夫姓奥利霍夫斯卡娅,1829—1878):柴父与亡妻玛丽亚·卡尔洛夫娜·凯泽尔(逝于1831年)的女儿。

人善良。别相信那些话，我是有些任性而且情绪化的。也许有人告诉您，我生活富裕。这纯粹是谎言，我其实一无所有，更不想与财富联姻。我的人生哲学与世俗看法完全不同，我想要的幸福和财富无关，这种幸福我曾拥有过：在家庭生活中，我不想被赐予财富，而是尽己所能让命中注定与我在一起的人感到幸福；纯粹、直接、不虚伪地去爱一个人，我就会幸福了。总而言之，我完全不在意别人的看法和闲言碎语，我完全不会把别人的意见放在心上，您也许会对他人的意见表示尊敬，而我则不与争论或指责，只会按自己的方式行事。最后，我必须说，您要是完全为了我的幸福而牺牲自己，就会有失去世俗乐趣的"风险"，因为我命中注定将过那种远离世俗的生活；而且我要承认，我不喜欢纷繁热闹，我习惯在善良的人组成的小圈子里生活，并完全遵守"凯撒原则"：宁为一村之长，不做罗马副手。①

　　这封信早该收笔了。天色已亮，我的天使还在沉睡。哎！希望您不会像我一样烦恼。

　　愿上帝保佑您。我不知道您是否会属于我，但有谁能阻止我爱着您呢？况且，我对于您，不是爱……确切说是爱慕，您理应被人爱慕。主啊！请给予我能够承受所期和必须承受一切的力量吧。

　　请尽快回信。如果无法讲出来，就写下来，之后再删掉。

---

① 出自古希腊作家、历史学家普鲁塔克的《道德论丛》中的《国王和将领的嘉言警语》，其中讲述了古罗马皇帝尤利乌斯·凯撒越过阿尔卑斯山，路过一个贫穷村落时，他的朋友开玩笑说：在这儿也会有贵族之间的纷争吗？凯撒回答：对我来说，宁为一村之长，不做罗马副手。译文引自：[希腊]普鲁塔克著，《道德论丛》，席代岳译，吉林出版社2015年版，第1卷，第377页。——译注

图 2-2 彼得·伊里奇·柴科夫斯基的父亲和母亲

左（父）：伊利亚·彼得罗维奇·柴科夫斯基
莫尔古诺夫（Моргунов）绘

右（母）：亚历山德拉·安德烈耶夫娜·柴科夫斯卡娅（原姓阿西尔）
Л. 布拉姆松（Л. Брамсон）绘

2. 伊·彼·柴科夫斯基致亚·安·阿西尔
1833 年 5 月 10 日　莫斯科

　　感受和写作是完全不同的两件事。有些人能将二者结合起来，但我不能。我的知己啊！我无法表达与你分别时的感受，以及我现在的感受：不开玩笑，我在这四个月里，目中无物，百感皆无！你可以想象这是多么痛苦的折磨。但上帝是仁慈的，凭着自己对他的指望，我忍住了这种煎熬。对我来说，莫斯科毫无乐趣，而我一坐在家中就会开心地想你。我的好外甥彼得·伊万[诺维奇]①会来陪我闲聊。我来莫斯科干吗呢？我已经来这儿好几次了，我还曾在这儿住过。我宁愿先去高加索再回来！我宁愿立即跪在亲爱的心上人脚下！

　　我没有像往常那样浪漫地讲述这趟旅行，因为这样的讲述真是太无聊了。我只想直接而坦诚地说：我一路上更多是沉默、思考和畅想，很少说话。话题多种多样，而我的所思所想只有一个，确切而言，唯一的主题就是你和季娜②，季娜和你就是我的一切，占据了我整个心扉。

　　我亲爱的伙伴，你是否知道，是否记得，这个纯洁的生命是如何在我们订婚之前给我们戴上订婚戒指的？是她自己猜到的，还是上帝让她想到的？请弄清楚是否有人教她，如果没有人教她，那这绝对是上帝的安排，这已经不是他第一次向我预示命运了。我亲爱的！当你把手交给我时，你就承担起了作为这个孩子的母亲的责任。好好爱她吧，我的爱人，请为了我去庇护她。你若付出加倍的爱，我便成倍报答你。

---

① 彼得·伊万诺维奇·叶夫列伊诺夫：柴父的姐姐亚历山德拉（昵称萨莎）·彼得罗夫娜·叶夫列伊诺娃（原姓柴科夫斯卡娅）之子。
② 柴父与亡妻玛·卡·凯泽尔的女儿季娜伊达（昵称季娜）。

你答应会给我写信的。啊,求求你看在上帝的份儿上,写信给我吧,这样我就会随时随地收到你甜蜜的来信了。这是我唯一的慰藉,我现在写信的时候也一样需要你的信,不要犹豫,哪怕只写一句一词。我本想再多写一些,但总被打扰。我要用给你写信时的兴奋吻你的手,吻遍你。我们分别时,你的第一个羞涩的吻在我的唇上久久燃烧,现在我还能感受到它的温度,我会永远记得并对你至死不渝。

伊[利亚]·柴[科夫斯基]

又:我到了沃罗涅日再写信。

图 2-3 彼得·伊里奇·柴科夫斯基的外祖父和外祖母

左(外祖父):A. M. 阿西尔
绘者不详

右(外祖母):E. M. 阿尔西(原姓波波娃),A. M. 阿西尔的原配妻子,亚历山德拉·安德烈耶夫娜·柴科夫斯卡娅(原姓阿西尔)的生母
绘者不详

3. 伊·彼·柴科夫斯基致亚·安·阿西尔
1833年5月15日　沃罗涅日

我的知己！你能想象吗，无论何时何地我都感到你就在身边，别以为这是恭维话，你确确实实在我身边，因为我无时无刻不在想你，我真的一直在想你，你一直在我的思绪和脑海中。我甚至感到惊讶，在我这个已经生了白发、皱纹爬上额头的年纪，已经阅历如此丰富，竟会有像年轻人一样的强烈感情。从某一刻起，我像是重生了一样，过去的事就像是做了一场梦。我明白，也记得，之前的六年里我曾经被人爱过，也曾经爱过别人。① 不要因此而吃醋，我亲爱的，我现在的爱和那时一样纯洁无瑕，是命运慷慨地将我所失去的补偿给我了。你知道我为什么如此兴奋吗？这种高尚而纯洁的炽热爱情为什么会在我身上重燃呢？因为你，我的心爱之人，因为你轻而易举就捕获了我的双手和心灵，不嫌弃我这个即将年过半百之人。我相信，你还没来得及爱上我，那就这样顺其自然吧，我会在恰当的时候表达我的爱。

我在沃罗涅日履行的第一个义务就是向圣徒祈祷，为你和季娜的健康而祷告。从本月4日起，你就在我的每日祷告里了。我会给你带去圣米特罗凡的圣像和各类物品。

我的季娜在做什么呢？当然，她有妈妈照顾。② 啊，如果我会收到，或者至少抵达后不久就收到你的第一封信，我会非常高兴的。只是不要给我写甜言蜜语，不然我可能会把信吞掉。让我亲吻你的双手和手指，抚摸你动人的面庞吧。这是路上最后一封信了。从新

---

① 指与玛·卡·凯泽尔的第一段婚姻。玛·卡·凯泽尔去世后，柴父独自抚养当时唯一的女儿季娜伊达（昵称季娜）。
② "妈妈"指此信的收信人，写此信时还是未婚妻，后来成为季娜伊达的继母。

切尔卡斯克起就是绵延的荒野,山民有时会去那边。要是我被俘虏了,怎么办?哦,不,这是不可能的,因为我已经被俘虏了。原谅我先写到这儿吧,我的知己。

你至死不渝的
伊[利亚]·柴[科夫斯基]

又:请转达我对季娜的祝福。

图 2-4
彼得·伊里奇·柴科夫斯基的守护圣徒圣像

父亲、母亲在他一岁时定制于圣彼得堡

银器师 Д.安德烈耶夫(Д. Андреев)、Д.特维尔斯基(Д. Тверский)制

4. 亚·安·阿西尔致伊·彼·柴科夫斯基

[1833 年] 5 月 29 日 [圣彼得堡]

我亲爱的，无与伦比的爱人！您的沉默把我们折磨了好久、好久！您离开整整两个星期后，也就是 18 日星期四，您的外甥彼得·伊万诺维奇来了，还捎来了您的信。您离开家后的两个星期里，我们束手无策。父亲①日益担心和不安，一直念叨着："肯定有什么事！"我和季娜的保姆②怀疑是与您一同出行的潘诺夫*在搞鬼，我们非常后悔没让您带上自己人。终于，您的外甥彼得·伊万诺维奇让我们的心安稳下来！您难以想象，他来时我有多高兴！当时我正在自己房间里，充满期待地望着邮递员，盼望他送来您的信。突然间我听到一个非常熟悉的声音，我跑到客厅，看到彼得·伊万诺维奇。不过，我必须耐心地再等上整整一个小时，要等母亲③把您的信递给我。因为她不愿让我在彼得·伊万诺维奇面前打开您的信。

他经常来看望我们，跟我提起你们在莫斯科的日常。顺便一提，他说您经常唱起"少女灵魂之戒……"那首浪漫曲④。我也经常唱起它，还经常想到我给您戴上的戒指呢！彼得·伊万[诺维奇]注意到了那首歌。我想知道他都了解些什么，我猜您对他是没有隐瞒的吧！

您在第一封信中写了我们还要继续分居四个月。不过我认为，这个时间会短得多。5 月已经快过去了，我希望您 8 月会回来，那

---

① A. M. 阿西尔：柴母的父亲，作曲家柴科夫斯基的外祖父。
② 长女季娜伊达（昵称季娜）的保姆名叫阿丽莎。此信表明，在婚礼举行前季娜伊达已与自己未来的继母生活在一起了。
* 该标记提示"此人不详"，后同。
③ 阿马丽娅·格里戈里耶夫娜·阿西尔：柴母的继母，作曲家柴科夫斯基的外祖母。
④ A. A. 阿里亚比耶夫根据 B. A. 茹科夫斯基的诗歌创作的浪漫曲。

么就只剩下难挨的两个月了，6月和7月！啊！希望那两个月快些过去！我有好多话要对您说，却写不出来！！我很想您，非常想您！我迫切等待着见到您的那一刻，并向您证明我诚挚的爱恋！那一刻我会多幸福呀！

您从沃罗涅日的来信让我非常伤心。您写道：您甚至确信我是不爱您的，而且我不可能爱着您。那么，是谁，或者是什么，让我终生把手和心交给您？我想知道，您以为我是为什么做出这个决定的？难道您以为我是出于绝望吗？不，我那时无牵无挂，快乐而平静地和父母住在一起。也许您认为我是为了讨好父亲，不是的！我爱您，爱得无法自拔！

谢天谢地，小季娜健康快乐，整天都很调皮。她经常想起您，而且一天比一天更爱她的外祖父和外祖母，她也非常喜欢我。她让我感到惊奇，她触碰我时是那么可爱，她那么听话，让人无法不喜爱，何况她和自己的父亲长得一模一样！顺便一提，您提醒我有哪些是需要对她尽到的责任，我对自己的责任非常清楚，我相信自己永远都不需要等您提醒！除了您，她将永远是我的心头第一。

当然，母亲会亲自向您讲述关于卡捷琳娜·格里戈里耶夫娜*的不幸，我就不在信中提及了，这让所有人都很难过，尤其是费奥多·瓦西里耶维奇*，您也曾经历过这样的不幸！

看在上帝的份儿上，请多多来信，告诉我您的健康情况，这对我来说非常重要。保姆和季娜向您问好。让季娜吻您的手，让我们一起拥抱您吧。

如果您有其他问题或需要更多帮助，请告诉我。

您至死不渝的

亚·阿西尔

图 2-5　喀山圣母像
维亚特卡　1806 年

彼得·伊里奇·柴科夫斯基的教母和姑母娜杰日达·季莫费耶夫娜·瓦利采娃（原姓拉宾诺娃，柴父的表姐）遗赠，曾由祖母一方波索霍夫家族保管，银框上镶有名贵宝石和水钻

工匠 P. 尤拉索夫（Р. Юрасов）与 A. 马卡洛夫（А. Макаров）制

5. 亚·安·阿西尔致伊·彼·柴科夫斯基
[1833 年] 7 月 18 日　　[圣彼得堡]

　　我错了,都是我的错,我错过了最后一个邮班。我没寄出去,信实在是写不完,不记得是什么原因了。我相信,您内心良善,一定会原谅我的,况且我都认错了!能告诉您的好消息并不多!在我最后寄出去的信中,母亲想必提到了父亲旧疾复发;两个星期后,恰好在 7 月 12 日母亲生日当天,那天也是父亲的命名日①,旧疾再次复发。我们原本计划这天大家一起去帕尔戈洛沃②的。我早上四点就醒了,看了看天气,天气非常好,我满心等待预定的出发时间,就躺下继续睡了。但半小时后,母亲走进来说,父亲又感到不太对劲了。我很吃惊,这完全超乎预料,所以我们只好留在家里!唉,这让我很不开心,但是没办法,正印证了那句谚语:人算不如天算!是的,这让人很难过,父亲的病近来经常复发③,而且难怪他一整天都不说话,因为他心里都是影响健康的念头!

　　您的命名日就快到了,祝福您,祝您尽情度过愉快的时光。唯一的遗憾是,我的祝福到得太晚了,我本希望自己会最早送上祝福!自从您离开后,娜佳*来看望我们三次。感谢上帝,她很健康,她大部分时候住在索博列夫斯基④家里,他们家正在全力筹备婚礼,她的姐姐将于本月 21 日结婚,娜佳正在帮忙!您的外甥

---

① 俄国约 17 世纪起开始庆祝命名日（именинна）。命名日是一种习俗:父母择日将新生儿送到教会接受洗礼,并选择受洗日当天纪念的圣人之名,作为孩子的名字,以表让圣徒守护孩子的心愿。——译注
② 圣彼得堡郊区的一处假胜地。
③ 据莫杰斯特回忆,外祖父患有类似癫痫的神经症(《选集》,第 1 卷,第 20 页)。
④ П. Г. 索博列夫斯基:1817 至 1824 年任沃特金斯克工厂机械师,1824 年起住在圣彼得堡,供职于矿业和盐业司。

彼·伊·叶夫列伊诺夫经常来我们家做客，您给他起的绰号很适合，他是个不折不扣的滑头！

季娜每天都变得更加可爱，她想给您写信呢！所以，期待下一封信吧。

您至死不渝的

亚·阿西尔

6. 亚·安·柴科夫斯卡娅①致伊·彼·柴科夫斯基
1837 年 3 月 26 日　下诺夫哥罗德

亲爱的、无与伦比的、我的伊利奇卡②，与你分别时，我还没意识到自己将很久都见不到你了。而现在，时间过得越久，我就越发思念你，我的守护天使、我无与伦比的丈夫不在身边的感受也就愈发强烈！我多次责怪自己，为何不提议让你带我一起走。听说旅途很美，特别是到喀山之前的那一段。我已经好几次收拾行李，打算动身去找你，但我不能违背你的意愿。与你分开后，我更加深刻地感到，没有你，我便没有了生活。每天早上吻你或你的手，这个习惯已经根深蒂固，所以早晨醒来后，我马上就会想到你，还有你那天使般的双手，我会亲吻自己身边最近的东西，比如睡帽或是其他什么。关于我们分别后的日子，还有什么可以与你分享的呢？你离开后，我们又去了斯特列穆霍夫*家。姐姐卡佳③让这儿所有人都抓狂，大家都在找自己的熟人陪她消遣。但没有你，我的守护天

---

① 柴母写此信时已经改随夫姓柴科夫斯卡娅，需离开圣彼得堡，前往丈夫工作的沃特金斯克工厂一同生活。
② 伊利奇卡是伊利亚的昵称。——译注
③ 叶卡捷琳娜（昵称卡佳、卡捷琳娜）·安德烈耶夫娜·阿列克谢耶娃（原姓阿西尔）：柴母的姐姐。

使,无论在哪儿我都感到苦闷!

  昨天我原打算去找埃韦尼乌斯①,但被他拒绝了,因为他要返回自己村庄。由于不熟悉这儿的医生,所以我决定,不再寻求他们的帮助。你走后只过了一天,膏药就从我的胸口掉了下来。第二天我敷上了新的。然而,昨天从斯特列穆霍夫家回来后,我感到胸口非常痒,我一挠,才发现膏药下面湿漉漉的。我马上揭开膏药,发现长了一些水泡。今天我决定求助于另一位医生林德格雷恩②,他是这里的主治医生和产科医生。他到咱家后,询问了所有情况,说我患有隐性的皮疹,还说我病容发青。我向他讲述了自己怀孕之前的旧疾,他说是这个旧疾令我在怀孕期间患上了皮疹,并为我患上这种皮疹而感到遗憾,说它已经扩散到我的胸部。当我告诉他,我有外痔时,他说,这是因为我吃了硫黄粉,他认为情况会好转的。他想用顺势疗法,要我拿掉膏药并彻底清洗。但清洗后我开始流脓并直到现在。此外我现在头痛得厉害。明天他会再来看我,开始治疗。询问了所有情况后,他问我,孩子还活着吗?我让他看了看正在睡觉的小卡佳③。他觉得她不太健康,很虚弱,说她身上也潜伏了一种皮疹,她平日哭闹也正是这个原因。他让小卡佳在哭声很大时服用 Camomille④。他还给奶妈做了检查,然后让卡佳和奶妈都服用硫黄。看得出来,他非常喜欢孩子,他静静地陪在小卡佳身边,等她醒来才给她检查。她现在非常苍白,一直哭闹,但变得一天比一天可爱,开始抓东西,发出可爱的声音,我无法对她漠不关心,以至于我总是不由自主地流泪。现在要是问她:"你要对爸爸说

---

① 下诺夫哥罗德的医生。
② 下诺夫哥罗德的医生。
③ 叶卡捷琳娜(昵称卡佳)·伊里尼奇娜·柴科夫斯卡娅(生卒不详):柴父与柴母婚后的第一个孩子,家中次女,幼时夭折。
④ 洋甘菊。(法语)

什么?"她就会咿咿呀呀地回应我,同时还露出可爱的微笑,你一定会亲吻她的。我还忘了告诉你,林德格雷恩要求我一定得把长皮疹的地方露出来。天知道这种治疗会以何种方式结束,唯一的希望是你会为我祈求上帝,我亲爱的伊利奇卡!

谢天谢地,季娜既健康又聪明。她每天早上都会学一点东西,已经学会祷告了,还会念一些祷文。我给她买了一件衣服,现在正在为过节做些针线活。

昨天我在商店遇见了梅辛克①,他对你意见很大,怪你没去找他,还说如果有一天他经过沃特金斯克工厂,也不会来看望我们。我们大家都感到这里很无趣,迫切等待春天到来。阿尔捷米②几番劝我为你制造惊喜,比如突然出现在你身边。他的妻子好像已经怀孕了。我刚刚收到你从谢尔琴③家寄来的信和包裹,没见到鸡蛋和送给季娜的玩具娃娃,收到的是桌布和照片。我的守护天使,如果我因为桌布而责怪你,嘲笑你每样东西都买得不划算,请别生气——买这些你大约花了33卢布,而这个卖给你的桌布其实是没人要的围巾。我承认,我们大家都笑你是在浪费钱。先写到这儿吧。

3月28日,星期日:谢尔琴刚来过了,他说在喀山见过你。他只给我准备了两辆敞篷长马车,这对我们来说可能不够。我考虑再租一辆马车,尤其是还有一个士官④和我们随行,就是那个谢尔琴按你吩咐解雇的人。不过,还要等很久才能等到"去找你"这个幸福的时刻,谢尔琴说要等到5月20日之后才能出发,这意味着我最早要在6月才能见到你。现在,我必须心情沉重地含泪告诉

---

① 柴父的熟人,具体不详。
② 家中仆人。此处细节说明,柴家中有仆人曾在宫廷供职。
③ 维克托·季莫费耶维奇·谢尔琴:沃特金斯克工厂职员。
④ 一种矿业工厂职员职衔,非军衔。

你，我的爱人，我有点儿生气。任何不正当的事都不会隐藏很久，上帝迟早会让它暴露。昨天午餐后我走进小暗房，听见阿丽莎①和管家在楼上说话。她告诉管家，季娜悄悄背着我向你要钱买裙子。昨天我没在意这些话，没听清也没放在心上，只是稍微责备了阿丽莎，因为她没有我的许可就上楼，而且那里还住着管家的小儿子。今天，我很意外地发现这是你的意思。脏兮兮的阿丽莎走进我的卧房，我问她，为什么没换上星期日应该穿的衣服。她回答说没有其他裙子了。但她前一天刚用自己的钱买了白细布。我又问她，为什么亚历山大②认为她可能手头宽裕，因为她能买得起连衣裙。阿丽莎回答说，她只有小姐给她的钱。这时候，在场的季娜脸涨得通红，跑到我这结结巴巴地说，是你给了她5卢布，让她给阿丽莎，但不许她告诉我。我什么都没对她说，但我承认这个行为让我感到沮丧，尤其是在亚历山大面前。现在你可以设想一下，亚历山大看到你和季娜背着我有秘密，他对我会有何看法。我不想责备你什么，我的爱人，你自己必须明白，你这样做，以及你把我放在同季娜对立的位置，对我来说好还是不好。如果换作是我们的女儿卡佳，如果她敢对我隐瞒什么，特别是和你一起隐瞒，我会严厉惩罚她。但我对季娜说，你已经和我提过了。我现在不知道该作何感想。也许你认为我很吝啬，而我无法理解你为何会得出这个结论。我一直维护你，尽管你总是表现出不恰当的慷慨。如果你认为我只是对季娜吝啬，那么我告诉你，我不仅对她，而且也对任何人都一

---

① 柴家女仆，是长女季娜伊达的保姆，与柴家在沃特金斯克、阿拉帕耶夫斯克时一同生活。作曲家柴科夫斯基在世的最后一年，在他看望芬妮·裘尔巴赫之后写给弟弟莫杰斯特的信中，曾提到这位女仆（《作品全集：著述与书信》，XVI—Б，第213页）。

② 亚历山大·斯捷潘诺维奇·阿列克谢耶夫：柴母的姐姐叶·安·阿列克谢耶娃（原姓阿西尔）的丈夫。

样。只要符合你的愿望,我都不会拒绝或阻拦。你背着我给费奥多*的 100 卢布,让我更加确信你对我的看法有多糟糕。从现在开始,请别再让我花你的钱,我不想让你陷入尴尬的境地,偷偷摸摸背着我,尤其还让你周围的所有人都知道。我的爱人,很抱歉我在信中向你提起这些小事,但我无法向你隐藏内心的沉重,所有人都知道你是背着我偷偷这样做的。关于这件事,我不会再在信中提起,也不会再谈起,只请你对我再多一些理解。要知道,我的守护天使,你不应该对我有所隐瞒,因为你的愿望对我来说就是"规则",现在是,将来也是,不仅在这些小事上,而且在所有事上,我都准备执行你的意愿。如果我的建议有时看似是在拒绝,或者也许你认为它们不合时宜或不合适,那么你只需坦率地告诉我,就永远不会再从我口中听到!我从昨天开始治疗,和小卡佳、奶妈一样服药。昨天,医生来诊脉并仔细检查,发现硬化仍然非常严重,他给我敷了消肿拔脓的药膏,还开了一些药水。今天我们都被邀请去雷宾德尔将军①家做客,但我没去,所以现在姐姐卡佳和姐夫亚历山大都不在家,他们去将军家用餐了。别认为这是我的任性,不是的。你可能知道,在使用顺势药物时,任何块根类食物都不能吃,也不能擦香水。我和孩子们都待在家里,季娜坐在我旁边缝东西,她感谢你寄的照片,觉得很有意思。我刚给卡佳喂了粥,她随后就睡着了。林德格雷恩禁止她吃粥,交代过只能喂她母乳,但她已经习惯了吃粥,奶妈一给她喂奶,她就开始尖叫,她无法突然改变饮食习惯。我偷偷地一天只喂她一次,不让医生知道。她食欲非常好。由于我现在独自一人在家,所以没人打扰我写信。现在写信对我来说是头等享受,但愿我的信不会让你厌烦。你是我的快乐,我的守护天

---

① 卡尔·马克西莫维奇·雷宾德尔:下诺夫哥罗德高等法院主席。

使。写信给我，别让我苦闷。我可以提出这样的要求吧，尤其是对你，你知道我是多么爱你，我唯一的幸福就是和你在一起或者思念你！现在姐姐卡佳从雷宾德尔家回来了。明天再继续写信吧。

  3月31日：尽管我不太愿意去做客，但无法拒绝雷宾德尔的邀请。昨天他为姐姐卡佳安排了一场音乐会。他得知我健康不佳后，一大早就亲自来咱家，请我也去做客。我回答说，我还没问过医生，没有医生的允许是不会出门的。他当天就去问了医生，第二天又派人来邀请。林德格雷恩医生允许我出门了，所以我 bon gré, mal gré①强迫自己参加社交活动。昨天早上他又派人来了解我的健康情况，并再次邀请去他那儿做客。所以我决定前往。他说，他不会邀请其他人。他也确实没邀请其他人。但是城里所有人都知道我们会去做客，所以有些人就商量好，假装是偶然路过，只是为了听一听姐姐的演唱。②彼得·米哈伊洛维奇③得知有人有这个打算，前来提醒，姐姐却决定不在任何人面前演唱。我们到将军家时，发现房间里满是客人，有男士，也有女士。女士们都穿着华丽，穿金戴花。我们不知道会有这么多客人，所以穿得很朴素，这让我有些不好意思，抬不起头来。从各方表现来看，就算副省长夫人祖博娃、男爵夫人施里宾巴赫*等都已到场，所有人也还在等着我们。我们刚一进来，音乐会就开始了。首先演奏了一首 <u>Ouverture</u>④，我不清楚出自哪一部歌剧。然后 <u>Pelagini</u>⑤演唱了一首相当长的、很有难度的咏叹调。她看到姐姐卡佳后显得非常紧张。再然后是一首小提

---

① 不得不。（法语）
② 叶·安·阿列克谢耶娃（原姓阿西尔）是优秀的音乐家和声乐爱好者。这位嗓音优美的女低音影响了作曲家柴科夫斯基童年和青年时期的音乐视野。
③ 全名彼得·米哈伊洛维奇·斯特列穆霍夫，具体不详。
④ 序曲。（法语，后同）
⑤ 意大利人名佩拉基尼，指当时在下诺夫哥罗德的一位意大利女歌唱家，后同。

琴四重奏,音乐非常动人。接着,Pelagini 又唱了一首很有难度的咏叹调。最后又是一首 Ouverture。音乐会就这样结束了。音乐会结束后,大家开始玩 2 卢布的惠斯特桥牌,我也参加了,还赢了彼得·米哈伊洛维奇 1 卢布 80 戈比。尽管所有人都试图说服姐姐唱点儿什么,但都没成功,她在这晚变成了一个 d'une trés difficile①的角色。梅辛克,à propos②,和所有人都打了招呼。

建议你,我亲爱的伊利奇卡,尽快把我接到你身边。我与你相

图 2-6
叶卡捷琳娜·安德烈耶夫娜·阿列克谢耶娃
圣彼得堡 19 世纪 60 年代

附言:
叶卡捷琳娜·安德烈耶夫娜,生于阿西尔家族,是亚历山德拉·安德烈耶夫娜·柴科夫斯卡娅同父异母的亲姐姐。

---

① 极难沟通。(法语)
② 顺便一提。(法语)

处这么久，却从来没听你夸过我漂亮，只在这儿才听到这样的话。至于我的姐姐卡捷琳娜就更不必说了，她逢人便说我是个美人。除她之外，昨天晚会上还有许多人也都觉得我长得很不错。梅辛克说我的眼睛很漂亮，重复了三次；就连彼得·米哈伊洛维奇·斯特列穆霍夫这位老先生也说我的眼睛很美。我在这儿还见到许多漂亮的眼、鼻、唇，还有出色的头脑。所以，我的守护天使，如果你不尽快把我带走，我就再也不想离开这儿了，我永远都不会再想起你这个老头子，就连写这封信都让我不情愿了呢。我只是感到很惊讶，自己在不情愿的情况下，还能写到第三页。我们的女儿卡佳还是那么焦躁。城里出现了天花，这让我有点儿害怕，所以我希望她能尽快接种疫苗。卡尔·马克西莫维奇·雷宾德尔答应从一个健康的孩子身上提取天花痘苗。起初，林德格雷恩医生本人是同意给她接种的，但检查后发现她太瘦弱，另外这里天气也不是很好，所以我不知道未来会发生什么，上帝是否会让她幸免。幸好季娜是健康又快乐的。为了庆祝节日，我给家里每个仆人都添了新衣，但什么都没给自己买。到目前为止，我对家里人都很放心，特别是对卢克里亚*，她已经开始恶心和呕吐了，她不吃不喝，还受不了烟味。姐姐卡佳和姐夫亚历山大也很健康，他们互相照顾，彼此关爱。但是，你不在身边，这世上我唯一的挚爱、我的守护天使和亲爱的伴侣，我感到非常苦闷，一切都毫无乐趣。每天，天一亮，我就盼着夜晚快来。总之我从未像现在这样痛苦，唯一的慰藉是给你写信，我的爱人。让我们的女儿季娜和卡佳亲吻你的双手吧，请你赐福。虽然我舍不得就这样收笔，但是没办法，该把信送往邮局了。让我亲吻你温柔的双手、你蓝色的双眸、你的额头、头发、鼻子、脸颊，特别是你天使般的唇。我会与你的祝福同在。

你忠实的、爱戴你的朋友和妻子萨莎[①]

[①] 萨莎是亚历山德拉的昵称。——译注

7. 伊·彼·柴科夫斯基致亚·安·柴科夫斯卡娅
1837年3月27日 星期六　晚十一点　沃特金斯克工厂

　　我的天使，无与伦比的妻子！终于，在这漫长的旅程之后，我今天清早到了目的地，或者更准确地说，我终于挣扎着到了这儿。他们让我从喀山出发走最近路线，但这条路太糟糕了，完全没料到。路上全是坑槽，马车左右颠簸，四匹马一路在坑洼中挣扎前进。这还不算什么，更糟糕的是宽敞地段长满了树丛，有时我甚至得在一俄里路上挣扎一个小时或更久。想象一下这个处境吧。这种情况就像是被有意安排的一样，经常发生在夜间。马是没问题，但车夫都是鞑靼人、奥斯加克人[①]、楚瓦什人和车里米斯人，该死的，他们一句俄语也不会说。于是我就这样度过了难挨的三天，没地方洗脸，没茶喝，也没刮胡子。等我走上你来时会走的那条大路，我便决定不再沿着小路去沃特金斯克工厂了，而是直接去伊热夫斯克工厂。昨天一大早我就到了。警察局局长（库恩的姐夫）为我安排了极好的公寓，还立即赶来拜访我。我换上整套制服，和他一同前去会见涅拉托夫将军[②]。将军非常热情地接待了我，安排人带我参观工厂和军械库。他承诺会亲自带我到处转转，但因公务繁忙未能兑现，于是我就和警察局局长[③]一起参观了整个工厂。

　　将军邀请我吃午饭，他态度十分亲切，我无法拒绝。参观结束后，警察局局长又邀请我去他家做客，他的妻子（库恩的妹妹，苏珊娜·伊万诺夫娜）是位美丽的女士，对于我不想在他们家逗留表

[①] 主要生活在西西伯利亚地区西部（俄罗斯中部鄂毕河流域）的民族，亦称汉特人，所用语言是乌拉尔语系—乌戈尔语支中的一种鄂毕—乌戈尔语。——译注

[②] И. А. 涅拉托夫：伊热夫斯克工厂厂长，中将。

[③] А. С. 谢苗尼科夫：沃特金斯克警察局局长。

示非常遗憾。但她要我答应，一定要说服你去他们家做客，让她开心一回，哪怕只有一分钟。因此，亲爱的，我请求你满足她的愿望。他们是一个大家庭，夫妻俩确实是一对儿好人。

到了下午两点，我见到了涅拉托夫将军，他把他的妻子①介绍给我认识。她真是位极好的女士！你肯定会喜欢上她的，她托我请求你，无论如何都要和你认识一下，甚至要安排你直接在他们家住下。他们有很多孩子，我都数不清。他们还邀请了很多军人，都是很优秀的人，我和他们一一结识了，不过我不清楚这些是不是为我而准备的。星期五要斋戒②，他们没有设宴，所以我猜这些客人应该是为了我的到来而受邀的。午餐前他们邀请我玩惠斯特桥牌，我赢了所有人，包括那位最受尊敬的将军夫人，她对我很和善。午餐后，打完餐前暂停的最后一圈③牌，我就离开了。苏珊娜·伊万诺夫娜恳请我先喝杯茶再上车。与此同时，他们向维亚特卡送去了我即将抵达的消息。在各处驿站（从伊日河到维亚特卡河④的七十俄里路上）都有人迎接和送行，我一刻不停地换马。今天早上六点，我从远处看到了沃特金斯克工厂和骑马而来的哥萨克人。警察局局长骑着马在拦木边迎接我并呈递了报告，哥萨克人在前面带路，就

---

① Ф. Е. 涅拉托娃（原姓韦利科波尔斯卡娅）：伊热夫斯克工厂厂长 И. А. 涅拉托夫将军的妻子。
② 东正教国家的宗教节日，分为大斋节（多日斋戒）和小斋节（一日斋戒）。东正教教会规定，大斋节（距复活节四十天起）期间，教堂内祭台上不供鲜花，停止一切娱乐活动，每天只吃一次饱餐，早晚只吃半饱或更少，还要在星期五守斋；小斋节（每星期五）当天不得食肉类。——译注
③ 在一些纸牌游戏中，三个独立的牌局为一"圈"（роббер），例如"惠斯特"（вист）、"文特"（винт）、桥牌等。
④ 指伊日河到维亚特卡河之间的驿站。

像是在给阿巴斯·米尔扎①带路一样，人们从窗口和大门探出头，就像看着什么新鲜事。最后，我们在大门前停了下来。很多官员到场，有的人帽子上有帽缨，有的人没有，各个昏昏欲睡。一个人说，工厂一切安好。另一个人说，整个地区一切安好。还有一个人说，车间一切安好。有个前线营的年轻中尉带着他的小队和勤务兵赶来，喊着："队伍全部安全就位。"我对他们说了句："都下去吧。"我只想睡觉。路易莎*已经从兹拉托乌斯特和叶卡捷琳堡回来了，我下榻在她家侧屋，这会儿她还在休息。今天中午十二点，所有官员都赶来见我。瓦西里大司祭②和他的神职人员带来圣饼。冯·西格尔（前任市长的儿子）③按上级指示在这儿等着我，他娶了西林娜*，你的同学。他们夫妻俩都来了，西林娜很想见你。明天他们就要返回在兹拉托乌斯特的家了。

见过所有人后，我见到了路易莎。你知道吗，她整晚都在咳嗽，早上才能睡下。她真可怜，好像得了肺结核，瘦极了。她见到我很高兴，可我没办法在她那儿久留。我动身去了工厂，初步看了看，一直待到下午三点。我在路易莎那边用午餐，她有自己的厨师。咱家在这儿要住的房子非常漂亮，而且宽敞。午餐之后，按照俄罗斯传统，我去了澡堂，现在还穿着浴袍躺在书房里呢。与此同时，我已经开始忙公务了，还有很多事要处理。

---

① 阿巴斯·米尔扎（1789—1833）：伊朗政治家、军事家。——译注
② 瓦西里·叶戈罗维奇·布利诺夫：卡姆斯克-沃特金斯克工厂报喜大教堂的大司祭，是柴家在沃特金斯克出生的所有孩子的教父，柴科夫斯基少时曾随他学习神学和俄语。
③ 安德烈·赫里斯季安诺维奇·冯·西格尔：前沃特金斯克市长之子，彼尔姆矿业董事会成员。

你知道，我们的行李和人员还没到达。明天我会派信使去维亚特卡接他们，把他们带过来。我一直忙到晚上十一点，邮局还在等着这封信。我饿得要死，但更想睡觉。难得这会儿可以看看什么，可以坐一坐了。彼得·格雷诺夫*整晚都在我身边转悠，还逗狗玩。向我亲爱的朋友，向亚历山大姐夫、亲爱的卡佳姐姐送去一千个吻。

而对你，我无价的伴侣，吻你一百万次，让我抱着你，拥你入怀。明天我会参加日祷和宣誓仪式，还要和瓦西里大司祭一同用餐。我要为小季娜和小卡佳祈福，也会为你们所有人祈祷。我每天晚上都会给你写信。明天见，我的生命之光。

全心全意爱着你的
伊利亚

8. 伊·彼·柴科夫斯基致亚·安·柴科夫斯卡娅
1837年4月7日　星期三　晚十二点　沃特金[斯克]工厂

<u>4月4日、5日、6日</u>：全世界最美、最优秀的女士，我的妻子萨申卡①！从星期日起我又开始写日记了。一部分原因是我一整天都忙忙碌碌的，还有一部分原因是我没遇到你会感兴趣的话题。但无论如何，我都应该简要和你说说这段时间发生的事。星期日，我刚一睁眼，官员们就聚在会议室了，几乎全员都在，无一例外，这是这边工厂的传统。我急忙快速穿好衣服，去接受汇报和问候。和众人谈论公务很占时间，以至于我差点儿错过日祷。我匆忙赶往教堂，听了一场很棒的音乐会，还听了大司祭瓦西里的布道。日祷结束后，身着法衣的瓦西里对我说，他晚上要来找我。从教堂出来

---

① 萨申卡是亚历山德拉的另一昵称。——译注

后，我便去看望熟人。我拜访了医生①，结识了他的妻子。她出身于迈尔家族（她是戈罗布拉戈达特工厂前任厂长的女儿），她小时候在彼尔姆②就认识我了。他们家孩子很多，日子过得不错。我拜访的第一位董事会成员是维勒格宁*，他的妻子是瑞典人，甚至有点儿像楚赫纳人③，她谈吐质朴，从面相来看是个善良又文静的女士。我拜访了管理人罗曼诺夫少校④，他妻子面相可爱，就是嘴唇有点儿厚，不然她会很漂亮的。她现在身材不佳，因为怀孕了。他们有两个或三个孩子，都像父亲一样结实。我看望了英国人彭恩⑤，没见到他妻子本人，但从照片看，她的鼻子很红，听说她是位非常好的女士。我到这儿的第一天在路易莎家见到了他的女儿们⑥，不过没什么印象，她们不是很好看，只能说是非常可爱，他还曾差点儿失去其中的一个。我喜欢彭恩先生，他是个善良聪明的老者。最后我去了路易莎家，喝了咖啡，吃了简餐，回来看了看我做的记录，现在桌子上还堆着很多没看完的。然后，我应邀在维勒格宁*家用午餐。为了给他们解闷，我献土弹奏了奥丌斯里特翁琴⑦，听众都听哭了。大家聊聊这个，说说那个，直到午夜十二点，路易莎端来冷盘，大家吃完就各自散了。

---

① 西尔维斯特·费奥多罗维奇·图切姆斯基：沃特金斯克工厂的医生，曾是沃特金斯克医院的管理者，与柴家关系密切。
② 1818 至 1820 年间，柴父曾在彼尔姆矿业董事会供职。
③ 1917 年前，俄国人将居住在圣彼得堡附近的爱沙尼亚人和芬兰人称作楚赫纳人（чухонка）。——译注
④ 瓦西里·伊帕托维奇·罗曼诺夫：矿业工程师，沃特金斯克工厂管理人员。
⑤ 萨姆纽尔·彭恩：沃特金斯克工厂冶金师，英国人，与柴家来往密切。
⑥ 萨姆纽尔·彭恩有两个女儿，分别叫阿利萨、苏珊娜。
⑦ 柴科夫斯基家中的机械乐器（оркестрион，由 Winterhalter 公司制造），这种乐器可以模仿管弦乐团中的各种音色。通过父亲的演奏，年幼的柴科夫斯基第一次听到莫扎特、贝利尼、罗西尼、多尼采蒂等人的音乐作品（《选集》，第 1 卷，第 41 页）。

星期一是工作日，一切照常进行。中午十二点前我都在家处理事务。之后我先去了办公室，又从办公室去了工厂，在工厂一直忙到下午四点。我在路易莎那儿用了午餐，休息了一下，一直忙到凌晨一点。这期间还有许多官员来访。昨天，也就是星期二，我焦急地等着邮递员和你的回信，但是，我的天使呀，我并没收到。为什么在我刚离家后那几天里，你都懒得写信给我呢？三个星期没有你的消息了，我非常苦闷，不然我也不会像现在这样陷入沉思。昨天处理了[很]多文件，工作很忙，根据我了解的情况，进展不太顺利。我需要时间来适应这里的工作节奏和各项事务，对此我并不担心。感谢上帝，我很健康，我不仅需要工作，还感到在这儿对自己很有益处。我收到了母亲①的信，随这封信寄给你看看。今天我把邮件也准备好了，正要寄出去，寄往西伯利亚或叶卡捷琳堡。

我们的房屋正在粉刷了。再会，亲爱的，愿上帝保佑你安心入眠。

4月8日：不知道你对我的布置是否会满意。我把拐角房间安排为我们的卧室。卧室加了两个隔断，改成儿童房，一边留给我们的小卡佳、奶妈和保姆，另一边留给大女儿季娜和格拉菲拉·季莫费耶夫娜②。如果你不喜欢，那我就白费功夫了，不过往后可以按你的想法安排。墙已经刷好了：大厅的墙是黄色的，前面放了一个浅紫色的桌球台子；客厅是蓝色的，有圆形的壁龛，配了一个蓝黄相间的帐篷式沙发；卧室的墙也用了浅紫色；孩子们的房间是浅棕色，女仆的房间是原来的粉红色，没重新粉刷；餐厅照旧是黄色

---

① 柴母的继母阿马利娅·格里戈里耶夫娜·阿西尔（原姓高格里）。
② 很可能指柴父的表亲格拉菲拉·季莫费耶夫娜·拉宾诺娃。柴父在1851年写给自己母亲的家书中提到她当时住在下诺夫哥罗德。

的；书房仍然是绿色的。从女仆房间走下楼梯就是储藏室，面积很小。我不知道新家的储藏室该怎么安排，安排在哪儿，等你来了我们再商量。这儿没有冷藏室，不过有一个大铁柜。地下室很规整，分为两个区域。花房和温室情况不佳，现在已经种了植物，但在你来这儿之前黄瓜是怎么都长不出来的。卡捷琳娜*有些身体抱恙，医生正在给她治疗，她已经感觉好些了。阿库林娜①发福了，像个桶一样。米特卡也长大了，不是睡觉就是淘气。小狗们也都很健康。其实，等你到这儿后，所有家务都会由管家Ф. B. 米尔诺娃*向你汇报，地板、门、窗都会在节日前重新粉刷。

　　此刻已经是凌晨一点。我午饭后睡了一觉，所以现在还不困。你过得怎么样，我的最爱？身体好吗？孩子们在做什么？我亲爱的兄弟亚历山大和姐姐卡捷琳娜②都好吗？我时常惦念家里的一切，哪怕是在办公室、工厂和书房中工作的间隙。你不久就该为出发做准备了。我一直乘轻型马车出行，现在还有一对良驹和一位机灵的车夫，他会供你使唤。这儿有一辆供你出行的四轮敞篷马车，还需要租一辆四轮轿式马车。就写到这儿吧，拥抱你，祝福你和孩子们。

　　4月9日：我通常会在晚上结束所有工作后给你写信，我想象你清晰的身影出现在我身边，就好像你确实在和我面对面聊天一样，我的爱人！我还记得我们关于你出行的最后一次聊天，而你收到这封信时就已经在为启程准备了。再过二十一天，我就要见到你了。这里很干燥，森林里还有积雪，池塘里的水也没见涨，这些都让我心烦。请让亚历山大兄弟提前检查一下维[克托]•季[莫费耶维

---

① 柴家仆人。作曲家柴科夫斯基在世的最后一年曾访问蒙贝利亚尔，随后在致莫杰斯特的信中提起她（《作品全集：著述与书信》，XVI- Б，第213页）。

② 卡捷琳娜是叶卡捷琳娜的昵称。——译注

奇]·谢尔琴准备的马车，也请让他安排下座位吧。如果两把摇椅或两辆卡兰达斯①不够，那就都各加一个，只要你们舒适、方便就好。我的天使，别舍不得花钱，只要能平安到达就好。请按姐夫亚历山大说的那样，给姐姐卡佳编个篮子吧。乘车从喀山去叶拉布加②吧，那条路很好走，只是你得（从喀山）带上茶壶和茶杯，因为你是出了名的讲究，是不会用鞑靼人、切列米斯人③或沃佳克人④的粗制茶壶和水壶的。

到喀山之前的路上，各个站点都很美，有休息和坐着的地方。喀山之后，沿路情况会越来越差，但也不全是。有两个地方似乎是需要你渡过伏尔加河的，渡船质量既好又安全。你还需要渡过维亚特卡河，之后就没有需要渡河的地方了。如果你5月初出发，那么途经斯维亚日斯克市或靠近它时，还得走四俄里水路。别怕，那儿既安全又舒适。你会乘船而行，据说这些船可载运整个军队。

今天墙面的粉刷完成了，地板也打扫干净了，明天只需要粉刷客厅和卧室的墙面，其他地方就不必粉刷了。我会尽我所能让我可爱的妻子开心，甚至要让你满意。我命人打制了床和摇篮。我没下令拆除楼上的路德教会堂，⑤等你先来看看，再下令拆除，只要几个小时而已。你一定要告诉我出发的日期和时间，这样我就可以安排，是去伊热夫斯克工厂接你，还是去萨拉普尔⑥。最好是去前者，

---

① 卡兰达斯（Карандас）是一种敞篷长马车。
② 今鞑靼斯坦共和国卡马河畔的一个城市。——译注
③ 马里人的旧称，伏尔加河与卡马河流域的居民。今大多生活在马里埃尔共和国境内。——译注
④ 乌德穆尔特人的旧称，另一旧称是奥佳克人。——译注
⑤ 此处细节表明这栋房屋之前另有主人。
⑥ 今乌德穆尔特共和国的一个城市，位于乌拉尔山脉以西，卡马河下游右岸。——译注

不过随你的心意吧，如果你不想结识涅拉托娃将军夫人①，那就去萨拉普尔附近，你说个地点，我就会派马，派所有能差遣的四轮敞篷马车和轻型马车，让他们去等你。正值春天，一路风景如画，满眼草地、林地，景致秀美。

只是别忘了，5月初的伏尔加河畔仍然很冷。

再会，我的天使，祝福你和孩子们，替我亲吻姐夫亚历山大和天使般的姐姐卡佳。

<u>4月10日</u>：信已收到。我立即把杂乱的"日志"寄给我的伴侣，希望你会知晓，我每一天、每一分钟都想和你在一起。我的挚爱！我不敢说"想你"，怕这样会引你思念。我希望你完全不会感到寂寞，而是相反，希望你在下诺夫哥罗德玩得开心。这对你的健康很重要。想象一下，当我看到红彤彤的你，更恰当地说，粉扑扑的、胖乎乎的、高兴的你，我会多么开心和兴奋。我会丢掉理智，大叫起来，跳起来，紧紧抱住你。快乐的情绪有益健康，快乐和健康，二者缺一不可。你要是跳着、闹着，我也跟你一起，我的工作会让位于消遣，一切都会变得轻松；你要是变得苦闷，我也会感到苦闷，我的头脑会变沉重，我会变成一个脾气暴躁的老头子。所以，我动人的小星星，努力绽放光芒吧，给我带来快乐吧。我刚从澡堂出来，还没完全休息好，晚餐却已经准备好了。感谢好心的路易莎·卡尔洛夫娜，她很照顾我，还关心我的饮食。我午餐吃得很好，中午和晚上都会喝咖啡，这些大部分都会送过来。午餐我会去她那儿吃。

今天清晨忙了好久，一直忙到下午四点，我正在适应圣彼得堡式的生活方式，也就是下午四点用餐。看来我应该一直这样安排时

---

① 柴父在之前的通信中曾写过，И. А. 涅拉托夫将军的妻子 Ф. Е. 涅拉托娃非常想和自己的妻子认识一下。

间，否则会很麻烦。不过，等你过来后，我们可以再商量。请带些菜园的种子吧。路易莎给了我很多东西，但似乎都是旧物，而且这里吃不到西瓜、甜瓜、花菜和蒸萝卜。

再会，我的天使，要保持身体健康，心情愉快。让我亲吻你的双手、指尖、双脚、膝盖、脸颊、嘴唇、额头、眼睛，让我吻遍你。

你的知己和忠诚的
伊利亚

又：向亲爱的朋友们，向姐夫亚历山大和姐姐卡佳分别送上一千个吻。啊，要是亚历山大能让姐姐卡佳①来和我们做伴就好了。要真能这样，我会向他深深鞠躬，我会亲吻他，我会把他的"牺牲"当作"恩赐"。

9. 伊·彼·柴科夫斯基致亚·安·柴科夫斯卡娅
1841年1月20日　圣彼得堡

我现在要去科尔皮诺。关于大女儿季娜的事还没解决。我拜访了继承人②，他非常友好。昨天我让母亲③去见一见卡韦林④，向他打听一下季娜的事，但那个卑鄙之徒竟对她非常冷淡，并且几乎断

---

① 柴母一路上有其姐姐和姐夫陪同。显然，柴父希望柴母的姐姐能留在沃特金斯克一同照顾孩子。
② 亚历山大二世（当时尚未继位）于1837年访问了卡姆斯克-沃特金斯克工厂，与柴父建立了私交。
③ 柴母的继母阿·格·阿西尔。
④ 德米特里·亚历山德罗维奇·卡韦林：曾任圣彼得堡大学、圣彼得堡总师范学院院长。官位显赫，在大公亚历山大·尼古拉耶维奇（后为亚历山大二世）参观卡姆斯克-沃特金斯克工厂期间是随行成员。柴父由此与他结识。

56 然拒绝。今天我非常忙，明天我将最后试一次，去恳请参谋长，①如果他也没办法，我就靠自己供季娜上学。如果一切顺利，我可能会安排她去你——我的天使——曾就读的爱国主义学院②！那所学院培养的女子多么纯良。

我想和阿诺索夫③将军一同前往，请等我一个星期。祝科里亚④、别佳⑤和季娜健康成长。

你忠诚的
伊·柴科夫斯基

10. 伊·彼·柴科夫斯基致亚·安·柴科夫斯卡娅
1844 年 8 月 6 日　　沃[特金斯克]工厂

星期日⑥：我的天使！昨天和你告别时，为了不在他人眼中显得懦弱，我没当众而泣。但是，尽管我很坚强，泪水还是不由自主地流了下来。我闭上眼睛，安抚着彼得，他因为没被母亲带着一起去圣彼得堡而痛哭。送走你和随行众人之后，我深刻地感受到分别的代价——我几乎无法控制自己的情绪。我感到自己变得不正

---

① 柴父为供女儿季娜伊达在矿业和盐业司的下属学院（即圣彼得堡圣叶卡捷琳娜学校，也称叶卡捷琳娜学院）学习而请求拨款。馆藏信息：ЦГА УР, ф. 212, оп. 1, д. 4918, л. 1. 相关研究见：П. И. Чайковский и Удмуртия. К родословной: Сборник документов. Ижевск, 2001. С. 68.
② 爱国主义学院（前身为女孤儿院）是为 1812 年战争的参战人员的遗孤设立的女子教育机构。柴母毕业于该学院，她的俄语老师是诗人普希金的朋友 П. А. 普列特尼奥夫，普希金的《叶甫盖尼·奥涅金》即题献给他。
③ 帕维尔·彼得罗维奇·阿诺索夫：工程师，毕业于矿山学院，曾供职于兹拉托乌斯特工厂。他改进了钢铁生产，对乌拉尔地区矿藏亦有所研究。
④ 家中第一个儿子尼古拉（1838—1911），昵称科里亚。——译注
⑤ 家中第二个儿子彼得，昵称别佳，即后来的作曲家。——译注
⑥ 在原件中，此处的"星期一"被划掉。

常，注意力分散，反应迟钝。等马匹准备好，彼得平静下来，他和娜[杰日达]·季[莫费耶夫娜]①、帕·彼得罗夫娜*乘了一辆马车。六匹马和御马手吸引了他的注意力，不过他依然无法停止抽噎，坚持要追上你，和你一起走。而我们的马车刚驶了一分钟，彼得就睡着了。因为无事可做，卡尔塔舍夫*和巴达耶夫②玩起了猜硬币游戏，我则每分钟都牵挂着你，我的挚爱！可能你当时正在哭泣。让我唯一感到宽慰的是，你不是一个人，罗[曼诺夫]（？）会尽力安排平稳的旅途。驿站就像路标一样，一个个飞快地过去。在第三个驿站更换马匹时，我喝了一杯波特啤酒，带着彼得继续前行。我们步行走了两俄里，随后马车赶了上来，我们才上了车。我们在托伊基诺③喝了茶，是瓦[西里]·谢苗[诺维奇]劝我来这儿的，因为这样就不用交驿马费了。夜里一片漆黑。我不停地责怪菲什卡弄丢了你房间的烛台。你的房间没有你走后第一晚那么亮了，但可能会让你睡得很好。我们今天早上七点回到家，一切顺利。萨莎④和波利亚⑤高呼着出来迎接我。前一天波利亚洗了澡，所以他这晚睡得很香，看起来他已经不再腹泻了，至少到现在为止情况良好。孩子们和纳斯佳⑥，还有表姐娜[杰日达]·季[莫费耶夫娜]，今天都去墓地教堂做节前日祷，我则忙着会见客人和官员。我非常感谢帕·彼得罗夫娜，她一路上都抱着彼得，照顾他。这一天，除了卡尔塔舍夫*和巴达耶夫，没人用过午餐。趁他们午餐后离开，我躺下睡了一会儿。后来邮递员送

---

① 娜杰日达·季莫费耶夫娜·瓦利采娃（原姓拉宾诺娃）：柴父的表姐。
② A.C.巴达耶夫：沃特金斯克工厂的工程师。
③ 今维亚特卡省萨拉普尔斯克区的托伊基诺村。
④ 家中第三个女儿亚历山德拉（1841—1891），昵称萨莎。——译注
⑤ 家中第三个儿子伊波利特（1843—1927），昵称波利亚。——译注
⑥ 阿纳斯塔西娅（昵称纳斯佳、纳斯塔西娅）·瓦西里耶夫娜·波波娃：柴父的外甥女。

来了万尼亚·叶夫列伊诺夫①的信。他在信中说,彼得②在他们那儿没待多久,还说我们庆祝命名日那天,艾米利娅·Л*用鲜花装饰了我的照片,他们也一同庆祝了。没有什么重要的消息。后来孩子们去滑雪,我读了会儿报。没有你,我亲爱的、善良的天使,我感到非常无聊!你现在还在途中,愿上帝保佑你!睡吧,我的天使,晚安,我也去睡了。替我祝福科里亚。午夜钟声响了。

11. 伊·彼·柴科夫斯基致亚·安·柴科夫斯卡娅
1844 年 8 月 8 日　沃[特金斯克]工厂

星期二,上午:我非常感激表姐娜[杰日达]·季[莫费耶夫娜]和外甥女纳斯佳对我,对孩子们,对整个家庭的付出和关心。她们一直努力让所有人都过得好。到现在为止,一切都很顺利。纳斯佳正睡在儿童房的小床上,孩子们也都在熟睡。感谢上帝,一切平静,我也能好好睡个觉了。波利亚早上醒了三次,但他身体健康,情绪良好,感谢上帝。不过,我们还是给他喂了些蛋白,又给肚子涂了药。萨莎像天使一样健康快乐。别佳经过昨天的惩罚,变得聪明又听话。家里一切安好。

请代我亲吻亲爱的母亲的双手,亲吻丽莎和瓦西里③。

愿上帝保佑你!我们晚上再继续聊。

你真诚的爱人
伊[利亚]·柴[科夫斯基]

---

① 万尼亚是伊万的昵称,指柴父的外甥伊万·伊万诺维奇·叶夫列伊诺夫。
② 彼得·伊万诺维奇·叶夫列伊诺夫:柴父的另一个外甥。
③ 柴母的姐姐伊丽莎白(昵称丽莎)·安德烈耶夫娜·绍贝特(原姓阿西尔)和姐夫瓦西里(昵称瓦夏)·瓦西里耶维奇·绍贝特。

12. 伊·彼·柴科夫斯基致亚·安·柴科夫斯卡娅
[1844年]8月15日　星期二　晚上　[沃特金斯克工厂]

画上画的是坐在我旁边桌子上的小波利亚，他用笔刷扫着他撒上去的沙子，坐在他面前的是我的外甥女纳斯佳。

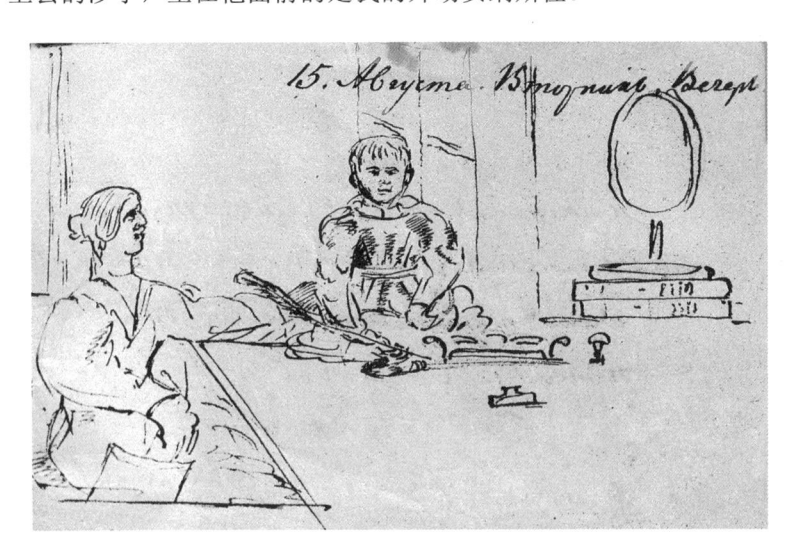

我的天使，今天清晨我给你寄了第二封信，或者说，是完整的"家事日志"。除了小波利亚以外，我们所有人都去了教堂。从教堂回来后不久，我们收到了来自维亚特卡的圣像，包括圣尼古拉·维利科雷茨基（显灵）像、圣米哈伊尔像和齐赫文斯卡娅圣母像。教堂的大司祭来做了祷告。我们都为你——这位最可爱的母亲，还有可爱的小科里亚祈祷，愿上帝保佑你们旅途顺利。应我的挽留，神职人员在家中品尝了一块饼，之后他先去了邻居 M.C.* 家，然后去了奥雷舍夫①家。我们今天很早就吃了午餐，风很大，所以孩子们

---

① B. A. 奥雷舍夫：沃特金斯克工厂的工程师，毕业于矿山学院，就职于乌拉尔山脉矿山工厂。曾赴瑞典学习冶金学，著有关于卡姆斯克‑沃特金斯克工厂炉料生产的文章（载于：Горный журнал, 1843）。1839年起在沃特金斯克工厂供职。

午餐后没出去玩，不过他们商量着晚上要去拜访亚·帕·阿列克谢耶夫①。晚上七点，表姐娜[杰日达]·季[莫费耶夫娜]与丽达②、别佳和萨莎出发了，我与外甥女纳斯佳留在家里照看波利亚。这晚波利亚非常可爱、有趣，他开始站起来说话了，能尤其清楚地说出"给我""我""躲开—躲开""那"和"管子"什么的。

　　午餐后我开始感到无聊，是孩子们让我快乐起来。很快，医生③来了，我们聊了很久，然后警察局局长④和奥雷舍夫也来了。就这样，时间一晃到了晚上八点，波利亚该睡觉了。我们去接孩子们，看到他们正在开心地玩耍。我们在那儿待了不到三刻钟就回家了。

　　8月16日，星期三，晚上：我的天使，今早卡尔塔舍夫一家*的到来打断了我和你的"聊天"。他们昨晚抵达时，我已经睡着了，显然我睡得很沉，没听到任何声音。帕·彼得罗夫娜住在楼上，В.С.*留宿在我的书房。早上我们一边喝茶和咖啡一边畅聊。我非常感激他在伊日布[……]⑤那件事中给我的帮助，他善于说服那个在自己放荡儿子的唆使下行事如此下作的老混蛋。伊日布愉快地同意在9月支付1800卢布，不过，是以向В.С.还债的名义，即他是向В.С.借的这笔钱。今后，我将不再与伊日布来往，而是与卡尔塔舍夫来往。虽然我还没有收到钱，但这件事已经解决了，我想应该

---

① 亚历山大·帕夫洛维奇·阿列克谢耶夫：沃特金斯克工厂的工程师，海锚仓库看管员。他去世后，其子韦涅季克特（昵称维尼奇卡、维尼亚）与柴家孩子们共同成长，接受教育。
② 莉季娅（昵称丽达）·弗拉基米罗夫娜·柴科夫斯卡娅（夫姓奥利霍夫斯卡娅，1836—1892）：柴父的侄女，自幼孤儿，被柴家收养。
③ 沃特金斯克工厂的医生图切姆斯基。
④ 沃特金斯克警察局局长 А.С.谢苗尼科夫。
⑤ 在原件中，该人名未写完整，故用省略号。"日伊布"（Ижб.）的身份无法确定，柴父在信中谈到此人时均用该简写代替全名。

会付清那笔政府债务了。所以，我今天心情很好。请尽快告诉我：你把钱付给弗洛罗夫斯基*了吗？以后不需要再付了，我会遵照规定程序，从邮局把应付款汇给他。事情处理好，我才会安心。你今天好像是要离开下诺夫哥罗德的。亲爱的，怎么样了？采购办妥了吗？我迫切等着你从下诺夫哥罗德的来信。你买好两面镜子、花瓶塞子和地毯了吗？卡尔塔舍夫答应给我们的客厅提供优质家具，价格很便宜，所以我需要了解，你已经具体买了哪些家中用品。如果你没忘记从集市上买一两块长条的蓝色呢子①来搭配家具，那就太好了，这些东西很必要。

孩子们很健康，都已经睡着了。我们在玩朴烈费兰斯②。

<u>8月17日，星期四，上午</u>：我正在去莫斯科的路上，亲爱的，我好想你。昼夜风景都很美，我心情很好。愿上帝保佑，一路畅行无阻。和车队一起赶路会有些烦闷，因为不管我想不想，都得停下来检修、换马，等等。何时从圣彼得堡回来，完全由你决定。在那边待多久都可以，只要完成<u>此行目的</u>就好。当你感到无聊时，就收拾行李回家吧。尽量在晴朗的夜晚出发。预先告诉我：你将在哪天出发，走哪条路线，打算在哪里过夜？你是否想去看看妹妹卡捷琳娜·安德烈耶夫娜，是否计划去列坚格斯克③？希望哪天到家？得好好规划一下。昨天我和卡尔塔舍夫商量好了，如果你经过喀山，我们就去接你；如果你经过维亚特卡，我们会去那儿接你。无论你怎样规划，除非你找到哥萨克人别洛克雷洛夫，否则只要你开口，

---

① 当时的"呢子"是比亚麻布更薄的织物，通常染成浅色。
② 一种纸牌游戏。——译注
③ 今沃洛格达州托特明斯克地区的一个城市，列坚格斯克矿泉位于森林中盐煮场附近。

无论是在莫斯科、雅罗斯拉夫尔、沃洛格达还是列坚格斯克，哪怕是整个维亚特卡省，我都会下令让阿·德[米特里耶维奇]·伊格纳捷夫*去护送你，并且立即提供马匹。如果你打算去列坚格斯克，完全可以，那就先写信给万尼亚*或伊万·雅科夫列夫*，让他们在沃洛格达迎接你，护送你到维亚特卡。这样一来，你就只需要付圣彼得堡到沃洛格达那一段的驿马费了。我提前给你安排了回程计划。希望你，我的天使，在圣彼得堡期间过得愉快。

孩子们的房间已经开始粉刷了，婴儿床已经组装好，放在客厅。

他们做了日祷，午餐后送走了圣像，现在已经回来了。

8月18日，星期五，上午：昨天一切都好。我们以为波利亚已经完全康复，但今天凌晨他又开始拉肚子，已经去了四次厕所。他可能是在玩耍时着凉了。我们对他一直细心照看，却不幸让他喝了格瓦斯和其他东西，这真让人揪心。医生开了药，我们会让他服药的。上帝保佑他能快点儿好起来，不过我们也会坚持尽量限制他的饮食。医生说，这个流行病已经完全控制住了，但由于天气直到现在都这么热，所以他又开始腹泻了。这在一定程度上让我们轻松了一些，因为他反复这样可能不是我们的错。但我仍对自己感到内疚，尤其是想到昨天我把圣像送到米什基诺①时，又去了别列佐夫卡②，我让他坐在了我认为还算暖和的沙堆上，我不该这么做。令我内疚的还有昨天让他吃的油炸饼，里面当然没加肥肉，全是用米做的。不知道是因为这个还是其他原因，总之现在情况不太好。我因此心烦意乱，他没好转之前，我一直无法平静下来。此外，我还在努力克服越来越强烈的无聊感。我的天使啊，你在圣彼得堡不要

---

① 维亚特卡省的工厂村庄。
② 近沃特金斯克工厂的村庄，贯穿该地区的河流名为别列佐夫卡河。

胆小怯懦,不要这样,要去完成所有必要之事,要打起精神来,然后与上帝一同回来,回到我和孩子们身边。啊,我多想好好把你紧拥入怀!我一直抱着波利亚,所以给你写信只能是断断续续的。这会儿,他正在(我旁边的)桌子上玩沙子,虽然这让人有点儿心烦。别佳和萨莎在院子里玩游戏。谢天谢地,我们的女儿萨莎恢复得很好,她变得胖乎乎的,很活泼。别佳也一如既往地可爱,他很少哭。

下午六点,正在茶歇:我在工厂里很忙。奥雷舍夫把工作分配得很有条理,但他经验不足,经常忘事、弄错。索[菲娅·伊[万诺夫娜]①正在治病,她哪儿都没去。应萨莎的恳求,医生今天把自己的孩子们送过来了,楼上吵得很,医生在我这儿待了将近一整个晚上。

8月19日,星期六,上午:波利亚凌晨安稳睡下了,清晨又去了两次厕所。医生让他继续服用昨天的药,今天可能会好起来。波利亚一直不太喜欢奥古斯塔,他一看到我就拒绝她,嚷着:"走开,走开"。她因为这个,昨天哭了很久,还生气地责备娜[杰日达·季[莫费耶夫娜]把波利亚从她身边带走。我的天使,我猜,今天你要么已经在莫斯科,要么就是到莫斯科附近了。路上顺利吗?你和可爱的科里亚都好吗?我的心一直牵挂着你们,每时每刻。你和科里亚都是我的心头挚爱,不能不惦念你们,这份惦念让我心生快意和平静。我日日夜夜、每时每刻都想象你在路上或在驿站的样子,我看到你枕着粉红色的枕头,看到你不经意地望向四周,你看了看匆匆经过的森林或完全不感兴趣的村庄,你所想的不是到达圣彼得堡时的情景,而是想尽快赶到驿站,尽快换马,然后继续前行。但菲什卡报信说,第七辆车的轮子坏了,矿业工程师瓦·伊[·罗曼诺夫]已经派人去找木匠和铁匠,还令手下给你找个好点儿的地方歇脚。

---

① 索菲娅·伊万诺夫娜·奥雷舍娃:沃特金斯克工厂的工程师 B. A. 奥雷舍夫的妻子。

不知道这可恶的轮子是不是快修好了？我们只能等待。你恼火，可也要自我宽慰，想想吧，虽然让人苦闷，中途停留令人沮丧，但你现在是很安全的。这个时候，你想想我，念叨着："啊，他怎么没和我一起呢？""现在他们，别佳、萨莎，波利亚，都在家做什么呢？"然后你会说："要是以后不和家人一起走，我就再也不去任何地方了，再也不。"是呀，我确实不会给你往其他地址写信了，因为我、你和全家人都要去谢尔吉耶夫斯克矿泉①了。

你才刚离开两个星期，我就已经快要闷疯了。

晚上六点：波利亚感觉好些了，但还要继续让他服药，也不能让他离开室内。他瘦了，这小可怜几乎一刻都离不开我，我完全无法拒绝他。差点儿忘了说，我今天做了一个梦：你好像嫁给了一个帅气的淡黄色头发的年轻人，而可怜的我只能跟在你身后，我在梦中感到害怕，也为不能再经常见到你而难过。希望你千万不要误解这个梦。

1844年8月20日，星期□，上午，Bon jour, mon ange！②波利亚晚上睡得很踏实，但仍在继续服药。他早上很精神，白天已经不需要睡两次觉了，但现在养成了习惯，一睡就是很久，愿上帝保佑他。这几天室外娱乐取消了。娜[杰日达]·季[莫费耶夫娜]和别佳、萨莎一起去了教堂。天热得让人受不了。温度计显示，阴凉地方是21℃，而在太阳底下有30℃，所以我们白天不让孩子们待在院子里。午餐前萨莎睡着了，却突然从梦中哭醒。我和纳斯佳赶到她身边，她说："妈妈从圣彼得堡回来了，她没给我带糖果，她给别佳带了，却没给我带。"这就是她难过的原因。过了一会儿，她平静下

---

① 萨马拉省的矿泉疗养地，也称圣谢尔吉耶夫斯克矿泉或萨马拉温泉。1845年，柴母带着外甥女阿纳斯塔西娅·瓦西里耶夫娜·波波娃及儿子彼得一同前往此地。
② 早安，我的天使！（法语）

来，嘲笑自己。首席林务官舒尔茨来访，我以为会和他共进午餐，但医生却把他叫走了。在和舒尔茨的交谈中，我向他暗示，瓦西里耶夫*在林业方面是不守规矩的。

晚上七点：午餐后我睡了很久，所以这么晚才给你写信。我无与伦比的挚爱，我无价之宝的爱人，我的灵魂和心脏！上帝知道，为了只看你一眼，为了只碰到你的手和唇，无论付出什么代价，我都在所不惜。对我来说，没有你，朗朗晴空也会暗淡无光，除了想你和给你写信，我不知道何为快乐。你会在我到达之前先看到这些信，把信紧紧握在手中！我从来没想过自己会如此强烈地思念你，而你现在还没到莫斯科。当然，你已经快到目的地了，但你不可能不在圣彼得堡待一段日子，所以要等好久你才能回来。无妨，我会忍耐。

今天一大早邮递员来了，但没有来信，因为他们把邮件错送到了伊热夫斯克。说是今天之内就送过来，我也派人去取了，可还是不见你的信。看起来，你除了下诺夫哥罗德，应该是不会从其他地方写信了，而我下个星期才会收到信。已经两个星期没有你的消息，这是在开玩笑吧？如果你决定经过沃洛格达返回，那么请提前给列坚格斯克的万尼亚*和伊[万]·雅科[夫列维奇]*写信，这样他们能到沃洛格达接你，最好是在乌斯秋日纳的铁矿区碰头，就是从雅罗斯拉夫公路转向沃洛格达的那个地方。如果万尼亚或伊[万]·雅科[夫列维奇]完成了这个任务，我会亲吻他们、感谢他们的。不过，你也可以从索米纳转头去姐姐卡[捷琳娜]·安德[烈耶夫娜]的村庄，当地人自然会把你送到沃洛格达或普里卢克。请准确规划一下路线吧，途中别作更改。别吝惜驿马费。

孩子们都很健康。波利亚还不能出门，别佳和萨沙则整天都在花园里。大家都照看着他们，不让他们在阳光下玩耍。虽然波利亚瘦了，但大家都说，罗曼诺夫家的莉季娅小时候瘦得吓人，现在已经长得很健康了。

有客人来了,是亚·帕夫和阿夫·伊,还有他们的孩子们①。我还在等神父大司祭和其他人到来。

<u>8月21日,星期一,上午</u>:昨晚十点邮递员来了,当时医生②、奥雷舍夫、罗曼诺夫③和其他人正在我这儿做客。今天还是没有来信。报上看到大公夫人亚历[山德拉]·尼古拉耶夫娜去世的消息,好在有人写了一篇关于这事的文章,我才知道<u>你们在圣彼得堡有哀悼活动</u>。如果你不喜欢戏剧的话,那就太可惜了。仅为了让你可以去看剧,我还准备让你"休假"两个星期,虽然我会非常非常想你,但是没办法,为了不让你责怪自己或责怪我,我最好还是等一等,让你每天都可以去听《贼鹊》④,直到听腻为止。今天和昨天一样,天气非常热,一连三个星期都是这样。我担心马车车轮会干裂,这当然不是什么大问题,但是要记得拧紧轮箍。

到圣彼得堡后,要命令哥萨克人和菲什卡检查一切是否良好,并立即下令修复该修复之处,以免在你将要启程时被耽搁。

我很想和舒尔茨一起去森林别墅转一转,但不知该怎么安排。我不想离家好几天,更不想中断"日志",虽然其中写了很多琐碎小事,但对你来说会很有意思的。我要考虑一下去还是不去。

<u>8月22日,星期二,上午</u>:我的天使,昨天没能和你长聊!医生非常关心我,无论有无必要,他每天晚上都来看望我,一直坐到晚上九点,甚至更晚。我并不厌倦和他聊天,但这会占用我特意为

---

① 工程师亚·帕·阿列克谢耶夫一家。
② 沃特金斯克工厂的医生图切姆斯基。
③ 沃特金斯克工厂管理人员、矿业工程师瓦西里·伊帕托维奇·罗曼诺夫。
④ 意大利作曲家焦阿基诺·罗西尼(1792—1868)的歌剧《贼鹊》于1821年首次在圣彼得堡上演。——译注

了给你写信而留出来的时间。他走后,我花了很长时间处理邮件,然后就到晚餐时间了。

波利亚好多了,不再需要吃药,他很开心。我对他像对自己的眼睛一样呵护。我们的女儿萨莎非常可爱,她有些嫉妒我对波利亚太过关注。你也知道,波利亚不喜欢人多,我抱着他时,他会赶走其他人。别佳和以往一样健康、开心、调皮。请告诉阿丽莎,瓦西卡①一直带着他温柔的叔叔做的巴拉莱卡②,他像小土拨鼠一样结实又健康。

今天过节,我们都穿上了礼服。我原打算去教堂,但是下雨了,于是我决定这会儿和你聊点儿什么。大家都说,我不该在信中直言我的寂寞,他们说这样会让你担心。但是,我亲爱的,要理智些,没处理完事务之前不要回来。记住,要完成任务,没达成目标之前不能走。还能怎么办呢,就让我继续苦闷着吧,我们再见到彼此时一定会很开心的。只不过,你不能在那儿一直待到冬天来临。先等等罗曼诺夫一家的消息吧。

现在就要封上这封信了。祝福你,我无与伦比的爱人,你也要替我祝福我们的女儿季娜和儿子科里亚。替我亲吻母亲的双手,问候丽莎和瓦夏③,并拥抱彼得·伊万诺维奇④吧。

你忠实的
伊[利亚]·柴[科夫斯基]

又:没什么新闻。昨天索[菲娅]·伊[万诺夫娜]⑤和家庭教师一起

---

① 因柴母前往圣彼得堡送女儿季娜伊达入学,女儿的保姆阿丽莎也一同随行。阿丽莎的儿子瓦西卡留在柴家,与家中孩子一同成长。
② 俄罗斯传统乐器,呈三角形。——译注
③ 柴母的姐姐和姐夫。
④ 柴父的外甥。
⑤ 沃特金斯克工厂的工程师 B. A. 奥雷舍夫的妻子。

来访，娜杰日达·季莫费耶夫娜和纳斯佳表现得非常彬彬有礼，她们打算以后也给你写信。别佳、萨莎和波利亚都希望得到妈妈的祝福。

13. 伊·彼·柴科夫斯基致亚·安·柴科夫斯卡娅
<u>1844 年 8 月 23 日</u>　　　星期三　　上午　[沃特金斯克工厂]

　　我的天使，我猜，你今天如果没到圣彼得堡，也应该离得不远了。我感受到了你的心跳，感受到了最后一个驿站的距离，感受到了马车夫稳稳地驾车前行。我猜科里亚会没完没了地问："这儿是不是圣彼得堡，妈妈？看呀，好多教堂，这儿肯定是圣彼得堡，妈妈。"你会对他说："不是的，宝贝，这儿是皇村。"于是科里亚又问："那皇村是什么意思？"……终于，你们看到了圣彼得堡，在驶到最后一个驿站"四只手"之前就能看到。于是你们在那儿停了下来，掸了掸一路上的尘土，抓紧时间洗漱，你命令仆人帮你解开衣领。有人提议吃点儿东西，但你没胃口。最后，大家都坐上马车，马车跑得很快，你却觉得很慢。

　　你们到了。这是关卡、乡间别墅、一个又一个房子；那是奥布霍夫桥、保罗宫、技术学院。啊，这些地方是那么熟悉，几乎没有变化。"请问要去哪里，女士？"——车夫问，菲什卡答道："去<u>阿—阿尔莱格兰—兰佐斯</u>。"——"你说的都不对，老姐妹，我还是问问你的女主人吧。您要去哪里？""去卫戍司令部。""有两个。去哪个？""去新的那个。""好的，这回清楚了。"你们经过先纳亚街、中心商场，沿着涅夫斯基大道，拐进花园大街。瓦[西里]·伊帕托维奇①和所有随从一起，绕过巴巴扎卡楼，或者提前在奥布霍夫

---

① 沃特金斯克工厂管理人员、矿业工程师瓦西里·伊帕托维奇·罗曼诺夫。

桥前停下，或者停在梅申斯卡娅街的瓦尔瓦林大楼前。现在他们到了门口，有哨兵在把守。"伊丽莎白·安德烈耶夫娜·绍贝特住哪儿？""问问大门里面的人吧。"于是大家来到大门口。哥萨克人跑上去。一分钟后，姐姐丽莎跑了出来，紧跟着是母亲、达利亚*和费多西娅*等，"啊，萨莎①，萨莎，好丽莎，好妈妈"。大家上楼时不断响起欢呼声、亲吻声，不停地互相拥抱着。

瓦[西里]·安德[烈耶维奇]②在值班，不过他也赶来了，只待了一分钟。他行了礼，做了自我介绍，然后兴高采烈地亲吻、问候。

晚上：不知道我的想象是否符合现实？至少我想象了一场愉快的相聚。如果我出于私心的祷告是无用的，那就以你纯洁的灵魂祷告吧，愿上帝保佑你一路健康。教堂里一直在为健康祷告着，愿上帝保佑大司祭瓦西里，他每个星期日都以他纯净的心灵和对上帝的信仰而为我们祈祷。孩子们都很健康，现在都出去玩了。除了波利亚，尽管他也想出去走走，但他还是忍住了。我的晚间聊天伙伴——医生和奥雷舍夫——这会儿也已经走了。奥雷舍夫把他的姐妹们送到了伊热夫斯克，让她们休了个假。

原谅我，我的爱人，我现在想喝一杯伏特加，再来点儿小点心。祝在圣彼得堡的你，晚安。

索·伊·奥雷舍娃仍在生病，医生说是小毛病，但也可能加重。玛格丽特*是介绍人，如今住在他们家了。

8月24日，星期四，上午：你现在一定已经在圣彼得堡了。我无法想象你怎么会走了这么久，除非是沿途遇到了集市，否则，从

---

① 萨莎是亚历山德拉的昵称。——译注
② 此处是柴父笔误，应指其姐夫瓦西里·瓦西里耶维奇·绍贝特。

下诺夫哥罗德到圣彼得堡的路程用不了两个星期。

当然,听说在莫斯科的星期六还是星期日,你去了学院,看望了外甥女。这是件好事。今天(也可能是昨天),你会见到我们的季娜。我能想象她会多高兴。这善良的孩子见到你就像见到上天派来的使者、慰藉者、亲生母亲和朋友一样,而且她可能无法掩饰自己喜悦的泪水,尤其是这次见面不会在公共场合。

现在已是晚上了。亲爱的,由于在办公室和工厂里忙于公务,所以我无法和你谈心。现在已是七点半。先是来了警察局局长,然后是医生,他们都让我无法结束工作。不过需要说明的是,我的任务很快就完成了。我已经吩咐下去,让我们的波利亚多喝燕麦汤,他这个调皮鬼不喜欢喝,只想喝米粥。今天一整天都很冷,只有5℃。三天前是20℃,昨天还是15℃。这样降温很容易让人生病,医院里已经人满为患。为做预防,我在出门前会喝一杯加了胡椒的伏特加。

最近我打算粉刷房间,不包括地板,因为那样气味会很久不散。你不要为此生我的气,粉刷完墙面,我会立马关紧窗户。我听见了敲门声,是工程师奥雷舍夫,这家伙会待很久,而我还有一些文件没处理完。

浴室正在翻修,波利亚却需要洗澡。医生交代说,要让儿童房暖和些,另外还要准备一个大水桶用来洗澡。这些都被我们亲爱的娜杰日达·季莫费耶夫娜和纳斯佳安排妥了。

<u>8月25日,星期五,上午</u>:今天阴天,非常冷,我命人把窗户装上。瓦西卡病了,拉肚子,但祖母不想给他请医生治病,而是用自己的方法应付。现在我正忙着做一个神龛[①],希望它既好看又

[①] 用于放圣像的小柜子。

简洁，样式恰当。在你回来之前是做不完的，因为我同时有很多工作。我不打算给大房间刷漆，等到天气好些再说吧。我睡在卧室，孩子们睡在自己的床上。纳斯佳，就像我之前说的那样，睡在阿林娜*的床上，而娜杰日达·季莫费耶夫娜则在另一个儿童房里。为了确保他们睡得踏实，已经用了最妥当的办法，可以很少或根本不让蚊虫碰到。他们都裹上了绷带，以防再染上猖獗起来的腹泻。别佳和萨莎都非常健康，波利亚虽然也无碍，但要多加关注。你知道，整个夏天，他每隔一段时间就会闹肚子，只有出现明显症状时我们才会给他治疗，医生已经详细说明了应该如何照顾他。我现在尽量少让他黏着我，他却更离不开我了，一分开他就哭。

<u>8月26日，星期六，上午</u>：瓦西卡好多了，我严令禁止他外出，也不让他在外屋睡觉。不过他没有被腹泻影响，还是那么结实。我们没让他吃药，只吃了鸡蛋、蛋白和黍米汤。你安慰一下他们的父母吧，告诉他们，只要他们勤奋努力，我会好好照顾他们的孩子，不会弃他们于不顾。

至于这个警察局局长①，叫他舌头长疮吧。他说车队似乎还没到圣彼得堡，因为天气过于干燥，所以车辆在每个站点都要检修一下。我不信他说的，我坚持认为你们已经在23日或24日安全抵达了。

瓦[西里]·伊帕托维奇②非常可靠，他是不可能故意放慢速度的。

<u>晚上</u>：

---

① 沃特金斯克警察局局长 A.C.谢苗尼科夫。
② 沃特金斯克工厂管理人员、矿业工程师瓦西里·伊帕托维奇·罗曼诺夫。

我们的别佳写了一封信，上面写的是：亲爱的妈妈，我很健康，请别忘了给我带玩具和糖果。①

萨莎也亲手写了信，也是这个意思：亲爱的妈妈，我很健康。请寄些东西给我。

波利亚没写信，因为他已经去睡觉了。

上面这封信的最后一行是：您的女儿萨莎。

孩子们乱写一通后，就去浴池洗澡了。萨申卡②很乐意洗澡，这已经是她第二次去了。

---

① 这是作曲家柴科夫斯基最早的、形式上相当特别的亲笔"信"，保存至今。
② 萨申卡、萨莎都是亚历山德拉的昵称。——译注

医生让你转告瓦[西里]·伊[帕托维奇]·罗曼诺夫和亚·谢·罗曼诺夫①，他们的孩子们都很健康。他还说，亚[历山大]·伊[帕托维奇]②好像写信提到莉季娅生病了，事实并非如此，她只是因为腹泻变瘦了，腹膜炎症已经消退，现在已经恢复健康，她很可爱。

哦，好想你，我亲爱的妻子！你在圣彼得堡很快就会忘记我吧。感谢善良的娜[杰日达]·季[莫费耶夫娜]和纳斯佳，她们尽力让我安心。无论如何，愿上帝保佑你，我无与伦比的妻子，保佑你无灾无难！今天你在圣彼得堡一定玩累了，祝你好梦。

8月27日，星期日，上午：今天早上我满怀欣喜地醒来，期待收到你的来信！邮递员来了，信却没到。我的心凉了下来，坦白说，我有些失望。幸运的是有人告诉我，有个商人在下诺夫哥罗德看到你了。我请警察局局长亲自找商人们打探情况。这时一个叫乌索尔卡*的人出现了，他宣称在斋戒前的最后一个荤食日，也就是8月14日星期一那天，在下诺夫哥罗德亲眼看到了你，你和儿子科里亚都安好，瓦[西里]·伊[帕托维奇]打算次日继续前行。感谢上帝，这让我打心底松了一口气。

晚上：我很高兴从亲眼所见的人口中听到了关于你的消息。但是，没有来信是什么意思呢？难道你没来得及写信，或者无暇顾及这种小事？不，全都不是，你肯定写了信，但是写错了地址。你要这样写：维亚特卡省，卡姆斯克-沃特金斯克。不要加"县""镇"字样，否则信件将被分拣到送往萨拉普尔的邮袋里，然后还要经过另一个邮局。这是我刚从邮政局局长那儿打听到的秘密。

---

① 亚历山大·谢苗诺维奇·罗曼诺夫：沃特金斯克工厂的另一位医生。在原件中，人名简写（Вас., Ип, Ал. Сем.）都补于此行上方的间空。
② 全名为亚历山大·伊帕托维奇·罗曼诺夫。（从父称和姓氏推测，可能是矿业工程师瓦西里·伊帕托维奇·罗曼诺夫的兄弟。——译注）

我刚把客人送走。今天来访的有大司祭瓦西里、医生、奥雷舍夫、谢苗尼科夫等，最后来的是约萨①上尉，他应阿诺索夫②之邀来视察工厂。阿诺索夫是伊万诺娃（原姓）的丈夫，是阿尔京斯克工厂③的管理者。他转达了大家对我的问候，但没有希洛克申④的。他说，希洛克申很健康，他们不久前还见过面。这种态度令我大为惊讶。你问问外甥彼得·伊万[诺维奇]，希洛克申收到欠款了吗？

　　我的心与你同在，我的天使，我的智天使，我的宝贝，我和你形影不离。今天你去了季娜的学院。是的，亚[历山大]·伊帕托维奇告诉我了。彭诺夫⑤家来信说，季娜好像住院了。虽然这不是好消息，但我相信上帝，以她现在这个年龄是不会生重病的。请写信给我，亲爱的，不要隐瞒她的健康情况。如果你去医院看望她，她看到你和弟弟科里亚，就会立即康复的。你在学院里待了两个多小时，然后和母亲、丽莎一起去找卡尔·费奥多罗维奇⑥用午餐，也许还去找了尼[古拉]·米[哈伊洛维奇]舅舅⑦，有很多事要找他商量。午餐后，如果有戏剧演出，你是一定会去看的，可能你已经不是第一次去了。我们的科里亚则对周围的一切都感到新鲜。

　　8月28日，星期一，晚上：孩子们都很健康。波利亚还是觉得痒，所以他总睡不好。医生正在为他治疗，我们都密切观察着他。

---

① 亚历山大·安德烈耶维奇·约萨（1810—1894）：矿业工程师。出生于今彼尔姆边疆区的矿业工程师家庭，毕业于矿山学院，后成为俄国著名的矿业专家。1855年起担任沃特金斯克矿区主任，在沃特金斯克工厂设立矿山学院培养高等技术人才。

② 帕维尔·彼得罗维奇·阿诺索夫：曾供职于兹拉托乌斯特工厂的工程师。

③ 乌拉尔地区最古老的工厂之一。

④ В. П. 希洛克申：伊热夫斯克工厂的官员，柴父的姐姐叶卡捷琳娜·彼得罗夫娜·希洛克申娜（原姓柴科夫斯卡娅）的丈夫。

⑤ 沃特金斯克工厂冶金师萨姆纽尔·彭恩。

⑥ 可能是柴母的继母一边（高格里家族）的亲属。

⑦ 可能是柴母的继母一边（高格里家族）的亲属。

他已经习惯了燕麦汤,很爱喝。别佳和萨莎总在一起玩,经常吵架,当然,萨莎总占上风,欺负哥哥。我总是用亲吻来化解矛盾,安抚他们,两个吵架的孩子都非常可爱。今天有一个叫什么米什么迪的五品文官来工厂了,他姓什么我没记住,他请求我让车队进入工厂。他是彼尔姆和维亚特卡省的土地测量主管。上午我会见了他,但没邀请他共进午餐。萨莎和别佳编了一首歌《我们在彼得堡的妈妈》①。这会儿萨莎第一个跑过来,求我允许她给你写信呢。

8月29日,星期二,上午:尽管天气阴沉,但所有沃特金斯克的人都去了加列夫。很快我就得封上这封信了。这将是你收到的第四封信,预计你会在9月22日左右收到。我祈求上帝保佑你健康,保佑我们的孩子季娜和科里亚,代我祝福并亲吻他们,也代我亲吻母亲的手,亲吻姐姐丽莎和兄弟瓦[西里]·安德烈耶维奇②及其孩子们。向外甥彼得·伊万诺维奇、亚历山大·波格丹诺维奇*和尼古拉·伊万诺维奇·克拉斯诺夫*问好。转告克拉斯诺夫,我认为他是真正的、永不会背叛的朋友。请向所有亲戚和熟人问好,没有例外。

你忠实的
伊[利亚]·柴[科夫斯基]

又:大司祭瓦西里向你问好。

又:③亲爱的舅母!难道您把我们忘了吗!我们等您的信好久啦,哪怕只写一行呢。我们以为这次邮班会送来您的信,但是没有。您不知道,我们这些可怜的人有多想念您,孩子们都很健康。别佳和萨申卡正在玩耍。波利亚现在已经能喝茶了,我们尽一切努

---

① 这首歌被认为是作曲家柴科夫斯基的第一首音乐作品。
② 此处与1844年8月23日通信一样,是柴父笔误,应指其姐夫瓦西里·瓦西里耶维奇·绍贝特。
③ 此附言是柴父的外甥女阿纳斯塔西娅·瓦西里耶夫娜·波波娃写的。(下款中的"纳"是阿纳斯塔西娅的昵称纳斯佳的简写形式。——译注)

力关心和爱护他,一切都谨遵医嘱。请向外祖母阿马利娅·格里戈利耶夫娜和舅母伊丽莎白·安德烈耶夫娜献上最诚挚的敬意。我心爱的天使,我的舅母,请原谅我的冒昧。

亲吻您千次的
纳·波波娃

又:请代我亲吻亲爱的季娜和科里亚。

娜杰日达·季莫费耶夫娜正在照顾波利亚,她诚挚地问候您。

14. 伊·彼·柴科夫斯基致亚·安·柴科夫斯卡娅
1844年8月23日　星期三　[沃特金斯克工厂]

今天过节,我本想去教堂,但牙疼得厉害,所以我谢绝了两个今天庆祝命名日的人的邀请。为了不让他们感到不快,我让表姐娜杰日达·季莫费[耶夫娜]替我去亚[历山大]·帕夫[洛维奇][①]家品尝馅饼,让外甥女纳斯佳替我去亚[历山大]·伊[帕托维奇][②]家,还让她们俩再分头交换去两边。我自己则和你——我珍贵的爱人——聊了起来。我发现我比那些喜欢馅饼的人更开心。我亲爱的,你此刻在哪儿呢?可能你正在四处奔波,拜访或采购,忙前忙后,但毫无疑问,无论你在哪里,无论你在做什么,都会想着我和孩子们的,就像我们一样,尤其是我,每分钟都在想着你的一言一行。我对上帝只有一个祈求,就是保佑你健康,保佑我们可爱的科里亚,他还不适应圣彼得堡的气候。工程师彭恩的家人给卡佳·谢苗尼科娃[③]写信说,季娜去医院了,因为她脸颊疼,可能是因为牙龈脓肿或类似

---

① 沃特金斯克工厂的工程师亚历山大·帕夫洛维奇·阿列克谢耶夫。
② 亚历山大·伊帕托维奇·罗曼诺夫。
③ 沃特金斯克警察局局长A.C.谢苗尼科夫的女儿。(卡佳是叶卡捷琳娜的昵称。——译注)

的原因。如果真是这样，我就不担心了。上帝是仁慈的，这种病会好起来的。孩子们刚才央求我允许他们出去玩，看天气很好，我就痛快答应了。我不想去别人家做客，于是就带孩子们去了一个不太会撞见人的地方，和孩子们玩闹了一会儿。刚刚亚[历山大]·伊[帕托维奇]来了，我给了他100卢布。

晚上：波利亚还不能出门玩。我刚刚陪他玩了会儿他心爱的小马和小狗，他给它们起名叫"阿姆—阿姆"。我们刚刚让他喝了浓肉汤，吃了果子冻和其他食物，防止他再次腹泻。有时我们让别佳和萨莎也服用儿童药粉，他们从不抗拒，这样他们的肚子才能健康。到了五点，也就是不到两个小时后，大家又乘上几辆长长的马车出去玩了，我则骑马奔驰。天气非常好，即使在5月也没有这样的好天气，池塘如同镜子般平静，但水很少——这是工厂运转需要重点考虑的因素。总的来说，我一切都很顺利。工程师奥雷舍夫在努力工作，索涅奇卡①还在养病。大家都在等待将军夫人到来。医生在我这儿从晚上七点待到九点，直到我想睡觉了才走。骑马后我感觉牙疼好多了。他之所以在我这儿待这么久，因为也和我一样，不愿参加他朋友的命名日聚会。我们聊了很久，聊得很尽兴。这期间孩子们都上床睡觉了，晚餐也准备好了。娜[杰日达]·季[莫费耶夫娜]和纳斯佳也在家里。池塘的对面，所有窗户都亮着。

8月31日，星期四，晚上：午餐后我躺下稍事休息，突然表姐娜[杰日达]·季[莫费耶夫娜]进来说，有一个好像是酒保的人给我捎了一封你的信，想亲自交给我。顿时，好似一股电流从头传到脚，我好像听到和弦在美妙乐曲中响起。我跑了过去，酒保递来一个大信封，并问候说：夫人托我向您问好。信封上的地址是瓦西里·伊

---

① 沃特金斯克工厂的工程师 B.A.奥雷舍夫的妻子。（索涅奇卡和后文的索尼娅都是索菲娅的昵称。——译注）

帕托维奇①的字迹,我打开信封看到爱人的笔迹在眼前闪耀,是你的信,里面有账单、账目和各种字条!当然,在读信前,我先亲吻了它。然后我召集了家中所有人,戴上眼镜,大声读起来。谢天谢地!你和科里亚都很健康。你们这个月15日就到了下诺夫哥罗德,所以,我猜你会在23日或24日到达圣彼得堡,我猜对了。谢谢你,我亲爱的采购忙人。我对一切都很满意。只可惜你没买镜子。镜子是家庭资本。我很想用上镜子,哪怕只用一面镜子来装点房间。价格我不在意,好东西不会便宜。从圣彼得堡邮购太远了,不过,如果你在回程中路过圣彼得堡、莫斯科或喀山,还是请考虑买一面吧。无论如何,我并不生气,也不想生气,你的账目就是我的账目,你想怎么做就怎么做吧。让你开心的,也让我开心。我非常赞赏你没存下很多钱。当然,我希望壮大家业,但这些都需要钱,而我并不算太富有。9月底的几天还会有食物送到,在你回来之前我是不会拆开的,因此,即便是上等鲟鱼也将完好保存。请帮我在圣彼得堡买个煤气灯或类似的东西,还有,请把我现在的硬椅子换掉吧,它让我坐骨疼。很高兴收到你的来信,现在我们都感到很舒心,我吩咐人煮了咖啡,为你举杯庆祝,为你的健康干杯。之后,我们让人备好长车和马匹,在庄园里闲逛起来,我们很想高声欢呼"万岁",又怕吓到别人。今天和昨天一样,也是美好的一天。今天将军夫人来了,我在去办公室之前拜访了她,看到站着的索尼娅②面色苍白,她的病是因为受了刺激……年轻人太不谨慎了,我年轻时可不这样……你还记得我年轻时什么样吗?茶歇时,也就是下午六点,将军夫人来咱家做客,其实是来看望我、娜[杰日达]·季[莫费耶夫娜]和纳斯佳。她来品了一会儿茶。医生去了尼热夫卡,明天我

---

① 沃特金斯克工厂管理人员、矿业工程师瓦西里·伊帕托维奇·罗曼诺夫。
② 沃特金斯克工厂的工程师 B.A.奥雷舍夫的妻子。

会向他转达问候，也请你尽量和他家的尼古拉见上一面，并抽空给我写信。我已经和将军夫人谈了家庭教师的事，愿上帝保佑你能找到适合我们的人选。如果你找起来很困难，可以去找<u>亚历山大·格里戈里耶维奇·奥博多夫斯基</u>①，他是孤儿院的监察员，还负责管理培训家庭教师的学校。②建议你和他商量一下，他聪明、高尚且友好，他的妻子叫<u>亚历山德拉·德米特里耶夫娜</u>，请代我向他们夫妇问好。如果你能去看望沙捷连③一家的话，我会很开心。

为便于你找到他们，可以派个人去中心商场，在商场里打听，从涅夫斯基大道上的拱门进去，向商铺或去凯达诺娃纸厂（以前是奥尔欣纸厂）的库房打听，可以叫人传话或最好写一张便条："亚历山德拉·安德烈耶夫娜·柴科夫斯卡娅非常希望在卫戍司令部大楼与亚历山大·卡尔洛维奇·沙捷连会面，会面地点：伊丽莎白·安德烈耶夫娜·绍贝特家中。"他收到后会立即应邀的。代我向他问好并致吻，请告诉他，我仍然珍重他和他的安娜·卡尔洛夫娜。你可以通过沙捷连和卡明斯基*见面。

晚上八点，谢苗诺夫和他的妻子还有女儿*及一位大尉工程师克洛特*男爵来了。克洛特很有教养，他擅长演奏和演唱。将军夫人想让奥雷舍夫的妻子索尼娅和他一起唱一首二重唱。奥雷舍夫对此很生气，因为索尼娅还没完全康复，身体很虚弱。明天会准备午餐和晚餐，我们把伊万的厨师请过来了。我很高兴不必先发出邀请。孩子们都很健康。

---

① 亚历山大·格里戈里耶维奇·奥博多夫斯基（1796—1852）：教育家。著有大量教育著述，参与了俄国的第一个教育类刊物（Педагогический журнал，1830，1831）的出版。
② 此次出行，柴母通过其继母的亲戚找到了心仪的家庭教师芬妮·裘尔巴赫，并把她带到沃特金斯克。
③ 柴父的亡妻玛·卡·凯泽尔的表弟。

9月1日，星期五，上午：今天有人来访，是谢苗诺夫、克洛特男爵和萨甘*。我请他们喝了咖啡，享用了烟斗。他们刚走，谢苗诺夫的妻子就来了。之后我去了办公室，又去了工厂。我刚到工厂就遇到了利扎[维塔]·奥古斯托[夫娜]，我向她转达了你的问候。如果你在回来的路上能找到同伴的话，我会很开心。不过我非常希望你会经过沃洛格达和列坚格斯克，这样可以顺路去看望姐姐卡捷[琳娜]·安德烈[耶夫娜]，这样你的所有心愿就都实现了，而你，我亲爱的，也就不会太想念沃特卡河①了。如果你在圣彼得堡见到蒂赫梅涅夫*，请转告他，如果他已经厌倦了在圣彼得堡的生活，可以请厂长格林卡②安排他担任沃特金斯克矿区警察局的局长③。对此我将全力支持，请代我向他问好。

如果你在圣彼得堡想家了，决定回家，那么从这个月中旬起我就开始收拾房间。之所以直到现在还没动手，是因为油漆工还在帮伊·阿夫*忙着教堂的活儿。

晚上：今天医生又来了，在我这儿待了一个小时左右，之后去了工程师奥雷舍夫家。没过多久，奥雷舍夫带着报告来了，请求批准在大型船只上为将军夫人放烟花，然后他匆忙赶回家，因为家里

---

① 沃特卡河（Вотка）即维亚特卡河（Вятка）。——译注
② В. А. 格林卡：中将，乌拉尔山脉矿山工厂厂长。
③ 原文"исправник"，指沙俄时期的县级警察局局长。——译注

还有客人在等着。我之所以没去他家，首先是因为去他家做客的全是外来人，没一个认识的；其次是因为，我承诺过，你回来之前我不会去任何地方，没有你在，我在哪儿都觉得无聊，除了在家，除了和孩子们玩闹或陪着他们。现在我才意识到自己对你的依恋，或者更确切地说，是对你无尽的爱。我们的生命如此紧密相连，没有你，我无法独自生活，而让你从我身边离开，对我而言就是牺牲。我唯一的慰藉是，此次出行可以让你高兴起来，而我责失去了世界上最纯粹的快乐。虽然你离开的时间不长，但对我来说是漫长又难熬。不过无论如何，我的天使，请不要因为我的苦闷而感到惭愧，没这个必要，我怎样都会熬过去的，你一定要实现这次出行的主要目标：给孩子们带回一位家庭教师，把季娜带回来；呼吸你故乡的空气，见见你故乡的亲人，尽可能享受社交的快乐；给自己置办一些裙子等各种东西。之后，就启程回来吧。别忘了带上到喀山或维亚特卡之前要用的三匹驿马使用证。虽然你写信说，10月初就会到家，但我认为，你应该度过一整个9月，然后10月初再出发。我对此毫无意见。无论如何，你应该果断确定离开的日期，更准确地规划会在何日到何地，尤其是要确定你到喀山或维亚特卡的日期，我会在那儿迎接你。

　　孩子们都健康。别佳和萨莎整天都在外面玩耍。波利亚如今已经习惯待在室内，不再要求出门，虽然腹泻已经好了，但他有时明显比平常去厕所次数多。我们留心观察他的情况，不给腹泻复发的机会。这个孩子越来越依赖我，让我无法抽身。我尽力让他多和奥古斯塔相处，他和奥古斯塔和好了，有时他们甚至手拉着手。娜[杰日达]·季[莫费耶夫娜]和纳斯佳总是把他带在身边。

　　<u>9月2日，星期六，晚上</u>：这会儿我们的女儿萨莎跑过来要给你写信。

你看，萨莎的字已经好看多了，她不再把纸横过来写，而是按照她的"老师"别佳①的指导，竖着写字了。而此时你或许正坐在季娜身边，或更准确地说，季娜正在亚历山德拉·伊万诺夫娜*家里学钢琴，而科里亚在一旁合不拢嘴地听着。我曾想，或者至少是曾经希望季娜在三岁时就学些特长，这是我的愿望。你的鼓励非常重要，要是她现在弹得还不是很好，那么两年内她就会因为对你的爱而进步，会弹得非常好的。她要不要学声乐，由你视情况而定。关于音乐老师、声乐老师，我没什么意见，你可以自行安排。如果她的演奏可以为你解忧，那就亲亲她吧，也代我好好亲亲她。你要这样安慰她，告诉她：到了1847年1月，我们所有人都会去看她，那时她就会见到所有兄弟姐妹了，只要祈求上帝，保佑大家和她自己都健康平安。萨莎已经长成一个活蹦乱跳的小姑娘，一个真正的"温迪娜"②，现在没有比用"温迪娜"更适合形容她的了。别佳也长大了，非常可爱。尤哈耶夫*给他们寄来的帽子漂亮极了：灰色

---

① 家中第二个儿子彼得，后来的作曲家柴科夫斯基。
② 柴科夫斯基一家都很喜欢 В.А. 茹科夫斯基根据 Ф.德·拉莫特·福凯的同名小说改编的《温迪娜》。柴父的藏书中，有该书在俄国出版的首版（圣彼得堡，1838年），封面和扉页间夹着一个植物标本（馆藏信息：ГДМЧ, д¹, № 356）。

的、毛茸茸的、软软的，帽檐上装饰了蓝色和粉色的丝绒，我很喜欢，夸赞不已。只可惜帽子有点儿小，科里亚的帽子勉强正适合别佳；别佳的帽子被萨莎占为己有；波利亚不喜欢自己的帽子，完全不想戴。今天天气很好，午餐前孩子们乘我的马车出去玩耍；午餐后我们和平常一样出门溜达，孩子们坐上马车，我骑着马。车厢全都修好了，看起来非常漂亮，我还考虑重新给马车上漆。由于浴室改造，别佳和萨莎都没法洗澡，波利亚则刚刚在用大号茶炊加热的浴盆里洗过了，我们待他万分精心。

巴达耶娃[①]启程去库什瓦[②]了。她的孙女莉季娅得了严重的腹泻，这个小宝宝非常难受，引发了水肿，危及生命。

瓦西卡[③]十分健康，家中所有人都健康。

<u>9月3日，星期天日，上午</u>：我刚刚起床，习惯性地如厕，然后坐下泡了一杯茶，这时邮递员送来了你宝贵的信件，我的挚爱！这是一封来自莫斯科的信！你可以想象我有多高兴、多幸福！

你的信事无巨细、毫无隐瞒。我的天使，你在漫长的途中感到无聊，你的照管人[④]也完全不关心你，让我很难过。要是他胆敢让你从莫斯科走这么久的路，我肯定会骂他、打他一顿。这个自私自利的大骗子！我们后续再看情况。你也是脑筋迟钝得惊人，还和他解释，还对他那么客气，你就应该直接告诉他："我现在就想走"。不要客气，换一个可以让你感到安心和能保护你的哥萨克人吧。明天我就写信给他，要求他把厂里职员彼得·科罗别伊科夫[⑤]一起带

---

① 沃特金斯克工厂的工程师 A.C. 巴达耶夫的妻子。
② 今彼尔姆边疆区的河流。
③ 季娜伊达的保姆阿丽莎的儿子。——译注
④ 原文"попечитель"，指受雇临时照顾、保护雇主的人。——译注
⑤ 沃特金斯克工厂职员。

回来。我也会给安·赫·冯·西格尔写信。我的爱人，不要表现得那么胆小。沿着大路而行的一路上没什么可怕的，除非驿站的检察员因马匹而拖延时间，考虑到这个可能，我建议你向尼古拉·伊万诺维奇·克里斯科夫* 求助，请他从邮政部门给你开一张通行证，这样所有驿站检察员都会讨好你，你就不会遇到任何麻烦了。如果有任何一点儿粗暴行为，你就警告检察员并记下驿站名。你要相信，有了这些预防措施，你的行程一定会非常顺利，只需足额支付驿马费，再给车夫们赏些酒钱。安德烈·克列斯扬诺维奇可能要回乡，这对你也没什么影响。拿到空白的驿马使用证很容易，只要寄给县财政部门并支付费用即可，到圣彼得堡时，你就可以拿到驿马使用证和尼古拉·伊万诺维奇开具的通行证了。从你的心情来看，我觉得你是不会在圣彼得堡待太久的，我的天使，请你按自己的意愿行事，我只求你一件事：完成此行的主要目的。

今天大家都去奥特拉达①野餐了，那边准备了大约两普特新鲜鲟鱼。我没有同去，只和索菲娅·伊万诺夫娜和她的丈夫②共进午餐。午餐后，我们在工厂里走了走。她仍然不太健康，真可怜。她是偷偷从医生那儿跑出来找我们的，医生也没去参加奥特拉达的野餐。我们在家中度过了愉快的夜晚，大家都惦念着你，而你在晚上当然会去剧院的。

星期一，9月4日，上午：波利亚这一夜睡得不太好，他肚子疼，但不用担心，他会好起来的。令人遗憾的是这个小家伙儿总是很虚弱，总是状况不断。医生似乎认为，他比我们的其他孩子都更为病弱。但愿他在幼儿时期能好起来，而不是等到长大以后。此刻他好些了，在纳斯佳怀里玩着。别佳和萨莎祝你一路平安，他们长

---

① 近沃特金斯克工厂的风景优美之地。
② 沃特金斯克工厂的工程师 B.A. 奥雷舍夫及其妻子。

图 2-7　彼得·伊里奇·柴科夫斯基的父亲和母亲
圣彼得堡　早于 1854 年

左（父亲）：伊利亚·彼得罗维奇·柴科夫斯基
右（母亲）：亚历山德拉·安德烈耶夫娜·柴科夫斯卡娅

大了,也变胖了。现在他们爬上了桌子,在玩沙子。莉季娅开始念书了,普希金*每天都去给她上课,但对她的成绩不太满意。表姐娜 [杰日达]·季[莫费耶夫娜] 身体欠佳。

再会,我要去办公室了,一如既往在心间亲吻你的额头。

晚上:医生建议让波利亚只吃一种肉食,所以今天只喂了他贝母和汤,他看起来很喜欢。医生还允许他喝格瓦斯,其他孩子现在可以吃西瓜了,他这个小可怜却不行。我可爱的妻子,你现在在做什么?今天一整天都在度假屋之间穿梭吧?乘火车去帕维洛夫斯克①吧,如果害怕就租马车,带上你想带的人,到那儿听听格尔曼②乐团的演奏,然后给我讲讲。去贵族俱乐部看看那儿的大厅吧。你应该参观一下埃尔米塔日博物馆,带科里亚看遍珍宝。总之别错过任何事,一定要亲眼参观所有名胜古迹。去见见沙皇,带上科里亚,去见见皇室继承人和皇室成员,尤其要见见首都的士兵,听听军乐队的演奏。

这是寄往圣彼得堡的第五封信。这封信将在9月18日左右到达,而你可能不会在那边待很久了。尽管如此,我还是会继续给你写两个星期的信,并寄往下诺夫哥罗德。为了以防万一,我会把简短的信寄到列坚格斯克。我会尽量让你无论到了何地都能收到我们的消息,即使我的信在你离开后才送达,哪怕信丢失了也没关系。我现在要给罗曼诺夫和冯·西格尔写信了。

9月5日,星期二,上午:家里一切顺利。孩子们和家里人都很健康。代我亲吻母亲的手,亲吻姐姐丽莎和姐夫瓦西里。替我拥抱挚友尼古拉·伊万诺维奇·克里斯科夫,感谢他没有弃你于不顾。向另一个尼古拉·伊万诺维奇,即罗扎诺夫*致敬,如果你见到他

---

① 圣彼得堡郊区城市,当地一个出名的车站里有音乐会演出。
② 约瑟夫·格尔曼:维也纳指挥家和作曲家。帕夫洛夫斯克乐团及当地音乐会的指挥。

的话。代我亲吻彼得·叶夫列伊诺夫和玛莎①,并向亚历山德拉·伊万诺夫娜*、阿格拉芬娜·阿列克谢耶夫娜*等人表达我的敬意。

你的爱人
伊[利亚]·柴[科夫斯基]

又:随此信附了几封已装入信封的信,你写上邮寄地址、姓名,寄出去吧。

镜子不用买带框架的,框架我这儿会做。每面镜子尺寸是:宽一俄尺左右,高两俄尺左右。这个高度可以拼起来用,也会便宜些。

又:②我的天使舅母,已经过去一个月了,我们非常想念您,快回到我们身边吧。亲吻您的双手。别佳和萨莎非常可爱,他俩经常待在一起。别佳几乎每天都想念科里亚。波利亚现在最喜欢和奥古斯塔一起捉飞虫。

15. 伊·彼·柴科夫斯基致亚·安·柴科夫斯卡娅
1851 年 9 月 13 日   星期四   圣彼得堡

亲爱的,我善良的天才和天使般的妻子!

我昨天去了总董事会,③先是老奸巨猾的埃斯文蒙特*来接待我。当我开始谈正事,阿尔布雷希特*和他那长着狮鼻的儿子就进来了。在就美好的天气寒暄一番后,他问我是否读了总董事会关于派 H. H. 曼泽前往工厂的决议,似乎原因是工作无序和严重超支,但是没人说得出具体情况。实际上,那些人是对我正在建造的新厂

---

① M. A. 卡勒(夫姓叶夫列伊诺娃):柴父的外甥彼得·伊万诺维奇·叶夫列伊诺夫的妻子。
② 此附言是柴父的外甥女阿纳斯塔西娅·瓦西里耶夫娜·波波娃写的。
③ 此信讲述了柴父与阿拉帕耶夫斯克工厂持有者之间的冲突,他因此不得不辞职,与家人移居圣彼得堡。

房和我管理设备的方式感到不满。读罢决议，我起身行礼，对他说，我没必要到处证明这种决议是不公正的，我会自行辞去管理职务，说完我就走了出去。后又转身问他，会怎样安排我带来的机械师，我带他来此是为了让他去各处找找最好的设备。阿尔布雷希特答应会专门送走他，但同时又下令让机械师第二天去找他，并把机械师派到他自己的村庄去安装锯机，这个机器可以不必加水和木料就锯开木板，这就是所谓的"杀猪用牛刀"。

所以，我的爱人，L'homme propose et Dieu dispose①。尽管我原本打算明确决定是走还是留，但我从未料到阿尔布雷希特和其他持有者会如此无礼无耻，他让他们屈服于不公正的一方。最后一次和他打招呼时，他问我是否已经把涅维扬斯克工厂的钱交给米亚赫科夫。我说："没有，您想让我交的是什么钱？"他说："就是您已经拿到的工钱。""难道您想让我在您这工作却不领工钱？""不是的，不过您已经领到工钱了。""对不起，您没给我发工钱，我只领到了路费。""怎么会？""就是这么回事，真有意思，您竟然向我要这笔钱。这一两个月都是我在管理涅维扬斯克工厂，而不是米亚赫科夫。""我们没给您授权。""是的，您要求我立即按照部门命令换掉列别捷夫和博加特廖夫②——我照做了，而且在莫斯科派的人③来这儿之前亲自管理了工厂，这一点我已经告知您了。""很好，我会把这笔钱退给您，但必须通过诉讼，您一定会输的。""就这样吧，请您上庭，我将向法庭提交有关您的事实。"这就是我与无耻的阿尔布雷希特最后一次有趣的对话。

---

① 谋事在人，成事在天。（法语）
② 此二人是阿拉帕耶夫斯克工厂的管理人员，柴父揭露了他们工作上的敷衍推责。
③ 格里高里·格里戈里耶维奇·莫斯克温上校：涅维扬斯克工厂的管理者。柴父将阿拉帕耶夫斯克工厂的管理权转交于他。

我的爱人，最近你总为我担心，请像我一样保持冷静。收到这封信后，请你开始逐步做好离开阿拉帕耶夫斯克的准备，我一定会在 10 月初与你团聚。根据约定，我有权在收到通知后过三个月再离开，而我已经在今天，也就是 13 日，提交了不愿在此停留的申请，因此 12 月 13 日我们就可以动身去叶卡捷琳堡了，要是你想去圣彼得堡的话，我们也可以直接去那儿。别让这些琐事影响你的情绪，也别让尼古拉·尼古拉耶维奇看出来。科卡尔*还没从莫斯科赶到这儿，等他到了，我就立刻处理好事情，然后立即出发，尽快摆脱那些不友好的家伙。

至于尼古拉的问题，我想推迟到 3 月再处理，那时就应该提交申请了。伊万诺夫①答应尽其所能协助我，在时机成熟前，我只安排他教拉丁语和斯拉夫语。

昨天我带别佳参加了马尔科娃②和热尔图欣*的婚礼，为了带上他，我劝了他三天。马尔科夫亲自来邀请我。啊，他们真是好人！婚礼可谓 en grand③。我还意外遇到了尼古拉·伊万诺维奇·克里斯科夫，不过没能和他畅谈。

亲爱的，你的采购订单，我最多完成一半。你会亲自来这儿，这样所有东西都可以自己购买并改装，因为你更了解需要什么。我今天会去学校把科里亚接回来，明天就要过节了（举荣圣架节④），今晚我们会待在家里。别佳跟我一起睡。丽莎⑤来了，昨

---

① 阿尔达利翁·瓦西里耶维奇·伊万诺夫：柴父的矿业学院同学。后在法律教育学院等院校讲授俄语和教会斯拉夫语，著有关于矿业学院的回忆录。
② 柴父密友 М. А. 瓦卡尔的兄弟 П. А. 瓦卡尔之妻的家族。
③ 非常豪华。（法语）
④ 俄历 9 月 14 日（公历 9 月 27 日），又称十字架节。——译注
⑤ 柴母的姐姐伊丽莎白（昵称丽莎）·安德烈耶夫娜·阿西尔（夫姓绍贝特）。

天她和我们一起用了午餐。她把装着钱的包落在了路上,都已经走出七十俄里,又一个人从扎伊采沃搭了一辆运输马车回去,完好地找了回来。她是和谢瓦斯捷安诺夫大尉一起回来的,真是好一场aventure①。昨天格里戈里耶夫*中尉来访,他说鲍里斯·克里瓦诺戈夫*死得很惨,他在死前打了妻子一巴掌。我为咱家的纳斯佳感到难过,她现在必须去沃特金斯克工厂了。

上帝保佑你们
孩子们的父亲②

图 2-8　彼得·伊里奇·柴科夫斯基在法学院就读时期(两幅)
　　　　圣彼得堡　早于 1859 年
　　　　尼古拉·伊里奇·柴科夫斯基绘

---

① 冒险。(法语)
② 此信下方原有附言:父与你们同在(с Батюшкой)(Батюшка 和 Отец 是近义词,均用来称神父或父亲,表敬畏之意。——译注)。在《作品全集:著述与书信》(V,第 37 页)中被改为"父亲与你们同在"(с Папашичкой)(Папа 更常用于家庭日常生活,特指有血缘关系的亲人。——译注)。

16. 伊·彼·柴科夫斯基致亚·安·柴科夫斯卡娅
1851 年 9 月 21 日　圣彼得堡

我在 9 月 23 日星期日那天把孩子们送到学校后就去找你，我的爱人，我的天使，我的妻子！关于尼古拉的事还没来得及办，我会在返回之前处理的。

Entre nous soit-dit①，即我和科克*之间的事情已经处理完毕，他将住在皇村，但是他的报酬，也就是工钱，还没确定。不管多少，只要能维持生计就可以了。在整个奥伦堡省有一个哈里托诺娃*那样的职位可供我选择，但我要看看最近的情况，就还没定下来……孩子们都很健康。我保证会在圣诞节前返回圣彼得堡。工作将在 1 月开始，不过还无法确定会在哪儿落脚，是皇村还是其他城市。现在只是猜测，最终结果可能会变，所以最好还是保持沉默吧。我们可能会住在皇村，我正在物色当地的公寓。

见面时再详聊。如果我 23 日出发，马不停蹄，那么应该会在 9 月 16 日前后到家。预计会在莫斯科逗留五个小时，之后就会一直赶路了。从我一到这儿，别佳就来陪着，好心的贝拉尔②允许他在我临行前待在这儿。昨天，科里亚、阿廖沙、丽莎和帕维尔·尼古拉耶维奇都在我这儿用了午餐。再会，我们看看谁先到达，是这封信，还是我本人。

上帝保佑你们所有人

孩子们的父亲③

---

① 我们之间。（法语）
② И. И. 贝拉尔：作曲家柴科夫斯基在法学院预备班的班主任。
③ 此信下方有作曲家柴科夫斯基年少时写给母亲的附言。《作品全集：著述与书信》（V，第 38 页）中收录的版本欠准确。在本书中，收录了从未示人的柴科夫斯基书信的第四章，即从此附言开始。

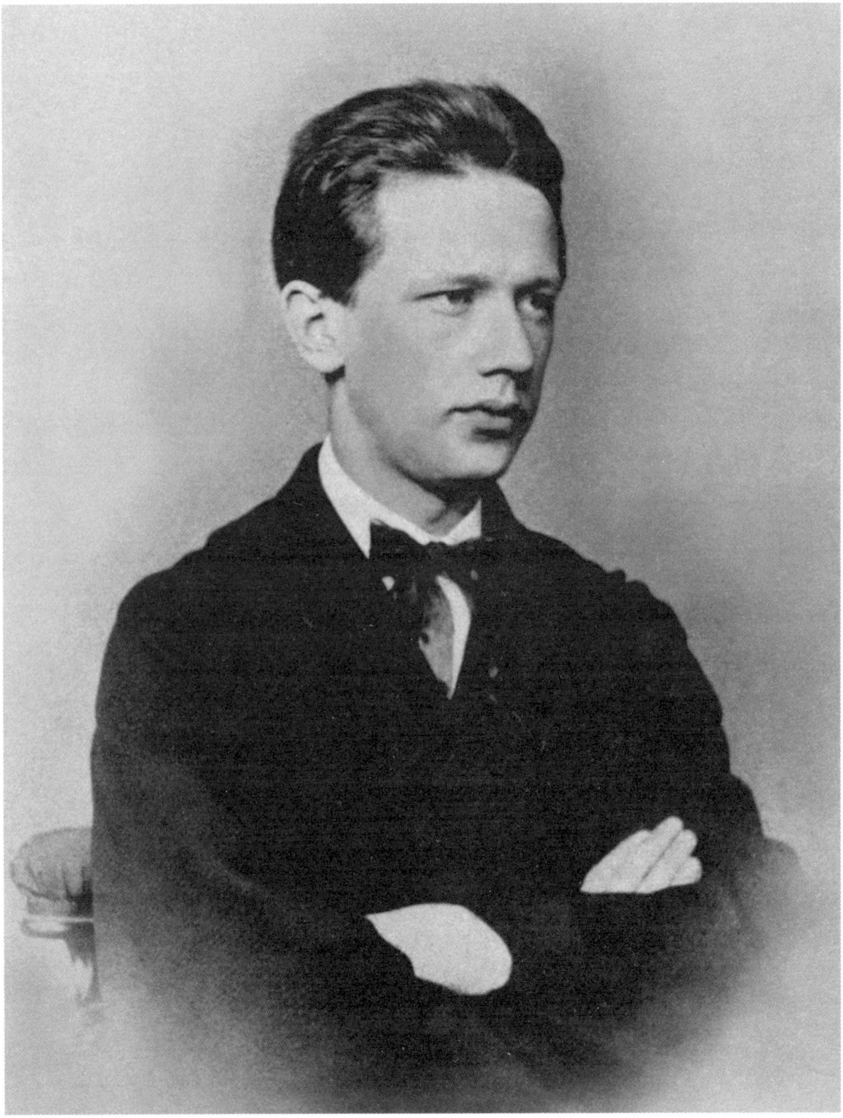

图3-1 彼得·伊里奇·柴科夫斯基
圣彼得堡 1863年（？）
L.古伊（L. Gouy）照相馆摄

第三章
"亲爱的芬妮奇卡[①]……"
家庭成员与芬妮·裘尔巴赫通信选摘

1844 至 1848 年间,芬妮·裘尔巴赫(Fanny Durbach,1822 年 10 月 29 日生于蒙贝利亚尔,1901 年 5 月 1 日逝于蒙贝利亚尔)是住在沃特金斯克的柴科夫斯基一家的家庭教师,是彼得·伊里奇·柴科夫斯基的第一位老师。这位未来的作曲家到十岁时,已与芬妮·裘尔巴赫密切接触了四年,对他的个性形成和全面发展产生了巨大影响。与莫杰斯特在其三卷本著作《彼得·伊里奇·柴科夫斯基的一生》中所述相反,芬妮·裘尔巴赫来到柴科夫斯基家中并非偶然。芬妮·裘尔巴赫的教母是牧师 К. Ф. 高格里(C. F. Goguel)的女儿。俄国的高格里一脉是蒙贝利亚尔的乔治·亨利·冯·高格里(Георг Генрих фон Гогель)家族的分支(在俄国演变为格里戈里·格里戈里耶维奇,拼写为 Григорий Григорьевич),而高格里家族和柴科夫斯基的母亲亚历山德拉·柴科夫斯卡娅(以下简称"柴母")的继

[①] 芬妮奇卡是芬妮的昵称,后同。——译注

母阿马利娅·格里戈里耶夫娜·高格里有亲属关系。可能正是在后者的推荐下，芬妮·裘尔巴赫才受邀成为柴科夫斯基一家的成员。1844年柴母在圣彼得堡小住，随后她带着芬妮·裘尔巴赫一起回到沃特金斯克。芬妮·裘尔巴赫的姐姐弗雷德里卡·裘尔巴赫也曾在俄国做过家庭教师，而且俄语极好，她后来还帮芬妮·裘尔巴赫翻译了柴科夫斯基家中成员的俄语来信。芬妮·裘尔巴赫本人也略懂俄语。后来世人得知，她熟悉普希金的作品，所以她才将小时候的彼得·伊里奇·柴科夫斯基称作"小普希金"。作曲家逝世后，她在致莫杰斯特的信中也流露出自己对俄罗斯诗人普希金的诗作《纪念碑》的了解。

芬妮·裘尔巴赫的母方家族属于路德教派，有符腾堡王子的庇护。蒙贝利亚尔的地理位置及其历史渊源决定了芬妮·裘尔巴赫身上有一种融合了法德文化的气质，这也体现在她对柴科夫斯基一家子女的教育之中。

1892年，即彼得·柴科夫斯基在世的最后一年，他在芬妮·裘尔巴赫的家乡蒙贝利亚尔探望了老师。这时他才知道，近四十年来，芬妮·裘尔巴赫一直珍藏着他童年时的练习本，里面有他小时候的"作品"、习题、绘画，以及所有家庭成员的信，包括他母亲的信。作曲家去世后，芬妮·裘尔巴赫将自己保存的一部分手稿交给了他的传记的作者、他的弟弟莫杰斯特，并承诺在自己逝世后将其余手稿赠予莫杰斯特及其在克林创建的作曲家故居博物馆。然而，由于某些未知的原因，芬妮·裘尔巴赫去世后，其余手稿并未移交该博物馆。目前为止，这些手稿仍下落不明，其中包括1892至1893年作曲家寄给她的信。

在蒙贝利亚尔与莫杰斯特见面时，芬妮·裘尔巴赫把柴科夫斯基家中成员在她离开沃特金斯克后寄来的信交给了他，寄信人有：柴母亚历山德拉·柴科夫斯卡娅、大女儿季娜伊达、柴父伊利亚·柴科夫斯基的外甥女阿纳斯塔西娅·瓦西里耶夫娜·波波娃。在上述寄信人中，阿·瓦·波波娃的前半生与柴父（即她的舅舅）一家住在沃特金斯克和阿拉帕耶夫斯克，后半生与柴科夫斯基家的第三个女儿（即作曲家的妹妹）亚历山德拉·伊里尼奇娜·柴科夫斯卡娅（夫姓达维多娃）住在卡缅卡。阿·瓦·波波娃寄给芬妮·裘尔巴赫的信是用俄语写的，其中讲了许多柴科夫斯基家中成员在19世纪四五十年代的生活细节和事实，而这时期年少的彼得·伊里奇·柴科夫斯基尚未进入法学院，仍和父母生活在一起。

以下内容通过本章首次公开：阿·瓦·波波娃致芬妮·裘尔巴赫的书信中关于作曲家柴科夫斯基年少生活的部分；由作曲家的侄女娜塔利娅·伊波利托夫娜·柴科夫斯卡娅（夫姓阿列克谢耶娃）译成俄语的芬妮·裘尔巴赫致柴科夫斯基兄弟的信；芬妮·裘尔巴赫的姐姐弗雷德里卡·裘尔巴赫致莫杰斯特斯基的信。上述信件的回信均下落不明。

〔俄〕波·叶·瓦伊德曼

图 3-2　芬妮·裘尔巴赫
　　　　早于 1850 年

阿·瓦·波波娃致芬妮·裘尔巴赫（节选）[①]

1.
1848 年 10 月 6 日　乌法

亲爱的、无与伦比的芬妮奇卡！

我已经到乌法四天了。旅程很短，旅途平静，我路上完全恢复了健康。姐姐见到我非常高兴，她没想到我这么快就到了。不过我见到她时惊讶极了，她完全变成了老太婆，是沉重的痛苦改变了她，我甚至连她的孩子都没认出来。[……]

现在向您讲讲我们告别沃特金斯克工厂的经过吧。星期日一早，我们一屋子挤满了人，大家都赶来告别，很多人眼中含泪。那天，卡尔夫妇[②]一直陪着我们，可爱的卡捷琳娜[③]和季娜[④]分别时哭得很伤心。傍晚时分，我们一起乘车离开工厂。在多位男士的护送下，我们到了萨拉普尔，只有罗曼诺夫[⑤]和克鲁克林斯基*留在工厂，就连米哈伊尔·斯捷[潘诺维奇][⑥]也与我们随行。

我们暂住在卡尔塔舍夫*家，恰好伊格纳季耶夫*也来了，屋里挤得厉害。别佳[⑦]感到非常无聊，不知该做什么，于是他向大家要了笔和纸，要给您写信。可是他一封也写不好，差儿点哭了出

---

① 馆藏信息：ГДМЧ，a¹⁷，No 23。
② 船舶设计师贝恩哈德·阿廖德尔·卡尔于 1847 年来到沃特金斯克，设计了第一艘铁制蒸汽船。其妻卡特琳·卡尔与柴家交好，柴家离开沃特金斯克后，一直保持通信往来。
③ 卡特琳·卡尔。（按照俄国习惯，卡特琳即叶卡捷琳娜，故昵称为卡捷琳娜、卡佳。——译注）
④ 季娜伊达（昵称季娜）·伊里尼奇娜·柴科夫斯卡娅。
⑤ 沃特金斯克工厂管理人员、矿业工程师瓦西里·伊帕托维奇·罗曼诺夫。
⑥ 沃特金斯克工厂的厂长家中仆人。
⑦ 彼得（昵称别佳）·伊里奇·柴科夫斯基。

来，他说："就连我写得最好的一封信都有五处涂改①"。星期一晚上，娜杰日达·季莫费耶夫娜、利扎维塔·瓦西里耶夫娜②和维尼奇卡③突然来访，这个可爱的小男孩和我们告别时哭得相当厉害。在出发去谢列达之前，我们都住在萨拉普尔。我是星期五，也就是10月1日到这里的。[……]

命运如此捉摸不定，让我们分散各地，我一直非常想念您。亲爱的芬妮奇卡，我已经习惯了总是陪在您身边，与您分享悲伤和喜悦，以至于我在这也总感觉好像随时都能见到您，能和您聊聊心里话。而如今，我真的要见到您了！春天还要很久才来，等春天来了，我就能去矿泉④了，可能您也会去，或许我会亲自去看望您。一想到这个我就很开心。我已经请求邮局局长，让我的这封信一写好就派寄出去。亲爱的芬妮奇卡，给我写回信吧，说说您是否想念我们，您怎么消磨时光。每每想到您正陪伴着所爱的人，我就感到很欣慰。您瞧，我对您的爱有多无私呀。但我还是要叮嘱，请不要忘记我，哪怕关于我只留下一点点回忆。我将永远记得和您在一起的时光。

感谢上帝慈悲，把您这位无私的朋友送到我身边。亲爱的芬妮奇卡，以我的个性是永远都无法向您表达我有多么爱您的！请不要忘了我，哪怕只是稍微记住一点点我这个深深爱戴着您的人。

纳斯塔西娅⑤·波波娃

---

① 在原件中，"таши"（意为"涂改"）来自法语"tache"。柴家子女和家庭教师习惯用该外来词，而非俄语中已有的单词"помарка"。

② 伊丽莎白（昵称利扎维塔、丽莎）·瓦西里耶夫娜·波波娃：柴父的外甥女。

③ 韦涅季克特（昵称维尼奇卡、维尼亚）·亚历山德罗夫·阿列克谢耶夫：沃特金斯克工厂的工程师亚历山大·帕夫洛维奇·阿列克谢耶夫的遗孤。与柴家的孩子们一起随芬妮·裘尔巴赫学习。

④ 可能指谢尔吉耶夫斯克矿泉。——译注

⑤ 纳斯塔西娅是阿纳斯塔西娅的另一昵称。——译注

2.
1848 年 11 月 2 日　乌法

亲爱的芬妮奇卡！我发无法用语言形容收到您来信时的喜悦之情，更不必说这封信还是用俄语写的，而我都提前找人来准备翻译了。亲爱的，请原谅我不是很相信您的俄语水平，我觉得这封信不是您本人写的，但对我而言它仍万分珍贵，我收到信后，没有一天不拿出来读它。

殷切期待同行伙伴们的来信，但一直没等到。难以相信季娜到了莫斯科后都不给我写信，而我曾多次嘱咐她，还那么关心他们的行程。我对自己很懊恼，为什么我这么爱他们，而他们却总是不回应我。当然，我无权要求或指责，错的只有我。亲爱的芬妮奇卡，您不会了解，我的好心情，或者更确切地说，是理智时刻，有多么短暂。您曾注意到我在复活节与大家分开时表现得多么平静，其实我因为这场分别已经哭了很久了。看来只有收到他们的信，我才会平静下来。[……]

<u>11 月 8 日</u>：我终于收到了一封信，这是舅母①到莫斯科的两个星期之后写的。感谢上帝，他们现在一切都安顿好了。萨莎②得了小病，而可怜的卡罗利娜③险些死了，她得了霍乱，身上做了很久的消毒，然后又经过医生放血，才好了一些。信里提到她非常虚弱，还提到他们不喜欢莫斯科，一切都贵得吓人，最贵的就是贝伦斯④

---

① 柴母亚历山德拉·安德烈耶夫娜·柴科夫斯卡娅。
② 亚历山德拉（昵称萨莎）·伊里尼奇娜·柴科夫斯卡娅。
③ 卡罗利娜·丹尼洛夫娜：德国人，柴家在沃特金斯克时的保姆，负责照顾家中子女。
④ 安德烈·彼得罗维奇·贝伦斯：柴家的一位远亲。

曾经租的那套房子。舅舅①提议去圣彼得堡，之后大家也都会搬过去，最主要的是霍乱还没结束，让人忧心忡忡。孩子们还没被送进寄宿学校，因为住处还没定下来。季娜也很寂寞，她写信说不喜欢莫斯科，希望能尽快去圣彼得堡。大家都说莉季娅②出落得很好，她现在温顺又恬静，希望上帝让她一直这样吧。

亲爱的芬妮奇卡，和您说说我的近况吧。我的生活非常安定，大部分时间都忙活着。天气好的时候我们就去散步，晚上会有一个侄儿给我们读书。[……]

祝您幸福、快乐，抱歉再次叮嘱您，不要忘了爱着您的人。

纳·波波娃

又：[……]我很惭愧给您寄了这么一封字迹潦草的信，实在没来不及重抄了。我得尽快把信送到邮局，所以，请见谅。

3.

1848年12月25日　乌法

亲爱的芬妮奇卡！

已经很久没收到您的信了。我很担心，您身体好吗？在忙些什么？难道您一点儿给我写信的时间都没有吗？[……]

今天是节日的第一天，亲爱的芬妮奇卡，我很高兴收到了一封我们家人的来信。他们已经到了圣彼得堡，我的哥哥③和他们见面了。哥哥所在的兵团驻扎在华沙，他只在圣彼得堡待了五天。我很高兴他还活着，而且很健康。他是否给我写信并不重要。

我多么希望，可爱善良的芬妮奇卡能像我一样快乐、幸福地迎

---

① 柴父伊利亚·彼得罗维奇·柴科夫斯基。
② 莉季娅·弗拉基米罗夫娜·柴科夫斯卡娅（夫姓奥利霍夫斯卡娅）：柴父的侄女。
③ 亚历山大·瓦西里耶夫·波波夫：柴父的外甥。

接这个节日。给我写信讲讲关于您亲人的事吧，您的母亲①和姐姐②都常去信吗？

伊利亚·彼得[罗维奇]舅舅又开始在矿业部门工作了。

抵达圣彼得堡后，科里亚和别佳都得了麻疹，很严重。但我认为这不是什么凶险的病。萨莎和波利亚都无恙。但令大家忧心的是彼得·伊万诺维奇·叶夫列伊诺夫③病倒了，他到现在还没好转，而且病得很重，愿上帝保佑他！

[……]今天是12月27日。我收到了您的来信，亲爱的、无与伦比的芬妮奇卡！这封信很难翻译，很多地方没看懂。您在信中提到自己身体不好，我立刻就担心起来了。因为我猜是您忽视了自己的健康（那边没人知道在坏天气时应该嘱咐您如何添衣），我甚至后悔没能早些给阿马利娅·瓦西[里耶夫娜]④写信，我在您动身前也没有嘱托她。告诉我，您收到我们的医生开的药了吗，您需要服药。难怪我现在这么想念您，现在我更了解自己是多么爱您了。我由衷希望您身边有珍惜和懂您的人。

沃特金斯克工厂没有一个人给我写信[……]忘了告诉您，彼得·彼得罗维奇舅舅⑤已被任命为将军，他将彻底搬去莫斯科生活。

[……]亲爱的芬妮奇卡，我非常期待您的来信。如果写信吃力的话，就别写太长，至少告诉我您的健康状况吧，告诉我您服用了鳕鱼油，您在天气差的时候穿得够暖，我会为此再给您寄一朵亲手做的漂亮小花。再会，我的天使，请不要忘记我。

纳·波波娃

---

① 卡特琳·裘尔巴赫（原姓马洛）。
② 弗雷德里卡·裘尔巴赫。
③ 柴父的外甥。
④ 阿马利娅·瓦西里耶夫娜·绍贝特（夫姓利特凯）：柴父和柴母的外甥女。
⑤ 彼得·彼得罗维奇·柴科夫斯基：柴父的兄长。

4.

1849年3月1日　乌法

我可爱的天使芬妮奇卡！

我终究还是等不及您的回信，决定先写信了。告诉您一个消息：我舅舅在叶卡捷琳堡附近的科夫列沃得到了一份管理工厂的工作，薪酬丰厚。①科里亚被送进了寄宿学校，别佳却病了，医生说他得的是脑病。舅母来信说，他完全变了，变得任性，做什么都不配合。我觉得，他应该去谢尔吉耶夫斯克矿泉疗养。他们将在大斋节的第二个星期离开圣彼得堡。舅母邀我去萨拉普尔，然后与他们一同去叶卡捷琳堡，这样就可以同去矿泉疗养。我太想念他们了，见到他们时别提会有多高兴。您不知道，我是多爱他们呀，对我而言，能见到他们就已经是莫大的幸福了。[……]我要写信给卡尔塔舍娃*，让她告诉我，我可爱的、旅途中的家人什么时候到这儿，还有别佳情况如何。

[……]亲爱的，亲吻您，再一次请您尽快来信。

纳·波波娃

5.

1849年5月3日　乌法

亲爱的芬妮奇卡！

非常高兴收到您的信，我的天使，感谢您寄来的漂亮衣领。很遗憾，您为我做了这么多，我却因为没有人能翻译您的信而看不太懂。劳驾先用德语给我写一封吧，这里有人可以做我的德语翻译，

---

① 柴父从沃特金斯克工厂辞职（见第二章）后，担任阿拉帕耶夫斯克和下涅维扬斯克工厂的厂长，因此举家从沃特金斯克搬到了阿拉帕耶夫斯克。

但没有法语翻译。我特别好奇的是,为什么您没和我的家人见面?我听说,只有舅舅是路过萨拉普尔到这儿的,却没人写信告诉我。我很担心别佳的情况,是他的病拖住舅母了吗?看在上帝的份儿上,如果您知道些什么,请尽快给我写信,哪怕只有几行。

必须告诉您,我亲爱的芬妮奇卡,目前看来,与您相聚的愿望似乎无法实现了,因为我姐姐情况很糟糕,我必须帮她。她的儿子病了,不过看起来已经好转[sic!]。但她的另一个儿子,因为各种麻烦事必须辞职,所以必须把他送到圣彼得堡。我必须帮助姐姐,因为她身无分文。所以,我不能去谢尔吉耶夫斯克矿泉了,何况我还很健康。唯一令我不开心的是无法见到您。唉,对我来说,放弃一直惦记的事有多难!即便是现在,我仍然不能也不愿接受这样的结果。也许上帝会对我施以仁慈,让我有机会与您相聚。

我们今天要搬家,信里没办法写很多。您下次来信时,我会很快回信的。给您捎去一小束花,您的人即将出发了,我来不及更好地准备什么。

[……]祝您幸福,一直爱您并由衷爱戴您的纳斯塔西娅·波波娃。

6.
1849 年 6 月 6 日　阿拉帕耶夫[斯克]

我的天使芬妮奇卡!

我搬到这边后每天都想给您写信,但这些天来周围一直很热闹,我根本无法静下心来。利扎维塔·安德烈耶夫娜·绍贝特和我一起到这儿的,昨天我们为她送行。① 她那一家子看起来太可怜了,

---

① 柴母的姐姐伊丽莎白(昵称利扎维塔)·安德烈耶夫娜·绍贝特(原姓阿西尔)在波波娃写此信不久前安葬了自己的丈夫。

她只得到500卢布退休金。您能想象可怜的利扎维塔·安德烈耶夫娜·绍贝特的处境有多惨吗？现在她正忙着赶往圣彼得堡，去为她其中一个孩子找公费学校，之后她再回来，那要在9月份之后了。

[……]亲爱的芬妮奇卡，我想告诉您，当我见到亲爱的家人时，他们说没想到我这么快就赶过来了，他们见到我时非常高兴，特别是我的舅母。不知道为什么，我确信她是爱我的，可能是因为我也爱着她。我发现她瘦了，她似乎很想念科里亚。她说，他已经成长为出色的男孩子了。感谢上帝，别佳还像以前一样健康可爱，但他性格变了，这太糟糕了，卡罗利娜确信他是生病之后才这样的，也就是说痊愈之后就会恢复。萨莎是个可爱的女孩子，特别善良聪慧。波利亚是个活泼的男孩子。季娜长大了，也有些瘦了，可怜的姑娘在这儿非常苦闷，因为这儿只有工厂，更像一个乡村，几乎没什么社交活动。莉季娅则变好看了，虽然整体还像以前那样，但她长得比我高了很多，身材也不错，尤其是腰特别好看，以前真没看出来。

亲爱的芬妮，我已经详细描述了您关心的所有人。

现在我得赶紧停笔了，不然会错过邮班。再会，亲爱的，在思念中吻您并拥抱您。

非常爱您的
纳·波波娃

7.

1849 年 8 月 8 日　阿拉帕耶夫[斯克]

亲爱的芬妮！

您的简短来信让我心烦，尤其是您说写信时身体不舒服，我宁愿您只是不想写信。我非常想念您，善良可爱的芬妮，甚至经常梦见您。就在今天，我梦到您身体不好，梦里我很难过。这个梦让我很心烦。

现在您已经收到了我们的信，我们都希望您会来做客。如果您能来的话，我该多幸福啊！或许我就可以觉得，自己曾经承诺会去探望您却没能兑现，并不是犯了什么错。

我来的途中就确信，舅母也是这样想的。小别佳的身体已经恢复了，感谢上帝，他现在可以正常生活了。我们现在还没请家庭教师，我觉得家庭教师会由利扎维塔·安德烈耶夫娜带过来的。

亲爱的芬妮，当我们收到您的信时，我舅母大声读了出来，别佳哭得很厉害，因为他非常喜欢您。现在他痊愈了，也不再任性了。我好爱他，他经常提起您，亲爱的芬妮，如果您来这儿，就会感受到我们有多么爱您。

现在要告诉您，我们在伊利亚节①过得非常开心。在沃特金斯克工厂就从来没这么开心过。关于这一点，我想季娜和其他孩子们已经和您讲过很多了。

亲爱的芬妮，倘若您有可能来这边，求您一定要带给我这份喜悦。

祝愿您会得到完美的幸福和世上所有的美好。

一直非常爱您的
纳斯塔西娅·波波娃

---

① 俄罗斯传统宗教节日（每年公历 8 月 2 日，俄历 7 月 20 日）。——译注

8.
1849年11月30日　阿拉帕耶夫[斯克]

我亲爱的、善良的芬妮奇卡！

希望我现在写的这封信能对上星期那封简短的信作个补充。昨天，我们收到了期盼已久的、您的亲切来信。别佳比任何人都高兴，甚至开心得跳了起来。亲爱的，我为您现在形单影只而难过，但又为您记得我们在一起的时光而感到开心。离奇的是，近来我也经常想起那段我们独处的时光，我在苦闷或愉快时也经常想起您。一切都在提醒我：这儿已经没有您的陪伴了，而我对任何人都无法像对您那样敞开心扉。

亲爱的，我要和您讲讲这星期我们家有多热闹。11月24日，利扎维塔·安德列耶夫娜把我们的家庭教师①请来了。大家讲了很多她的优点，她的确是位可爱的姑娘。她长得不算漂亮，但很谦虚，比起外表我更喜欢她这一点。听说她一路都在流泪，似乎她愧惧陌生的环境。舅母待她非常好，亲爱的芬妮，您知道舅母多会关心人。她到这儿的第一天，舅母就带她结识了莉季娅②，莉季娅的外表也确实让人如沐春风。人们第一次见到莉季娅就会喜欢上她。前些天，工厂老板车尔尼雪夫来过这儿，他一看到莉季娅就问舅舅，这美丽的女子是谁？这就证明了她有多引人注目，可惜她自己也清楚这一点。

您问起我的妹妹玛丽亚·瓦西里耶夫娜，她也向我打听了您的

---

① 阿纳斯塔西娅·彼得罗夫娜·彼得娃：柴家住在阿拉帕耶夫斯克和圣彼得堡时的家庭教师。
② 莉季娅·弗拉基米罗夫娜·柴科夫斯卡娅（夫姓奥利霍夫斯卡娅）：柴父的侄女，自幼孤儿，被柴家收养。

近况,她现在很好。莉莎①前几天寄来了信,她的儿子还在病中。而我哥哥却根本没来信,从我收到他的最后一封信到现在已经过去半年多了。他不知道我若收到他的信会多高兴。

亲爱的芬妮,我多想告诉您,这世上没有什么比再次见到您更能让我高兴。我现在更加清楚自己与您共度的快乐时光是多么珍贵。我知道,自己再也不会交到像您这样善良而可贵的朋友了。

12月6日:我还没来得及写完这封信,邮递员就走了。不过亲爱的,我此刻完全不是以烦闷的心情写信的,要告诉您一件开心的事,昨天我收到哥哥的来信了,他身体健康,还获了二等安娜奖章。他说,他正在等他妻子去华沙找他。他还说,从5月起就没收到任何来信,因为边境邮局关停了。

我猜,法国方面也关停邮局了吧。请您替我转告娜塔利娅·伊万诺夫娜②,非常感谢她翻译了您的信。在此向涅拉托夫一家③表示诚挚的敬意。

我的天使芬妮奇卡,如果您的眼睛好一些了,劳烦尽快来信。别忘了有人关心着您的一切。亲吻您,亲爱的,向您保证永恒的爱戴和至死不渝的忠诚。您忠实的朋友纳斯塔西娅·波波娃。

又:写信讲讲您令人敬重的母亲吧。

---

① 柴父的外甥女伊丽莎白(昵称莉莎)·瓦西里耶夫娜·波波娃。
② 全名娜塔利娅·伊万诺夫娜·涅拉托娃。
③ 据莫杰斯特证实,柴科夫斯基去法学院就读后,芬妮·裘尔巴赫曾担任涅拉托夫(伊热夫斯克工厂厂长 И. A. 涅拉托夫)一家的家庭教师。

9.
1850 年 5 月 2 日　阿拉帕耶夫 [斯克]

　　我亲爱的好友芬妮奇卡，我们要满怀喜悦地告诉您，上帝赐给了舅母两个可爱的男孩。① 这件喜事让我们大家比平时更欢喜，尤其是她健康状况良好。

　　亲爱的芬妮奇卡，我们都一直迫切等着您的来信。今天我收到了您的来信，好开心，那这次就原谅您害我如此想念啦。我不知道应该做何感想，可您为何好久都不让我们了解您的近况呢？

　　我的天使，祝贺您搬到了一个好地方。上帝保佑，愿以后与您生活、相处的出色的人们，会像我们一样欣赏和爱戴您。

　　我们的家庭教师是一位非常可爱的姑娘，但我把她当成孩子。您一定还记得我们把季娜从学院接回家后，她是怎么把大家逗乐的。这姑娘和季娜很像。孩子们开始熟悉她了，他们都喜欢她，她也非常善良。利扎维塔·安德烈耶夫娜·绍贝特住在我们这儿，她完全适应了这个村庄。阿马利娅和我们的孩子们一起学习，很快玛丽亚·马尔科夫娜②会到我们这儿来，萨莎和波利亚也会在这儿学音乐。别佳现在住在圣彼得堡，由最好的老师③给他上课，但这位

---

① 1850 年 5 月 1 日（新历 5 月 15 日），双胞胎阿纳托利和莫杰斯特出生。

② 玛丽亚·马尔科夫娜·帕尔奇科娃（夫姓洛吉诺娃）：作曲家柴科夫斯基在沃特金斯克的第一位音乐老师。她在 1884 年 12 月 22 日致柴科夫斯基的信中提到，她没随柴家一同前往阿拉帕耶夫斯克："尊敬的彼得·伊里奇！自从我有幸成为沃特金斯克工厂中备受尊敬的柴科夫斯基一家的音乐老师，已过去多年。不知您是否记得那位有幸成为您和您的兄弟姐妹们的音乐启蒙老师的玛丽亚·马尔科夫娜。[……] 从沃特金斯克与你们分别后，我再没收到您家的任何消息。[……] 离开沃特金斯克工厂不久，我嫁给了县中学老师洛吉诺夫，不幸的是，他六年后就离世了，我至今守寡"（馆藏信息：署名手稿，РНБ；副本，ГДМЧ，a[7-bis]，No 19）。

③ 作曲家柴科夫斯基在圣彼得堡的音乐老师姓菲利波夫，名字和父称均不详。

老师现在已经没什么能教他的了。您问起我的亲人，亲爱的芬妮，我该说些什么呢？哥哥温暖的信总能带来愉悦，但他对自己的处境却感到烦忧：他一直住在华沙，妻子却和她的父母一起住在里加。今年夏天我去里加的矿泉疗养了。我的姐妹们都很健康，她们很少给我写信，连我自己现在都懒得写。到初夏我必须去沃特金斯克工厂，也许会留在那儿。我必须去，可是靠我自己很难抵达。自从有了去沃特金斯克工厂这个打算，我就陷入了深深的烦恼之中，无法让自己好好考虑，即便是现在也无法向您讲述。我会在下封信里多写一些。

写信给我们吧，让我最开心的就是读到您的来信。请写写您姐姐的近况，她为什么换了住处？再会，亲爱的，衷心祝愿您美满幸福。

谨致问候
纳·波波娃

芬妮·裘尔巴赫致彼·伊·柴科夫斯基[①]

1.

1892年4月4日　蒙贝利亚尔

亲爱的皮埃尔[②]！

请允许我这样称呼您，否则我会觉得不是在给您写信。而如果加上这个称呼，我就会以为您还是我那位小小年纪的、亲爱的学生呢。今早，我的姐姐手中拿着一封信来到我的房间，她说："快瞧瞧，这信能让你特别开心！"坦白说，我已经不指望有机会再次看

[①] 馆藏信息：ГДМЧ, a^4, № 1005–1016。
[②] "彼得"（Пётр）在法语中为"皮埃尔"（Pьer），此名源于希腊语"πέτρος"，意为"石头"或"岩石"。——译注

到您的字迹了。当我现在的学生们坚持要我给您写信时,我曾对他们说:"我们将在天堂相见!"听说您每年都会来法国。快些来法国吧,这样我就可以再次见到您,和您聊一聊那些我们都深爱的人。有好多要聊的呢!我已积累了相当丰富的生活阅历,所以我清楚生活会留下诸多悲伤。我们将分享共同的回忆、共同的悲伤。您清楚您挚爱的双亲待我有多好,我有多爱你们每个人,希望您乐意与一个活在甜蜜回忆中的老友聊一聊他们。我好想知道你们每个人的生活经历啊!我经常想起尼古拉①那个高大英俊的男孩,想起您亲爱的姐姐季娜,还有伊波利特和莉季娅②。他们是否还有关于我这位老友的美好回忆呢?您也许想不到,您会在我这儿看到您小时候的作品!③我珍藏着您口中的那些"承载了大家快乐回忆的练习本",都是您在课间休息时写的,还有维尼亚的。④ 来吧,我们有好多话要聊呢!我现在的学生,或者更准确地说是我以前的学生们,通过您的作品知道了您的名字,他们中有些人对您的作品非常欣赏。啊,只要您来这儿,是不会感到陌生的。要是您喜欢安静,那么这里还有一个带花园的旅馆,旅馆主人是非常好心的体面人,您在那儿下榻会感到很舒服。在俄国,热情好客是司空见惯的,在法国却很少见。我们在自己又小又旧的房子里深居简出,我们有一个小花园,生活必需品一应俱全。

  无论您是否经过周全考虑,我都要衷心感谢您,感谢您的来信

---

① 尼古拉(昵称科里亚)·伊里奇·柴科夫斯基:柴家第一个儿子,作曲家彼得·伊里奇·柴科夫斯基的兄长。
② 莉季娅·弗拉基米罗夫娜·柴科夫斯卡娅(夫姓奥利霍夫斯卡娅)。
③ 芬妮·裘尔巴赫一直珍藏着柴科夫斯基的童年练习本,得益于此,作曲家童年时期的音乐创作、译文和诗歌才得以问世(《一生》,第1卷;《选集》,第1卷)。
④ 沃特金斯克工厂的工程师亚历山大·帕夫洛维奇·阿列克谢耶夫的遗孤韦涅季克特(昵称维尼奇卡、维尼亚)曾与柴家的孩子们一同成长并接受教育。——译注

和照片①，我越是看这张照片，心中就越来越多地浮现出关于您的回忆。我以前从没拍过照，而我现在的照片②对您来说是毫无意义的。不要以为我会对您的提议感到惊讶，我已经快要离开这个世界了；我见过太多比我身体健康、比我年龄小的人离世，我经常自问，自己身体这么差，怎么还活在世上？10月29日我就满六十九岁了。我将您写于1856年的最后一封信③视为珍宝并反复阅读，那时您才十六岁，您在那封信里写了家母去世的消息。家父是否健在，是否为您的成就而骄傲？④还有您亲爱的妹妹萨申卡，她的婚姻幸福吗？⑤给我讲讲您弟弟们的近况吧，最重要的是讲讲您自己。殷切期盼能在与您见面之前尽快收到回信。别看我在信中对您直接而坦率，要是您出现在我面前，您的存在就会提醒我，不该再像和过去那个心爱的孩子那样与您聊天了，我将用所有美名赞颂您，令您感到荣耀。在此，让我深深地亲吻您，请求上帝保佑您，赐予您幸福。

您曾经的老师和朋友
芬妮·裘尔巴赫

又：我姐姐⑥请我转达她对您的深深敬仰。您曾经为了在星期日得到一个红色蝴蝶结，一整个星期都努力学习，您还记得吗？现在您可以每天都戴着它，但它还会带给您同样的满足吗？衷心希望，它会的！

---

① 柴科夫斯基寄给自己老师的照片具体是哪张，至今未知。
② 芬妮·裘尔巴赫本人仅留下一张照片，珍藏于柴科夫斯基生前的相册。
③ 此信及其他柴科夫斯基年少时写给芬妮·裘尔巴赫的信均由莫杰斯特于1894年造访蒙贝利亚时制作了副本。
④ 柴父亲逝世于1880年。
⑤ 亚历山德拉（昵称萨莎、萨申卡）·伊里尼奇娜·柴科夫斯卡娅的丈夫列夫·瓦西里耶维奇·达维多夫是十二月党人之子。
⑥ 弗雷德里卡·裘尔巴赫。

2.
1892 年 4 月 26 日　蒙贝利亚尔

我亲爱的皮埃尔！

非常感谢您能及时回信。我很担心，分开这么多年，您会觉得我和您想象中差别巨大。您还是老样子，再次与您取得联系，我感到很幸福。亲爱的皮埃尔，不要觉得我们中断联系是您一个人的错，大部分原因在我。您在最后一封信里只用法语写了回信地址，我担心回信无法寄到，便把信交给一位即将返回莫斯科的法语教授了，他本应在圣彼得堡停留，还许诺会把信转交给您。从那时起我就只能间接地得到您的消息了。几年后，您的名气越来越大，是我的学生们向我讲述了您的成就。我那时是要给您写信的，但我不确定您是否还是那个我深爱的孩子和我亲爱的诗人。我宁愿保留回忆，也不想去冒险。愿上帝保佑，让我能像以前一样爱您。我对您亲爱的妹妹萨申卡的逝世①感到非常难过，如果您还能经得住这份沉痛的话，可否同我详细说说？您是否记得，你们这些孩子在设想美好未来时，维尼奇卡说，他以后要像他的父亲那样成为一名海军军官。他就这样结束自己的生命了吗？可怜的孩子！愿上帝不要抛弃他。请讲讲莉季娅的情况吧（我不喜欢问个没完的人，现在自己却好像成了这种人），难道她康复无望了吗？我为所有爱她的人感到难过。请向尼古拉和伊波利特转达问候，我很高兴他们身体无恙。我为您的平安感到特别高兴，加上您还愿意动身来我这儿。您提议的时间确实是这座城市最适合、最宜来访的。那时白昼会很长，可以多散散步，还可以乘车游览古堡，那些古堡很漂亮。如果您那个时间来不了的话，我也不想那么自私，请相信我们欢迎您随

---

① 亚历山德拉（昵称萨莎、萨申卡）·伊里尼奇娜·柴科夫斯卡娅逝世于 1891 年春。

时到来。我不希望您一直陷在工作中,万幸的是您身体状况良好。为什么您对工作只字不提呢?因为我完全无法理解吗?不打紧,给我讲讲吧,或者是您不想说?您的小妹①是我所知的最忠诚的人之一。我深信,她是每个人在开心或悲伤日子里真诚而忠实的朋友。请转告她,芬妮保留着对她最美好的回忆。我不禁想起沃特金斯克,每当想起您的妹妹奥利霍夫斯卡娅,还有她的家人和你们大家时,就会想起那个地方。请原谅我在信里提了这么多人。您能写写关于尼古拉的近况吗?如果阿纳斯塔西娅想给我写信,我姐姐会帮忙翻译的,尽管她对自己正在一点点忘记的俄语感到非常遗憾。

再会,亲爱的皮埃尔,我对您的到来已经迫不及待了。我们有那么多话要聊。您忍心让我在您到此之前收不到半点儿消息吗?

您曾经的老师和忠实的朋友真诚地祝愿,愿上帝保佑您健康和幸福。

---

① 阿纳斯塔西娅·瓦西里耶夫娜·波波娃在柴家被称为"小妹"。芬妮·裘尔巴赫写此信时,"小妹"与亚历山德拉·伊里尼奇娜·柴科夫斯基卡娅(夫姓达维多娃,已逝)的家人一同住在卡缅卡。

图 3-3　亚历山德拉·伊里尼奇娜·柴科
　　　　夫斯卡娅（夫姓达维多娃）
　　　　日内瓦　19 世纪 80 年代
　　　　戈利亚希照相馆（Goliasch Fils）摄

3.
1892年5月26日　蒙贝利亚尔

亲爱的皮埃尔！

我相信您绝非善忘，尽管如此，我还是要责备自己勾起了您的伤心事。①请原谅我，请相信我对您家中的任何不幸都深表同情。我们在人生道路上走得越远，在天堂的家人和牵挂就越多，而我们所爱的人和先于我们来到这世上的人就会越来越少。我很快就要见到您了，所以我以后不会在信中打听什么了，您只写自己想写的、想到的就好。虽然您能轻松地写法语，句子也很法式，不带任何非法语地区的痕迹，但我希望这份旧日的友谊给您带去的不只是忧伤。"说出来"往往比"写下来"容易得多，尤其是当您工作负担过重时。不过至少，您可以来这里休息。您在小城市住过吗？沃特金斯克不算是城市，它是另一种存在。如果您想来我生活的这座小城看看的话，您就会感受会到它带来的愉悦，这愉悦可能还来自礼仪规范，因为我的学生都出身于较高的社会阶层，其中也有音乐家，如果您能去他们那儿做客，他们会非常兴奋的。您可以随意安排，不要勉强自己。我和我们所属教区的教堂管风琴师也很熟，如果您喜欢弹管风琴，这个消遣活动也相当容易安排，因为我有教堂的钥匙，这座教堂同时也用作主日学校。②我只想让您知道，您在这儿不会无聊的。昨天5月26日是升天节，天气很好，这是一个相当重要的节日。今年的俄国复活节和我们法国的复活节是同一天，希望你们节日那天也是好天气。昨天早晨我去了教堂，布道之前安排了合唱团表演，大家都对表演赞不绝口。下午我重读了一遍您亲爱的堂姐奥利霍夫斯卡娅③的来信，这些信多么亲切而暖心。还有亲爱的季

---

① 柴科夫斯基在之前的回信中，与芬妮·裘尔巴赫谈起自己去世的父母和姐妹。
② 很可能指路德教教堂及其主日学校。
③ 莉季娅·弗拉基米罗夫娜·柴科夫斯卡娅（夫姓奥利霍夫斯卡娅）。

图 3-4 季娜伊达·伊里尼奇娜·柴科夫斯卡娅（夫姓奥利霍夫斯卡娅）
乌法 早于 1878 年
А. 布赫戈尔茨（А. Бухгольц）摄

娜，她在短暂的人生中完成了自己在尘世的使命。① 莉季娅曾在信中说，她有一整晚都梦到我（当时我正在给她写信，告诉她我要离开俄国）。请转告她，我一直想着她，并在心中深深吻她，我很高兴你们都那么喜欢她。我以为您那可怜的表姐② 自从搬到阿拉帕耶夫斯克之后就再没和你们分开了，还好她在自己悲惨的晚年被您的妹妹萨申卡收留，萨申卡真的很善良。亲爱的柴科夫斯基先生，您为什么想要显老呢？我在您家教书时，您父亲虽已是满头白发，但他并不显老。1856年您还告诉我："父亲一点儿都没变老"。请不要让自己看起来老态龙钟，把这种"特权"留给那些经受过岁月洗礼和人生磨炼的人吧。让我在等待伟大的柴科夫斯基先生来访时，亲吻我亲爱的小皮埃尔吧，我爱他，并将永远全心全意地爱他。

芬妮·裘尔巴赫

又：沃特金斯克的卡尔女士来信说，她看到了皮埃尔在奥特拉达③的墙上写的字，其中"M[字迹不清]"写得最好看，那真是一个让人回味的地方。您还记得那里吗？

6月3日：我这封信早该寄出去了，但我怕显得写信过于频繁。当您没办法回信时，不必把回信当成一个义务。我现在时间自由，每天只上两小时课，要是完全没课的话就会心情惆怅。我可以自由支配课外的其他时间，而且我的回信永远不会推延，可您的生活并不是这样。

再会。

又：我小时候的朋友阿黛尔的丈夫和女儿都去世了。她身边只有一儿一孙，还有一个带着八十岁老姨妈的女婿。

---

① 柴科夫斯基同父异母的姐姐季娜伊达（昵称季娜）于1878年（四十九岁）逝世。
② 阿纳斯塔西娅·瓦西里耶夫娜·波波娃。
③ 近沃特金斯克的村庄，柴父及其沃特金斯克工厂的同事常在此举办家庭野餐会。

图 3-5 彼得·伊里奇·柴科夫斯基的三个弟弟
  圣彼得堡 1862 年
  Г. 契尔托夫（Г. Чертов）摄

  从左至右：伊波利特、阿纳托利、莫杰斯特

4.
1892 年 7 月 13—19 日[①]　蒙贝利亚尔

亲爱的皮埃尔:

当我在您本月 7 日来信的地址上看到"维希"时,您无法想象我有多开心。您离我们如此之近,很快就会到蒙贝利亚尔了。我非常喜悦,举起您的长信,难以自持。但还未读完第一页,我就知道这一切对我来说都结束了。我当时感到非常失望,现在也如此。我很清楚,我们生命中发生的一切都由上帝掌管,我也明白您必须这样安排。您对生病和受苦的弟媳[②]很好、很体贴,善待家人对您来说是一种幸福。此刻我在精神上支持您,祈求上帝保佑您一路平安。您出发时天气很热,听说维希的温泉可以让人立刻放松下来。也许您到目的地之后就会抽出时间给我写信了。我清楚您弟弟得到了非常光荣的任命,[③]但这同时也是非常艰巨的使命,只有行政部门真挚待他,他才会欣然完成工作报告。您可能非常爱弟弟吧?您在 1850 年 5 月 2 日寄自阿拉帕耶夫斯克的信里说:"我想告诉您一个让您开心的消息(不过当时我看到消息后完全高兴不起来),5 月 1 日凌晨,我的双胞胎弟弟出生了。我见过他们几次,每次看到他们都觉得像是上天派来的天使。"我很想见见您挚爱的弟弟,他是否各方面都很像您的母亲?给我讲讲他的事吧,告诉我他的岁数吧。希望您的妹夫[④]会欢迎您住在他的村庄。为什么您在休假时

[①] 此信提笔于 7 月 13 日,收笔于 7 月 19 日。
[②] 阿纳托利的妻子普拉斯科维亚·弗拉基米罗夫娜·柴科夫斯卡娅(原姓孔申娜,1860—1956)此时正在病中。
[③] 阿纳托利被任命为副省长,前往下诺夫哥罗德就职。
[④] 列夫·瓦西里耶维奇·达维多夫,其妻亚历山德拉·伊里尼奇娜·达维多娃(原姓柴科夫斯卡娅)此时已逝。

图 3-6 彼得·伊里奇·柴科夫斯基与弟弟莫杰斯特·伊里奇·柴科夫斯基及其学生
尼斯 1878 年

从左至右：彼得·伊里奇·柴科夫斯基、科里亚·孔拉季和莫杰斯特·伊里奇·柴科夫斯基

还要做这么多工作？当然，创作应当让您幸福，因为您的作品会给别人带去快乐，我则担心您工作太过繁重。您似乎也去维希疗养了吧？是出于无奈吗？之后您去哪儿消遣了？或许是您让尼古拉给我写信的，因为我收到了一封他的信，我非常高兴，马上就写了回信。回信日期是6月1日/13日。

我姐姐提议在瑞士的蒙多夫小住十五天，这是一个位于苏黎世湖畔的美丽村庄，但7月12日以来我们这儿一直在下雨。这场雨来得不巧，却是喜雨，因为之前我们这儿的所有花园都枯萎了，溪水干涸，附近河流都变浅了。我很高兴在《坦波报》上看到普鲁士的多个省份将喜获丰收。上帝保佑。

再会，我亲爱的皮埃尔。我从没像现在这样清楚地意识到时光的飞逝。这次我不想高兴得太早，我会耐心等待，请对您忠诚的老师保留些许旧日友谊吧，她一边亲吻她的"小男孩皮埃尔"，一边期待"伟大的皮埃尔"到来。

您的芬妮·裘尔巴赫

5.
1892年8月9日　蒙贝利亚尔

我亲爱的皮埃尔：

您的信对我来说是一份惊喜，我没想到会收到您的消息。您一路是否顺利？感谢您告诉我关于您自己的消息。我希望您在维希的疗养对您和您外甥的健康有益。① 但我不禁想到，您还是应该休息一下。虽说医生可能已经开了药，但我很清楚过度劳累意味着什

---

① 作曲家柴科夫斯基及其外甥弗拉基米尔·利沃维奇·达维多夫曾一同在维希疗养。

么，我希望您到我这儿时，不会再忙于工作。我们有太多要聊的了。您会向我讲述所有不安和担心，我们会聊一聊那些爱过的人和爱着的人。我会非常开心，希望您也会开心，哪怕只有一点点。要知道，我现在已经接受了您在维希疗养后不能来看我的这个事实：我本可以体验的快乐现在已经成为过去，而今天我仍然没放弃希望。请告诉我，为什么您认为我不会接受呢？我的小皮埃尔曾是信任我的，我过去信任他，现在也依然信任他。我们必须学会重新理解彼此。您还和我说了您弟媳在路上的情况，您的弟弟莫杰斯特决定承担起照顾一个聋哑孩子①的责任，他一定非常善良而可靠。我认为教师是最崇高的职业（尤其是对于女性而言），我同样清楚这个职业所面临的全部困难，我可以想象教育、爱护聋哑孩子的人会多么无私忘我。您讲了很多关于您弟弟的事，我对他致以深深的敬意。您下次来时带上几张照片吧，让我看看他们，我多想再次见到你们一家人。请尤其别忘了带上波利亚的照片，还有我经常想念的可怜的莉季娅和尼古拉的儿子的照片。把他们的照片都带上吧，不会太占地方的。有位俄国姑娘正在附近的小村庄度假，由于我姐姐不在身边，就拜托这位俄国姑娘给我的信写邮寄地址了。她和一位很体面的法国女士、一位瑞士女士结伴来这儿度假，并答应还会来的，不过后来再也没见到她了。我姐姐已经在旅行回来的路上，一路天气很好。她来信说下个星期四就会回来。她竟然喜欢旅行，这让我有点儿惊讶，而我只有必要时才会出门。

我经常失眠（但没人从我脸上看出来）。就在这封信里告诉您旅馆的地址吧，不然下次我可能就忘了：贝尔福街，德拉巴兰斯旅

---

① 科里亚·孔拉季：莫杰斯特的聋哑学生。莫杰斯特曾采用瑞士教育家古根多波列尔的教学体系培养他，效果显著。

馆,拉恩女士。我们的街道位置是德格兰奇街 28 号。我的上封信迟到了,这并非我所愿,希望我的信能带给您治愈,愿您不受胃痛困扰,胃痛会让最勇敢的人陷入忧愁苦闷。冒昧地提醒您:您答应会写一封长信。我还要告诉您,我心里永远喜欢那个"小皮埃尔",而且日益爱戴这位"伟大的皮埃尔"。

您以前的老师、朋友
芬妮·裘尔巴赫

6.
1893 年 1 月 1 日/13 日　蒙贝利亚尔

亲爱的皮埃尔:

1 月 1 日这天您给我带来了莫大的幸福,[①] 而我却因为不清楚此刻在这寒冷时节您正身处我们国家的何地,不知该如何向您表达祝福。您的音乐会演出顺利吗?我相信演出一定是成功的,但希望能听您亲自讲讲。我们相聚时,时间过得飞快。我想更多地了解您,可您很少谈自己和工作,也很少谈您在克林和圣彼得堡的生活。

2 月 27 日:我要立刻告诉您,昨天上午,也就是星期天,我收到了您宝贵的照片[②]。要特别感谢您,因为我自己未必会放心把照片交给邮局,而是希望有机会能亲自交给您本人,或哪怕是交给

[①] 当日,柴科夫斯基在蒙贝利亚尔看望了芬妮·裘尔巴赫。关于这次会面,作曲家记录如下:"……她回到蒙贝利亚尔后,坚持以一成不变的生活方式,生活了四十二年,这种与蒙贝利亚尔当地有很大区别的、年轻时在俄国形成的生活方式,仍然留在她的心中,没有丝毫变化。我有时会回到遥远的过去,这我感到有点儿可怕,同时又感到甜蜜,我们二人都努力忍着不流泪"(《作品全集:著述与书信》,XVI—Б,第 213 页)。

[②] 照片下落不明。

您家中某位成员。所有在 1848 年或 1849 年拍摄的照片都已经印在我心间。总之，我很高兴看到你们聚在一起。就像萨申卡讲述的那样，波利亚舒服地依偎在父亲怀中，你们都站在父亲身边。[①] 刚外出归来的艾米利娅·库恩确信她在那张照片上认出了您。我非常喜欢您在照片中的姿态，让我想起了亲爱的小皮埃尔当年的模样。您是最像您母亲的，您的妹妹萨莎的照片拍得最好。格罗斯曼夫人是第一个对我提起您妹妹在圣彼得堡有多受欢迎的。1881 年那会儿，尼古拉和伊波利特长得像极了，可惜您和他们分开了。波利亚在照片中的样子像是在护着亲爱的姐姐，[②] 就像是姐姐在他小时候护着他那样。我好喜欢您弟弟们的脸蛋，阿纳托利长得极像小时候的尼古拉。您和尼古拉对我真好，还想着要送给我一本集齐每个人照片的相册。其实我只要照片就可以了，我有一本很厚的相册，里面还有很多地方都空着。得知你们现在住在自己选择的地方，我很开心。如果您能在那儿避避清净该多好。显然，您不重视上天赐予的健康，您不怕失去健康，才会这样过度劳累。如果您能意识到，我有多难再等到机会看见您的字迹就好了。您这个年龄似乎并不觉得时光珍贵，我这个年龄却恰恰相反。最近天气很冷，在我们国家很难应付冬季的严寒，我为此很担心您。对于您在布鲁塞尔的成功，[③] 我感到开心愉快。没人比我更相信您的才华，因为我目睹了这份才华就像一位诗人的天赋那样走向成熟的整个过程（其实我更希望您具备诗人的天赋），而我仍然祈求上帝赐予您成功，我认为这是应

---

① 已知现存仅有一张柴家在 1848 年拍摄的照片与芬妮·裘尔巴赫的描述相吻合。此信表明柴科夫斯基还寄了其他照片。目前仅存一张制于 20 世纪初的副本（见本书第 37 页）。
② 照片下落不明。
③ 1893 年 1 月在布鲁塞尔举行了柴科夫斯基作品音乐会。

该给予您的"补偿"。有多少名人在有生之年都没能获得认可啊!

我收到了几封可怜的珍妮·格罗斯曼的来信,信中充满绝望:先是关于她父亲生病的消息,几天后是关于她父亲去世的消息。这可怜的姑娘,她过去的生活只有享乐。她在信中兴致勃勃地向我讲起您最新创作的歌剧①。她曾经迷恋萨拉·贝尔纳,而如今她和她母亲的日子该怎么过呢?我记得鲁道夫·格罗斯曼曾在国家机构供职,但我不知道具体是哪个部门,也不知道他这个年龄是否可以领退休金,我猜他去世时是四十二岁。我尤其同情他可怜的父亲,他父亲尚且健在,直到儿子离世前的最后一刻都陪在旁边。去世前,英年早逝的鲁道夫给下属布置了工作,还领了圣餐。那天是他在这儿度过的唯一一个星期日,他原打算去教堂。这么多年来我一直与他母亲通信,他的逝世,让我和所有他们在城里短暂停留期间与格罗斯曼女士和她女儿结识的人都深感悲痛。

我姐姐听说您到了哈尔科夫,②很是高兴。她在哈尔科夫附近住过一段时间,对那儿印象很好。她让我向您致以友好的问候,我也像在沃特金斯克时那样,作为您的老朋友,衷心地吻您。

再会

芬妮·裘尔巴赫

又:杜维诺瓦先生写了一部非常有趣的、关于我们的老城蒙贝利亚尔的书,我的学生们送了我一本。您来这儿时,可能会想看看书中的王子肖像,还有书中的版画。

艾伦夫人正在弹奏您的作品,她觉得很有难度。

再会。

---

① 歌剧《约兰达》(1891年)。
② 1893年3月,柴科夫斯基在从卡缅卡到克林的途中,曾短暂停留于哈尔科夫。

7.
1893年3月25日　蒙贝利亚尔

我亲爱的、曾经的学生：

昨天，拉恩女士带着她的姨妈来看我。她的姨妈是一位军官的妻子，她丧子丧夫，受尽人生苦难，之后给一位高龄夫人作伴。拉恩女士的姨妈姓雅克，她管理着那位高龄夫人的房子和仆人。不幸的是，那个她所供职了两年半的家庭现在发生变故，雅克女士必须离开。她希望能在俄国找一个让她做类似工作的家庭。她还可以照顾病人或寡妇，帮忙辅导孩子，但不是作为授课教师，而是作为可以陪着年轻姑娘出入上流社会的家庭教师。我之前从没见过她，但我表妹库恩对她评价很高，她说，雅克女士在各方面都很有魅力。雅克女士非常漂亮，看来生活条件良好。她大约五十岁，仍很有活力，看起来身体健康。我问她是否畏惧俄国的气候。她说，她经受住了非洲的炎热，不会惧怕俄国的寒冷。拉恩女士坚信，以您的人脉可以帮助她的姨妈。我也同意她的看法，如果可能的话，请您推荐一下雅克女士吧。

我们这儿天气很好。明天是星期日，每个有行动能力的人都会去几俄里外的那座小山丘，去欣赏漫山遍野的鲜花；就像一场真正的"庆祝活动"那样，人们在整个花期都会去赏花。我希望您可以来这儿，享受美好的天气，信步闲游。

我和我姐姐祝您复活节快乐，请接受我们的节日祝福。

您以前的老师、忠实的朋友

芬妮·裘尔巴赫

8.

1893年4月6日　蒙贝利亚尔

我亲爱的皮埃尔：

我姐姐和我祝贺您在哈尔科夫大获成功，[①]我们由衷与您一同庆祝。星期一是复活节，我在杜维诺瓦女士们的家中做客，她们演奏了几首特别喜欢的您的作品。如果我是音乐专业人士的话，就能更好地欣赏这些作品了。尽管如此，还是想对您说，即便在这个偏远小城都有人知道且喜爱您的作品，这让我非常开心。我们为您患有头疼病而难过，我知道这种疼痛在很长一段时间内都不会消退，而且我差不多每次头疼时都要服用抗神经痛的药。您的医生没给您开这些药吗？如果您是因为这个原因而忍受痛苦，我会非常难过的。我记得您在我这儿时，曾在手表上看了看时间，我看到您的手表很漂亮，还让您给我瞧一瞧，您丢的是那块表吗？我能理解您因为可能会指控一个无辜的人而感到煎熬，以及[能想象到]您为证明他的清白而做的一切努力。您是否觉得能抓到真正的犯人？[②]我非常希望能抓到。您为什么对您妹夫的婚姻如此忧伤？[③]难道您认为，他对您胞妹真挚而持久的感情会在短暂的人生中消逝吗？当然，您的外甥

---

① 1893年3月，柴科夫斯基的作品音乐会在哈尔科夫举行，现存他与当地音乐家的合影（见第七章）。

② 小偷身份不明。柴科夫斯基在遗嘱（收录于本书第七章）中提到此物："本人动产中有一块镶着黑色珐琅的金怀表，上面装饰着星星、圣女贞德和阿波罗，还有两个缪斯女神金像。目前两个缪斯女神金像失窃，如果连同表链一起找到，就一并遗赠本人外甥弗拉基米尔·利沃维奇·达维多夫；如果他离世，就赠予本人外甥尤里·利沃维奇·达维多夫。"

③ 列夫·瓦西里耶维奇·达维多夫在妻子去世后，于1891年与E.H.奥利霍夫斯卡娅成婚。E.H.奥利霍夫斯卡娅出自柴家密切来往的家族。

图3-7 尼古拉·伊里奇·柴科夫斯基的妻子奥莉加·谢尔盖耶夫娜·柴科夫斯卡娅与养子格奥尔基·尼古拉耶维奇·柴科夫斯基
圣彼得堡 1886年
维斯特利公司（Westly & Co）摄

和外甥女很难接受另一个人代替他们敬爱的母亲，但他们的父亲是通过您本人都认可的礼节，为这个不完整的家庭选择了同样出自您家的一位女士，而且这位女士的品行还受您认可。①毫无疑问，这位女士认识您亲爱的胞妹，她一定像所有认识您胞妹的人一样爱戴她。您的外甥和外甥女可以和她谈谈他们亡故的母亲，她会理解他们的悲伤，去爱他们，向他们描述亡母所前往的那个国度，我们以后都会在那儿相见的。以您对他们的爱，您会比任何人都能更好地向他们解释，他们的父亲为什么要续弦。

也许我的信会让您改变安排，不会在克林停留，您会和家人一起度过复活节，我非常希望会这样。我希望你们能愉快地共度节日。向亲爱的尼古拉和他的家人问好，如果可以的话，也请向您的弟弟莫杰斯特问好。给我讲一讲，您的侄儿乔治②长大了吗？他爱学习吗？是不是和他父亲一样也喜欢演奏？

就在收到您来信的当天，即4月5日，我去见了拉恩夫人，把您在来信中写的关于雅克女士的安排告诉了她。两位女士都清楚，对雅克女士来说最好的决定是去圣彼得堡，但这无疑需要一笔巨额开支。我完全不支持她这样尝试[sic！]！她在阿尔及利亚生活了二十年，很可能无法适应北方气候。她们感谢您对她们的请求如此快速地答复，感谢您对她们的善意，并委托我向您转达她们的问候。

我们这个冬天异常寒冷，温度已经低于零下30℃，这是前所未有的。巴黎以前从没低于16℃，很抱歉，我向您描述了这里美好的

---

① E.H.奥利霍夫斯卡娅是堂姐莉季娅、姐姐季娜伊达的夫家（奥利霍夫斯基家族）的亲戚。
② 格奥尔基·尼古拉耶维奇·柴科夫斯基：柴科夫斯基的外甥女塔季扬娜·利沃夫娜·达维多娃的非婚生子，被尼古拉·伊里奇·柴科夫斯基收养。柴家就此事一直对外保密。"格奥尔基"在法语中为"乔治"。

119 春天，但这个冬天却比您那儿低了 10℃。不过，我知道在你们国家温度变化有多快，我希望现在好天气已经到您那儿了。

您在克林住的地方有花园吗？我们现在持续着好天气，梨树上长满花苞，有的甚至已经盛开。不过气候非常干燥，农民和果园主都对此怨声载道。

您如果见到莉季娅，请向她提起我。如果能尽快回信，我会非常高兴，因为我想知道您是不是已经不再头疼了。我关心您的一切，尤其是您的健康。毫无疑问，旅行肯定比伏案工作对您更有益。旅途中变化的景象会影响您的思绪。我也曾考虑利用复活节假期外出，本想去比利时看望一位朋友，她在滑雪时摔伤了腿。可是我姐姐得了流感，她不能陪我前往，而我自己又很难整理行装。

我姐姐现在已经好多了，她祝您身体健康，我也同样祝您健康，同时还要衷心亲吻您。希望您时而会想起再访蒙贝利亚尔的承诺，如果您看到我对您再次来访的诸多准备，我会非常开心。

再会，我亲爱的、亲爱的皮埃尔。您忠诚的老朋友再次亲吻您。

芬妮·裘尔巴赫

9.

[1893 年 3 至 4 月　蒙贝利亚尔]

亲爱的皮埃尔：

我本不想让您为雅克女士的命运费心，但拉恩夫人恳请我帮忙，当时她非常确信此事不会给您造成困扰，所以我无法打消她的念头。我知道您不太喜欢写信，您可以直接用我的信，尽管我断断续续写了三次，字迹不太好看。如果您觉得可以把雅克女士介绍给您认识的什么人，请尽快回复我，哪怕是寄来一张明信片。我姐姐觉得，如果让雅克女士管理家中仆人的话，那她可能还不够胜任，因为她不会说俄语。

我上面写的可能会让您觉得我不太乐于助人,其实我是担心会给您造成不便。若是绝境中的艺术家们向您求助,那几乎是义不容辞的,您自然会以全部名誉去帮助他们。我确信有很多人正等您施以援手,所以我对自己当时的举动感到后悔。尽管如此,如果这不会给您造成特别的困扰,请您还是回复一下吧。您可以把信直接寄给拉恩夫人,地址:贝尔福街,德拉巴兰斯旅馆。我这封信写得有些匆忙潦草了。

再会,我亲爱的、亲爱的学生,请写点儿什么吧。

您什么时候再来?这么好的天气,想不想出去旅行?

您的老朋友衷心亲吻您。

芬妮·裘尔巴赫

又:您有没有什么自己珍爱之人的好消息?

10.

1893年6月1日　[蒙贝利亚尔]

亲爱的皮埃尔:

今天是您大型音乐会演出的日子,① 我非常想念您。感谢您的善意,您在动身去伦敦之前把关于自己的消息寄了过来。您的信在圣灵降临节的前夕送达,于我们而言就像暗空中的一缕阳光。那段时间我们教区的牧师情况很悲惨,他的儿子,一个二十七八岁的年轻人,在繁重的工作结束后来父母家度假休息(他是一名中尉,最喜欢和军事相关的活动),4月29日那天他去参观部队演习,为了看得更清楚,他爬上一块很高的岩石。我不知道具体经过,听说他

---

① 当天在伦敦音乐协会的音乐会上,柴科夫斯基指挥了自己的《第四交响曲》。

坐在岩石上，由于天气太干燥，他滑下了悬崖，他无论怎样挣扎都抓不住，双手染得血红。他父亲本就病重，奄奄一息的年轻人被抬过去时，他遭到了沉重打击，但最大的不幸是这个年轻人刚开始恢复就显出精神失常，他的父亲无法承受双重打击，病入膏肓。星期六那天我们参加了他的葬礼，我对牧师及其遗孀和七个孩子的惋惜之情难以言表。

[6月]8日：我自问，为什么要在信中写一些完全无关的事呢？可能是因为您有一颗悲天悯人的心，因为戈登牧师也是这样的人，这种悲天悯人对他来说是一种荣誉。他去世时只有五十八岁，已经病了五年，他受了很多苦。

您再也没提起头疼的事，我希望头疼完全消失了，写信和我说说吧。

毫无疑问，此时授予您音乐博士头衔的庄严仪式已经完成了。① 在您已获得的所有荣誉之外又新添一项。我们衷心祝贺您，我姐姐比我还高兴。和我们讲讲整个过程吧！一定很累吧？喜欢在剑桥度过的日子吗？您喜欢英国人吗？我觉得英国人是讨人喜欢的，但要得出这样的评价，最好是在剑桥而不是在伦敦。

我好像在什么地方读到，圣-桑②突然从音乐界舞台上隐退了，去歇息了，我想不起来是在哪儿看到的。如果您也想从世界各国的首都隐退，请来我们这个小小的、安静的蒙贝利亚尔住上一阵，您可以在这儿好好休息，我还可以陪您聊天，那该多好啊！我们这儿已经持续了三个月的好天气，喜欢散步的人非常开心，可怜的农民却非常沮丧，我对他们只能报以同情。不知道您什么时候会到克

---

① 柴科夫斯基被授予剑桥大学音乐博士学位。
② 卡米耶·圣-桑（1835—1921）：法国作曲家、钢琴家。——译注

林,鉴于您旅行的速度像闪电一样,您可能已经到那儿了。我姐姐委托我转达祝贺,我也一并祝贺您,同时衷心地亲吻您。

您小时候的、永远的朋友
芬妮·裘尔巴赫

又:您很久都没和我提起阿纳斯塔西娅了,请告诉我,她在忙些什么?希望您的哥哥尼古拉能来信,如果他的乔治①可以寄来一封短信的话,我会非常乐意写回信的。请您也来信讲讲莉季娅和她孩子们的近况吧。

11.
1893 年 7 月 24 日　蒙贝利亚尔

我亲爱的皮埃尔:

您不知道,我听说您置身于乡下和草原之间,有多高兴,您可以充分休息、享受自由了。我姐姐因您喜欢她记忆中的珍贵之地而无比自豪。我从未见过像在俄国那样美丽的日落,天空布满了惊人的亮丽色彩。我尤其喜欢夏末时分安静、温和的夜晚。渔民在水上划动船桨,池塘像镜面一样,阳光映照在水面上。我们在阳台聆听过悲伤而温柔的歌,正是这些歌打破了美丽夜晚的宁静。您一定还记得这些歌,因为当时,你们谁都不想躺下睡觉。如果您记得这些旋律,就谱成乐曲吧,您一定会让那些在你们国家听不到这些旋律的人感到惊艳。你们的诗人普希金说过,他希望只要是在说俄语的地方,即便是在最简陋的小屋里,他的诗歌都能被人喜爱。②这是一个崇高的愿望,而您的愿望可以更加崇高,因为您所使用的是世上

---

① 尼古拉的养子格奥尔基。
② 此细节说明芬妮·裘尔巴赫了解普希金的作品,她可以复述包括著名的《纪念碑》在内的作品内容。

更加通用的语言。

感谢您详细讲述了授予音乐博士头衔的庄严仪式。殷切期待看到我的小皮埃尔身着博士服的庄重样子。①当您还是个孩子时,曾经很想去英国,还曾想和你们的沙皇谈谈。这些童年梦想现在都已经实现了。

我还要祝贺您的音乐会成功举行,特别是您身体状态还这么好。您在途中、车上都可以休息,真是太棒了!我觉得四轮马车会更舒适。我想对您说,不要这么快回到克林,因为我担心您一回到克林就要投入工作,或许您身边的人会拦着,我真希望您不会急于开始工作。

英国人应该感到很幸运,因为您对他们如此尊敬。我也相信,整个国家和这个国家的每个人都是幸福的,尤其是有信仰的人,因为对他们来说,即使生活多变幻,他们都会在极大程度上以信仰作为行动的准则。

您是否了解俄国年轻姑娘们要参加的考试?也许这考试比在法国难得多。珍妮·格罗斯曼给我讲了她参加的考试,我的看法是:任何地方都需要女性接受教育,这很有必要,因为生活变得日益复杂了。

您在信中说,会再来看我们的,这是您整封信中让我最开心的部分。法国今年葡萄品质上乘,而且多产,来尝尝吧。我们城市周围的山上曾有些葡萄园,采摘葡萄也许是一年中最美好的体验。尽管这些葡萄园已经被毁了,但还是可以结出葡萄的。

再会,我亲爱的皮埃尔。向您家中那些至少还依稀记得我的成

---

① 柴科夫斯基身着剑桥大学音乐博士学位服的照片,由弗洛伦斯·梅特兰(Florence Maitland)拍摄(见第七章)。

员问好。我姐姐向您致以最美好的祝愿,我也一并送上祝福,同时温柔地吻您。

芬妮·裘尔巴赫

7月26日:和我讲一讲在克林的情况吧。您和从前一样喜欢骑马吗?您那边是否有宜人的花园?

图 3-8 《蒙贝利亚尔风景集》(Альбом с видами Монбельяра, E. Blazer. Edit. Cliche de M.P.A. 1892–1893)

由芬妮·裘尔巴赫赠予彼得·伊里奇·柴科夫斯基,以下十幅插图均出自该集

Place St-Martin, Hôtel de Ville et Statue Cuvier.

圣马丁广场、市政大厅与法国动物学家乔治·利奥波德·居维叶（生于蒙贝利亚尔）纪念雕像

Château de Montbéliard.

蒙贝利亚尔城堡

155

Ecluse des Neuf Moulins (Vieille filature).

新建面粉厂的闸门与旧纺纱厂

Pont du Chemin de Fer et Passerelle

铁道桥与步行桥

圣马丁教堂

利泽讷河畔的旧房屋

罗讷河与莱茵河航道

阿兰河、大桥与天主教堂

利泽讷河与阿兰河的汇流处

法国军团团长皮埃尔·丹费尔-罗什洛纪念雕像（落成于1880年），皮埃尔·丹费尔-罗什洛以在普法战争时期护守贝尔福市而知名

12.
1893 年 10 月 13 日[①]　蒙贝利亚尔

亲爱的皮埃尔，我刚刚收到您的来信，您无法想象这封信带给我的失望：我一直以为您在法国。我在《坦波报》上看到歌剧院将举办一场迎接俄国水手的欢迎晚会，晚会上将演奏三位俄国作曲家——您、格林卡和鲁宾斯坦——的作品，还有三位法国作曲家的作品。另一则报道中只提到了您。您应该会从自己的歌剧中选一部来演出，但您对此只字未提，难道您拒绝让作品演出吗？我为此感到难过，不仅是为自己，也为我的国家。可怜的法国人不知道如何有节制地热爱，他们的热情在理智的人眼里很是可笑。但您早已了解我们的缺点，甚至都习惯、容忍了，所以您不应该这么苛刻。我依然希望您能来这里，甚至以为您不会去别处了。旅行对您来说已经习以为常，而且可以轻松应对。会有大量外国人来法国，我在一封私人信件中读到，在土伦，所有旅馆都被预订一空，房租也不可思议地上涨。就算是我们这个小城也在大做准备，不过似乎已有理智的人对此加以限制了。他们嘲笑市政委员把所有名称统统俄罗斯化，甚至还说，自从蒙贝利亚尔把皇后送给俄国，这里就有了一定程度的俄罗斯血统。您看，我们国家也有冷血的人，看在他们的份儿上，原谅那些狂热的人吧。

如果您是在尼古拉家中写的回信，那么信的内容肯定会特别有意思，可是我没收到。您的最后一封信是 7 月 1 日写的，我感觉已经过了很久了。

[①] 这是芬妮·裘尔巴赫致作曲家柴科夫斯基的最后一封信，作曲家未必收到，因为他已于 1893 年 10 月 7 日/19 日离开克林（收信地址），10 月 24 日/11 月 5 日晚至 10 月 25 日/11 月 6 日凌晨在圣彼得堡逝世。

莉季娅不想让我知道她和她孩子的近况吗？阿纳斯塔西娅女士在忙什么？要是您来看我，我会向您打听个没完呢！我认识爱德曼女士，她在俄国找到了幸福，我为她高兴，她完全值得拥有这份幸福。她的孩子们很有教养，这一点非常重要。如果您再次见到她，请代我们向她问好。

您是否认为尼古拉的儿子年纪太小，不适合与父母分开？我同情那些不得不从父母身边离开的可怜孩子。他们假期可以回家吗？当然，您会经常去看望尼古拉的孩子的。

得知你们都身体状态良好，我非常高兴。我在 7 月患上了严重的失眠。为了去瑞士旅行，我和几位要去弗拉里的女士一路结伴。回程时，我在从卢塞恩出发的火车上遇到了一家俄国人，这家成员包括两个孩子、父母二人和一位祖母。我从与您分开时的您那个年龄的大男孩所穿的俄式衬衫，就能判断他们是俄国人，这是当时的民族服装。听他们说着您的民族语言，让我内心愉悦。

我逐个读了要来法国的每一位海军军官的名字，希望在其中找到您弟弟伊波利特，但没找到。我姐姐说，等我的信寄到俄国，您可能已经不在家了，[①]但我还是希望您能看到信，所以想在今天寄出去。非常希望您一切都好，并且仍然希望您能来做客。请来信写几句话吧。我姐姐衷心问候您，同样衷心问候您的还有比您想象中更加爱您的老朋友。

芬妮·裘尔巴赫

---

① 柴科夫斯基此时应该已前往圣彼得堡。此细节表明，裘尔巴赫姐妹了解作曲家的相关日程安排。

芬妮·裘尔巴赫致尼·伊·柴科夫斯基[①]

1.
1894年2月26日　蒙贝利亚尔

亲爱的学生，我和您一起衷心感谢上帝保佑您的儿子[②]恢复健康。您和他亲爱的母亲一定很担心。请尽可能多讲讲他的情况吧。

您寄给我的皮埃尔的肖像画栩栩如生，就像您说的一样。我收藏的一幅非常喜爱的皮埃尔的肖像画上，对他的刻画很少，也不太像他本人。向您近来的友好善待致以最深的感谢。您安排好了一切，熬过了那段痛苦岁月[③]后离开了圣彼得堡。我曾担心您会深陷悲伤，您的沉默也让我不安。如今乔治的健康状况可以让您安心了，我希望您也会好起来。

您想给我珍藏的皮埃尔小时候的书信和诗歌做个副本，而我希望您和您弟弟莫杰斯特能到蒙贝利亚尔来，这样我就可以在交给你们之前，在你们面前亲自读一读，[④]因为里面有很多内容是莫杰斯特不容易理解的。我相信，他和他的学生经常游历各地，那为何不来此地呢？如果您亲爱的乔治没生病，您会不会也带他一起来？如果

---

① 馆藏信息：ГДМЧ，6¹¹，No 14。
② 尼古拉的养子格奥尔基，芬妮·裘尔巴赫在信中称他为乔治。
③ 1893年10月作曲家柴科夫斯基逝世。
④ 芬妮·裘尔巴赫在蒙贝利亚尔和莫杰斯特见面时，将柴科夫斯基童年时期写给她的信，柴母亚历山德拉及其外甥女阿纳斯塔西娅写给她的信，以及作曲家小时候创作的一首诗歌的署名手稿和其他珍藏资料，一并交给了莫杰斯特。到目前为止，上述一部分资料保存于俄罗斯国家图书馆（圣彼得堡），另一部分保存于国立柴科夫斯基故居博物馆。莫杰斯特制作的作曲家童年时期练习本的副本均保存于故居博物馆的档案馆。另一些芬妮·裘尔巴赫寄出的手稿和信件至今下落不明。

您和他亲爱的母亲①能带他一起来的话，这趟旅程将有益他的健康，我非常高兴再次见到你们。您可以住在皮埃尔曾经下榻的那家旅馆，旁有一座漂亮的花园，旅馆在春天入住的话，会非常宜人。如果我的这个心愿无法实现的话，您就得向您弟弟解释，为何小皮埃尔的书信会充满令人不解的遗憾了。

回想一下你们在沃特金斯克的幸福生活吧。回忆一下我们从圣彼得堡到那儿时（1844年10月29日）的情景，那天我满二十二岁，刚刚离开我教了三年的九个孤儿。他们现在都还健在。皮埃尔当时是四岁七个月，我记得到达沃特金斯克的当天，我们就开始上课了。你们的母亲，尽管反对让孩子在这么小的年龄就上课，还是拗不过皮埃尔的眼泪和哀求，允许他来听课，因为他想"像尼古拉和莉季娅一样学习"。

从这天起，他和您上一样的课，做一样的作业，任何科目都不落下。在身体和智力发育的同时，他还有很棒的记忆力，很快就赶上你并和你学一样的课程了。他六岁时就能流畅地读法语、德语和俄语，对他来说学习不是难题。

维尼亚②在他母亲逝世后，被您的父亲，也就是他曾经的教父，接过来和我们一起生活。我们的课程按部就班地进行，你们每天都在进步。你们仨都对维尼亚很好，你们每个人都想让他跟上进度，于是他就有了三个老师，外加一位家庭教师。由于维尼亚非常勤奋，他很快就追上了你们。皮埃尔一直是他最好的顾问，你们自己组成了一个很棒的小小班级。我们有自己的纪律，你们每个人都努

---

① 尼古拉的妻子、格奥尔基（乔治）的养母奥莉加·谢尔盖耶夫娜·柴科夫斯卡娅（原姓杰尼西耶娃）。

② 韦涅季克特（昵称维尼奇卡、维尼亚）·亚历山德罗夫·阿列克谢耶夫：沃特金斯克工厂的工程师的遗孤。与柴家的孩子们一同成长，并随芬妮·裘尔巴赫学习。

力争取最好的成绩,彼此之间却没有丝毫嫉妒。您还记得在星期日第一个得到并戴上红蝴蝶结的人是多么高兴吗?我提醒您所有这些细节,是希望您能让莫杰斯特意识到,当可怜的皮埃尔不得不独自学习时,他是多么孤独。当您、他的朋友还有我都不在身边时,他便在音乐中寻求慰藉。他曾给我写信说:"我尽可能不离开钢琴,它对我来说是一种安慰。"我记忆中的他是天生的艺术家,也是天生的音乐家。写信和您说这件事,是因为不想让我心爱的孩子被人错误地评价。我有您母亲的信,我本应该珍藏起来,如果我把这些信寄给您,勿让别人浏览,请您亲自过目。①

您比皮埃尔更幸福。您离开沃特金斯克后进了一所寄宿学校,身边有同龄学生相伴。当您继续勤奋学习时,他却因为您的离开而痛苦,难怪他对一切都变得无动于衷。莉季娅当时已经是年轻姑娘了,比起皮埃尔,她更喜欢与女士们做伴。对皮埃尔来说,波利亚年龄太小,即使是萨申卡——总是对波利亚爱护有加并叫他"小波拉"——也无法取代您的位置。

3月7日:之前不得不停笔,今天才得空继续写。您说还想要皮埃尔的练习本。我这里只有一本,里面有故事选摘,这原是属于您的,因为您也做了同样的作业。要是您觉得这些作业对年龄那么小的学生来说很难的话,那么我可以告诉您,您的法语和同龄的法国孩子一样优秀。您母亲希望您在离家之前尽可能熟练地掌握法语,在您父亲请来布利诺夫先生②之前,您只有一位俄语老师,其他科目都是我教的。

---

① 柴母写给芬妮·裘尔巴赫的信保存于国立柴科夫斯基故居博物馆。由此可以判断,芬妮·裘尔巴赫后来把这些信寄给或当面交给了柴科夫斯基兄弟。
② 瓦西里·叶戈罗维奇·布利诺夫:柴家在沃特金斯克出生的所有孩子的教父,教孩子们学习神学和俄语。

我还珍藏了莉季娅的信,也会一并寄给您的。① 至于阿纳斯塔西娅的信,除了最后几封外,其余的都会寄给您,您可以把其中的一两封送给莉季娅的孩子们。和皮埃尔相关的一切旧物,我只能在自己离世后再交给您了。我要寄给您的这些宝贵的、小小的信件,是我记忆中最美好的部分。如果你们之中有人来蒙贝利亚尔,我会和他讲讲皮埃尔的每个恶作剧每个小举动,这些都很有趣,都是他儿时的细节,在皮埃尔身上,"孩子"一词体现得淋漓尽致。

请尽快回信告诉我,您是否想收到上面提到的那些,请允许我再次强调:如果可能的话,请尽量亲自过来。我非常担心您会觉得"不值得跑一趟"。

我想向您讲述的一切都是对我自己而言极有意义的;如果您想听的话,我会和您聊一聊关于您弟弟的回忆,正如您所料,我已经无法再多多写信了。如果皮埃尔还健在的话,我也不会显出自己实际上的衰老,这全归功于我们在一起的那两天所带来的幸福,他也和我有同感。

我从来没拍过照片,因为眼睛有些疼。如果您能寄来自己的照片,我会为了给您寄去自己的照片而去拍照的。还有您的妻子和儿子的照片,也请寄来吧。感谢您介绍了关于您亲爱的弟弟及其外甥的继承权的详情。

我认为您放弃继承他的遗物是一种牺牲;但如果他生前喜欢的一切都能按照原来摆放的样子保存下来,那么所有人对他的记忆都会依然鲜活。

---

① 芬妮·裘尔巴赫把柴科夫斯基兄弟的堂姐莉季娅·弗拉基米罗夫娜·柴科夫斯卡娅(夫姓奥利霍夫斯卡娅)的信交给莫杰斯特保管。这些信保存于国立柴科夫斯基故居博物馆。

再会，我亲爱的学生，请替我和我姐姐向柴科夫斯卡娅夫人、您的远亲奥利霍夫斯卡娅①问好，也请您接受我们的问候，并信赖您最忠实的朋友。

芬妮·裘尔巴赫

又：听说，你们圣彼得堡正在冰雪消融。我这里曾有过一番好天气，之后就一直是可恶的雨天了。

芬妮·裘尔巴赫致莫·伊·柴科夫斯基②

1.
1894年9月11日　蒙贝利亚尔

亲爱的莫杰斯特先生：

您的来信对我们而言是意外之喜，因为坦白说，我没想到会这么快就收到信。我以为您会在巴黎待更久。您对巴黎的生活满意吗？见到您想见的人了吗？毫无疑问，所有皮埃尔的朋友都会非常欢迎您。

很高兴您的外甥③身体健康，还和您一起操办了聚会，悼念您亲爱的哥哥。

您离开后，我有些内疚没把皮埃尔的练习本交给您，但我承认自己还没有足够的勇气和这些练习本告别。我觉得自己已经没多少时间继续珍藏了，而且不会有人比我更加爱惜。这些皮埃尔的练习本让我回忆起很多往事……

---

① 根据1893年4月6日致作曲家的信推测，可能指 E.H. 奥利霍夫斯卡娅，她是已故妹妹的丈夫列夫·瓦西里耶维奇·达维多夫的续弦妻子。——译注
② 馆藏信息：ГДМЧ, б¹⁰, № 2118—2129。
③ 弗拉基米尔·利沃维奇·达维多夫。

您见到尼古拉时,让他看看皮埃尔写给您的表妹阿马利娅和您的姨母丽莎①的信吧,这会让他想起沃特金斯克;格林卡中将②的来访从来都是大事,特别是对孩子们来说。我之前很想给阿纳斯塔西娅女士写信,但您走后我都没能提笔。我身体不太好,随后我的一个表妹又带着她的两个孙子和侄女来探望。他们先是住在红狮旅馆,两天后表妹因为孩子的缘故,想住在乡下,他们就去运河边的亲戚家住了。他们经常来城里,我庆幸您是在她们来看我之前到这儿的,因为他们在这儿待了十天,我得陪着他们。

您问我那时想要惩罚维尼亚的原因,关于这个我要和您具体讲一讲。在尼古拉·罗曼诺夫③来教课并和我的学生们共度课余时光的几个月里,他认为把自己在之前任职的圣彼得堡寄宿学校里学到的游戏教给我的学生们,会是一种满足和荣光。他很擅长体操和各项运动,喜欢和同事比试摔跤。但您的母亲要求孩子们在游戏时也要举止得体,严禁打架。一天,我给萨申卡和波利尼卡④上课时,德国人保姆卡罗利娜慌慌张张地从花园赶来,这让我也跟着紧张起来。她说:尼古拉和维尼亚打起来了,那不是普通的小打小闹,他们完全不听话,特别是维尼亚,一直不停手。我非常震惊,因为维尼亚一直是同年龄段里极听话、极懂事的孩子。保姆刚说完,家里的三个男孩就都过来了。莉季娅在钢琴前坐下,三个男孩开始轮流练琴,于是我继续给小家伙们上课,其他孩子则在一边自娱自乐,就这样直到茶歇。我们第一次茶歇是在下午六点,之后他们就该预习功课、做作业了,这至少需要大约两个小时。我的学生们一言不

---

① 柴母的姐姐伊丽莎白(昵称丽莎)及其长女阿马利娅。
② B.A.格林卡:中将,乌拉尔山脉矿山工厂厂长。
③ 尼古拉·瓦西里耶维奇·罗曼诺夫:沃特金斯克工厂管理人员瓦西里·伊帕托维奇·罗曼诺夫之子。
④ 波利尼卡是伊波利特的昵称。——译注

发地坐在教室长椅对面的沙发上,我对他们说:"我感到很糟糕,无法再信任你们,也不能平静地上课了。因为你,维尼亚,变得这样不听话。去找马车夫吧,让他套上马具,把你送回家。"但我还没说完就已经后悔了,因为那可怜的孩子抽泣起来。这时,皮埃尔站起来,走到我身边说:"芬妮女士,母亲是不会赶走自己的孩子的。维尼亚没有妈妈,您应该替代她,而不是把维尼亚送走。"我说:"那么,皮埃尔,我的学生可以故意不听话,我却不应该为此惩罚他们吗?"他说:"请您惩罚我们吧,我们愿意一起受罚,但请不要送走我们的伙伴。"维尼亚一直重复说:"请原谅我吧,也请原谅尼古拉。"就我个人而言,我很想原谅也应该原谅他,所以,尽管应该把他送走一天作为惩罚,我终究还是违反规则了。

提醒您,您答应过我,会翻译阿纳斯塔西娅女士的来信。我希望能记住那位曾经极力善待我的人。听说在她生命的最后时日有您亲爱的堂姐莉季娅陪伴,我很欣慰。实话告诉我吧,我的信有没有让尼古拉生气?也许他觉得我对他不够公平,但我一直是非常爱他的,而且我对他印象极好。请问问他,是否还记得莱赫滕贝格公爵是哪年来视察沃特金斯克工厂的?① 皮埃尔为迎接他写过致辞,我不记得他那时是否已经会写字了,但他给我们读过,您母亲高兴极了。

非常希望您会讲一讲您的著作,您知道我相当感兴趣。还有,和我说说您家的成员吧,特别是您亲爱的外甥,皮埃尔非常喜欢他。我理解您想留在克林,但如果您独自一人住在那儿,您就会像皮埃尔那样无休止地大量工作了。而您在圣彼得堡会见到很多家

---

① 马克西米利安·叶甫盖尼·约瑟夫·拿破仑·博阿尔奈(1817—1852)于1839年继承了莱赫滕贝格公爵头衔,并与沙皇尼古拉一世的女儿玛丽亚·尼古拉耶夫娜公爵小姐结婚。他受过全面教育,曾担任艺术学院院长和矿业研究所所长,也是矿业工程师团科学委员会的成员。1845年博阿尔奈曾视察乌拉尔山脉矿山工厂,关于他在沃特金斯克视察的信息,目前无从查询。

人，会置身于文学生活圈，祝您在那儿过得愉快。

今天是 9 月 20 日，杜维诺瓦一家很感激您还记得他们，他们已经出发去享受在瑞士的短居了。现在天气很好，温度有点儿高，先前我们这儿雨水很大。我姐姐向您致以亲切的问候。她给您准备了路上喝的肉汤，却忘了给您带上，您难以想象她有多遗憾。明年再来吧，这样她就可以弥补自己健忘带来的遗憾了。皮埃尔给我的最后一封信写于 10 月 7 日。他在自己家中住了几个星期，之后去了克林。您对他的记忆一定很清晰。出于纪念他，以及您这几天表达的善意，向您致以最诚挚的感谢，并发自心底亲吻您。

您全家人的老朋友
芬妮・裘尔巴赫

图 3-9　尼古拉・伊里奇・柴科夫斯基
圣彼得堡　19 世纪 70 年代
Н. 勃兰登堡（Н. Бранденбург）
照相馆摄

2.
1894 年 10 月 1 日　蒙贝利亚尔

亲爱的莫杰斯特先生：

很抱歉，我的信寄晚了，让您担心了。但正是因为这次迟延，我们收到了您的问候。感谢您的好意，我不胜感激。

弗拉基米尔·达维多夫先生寄来了阿纳斯塔西娅女士的一封感人的信，他还在信上附了几句话。你们都是光荣的、善良的年轻人，你们爱护老人，尽管现在这已不再是风尚。请转告您外甥，他的信让我非常开心，感谢他寄来的一切消息。

我想再给阿纳斯塔西娅女士写封信，弗拉基米尔·达维多夫也曾鼓励我，但我怕会触及她沉重的回忆，所以就连那些她深爱的人都不敢提起。请告诉我，现在给她写信是否合适？和我说说您的著作——您哥哥的传记——的情况吧。您一直在收集资料，想作为评述分期刊登，还是作为单行本出版？莉季娅关心您的著作吗？要是她感兴趣的话，要是她还留着完整的记忆，也许能给您提供很多信息，她或许还记得早年的经历。

尼古拉也留着很多对他弟弟的记忆，他们小时候形影不离，一起上课，一起做游戏。唯一不同的是，比起热闹的游戏，皮埃尔更喜欢读书和弹钢琴。他后来的健康状况使他无法坚持这份爱好，不过在沃特金斯克时，他和其他孩子一样健康。

10 月 9 日：我收到了您寄来的所有信件。感谢您好心翻译了阿纳斯塔西娅女士写于 1848 年的信[①]。如您所见，我珍惜在沃特金斯

[①] 见本章收录的阿·瓦·波波娃致芬妮·裘尔巴赫的信。芬妮·裘尔巴赫在 1894 年与莫杰斯特通信时，她本人及姐姐弗雷德里卡·裘尔巴赫都已离开俄国多年，二人都无法独立使用俄语。因此，此处提到的波波娃写于 1848 年的信（俄语），若非芬妮·裘尔巴赫本人能够读懂，很可能是有人替她翻译的。

克的时光，因为关于那时的回忆是美好的。我不明白，为什么我亲爱的维尼亚会变成这样，①强烈建议您与他见上一面。我深信，您会发现他是皮埃尔最真诚的朋友，也是萨申卡最忠诚的仆人，他永远都不会拒绝陪她玩"骑马"或是"过家家"。尼古拉则不同，那时他已经是非常英俊的大男孩了，他很在意绅士风度和举止得体。而那时维尼亚却非常单纯，而且他很勤奋，是个好伙伴。他非常爱您的父亲，也就是他的教父。所以我根本无法理解，为什么他从不去看望他的教父。尽管我的学生们各自性格不同，但和谐友爱仍是他们之间的主旋律。我们都深爱着彼此。

我想不通，为什么您不在蒙贝利亚尔多住些日子呢？我想让您留下，但我不敢开口。如果您会再来看我，而我还在世的话，希望我们能叙叙旧。

在您家教学时用的书里，除了阿马贝尔·塔斯图女士的《母亲教育》之外，还有艾垻渥斯女士的多卷本《家庭教育》。在自然史方面，我们学了一本布丰的图册。在阅读方面，我们学了基佐的童话、施密特的经典著作，还有一些我自己的课堂用书。米歇尔·马松的《了不起的孩子》是我们最喜欢的一本书，每个星期六晚上，我们都一起阅读和讨论。②

任何您想知道的都可以问我，我一直乐于回答您关于令父的任

---

① 芬妮·裘尔巴赫听闻，韦涅季克特·亚历山德罗夫·阿列克谢耶夫成年后对自己童年时给予庇护的教父（即柴父）漠不关心。

② 本段所提书籍为：Амабль Тастю (Tastu, 1798—1885), L'éducation maternelle, Paris, 1848; Мария Эджворт (M. Edgeworth, 1767—1849), L'éducation familière, ou Série de lectures pour les enfants, depuis le premier age jusqu'à l'adolescence [avec son père]. Traduit de l'anglais par Louise Sw. Belloc [et Ad. de Montgolfier]; Ж.-Л. Л. Бюффон, Edition en petits volumes illustrés; 法国女作家伊丽莎白·夏洛特·波琳娜·基佐的多部短篇小说；Огюст Мишель Бену Массон, Знаменитые дети, или История обессмертивших себя детей всех веков и всех стран.

何问题。昨天,也就是 10 日,我再次翻出来一直珍藏的、我母亲收到的几封信,想看看能否在其中找到关于您父母请音乐老师去家中教学的部分。我记得,我曾在写给我母亲的信中提到,当我看到皮埃尔为了在长廊的玻璃板上展现他那时的"最佳灵感"而受伤时,我吓坏了。然而,我在母亲的信里什么都没找到。我现在能告诉您的是,您父母在去圣彼得堡的途中,玛·马[①]就已经在您家教课了。我清楚记得,您父母不在家时,尼古拉为了消磨时光而教她法语,也许在您父母离开家的前几天里,他是孩子中最寂寞、最难过的。我不记得玛丽亚·马尔科夫娜的姓氏了,她好像夫姓洛吉诺娃。皮埃尔告诉我,她的丈夫以前是酒鬼,这可能是她找皮埃尔求助的原因。我猜,所有关于此事的往来信件,都是由这位女士的女儿代笔的。

恳请您亲自去找维尼亚,我坚信,他见到您会很开心,会和您聊聊他的朋友,他也把您哥哥的名字叫成"皮埃尔"而不是什么别的。请转告他,我从没忘记他。

我回到沃特金斯克后,维尼亚和我都非常开心能重逢,他后来几乎再没和我分开了。

谈谈您学生的情况吧,您住的地方离他远吗?路程在圣彼得堡不是障碍,希望您会见到他。您的侄儿成为军官后会离开圣彼得堡吗?那样您会感到孤独吧。提前祝贺他晋升,请转达我的祝贺。

10 月 11 日:我重读了一遍自己写的信。关于教科书,我们那时还用了梅萨斯和米什洛编写的地理书和地图册[②]。不过如今,甚至很久前学校里就换成其他书了,而且似乎换了很多版本。德语

[①] 玛丽亚·马尔科夫娜·帕尔奇科娃(夫姓洛吉诺娃):柴科夫斯基在沃特金斯克的第一位音乐老师。
[②] Ашиль Мейсас и Огюст Мишло, Географический атлас, 1869. 阿什利·梅萨斯和奥古斯特·米什洛著有大量科普著作。

教学上，我们采用的是安①的教学方法，现在也都不用了。皮埃尔来看我时，对我说："想让您知道，我没忘记德语。"于是，我们就用德语聊天。"您现在德语比我好"，我对他说，"您喜欢这门语言吗？"他说："我喜欢所有语言。"他既喜欢德国人，也喜欢英国人，他喜欢所有国家的人。我多希望您在讲述他的人生时，能让人们爱上他，因为他值得被爱。任何一个认识他的人，都不可能不对他产生最温柔的好感。

请转告尼古拉，我殷切期待他的来信，他的沉默让我难以忍受，尤其是我可以和他聊聊皮埃尔，您可以在信中用"您还记得吗？"这样的话提醒他，因为我确信他是记得的。他的妻子和儿子过得怎么样？您弟弟伊波利特在圣彼得堡安顿好了吗？请代我向他问好，也向我亲爱的莉季娅问好。我想打听一下您姐姐季娜的孩子们，他们住在圣彼得堡吗？杜维诺瓦一家旅行回来了，那家的年轻女士们有时会来陪我聊天，我向她们转达了您的问候。您曾在杜维诺瓦家中见过的那位年长女士，她以前也是一位不错的音乐家，还是您哥哥的忠实崇拜者。

我姐姐向您致以友好问候。由衷请您原谅我林林总总地写了这么多。

毫无疑问，您和您外甥都熟练地掌握了法语，我本应写得工整些再寄给您，但时间不够了，我只能快点儿写了。

再会！愿上帝保佑您写作顺利。再次亲吻您。

您忠诚的老朋友
芬妮·裘尔巴赫

---

① 约翰·弗兰茨·安（Iohann-Franz Ahn）：德国教育家，在语言教育方面贡献颇丰，其著作提出的教学法以其名字命名，该著（Praktischen Lehrgang zur schnellen und leichten Erlernung der franz. Sprache; 1. Kursus, Köln, 1834; 2. Kursus, Köln, 1840）曾经非常知名，短期内有多版问世，还被译成多种欧洲语言。

3.
1894 年 12 月 26 日　蒙贝利亚尔

亲爱的朋友：

您可能会失望，因为我没收到我们亲爱的维尼亚的信。我本应该告诉维尼亚——如今的阿列克谢耶夫上校，但我不能这么做。因为对我来说，他永远都是那个小维尼亚。尽管我很崇敬他所投身的光荣事业，但他和您亲爱的哥哥以及所有其他人一样，曾经并且永远都是我最喜欢的学生。我或许会收到他的信，他总是那么倔强，我相信，无论如何，他一定会找到用法语写信的机会。再和我说说您见到他时有多高兴吧，我说过他不会忘恩负义的，他对您的每一位家人都感情深厚。他被送到您家时，您家的成员都拥抱他，欢迎他。尤其是皮埃尔，对他来说，失去母亲是一个人的最大不幸，他与维尼亚分享了自己所有童年珍宝，还和他共用一个装书和练习本的抽屉。我记得，当我称赞尼古拉仔细对待个人物品时，马上就听到皮埃尔说："维尼亚，把东西整理好，我喜欢井井有条。"

如果我不想让这封信跨年寄出的话，那就必须在今天之内写完。尽管我很想等等维尼亚的来信，但若不是因为我身体不好，还是尽快先给您写信吧。冬初时，我先是牙龈脓肿，后来又被姐姐传染了严重的伤风，继而引发了很久未犯的神经痛，加上现在正值冬天，大雪纷飞，寒风凛冽，路上寸步难行。尽管如此，这个圣诞节还是非常美好的。您亲爱的哥哥到蒙贝利亚尔时也是这样的天气，不过没现在这么冷。我会一直铭记与他共度的那两天，我也希望与您重逢的时刻正在大步走来。

不久俄国也要迎来圣诞节了，祝你们所有人节日快乐。请代我向您在圣彼得堡的所有亲人，特别是尼古拉和他的家人，还有您的堂姐莉季娅，送上我们真诚的祝福。也许您外甥会回到家人身边，您是不是也会与家人团聚？有他陪伴，您的难过会缓解的。别忘了转告阿纳斯塔西娅女士，我多么想念她。您哥哥阿纳托利非常关心我们，给我们捎来祝福，请替我和我亲爱的波利亚*感谢他。给我们讲讲大家的近况吧。您从报上会看到法国对你们的举国悲痛是感同身受的。现在我们国家和你们国家一样，对新登基的君主寄予厚望。愿上帝保佑这位新君主像他父亲一样，造福你们国家和我们国家，乃至造福欧洲。感谢您向维尼亚提议，让他为了能让我看懂，把信译成了法语，尤其您平时事务繁多。

至少讲一点儿关于您著作的进展吧，您知道我是多么期待。请别让我等太久，我一直很乐于收到您的信。

杜维诺瓦一家向您致以问候，他们家所有人都很健康。我姐姐和我也都祝您身体健康，新年顺利，温柔地吻您。

您的老朋友
芬妮·裘尔巴赫

4.

1895年2月26日　蒙贝利亚尔

我亲爱的：

您和您外甥都如此亲切地祝我们新年快乐，我们原本也打算送上最美好的新年祝福，不过当时我姐姐和我身体都不太好。我们城里爆发了流感，鲜有哪家幸免。虽然到现在为止我还不太清楚该怎么应对这个病，不过我姐姐很会照顾我，所以不必担心。这次是她先病倒了，而且病得很严重，当然也是她先康复的。而我除了这个病之外，还患上了支气管炎。姐姐已经可以出门了，我也很想出门。我简直难以用语言形容杜维诺瓦女士和我的学生们待我们有多好，他们送来了丰盛的美食！我们的表妹库恩夫人也同时生病了。

我希望并祝愿您和您外甥身体健康。您哥哥尼古拉怎么样了？他儿子的百日咳是否已经康复了？请替我们向他们问好，并转告尼古拉，他的信是那么令人愉快，希望他给我写信不会占很多工夫。

  当我再次感受到春天的阳光时，殷切盼望您和您外甥能在假期来我这儿。您说过，旅途对您来说并不费事。我们非常高兴再次见到您。和我说说您的著作吧，您知道我相当感兴趣，希望您在书中对您哥哥作出他应得的评价，你们对他的爱足以做到这一点。

  等我感觉好一些，从大量信件中稍得喘息时，就会给维尼亚写信。请讲讲关于他的事，还有他与尼古拉的第一次见面吧。我相信，我亲爱的莉季娅也会善待他的。尽管他非常害羞，但沃特金斯克的所有人都喜欢他。

  为庆祝新建医院开门而举办的舞会和音乐会打破了我们这个小城的安静，音乐会特别成功，周边一带所有艺术家都来参加了。

  报上报道各地冬天都很冷。不过我想，对你们的影响会比我们这儿小一些，毕竟你们预防严寒的准备比我们好得多。好天气重回我们怀抱的步伐放慢了。再会，亲爱的莫杰斯特先生和亲爱的达维多夫先生，希望能尽快收到你们的消息。请向每一位家人转达我们的问候，别忘了还有您哥哥伊波利特和他的家人。

  请相信我们的深情厚谊。

您忠诚的朋友
芬妮·裘尔巴赫

5.

1895 年 5 月 1 日 蒙贝利亚尔

  亲爱的莫杰斯特：

  您的信真让我开心，我现在就想写回信了。您讲了关于您家和所有我衷心爱着的人的消息，您真是心地善良。您在信中讲的关于阿列克谢耶夫上校的一切，都让我开心，非常感谢您愿意告诉我全部详情。维尼亚还有两个可爱的妹妹，请向他打听一下，她们过得怎么样？还要感谢您，让我了解了您著作的进展，迫切期待著作完成。您知道我对这部著作有多期待，如果上帝能延长我的寿命，希望有朝一日能看到您的著作译成法语。您可能需要去趟巴黎，那么届时也请您来一趟蒙贝利亚尔吧。您在这儿有真诚的朋友，杜维诺瓦一家和艾米利娅·库恩都很想见见您和您亲爱的外甥。您可以在艾米利娅的花园晨练，一起划船。我姐姐的花园也不像去年那样荒芜了，我们都很期待在自家小露台招待您。你们二人尽量都来吧。如果您习惯节俭，在这儿也不会花费很多，我们可以面对面聊聊那些我们所爱的人。请和我讲讲您所关心的一切，就像皮埃尔那样，让我有机会了解您的想法。珍妮·格罗斯曼来信说，她和她母亲要先去克里米亚，再去高加索。这趟旅行的路程要比去法国远，希望可怜的格罗斯曼夫人会康复。珍妮来信说，自从她父亲去世后，她母亲一直生病。而这消息使我相较于担心她母亲更担心她。

　　再多讲讲尼古拉和他家人的情况吧，我一直期待着他的来信。你们是怎么度过如此漫长而艰难的冬天的？也许你们很快就要去乡下住了，在那儿要比在城市住得舒适些。我也好想在维尼亚家里和你们一起度过傍晚时光。和我说说，我亲爱的莉季娅、您兄弟伊波利特和阿纳托利都在忙什么？请代我向他们问好。想念你们所有人，特别是您的外甥，无论是因为他本人，还是出于他母亲的原因，我都很喜欢他。

　　希望你们已经迎来了好天气，我们这儿昨天才恢复晴朗。上个星期每天都在下雨，星期五那天雷雨加冰雹袭来，造成了不小损失，但如果几个月后再遇到这样的天气，那造成的损失会更大。

　　再会，我亲爱的朋友，请尽快来信。我姐姐向您致以友好的问候，我衷心地亲吻您。

芬妮·裘尔巴赫

又：您是否答应过要把一首小曲寄给柳霞·杜维诺瓦？我给您寄去了一本我们城市的风景集。①一位我曾教过的学生来信说，你们那儿和我们这儿的复活节时间完全相同，一想到可以和你们同时庆祝节日，我们开心极了。

图 3-10
莉季娅·弗拉基米罗夫娜·柴科夫卡娅（夫姓奥利霍夫斯卡娅）
圣彼得堡 19世纪70年代
H. 勃兰登堡（H. Бранден-бург）照相馆摄

---

① 《蒙贝利亚尔风景集》(见图 3-8) 保存于克林的作曲家档案馆。

图 3-11　伊波利特·伊里奇·柴科夫斯基
敖德萨　早于 1893 年
Ж. 安东诺普洛（Ж. Антонопуло）摄

6.

1895 年 10 月 8 日　蒙贝利亚尔

亲爱的莫杰斯特：

您想不到我是多么急切地等着您的信。我知道您很忙，但我不理解，为什么连尼古拉都没空给写上几行，况且他住在乡下，夏夜那么长，也许他可以抽出几分钟和我聊聊心里话。我希望他会聊聊他的妻子，您和我说过她为人非常热情。我还希望他能聊聊他的儿子，也许他儿子正在和家人度假。请转告他，他的沉默让我很伤心，如果他心里还有我，就给我写信吧。

很高兴得知您所作的皮埃尔的传记得到了您朋友们的喜爱。① 不久前我重新读了他的手写字迹，其中有一句可能是他不到八岁时写的："这才是他——这位全能的上帝——创造我的目的。"我想把写着这句话的那页寄给您，可能很多成年人都不曾问过自己这个问题，但他在孩童时就已经提出这个问题了！我担心您在书中把我的作用写得过于重要，我在您家里过得非常幸福，所以我想尽力把自己从您父母那儿感受到的幸福传递给我的学生们。很遗憾，您无法充分了解您的母亲，也无法认识到她的高尚品格，否则您会更加爱她的。我必须说，她在各方面都比我更优秀，无论是优雅的举止，还是为人良知。她要求自己的孩子必须人品正直。我更不用提醒您令父对家庭教育的参与程度。在您家任教，我很幸福。

请告诉我，尼古拉对他亲爱的弟弟的传记感想如何？因为他和莉季娅可以更多、更详细地讲述关于皮埃尔的事。不过皮埃尔曾告诉我，您的堂姐莉季娅在她丈夫去世后就失忆了。我相信，维尼亚甚至波利亚都会清楚地记得过去。也许您会说，您亲爱的哥哥经常

---

① 莫杰斯特的三卷本传记于 1900 至 1902 年在莫斯科、莱比锡出版。

为他人考虑而忘记自己。快些寄来您自己的消息吧,您没提过夏天在哪儿度过,也没提过您是否有外甥陪伴。请代我向您外甥及您家中的每个成员问好。

今年夏天杜维诺瓦一家经常去奥弗涅。这个夏天很舒服,我期盼您会来这儿享受夏季时光,如果您来访时他们不在这儿,那就太遗憾了。

库恩夫人的花园让她的朋友们在炎热中享受了惬意的清凉。库恩夫人现在独自一人生活,她的两个儿子正在贝尔福服兵役(为期二十八天)。储蓄所经理维克托每星期都会来我们这儿办事。

姐姐和我,还有每一位有幸与您结识的人,都向您深表敬意。

请接受您最忠实和诚挚的朋友对您全家的爱。

芬妮·裘尔巴赫

又:如果您要在皮埃尔的传记里提起我,请只写我姓名的首字母吧。这样是不是更好?

7.

1896年1月9日　蒙贝利亚尔

亲爱的莫杰斯特:

新年的头两天,我想起了亲爱的皮埃尔来看望我们时的场景。今年新年来访的还是三年前来的那些人,只是皮埃尔已经去了一个更好的国度了。这对我们而言,本应是一种安慰,却让我们深感寂寞。对逝者的追忆只能随着我们生命的终结而停止,因为当我们生命终结时,就可以和所有逝者永远在一起了。我希望您会在圣彼得堡看到这封信,也许圣诞节和新年期间你们都会聚在一起。如果是这样的话,请向大家提起我,并转告大家,我和姐姐祝大家新的一年顺利、幸福。如果您见到亲爱的莉季娅,转告她,我经常想起她，您曾介绍过她家的情况。我非常希望尼古拉的事能有个好结果。请转告他，我很乐意听到他和他亲爱的妻子、儿子的消息。提醒他别忘了我和维尼亚，请不要忘记任何一位。我一直惦记着你们大家。可能您外甥已经与家人团聚了，请把我们的祝愿也向他转达吧，还有您亲爱的哥哥伊波利特和他的家人。您在信中说，希望得到一些关于皮埃尔在法学院的记录。本杰明·法夫尔先生一定会帮您查找的，他住在德·福斯大街。要是您更愿意找本杰明·法夫尔先生的朋友杜维诺瓦先生，那么杜维诺瓦先生也可以从本杰明·法夫尔那儿查到您想要的信息。或许，您在到达蒙贝利亚尔之前就可以等来消息了。如果您在旅途中想起我们，我们会非常开心的。对于一个年轻英俊的军官来说，与两位年事已高的女士会面并不是什么开心的事，但我会和他聊一聊他的母亲。请转告他，可以用两个词来形容他的母亲：善良、聪慧。我还会和他讲讲我们在令父令母不在家的晚上玩的游戏，我们给萨申卡准备"婚礼"时有多热闹，我们给她准备了一辆漂亮的"小马车"，还有两匹漂亮的"马儿"，但波利亚假扮的不是"马儿"，而是"新郎"。多年过去，那些记忆仍然鲜活，那段时光真美好啊！

  杜维诺瓦一家都很健康。夏天他们常去旅行，这对他们很有益处，特别是对埃伦女士来说，她整个夏天都是在南方一个富有的亲戚家度过的。他们都向您问好，如果上帝能让我们和您见面，我们都将满心欢喜。

  您为什么觉得我的亲人可能会认为您对我的评价不够好？我却恰恰担心您对我的评价会太好。你们所有人都太体谅我了。我们家族的人数一直在减少，自8月以来已经有五个人离世。其中一位是我们的表妹，我们非常爱她，她是在自己学生家做客时离世的。我要承认，在所有离世的人之中，我对一个五岁的可爱男孩的离世尤其难过，他当时跟着母亲和两个姐妹来我们这儿度假，脑膜炎夺走

<!-- 151 -->

了他的生命。他可怜的父母、住在巴黎的斯特鲁兹夫妇悲痛欲绝。我表妹把她的孩子们带到她父母家中度假去了，回程时探望了我们。她的小罗伯特那么可爱、那么聪明，我们都很喜欢他。

我姐姐和我一同祝您新的一年快乐、幸福！她从没忘记你们国家的节日。再会，我们衷心地亲吻您。

您的芬妮·裘尔巴赫和她的姐姐

8.

[18]96年7月31日　蒙贝利亚尔

亲爱的莫杰斯特：

期待已久的您的来信终于收到。我曾以为，这封信中会提到您是否不久就会来看我们，但您对此只字未提。难道是您姐夫的离世打乱了计划吗？这是多么大的打击啊！皮埃尔曾告诉我，达维多夫先生身体很好。他还说，他是一个模范丈夫，也是一个好父亲。我为您的外甥和可怜的莉季娅感到难过，她经历了这世间太多考验！请您向他们转达我们的深切悲痛。请来信说说大家的近况吧。我多希望能用语言表达我们对她的同情，这同情如同是对年轻守寡的女士一般强烈。与您家里每一位成员相关的事都牵动着我的心。

您哥哥尼古拉把妻子和儿子留在乡下了，他没有机会陪伴妻儿，可能会很沮丧。你们离得那么近，也许能经常见面。请替我向他致以温柔的问候。

我钦佩您在崇高事业中的毅力，但我担心您的著作必将是一部宏大巨著。毫无疑问，皮埃尔的所有信件都很重要，其中既有对自己内心的表达，也有坦诚的倾诉，同时他的文字和讲述还有一种特殊的魅力。在皮埃尔收到的信中可能有很多请求和请愿，所有人都喜欢找他帮忙，因为人人都知道，他永远不可能也不知道如何拒

绝。而我最希望您的著作可以让他"活"过来……①

9.

1899 年 3 月 20 日　蒙贝利亚尔

我亲爱的莫杰斯特：

两天前，3 月 18 日，我收到了一封非常友好的信，是美因河畔法兰克福的克诺尔教授②寄来的。他说有幸结识了您哥哥本人，他是您哥哥的崇拜者之一。他受柏林一家公司委托，要为这位伟大的作曲家写作一部传记。他希望这部传记能配得上所讲述的人物，所以正在收集一切必要的资料。当然，您一贯与人为善，把资料寄给了他，帮助他，还建议他为了收集有关皮埃尔童年的资料而来找我。他承诺会将资料完整归还。于是，我珍藏的皮埃尔的手稿将离开我了，而我早已安排在自己死后寄给您的家人。我很乐意保管这些暂时寄存在这儿的遗物，正如您在蒙贝利亚尔时我向您说的那样，这些手稿终将还给您。可我没有足够的勇气相信邮局，大概只有应您的要求，我才会邮寄。无论如何，如果关于我们亲爱的皮埃尔的德语传记能够问世，我会相当喜悦。我有七个以前教过的学生住在德国，除了两位，其他几位都已成家，如果他们通过您写的传记而对皮埃尔心生爱戴，我会非常开心的。如果说，您写的那部完整传记是面向艺术家和学者的，那么应该有另一部面向所有读者并供学校图书馆使用的著作，后者将讲述一位诗人和伟大艺术家的高贵灵魂。撰写这样一部可以唤起读者对人类的爱与尊重的著作，是一项高尚的工作，如果克诺尔教授认为，我珍藏的、关于您哥哥的资

---

① 后文散佚。
② 伊万·克诺尔（1853—1916）：德国作曲家、作家。曾任教于法兰克福音乐学院，著有德语版柴科夫斯基传记（柏林，1900 年）。

料可能有助于他的写作，那么就让他像您一样来蒙贝利亚尔吧。但我唯一担心的是：一些对我来说重要而珍贵之物，对他来说可能意义不大。况且，我现在已是垂暮之年，这个时代对老年人是没有特殊关爱的。您可否给克诺尔先生去信，以应有的谨慎和您习惯的方式，告诉他我拒绝的原因？我还想给他写几句话。

您的每封信都让姐姐和我，甚至杜维诺瓦一家，感到开心，所以请不要让我们等太久。

向贵国君主的仁爱致以深深的崇敬，愿上帝因他的和平意愿而保佑他。请把您哥哥尼古拉的地址和阿列克谢耶夫的地址寄给我，告诉我大家的近况。我总是想起每一个人，也一直像以前在沃特金斯克时那样爱着他们，爱着您——亲爱的莫杰斯特，以及您的兄弟阿纳托利，是皮埃尔教会了我去爱你们。

愿上帝保佑您！

您忠实的
芬妮·裘尔巴赫
法国（杜省）蒙贝利亚尔教师

又：请别忘了向我亲爱的莉季娅及其家人问好。

10.
1899年5月22日　蒙贝利亚尔

亲爱的莫杰斯特：

我应该早些回复您亲切而温柔的来信，但因健康不佳，不得已推迟了回信的时间。复活节以来我一直患有流感，正在努力康复。在这封信一开始，我要祝贺您买下了皮埃尔的房屋，[①] 他喜欢那个宁

[①] 作曲家柴科夫斯基在克林的房产以仆人阿列克谢·伊万诺维奇·索夫罗诺夫的名义购入，作曲家逝世后被转售给莫杰斯特。莫杰斯特自1899年起分期支付，至1904年全部付清。

静的地方，在那儿创作了很多作品。您说得对，您在那儿会被珍贵的回忆围绕，会给您的著作注入魅力。我也相信，所有爱戴您哥哥的人都会再度前去参观他心爱的住所。

  冒昧问一下，为什么还不把传记的第一卷送去付印？愿意和我稍微谈谈您的写作吗？不过，还是等我们见面时，面对面聊吧，只是……您要知道，我是多么期待见到您和您亲爱的外甥啊。我姐姐和我的心情一样，她很荣幸您还记得她的花园，因为这个花园一直是她最喜欢的消遣方式。她本来非常期待能去看看您美丽的花园和小屋，还有她曾经在贵国住过的地方，但现在她甚至都不敢环游法国了。

  谢谢您，亲爱的莫杰斯特，讲述了关于您家的详细情况。您知道我多么关心家里的一切。得知尼古拉和他的家人都很健康，我很开心。

  7月25日：从提笔写这封信到现在，已经过了好几个星期，我还没康复，有几天不那么严重了，我才给您写信。我在等待克诺尔教授把皮埃尔的两封信寄回来，这两封信是得到您的允许后才寄给他的。在皮埃尔的信里，还有一部分内容是尼古拉写的，这是他小时候写给我的唯一的"一封信"。皮埃尔在信中讲到他在阿拉帕耶夫斯克如何庆祝父亲节。也许，等克诺尔先生的著作出版时，我才能收到这两封信吧。我想让您知晓这些珍贵的信件目前在何处。我没把皮埃尔的诗寄给他，因为邮寄时必须把本子里写着诗的部分和我喜欢的部分拆开，而您清楚我是多怕把这些手稿交给邮局呀。

  杜维诺瓦一家为您还记得他们而深受感动，大家都非常希望能再次见到您。我姐姐和我一并向您致以最诚挚的问候。请记得，我没有忘记任何人。到了我这个年纪，写信靠的是回忆，所以那些尚存的记忆对我来说弥足珍贵。请不要忘记我亲爱的莉季娅和她的家人。

186

我相信，波利亚——那个我亲爱的小波利亚，肯定会为自己当了外祖父而感到骄傲，① 请代我祝贺他。请尽快回信吧。谨向您亲爱的外甥，以及再次向我深爱的、您的所有家人，致以亲切的问候。

芬妮·裘尔巴赫

11.
1900 年 7 月 16 日　蒙贝利亚尔

亲爱的莫杰斯特：

明天是我收到克诺尔教授寄来的漂亮的包裹的第十五天，可我仍然无法向您写信讲述自己收到那个厚重卷本时的喜悦。克诺尔先生在其著作的序言中向您哥哥生前的每一位朋友、每一位崇拜他的人，特别是向您，亲爱的莫杰斯特，表达了谢意。尽管我能用自己掌握的语言阅读，并且一想到许多我认识和爱着的在德国生活的人都能读到这部著作，就感到开心，但我同时为您的著作没有率先问世而遗憾。请不要恼火，在我看来，您才应该是第一个写作皮埃尔传记的人，因为没有人比您更合适。可怜的皮埃尔，他要获得荣耀，须得经历多少磨难啊！但这恰恰是人生的常态，不经苦难，怎获成功！……

8 月 1 日：自从我开始写这封信已经过去很多天。炎热的天气让我头疼难忍，无法提笔。

您曾计划会在 2 月来访，我们大家从收到消息起就一直充满期待。我们还以为您会和您外甥来看展览。初冬时节，天气如此糟糕，你们可能没有足够的勇气前往意大利了。我会把这封信寄到克

---

① 伊波利特（昵称波利亚）·伊里奇·柴科夫斯基的第一个外孙女 M. H. 阿列克谢耶夫娜（夫姓舍因）出生。

林，因为我没有别的地址。现在这样的天气待在别墅里是很舒适的。我多希望能收到你们的消息，你们给我写信应该并不费事。住在克林一定很惬意，那里对您来说应该是很宝贵的地方。我把您写的关于您亲爱的哥哥的传记送了杜维诺瓦家的女士们一本。您想不到这本书给她们和我带来了多大的快乐，我们经常谈起您。她们要去瑞士了，我不希望你们来时她们不在这儿。恳请您给我们写几句话吧。写信对您来说并不费力，给我们讲讲您的外甥、您的兄弟们，还有您善良的外甥女和所有人的近况吧。每个人都在我心里。我姐姐让我向您致以亲切的问候。我们度过了可怕的 12 月，新年之后姐姐状态相当好，而现在她也在忍受炎热。我不想抱怨什么，上帝赐予我们诸多恩惠，我应该心存感恩。

给我们写几句话吧。

怀着诚挚爱意并一直忠于您的

芬妮·裘尔巴赫

又：您见到我亲爱的莉季娅时，记得向她提起我。我想起许多亲爱的沃特金斯克一家的往事。我还想听听您姐姐季娜伊达的孩子们的近况。

12.

1900 年 11 月 9 日　蒙贝利亚尔

我亲爱的莫杰斯特：

要是没在您的亲切来信中看到您亲爱的外甥生病的消息就好了。您牵挂着他，希望他早日康复。愿上帝保佑这位可爱的年轻人早日恢复健康。胃痛不危险，但非常痛苦。我在冬天胃痛会比在炎热的夏天轻一些。

如果您能按计划来蒙贝利亚尔，我们将非常高兴见到您。

纵使时间可以摧毁万物、夺走健康，它也无力掌控真挚的情谊，我们将把这超越生死界限的至珍宝藏带往彼岸。

很想告诉您，我对于您在莱比锡受到的热情接待万分开心。我在国外的前三年都是在莱比锡度过的，印象很好。奇怪的是，我以前教过的学生中没有一人在那座城市安家。

为什么您认为皮埃尔在法国的名气不如在德国呢？根据我在我们这座小城蒙贝利亚尔的观察，我认为恰恰相反。您的传记进度如何？您的著作就要译成德语了，我很开心，期待也能译成法语。您收到克诺尔先生的著作了吗？希望您喜欢他的著作，我正在充满兴致地读着这本书。您的姐姐萨莎是那么喜欢皮埃尔，他总能在她身边得到安慰、振作起来。她自幼就非常自信，还是您母亲的小伙伴。对孩子们来说，那么小就失去这样一位深爱他们的母亲，是人生中多大的损失啊！

12月14日：自开始写这封信已过去很多天，我甚至想撕了这封信，但正如您所见，我惦念着您，所以不忍弃笔。我姐姐支气管炎复发，不过没去年那么严重，现在她已经好多了。愿上帝保佑她，而我已经老得一无是处，无法再照应她了。您可能会去圣彼得堡吧？在那儿您会见到我亲爱的莉季娅，她肯定是和她的女儿卡佳住在一起的，请代我向两位女士问好。还有，请向我亲爱的波拉问好，她现在已经出落成姑娘了。我多想再见到你们大家，包括那些已经不再关心我的人。我收到了一张来自莫斯科的、带插图的明信片，上面可以留言的地方很小，就算您的哥哥尼古拉能给我寄一张这样的明信片，我也会非常感激他的。请尽量转告他。

但愿您会了解，祈祷上帝让广受爱戴的贵国君主[①]恢复健康的法国人，要比俄国人多好几倍！

---

① 沙皇尼古拉二世。

目前为止这里还没入冬，一直是雨天，还伴着雷暴。人人都担心洪水暴发，严寒一直没来。也许您会在意大利过冬，可以享受当地持续的好天气。但如果您在俄国，请向您的外甥、您的嫂子及其女儿转达我们衷心的问候。在您闲暇之余，如果有了我亲爱的季娜伊达的孩子们的消息，请转告他们，他们已故母亲的老朋友总在惦记他们。我冒昧地把皮埃尔的传记推荐给杜维诺瓦一家的女士们了，她们的反馈非常感人，这部传记让她们非常开心。我们经常谈起您，谈起皮埃尔和家中所有人。

再会，上帝保佑您！

我姐姐向您致以最衷心的问候，我也向您致以同样的问候，同时送上最美好的祝福。我没有忘记任何人，并一直惦念着尼古拉和维尼亚。

您忠实而心怀感恩的朋友
芬妮·裘尔巴赫

弗雷德里卡·裘尔巴赫致莫·伊·柴科夫斯基

1.

1901 年 10 月 16 日　蒙贝利亚尔

亲爱的柴科夫斯基先生：

距离我们收到您的上一封信已经过去快一年了。您当时和您生病的外甥住在柏林，希望他后来已经完全康复。我衷心希望他恢复健康，并为此向上帝祈祷。

您应该已经收到了我寄给您的、关于我妹妹[①]去世的消息。5月1日，上帝把她从我们身边带走了。因为无法继续教书，生活对她来说已成重负，她渴望早日离开我们，去往那永无归途的彼岸。她病

---

① 芬妮·裘尔巴赫。

得不重，只是变得虚弱，还有些呼吸急促。她每天起床后自己整理被褥，经常想起您和您家中的每一位成员。她整理了自己所有珍藏之物，以此纪念您亲爱的哥哥。请告诉我，她的这些遗物以及您哥哥写给她的信——如果您认为这些东西很重要的话，应该寄到哪里？

不久前，在10月出版的、瑞士的刊行本上看到了您所著传记的法语版。我买了一本，我的朋友们和我一样都饶有兴致地读了您写的这部传记。

杜维诺瓦一家的女士们身体都很好。她们总想起您，来看望我时经常聊起您。杜维诺瓦先生年事已高，却总出门散步，因为目前为止我们这儿还没进入严寒，只是潮湿。我希望您的兄弟、侄儿和外甥、侄女和外甥女都和嫁入柴科夫斯基家的女士们①一样身体健康。请代我向所有人问好。

感谢上帝，我健康尚可，尽量维持现状。我想，即使您的传记没全部写完，也进展不小了吧。我们还没收到其中任何一卷，不知您是否已经按计划寄出去了？目前有克诺尔先生的著作和瑞士刊物的陪伴，我们可以继续等您寄来大作。②

再会，亲爱的柴科夫斯基先生。如果以后您有机会来蒙贝利亚尔，会给我，忠于您的弗雷德里卡·裘尔巴赫，带来莫大愉悦。

---

① 尼古拉、伊波利特和阿纳托利的妻子，依次是：奥莉加·谢尔盖耶夫娜·柴科夫斯卡娅（原姓杰尼西耶娃）、索菲娅·彼得罗夫娜·柴科夫斯卡娅（原姓尼科诺娃）、普拉斯科维亚·弗拉基米罗夫娜·柴科夫斯卡娅（原姓孔申娜）。

② 莫杰斯特的柴科夫斯基传记曾出版为单行本和刊行本，后出版为三卷本。据弗雷德里卡·裘尔巴赫寄给出版人彼·伊·尤尔根松的明信片所示，莫杰斯特寄给裘尔巴赫姐妹的是单行本（俄语版）："先生，我已经收到了彼得·伊里奇·柴科夫斯基的弟弟莫杰斯特先生所著的彼得·伊里奇·柴科夫斯基传记的第八册。感谢您，请转达我对莫杰斯特先生的诚挚谢意，并收下我的问候。您忠诚的芬妮·裘尔巴赫。"明信片背面写着"致尤尔根松先生"，以及音乐出版社和彼·伊·尤尔根松的音乐商店在莫斯科的地址（馆藏信息：ГДМЧ, б10, № 2131）。

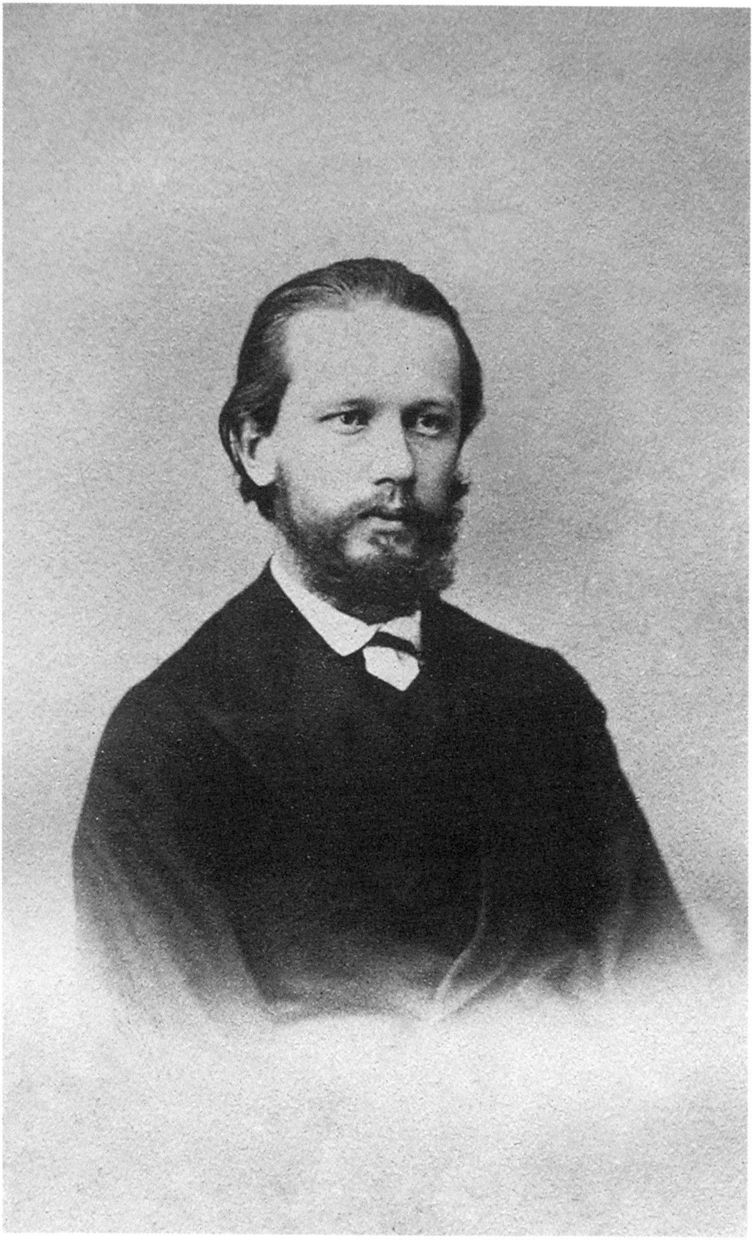

图 4-1　彼得·伊里奇·柴科夫斯基
　　　　莫斯科　1868 年
　　　　拍摄者和原件所在地不详

第四章
"您的彼·柴科夫斯基……"
柴科夫斯基不为人知的书信

目前，在国立柴科夫斯基故居博物馆的档案馆中，保存着数十件收集于不同年份的书信和字条，尽管其中某些内容早已刊载，[①] 却因种种原因未编入作曲家的《作品全集》。在系统梳理档案的过程中，早先一些不为人知的文本逐渐得以浮现。这些柴科夫斯基本人的字迹写在他人信件的空白处，因信件被汇入收件人为莫杰斯特的书信合集而得以留存。本章中公开的、保存于档案馆的大部分作曲家的亲笔信和字条，均首次以原有的文本形式完整呈现。

〔俄〕阿·格·艾因宾德

---

① *Вайдман П. Е.*, Голоса из клинского дома. Письма и документы // Советская музыка. 1990. № 6. С. 91–98.

1. 致亚·安·柴科夫斯卡娅①

[1851年9月21日 圣彼得堡]

又：亲爱的母亲，亲吻您美丽优雅的双手、手指和全部。

彼[得]·柴[科夫斯基]

2. 致莫·伊·柴科夫斯基②

[1870年8月30日 圣彼得堡]

莫佳：

你让我太恼火了。你这样毫无意义地挥霍金钱，难道不觉得羞耻吗？你这个混蛋，求求你打起精神来吧。我说的"打起精神"是

---

① 馆藏信息：ГДМЧ，а¹⁷，No 16，К. П. No 19587。原件发现于1938年未登记藏品。

作曲家的母亲（以下简称"柴母"）全名是亚历山德拉·安德烈耶夫娜·柴科夫斯卡娅（原姓阿西尔，1813—1851）。作曲家的父亲（以下简称"柴父"）伊利亚·彼得罗维奇·柴科夫斯基的这封信1851年9月21日从圣彼得堡写给妻子的信（收录于本书第二章）的最后一页，有当时十一岁的彼得·伊里奇·柴科夫斯基（以下均仅提姓氏）写给母亲的附言（对孩童而言是一封"信"）。此附言文本曾保存于某位家庭成员整理的柴父与柴母的通信集子，据莫杰斯特所供副本，收录于《作品全集：著述与书信》（V，第38页）。然而，莫杰斯特的副本对信件文本的还原并不准确，这一作曲家的亲笔"信"在本书系首度公开。

柴父在此信中向妻子详细讲述了他关于新的就职地点和工作待遇的谈判进展。他在信末写道："从我一到这儿，别佳就来陪着，好心的贝拉尔允许他在我临行前待在这儿。"柴父信中的"贝拉尔"即И. И. 贝拉尔，是柴科夫斯基在法学院预备班的班主任。（别佳是彼得的昵称。——译注）

② 馆藏信息：ГДМЧ，6¹⁰，No 6490，К. П. No 19760。原件发现于1938年未登记藏品，国立柴科夫斯基故居博物馆初建时，曾被划入莫杰斯特·伊里奇·柴科夫斯基独立馆藏，后因发现了写于柴父寄给莫杰斯特信件背面的此文本，而转入彼得·伊里奇·柴科夫斯基独立馆藏。以下是柴父寄给莫杰斯特的信，寄信日期由柴父所写，作曲家的附言写于信纸背面。（莫佳是莫杰斯特的昵称。——译注）

"亲爱的儿子，我把攒下来的50卢布寄给你。我收到了你20日的来信，伤心地读完后，立刻转交给阿达莫夫，别佳刚在他那儿用了午餐。阿达莫夫认为，你所说的都不对，且有失公允：那16卢布不是被扣除，而是用到了你的军衔上。处罚是合规的，每月扣款多少都取决于你，要是你没病假证明寄出去，（转下页）

指：认真对待你的工作；在上司面前表现出充分的尊敬，必要时要讨好上司的夫人。总而言之，不要吝啬任何可以让他人注意你的方式。阿达莫夫①已经或即将给克莱特恩②去信，你却经常怀疑、误解他。调去坦波夫会不会更好？在那儿你可以投靠卡尔采夫家族③，这样是不是就能节省些开销？10月1日之前我会给你买件厚大衣，

(接上页)那就得怪你自己了。对此应向主席请教。阿达莫夫说，主席为人很好，而且非常优秀，他不会让年轻人挨欺负。总之，任何人在任何时候都不会把你赶出辛比尔斯克或者[字迹不清]，你是去那儿履任大臣的；同样，你的薪水也不会被扣除。但是，你只靠20戈比在辛比斯克度日，说明你毫无规划且目光短浅，我觉得还要加上挥霍无度。你从小就生活在溺爱孩子的父亲的庇护下，习惯了挥霍的生活方式，而且作为你的父亲，我在这方面做得也不好。我上面划线强调的，实际上都是缺点，本该在你刚一独立时就改正。你不能身无分文地离开卡缅卡，至少要带上路费，而且还要备上驿马费。但你把这些钱花在了无关紧要的事上。你没考虑过以后会怎样，也就是说，怎么在基辅、莫斯科和下诺夫哥罗德度日，你说不定还会去喀山，那就还要乘火车和轮船。你扮演了一个贵族角色，你的乐观开朗让每个人都惊讶！哦，这就是你的贵族气质呀！我的孩子，放弃这种愚蠢的认知吧，因为这对你不利，一些和你相识不久的人会嘲笑你，你会被看成傻瓜。我们算什么贵族？贵族都是知名的富人，而我们呢？……整个贵族阶层中的大多数人都愚蠢、虚荣和空虚，我不想让自己、让你、让我的任何一个孩子成为这种人。人的富有在于头脑，收入来自劳动，如果你勤奋工作，你就会变得智慧、富有和快乐。你还没在上级面前展现自己的能力，你要耐心地跟随上帝的指引，合理而恰当地展示自己。我的孩子，你怎能刚一开始工作就想得到奖励，获得更多酬劳？没有付出就没有收获。在当下这个变革的时代，司法部的职务是最好的。那些鼓动和诱惑你去内务部的人都不怀好意。你要走自己的路，不要听信任何人，不要靠人情关系，要自己走出一条路。你并不愚笨。你要先付出，要更加努力地工作。等你熟悉并习惯了工作，就会爱上工作的[……]莫佳，我亲爱的儿子！别再赌牌了，不要欠债，不要把钱白白浪费在漂亮女人身上；要保重身体，不要住宾馆，不要纵酒作乐；要量入为出；要常给家里写信。祝你诸事顺利。父"。

① 弗拉基米尔·斯捷潘诺维奇·阿达莫夫：国务活动家、皇室侍从长、司法部部长，作曲家柴科夫斯基的法学院校友。
② 克莱特恩：辛比尔斯克市官员，莫杰斯特所在部门的上司。
③ 卡尔采夫家族（Карцевы）或卡尔佐夫家族（Карцовы）是柴科夫斯基兄弟的堂姐亚历山德拉·彼得罗夫娜·柴科夫斯卡娅（夫姓卡尔采娃或卡尔佐娃）的夫家。

并尽可能在获得正式职位前寄给你一点儿补助。给我回信的话,就寄到莫斯科吧。温柔地亲吻你。向瓦卢耶夫①问好,对他说:"你真是个酒鬼加坏蛋!"

再次紧紧拥抱你。

你亲爱的哥哥彼得

又:给我回信,考虑去坦波夫吧,不过还是遵照你自己的想法。②亲吻你,同时希望你别再挥霍。③

呼呼④

3. 致莫·伊·柴科夫斯基⑤

[晚于1877年]

[文本缺失]太棒了,你信中描述的[那些现象]正是[我]不久之前经历过的。心脏骤停、神经焦虑、精神压抑、胸口沉闷、呼吸痉挛,好像想要把压在胸口的什么东西咳出去一样,这些我都经历过。唯一的区别是你去看了医生,而我没有,因为我无法忍受医生,还有他们的一切胡说八道。[文本缺失]

---

① 阿列克谢·阿列克谢耶维奇·瓦卢耶夫:莫杰斯特的法学院校友。
② 在原件中,此句写于柴父信件最前。
③ 在原件中,此句写于柴父信件第一页的正面侧边空白处,"同时希望你别再挥霍"一句中的"打心底"(мысленно)一词被划掉。
④ 原文(Пых. Пых.)为拟声词(呼哧呼哧)。根据此附言的内容及情绪色彩,该拟声词暂译作"呼呼",亦可译为"哼哼"。——译注
⑤ 馆藏信息:ГДМЧ, а³, № 2044, К. П. № 19444。原件发现于1938年未登记藏品,在国立柴科夫斯基故居博物馆初建时,曾被划入莫杰斯特·伊里奇·柴科夫斯基独立馆藏。原件开始部分缺失。本书编者根据作曲家于1878年3月30日/4月11日从克拉朗寄给梅克夫人的信件推测了大致时间,他在与梅克夫人的通信中描述了自己经历过的类似情况:"您在信中写到,您也经历过(转下页)

你知道吗，老弟，这一切都是那个让人讨厌的胃在搞鬼。像你和我这类人，神经性器官都十分任性，工作状态也很不稳定。如果你不想遵照医生的方法完全摆脱这种疾病，那就遵守以下几点：

第一，尽量少吃。第二，只吃好消化的食物，比如肉汤、牛肉、煮熟的蔬菜（不包括洋葱和卷心菜）。第三，晚间不进食。第四，完全戒掉伏特加，如果戒不掉的话，一次最多只喝一杯。第五，不要吸烟（大量吸烟对于你和我这样人的胃是有害的）。你未必能彻底戒烟，所以尽量少吸烟吧，会好起来的。

我深信上述卫生措施一定是可靠的治疗方法，但事实上很难严格遵守，所以我不要求你全部照搬，哪怕能遵守一半就够了，一切都会好起来的。别忘了，我们已经不年轻了，越往后，我们的身体器官就越容易出问题，就越缺少活力。所以生活各方面都要有节制，特别是在饮食上，① 这样才能让我们的器官轻松而平稳，即便上了年纪也能保持正常。我们只能在年轻时要求身体器官承受过重负担，实际上，我们太不在意胃了。我们把闻着香的、看着好的，全部一股脑儿塞

（接上页）我非常熟悉的那种心悸。如果给您推荐几个好方法，您不会觉得好笑吧？我不擅长医学，也从未与医生打过交道，但我非常熟悉这种精神紧张的痛苦症状。如果您的心悸、心痛与其他复杂的症状无关，同时您确定完全是由神经紊乱引发的，那就考虑用一下我的方法吧，我总能通过这几个方法缓解。首先，您不该躺着，应该走路活动，而且要尽可能开窗，就算您容易感冒也别怕，因为一千次感冒也好过一次心悸。其次，您应该用室内冷水给心脏降温。最后（也是最重要的），喝一大杯上等酒，最好是西班牙产的，如雪利酒、马德拉酒、马拉加酒或波特酒。如果您酒量不行，那就喝半杯，哪怕不到半杯也足够了。我向您保证，您如果试过这些方法，就绝不会后悔。诚然，这只是缓和之计，但您也清楚，对于神经性疾病没有根治的方法。我早就对此确定了，而现在比以往任何时候都更加确定。面对神经系统，即便是最严格的卫生措施也无济于事，因为卫生措施无法让我们避免受到各种意外的影响，而这些意外都是命中注定的不幸"（《作品全集：著述与书信》，VI，第 208 页）。

① 在原件中，此句下方有四条横线，以表强调。

进肚子里，却忘了可怜的肚子还要以最精密的方式把所有营养提供给血液、组织、脂肪和骨骼。[文本缺失]

图 4-2　莫杰斯特·伊里奇·柴科夫斯基
辛比尔斯克　[1870 年]
费尔泽尔（Фельзер）照相馆摄

4. 致阿·伊·索夫罗诺夫①

1881 年 6 月 24 日　[卡缅卡]

亲爱的廖尼亚②!

今天终于收到你的来信,我高兴极了。但不知为何,我又非常担心和想念你,每晚都会梦到你,有时梦到你生病,有时梦到你悲伤又寂寞。

今天妹妹③和娜塔利娅·安德烈耶夫娜④就要出国了。我暂时住在这儿,7 月可能会去基辅或莫斯科。娜杰日达·菲拉[列托夫娜]⑤极力邀请我去西马基⑥,我坚定谢绝了,因为没有你,我在那儿会极其无聊的,⑦而且我在那儿被迫独自一人的感受会更明显、更强烈。你知道吗,我有一个主意,等你得空,我们 9 月一起去西马基,怎么样?我想,你可以先去看望你的母亲,在季利克季诺⑧住上几天,然后就来卡缅卡,在这儿待一个星期,之后再去西马基住上两个星期或十天左右。写信说说你的想法吧。

千万别以为每个月只应该花 10 卢布,钱随你用。廖尼亚,难不成我还舍不得让你花钱?要吃饱,要开心,不要担心钱的问题。无论需要多少,我都会提供的。顺便问一下,我用你给我攒下的钱,给你买些纸可好?

---

① 馆藏信息:ГДМЧ,а³,№ 3314,К. П. № 24459。原件由克林人民地志博物馆于 1966 年 3 月 28 日捐赠馆藏。阿列克谢·伊万诺维奇·索夫罗诺夫(1859—1925):克林人,柴家仆人,1874 至 1893 年间服侍柴科夫斯基。
② 廖尼亚是阿列克谢的昵称。——译注
③ 亚历山德拉·伊里尼奇娜·柴科夫斯卡娅。
④ 娜塔利娅·安德烈耶夫娜·普莱斯卡娅:亚历山德拉的朋友。《阿纳斯塔西娅圆舞曲》(Op. 51,№ 4)即题献给她。
⑤ 梅克夫人。
⑥ 梅克夫人在乌克兰的庄园。
⑦ 在原件中,"我在那儿会极其无聊的"一句中的"可能"(бы)一词被划掉。
⑧ 克林的一个村庄,阿列克谢·伊万诺维奇·索夫罗诺夫的出生地。

图 4-3
阿列克谢·伊万诺维奇·索夫罗诺夫
莫斯科　1881 年
И. А. 纳济莫夫（И. А. Назимов）照相馆摄

图 4-4
尤利娅·约瑟福夫娜（奥西波夫娜）·科捷克（夫姓奇斯佳科娃）
基辅　А. 德·默泽尔（А. де Мезер）摄

关于叶夫斯塔菲①，我一无所知，他不给任何人写信。斯捷潘②还没来。我们这儿不久前夜间着了一场大火，我惊慌至极，失火的地方离我们很近，就挨着药店。今年这儿谷物、甜菜大丰收，列夫·瓦西[里耶维奇]③将收入丰厚了。

再会，我的快乐。可能7月我会去找你，也可能不会。深深地吻你。

你的彼·柴科夫斯基

5. 致尤·约（奥）·奇斯佳科娃④
1885年1月9日　莫斯科

最亲爱的尤利娅·约瑟福夫娜！

非常遗憾，这么晚才拿到您的信。昨天早上，我已把古拉克-阿尔捷莫夫斯卡娅⑤女士的信寄给令父，她在信中详细讲述了约瑟夫⑥生前最后几天的细节。

---

① 叶夫斯塔菲·罗季奥诺维奇·克里文科：柴家住在卡缅卡时的仆人。
② 柴科夫斯基的外甥弗拉基米尔·利沃维奇·达维多夫的仆人。
③ 列夫·瓦西里耶维奇·达维多夫：亚历山德拉的丈夫，柴科夫斯基的妹夫。
④ 馆藏信息：ГДМЧ，а³，No 3300，К. П. No 23888。原件由约瑟夫·约瑟夫维奇·科捷克的外甥 В. А. 茹科夫斯基于1959年4月25日随约瑟夫·约瑟夫维奇·科捷克的档案资料一同提供馆藏。

尤利娅·约瑟福夫娜（奥西波夫娜）·奇斯佳科娃（原姓科捷克）：音乐教师，小提琴家，柴科夫斯基的学生和朋友约瑟夫·约瑟夫维奇·科捷克（1855—1885）的姐妹。此信是对奇斯佳科娃1885年1月2日/14日来信的回复。奇斯佳科娃担心，自己的父母对于约·约·科捷克的去世已然非常悲痛，若让他们了解儿子生命的最后几天，会影响他们的健康。因此，她在信中嘱咐作曲家，不要在寄给其年迈父母的信中讲述兄弟去世的情况，而仅向她一人讲述。
⑤ С. 古拉克-阿尔捷莫夫斯卡娅：柴科夫斯基和约·约·科捷克的熟人，在达沃斯照料了临终的约·约·科捷克。
⑥ 约·约·科捷克。

我现在要出发去圣彼得堡了，所以今天不能详述。等我到达圣彼得堡，会给您写信的。保重身体，愿上帝赐予您承受痛苦的坚强。

您的彼·柴科夫斯基

图 4-5　约瑟夫·约瑟夫维奇·科捷克和他的父亲

6. 致尤·约（奥）·奇斯佳科娃[①]

1885 年 2 月 26 日　[莫斯科]

尊敬的尤利娅·奥西波夫娜！

您的信和随附的 25 卢布寄到达莫斯科时，我离开米亚斯尼茨卡亚街已经有一阵了。我去了圣彼得堡，然后又去了乡下，直到昨天回到莫斯科，才看到您的来信。我会把这些钱转寄给博克[②]。听说柏林安排了一场纪念逝者的特殊的音乐会，我认为博克应该更清楚如何用这笔钱。至于阿尔捷莫夫斯卡娅女士[③]，我完全无法理解她为什么不给您回信，以及她为什么不写信告诉我已经收到了信里的钱款和她想要的我的照片。她极有可能已经从达沃斯去了别的地方。无论如何，我会把您的 25 卢布转给博克的。

图 4-6
彼得·伊里奇·柴科夫斯基
圣彼得堡　1884 年 3 月 17 日
С. Л. 列维茨基（С. Л. Левицкий）
照相馆摄

附言：
赠予尤利娅·奥西波夫娜·奇斯佳科娃。

　　　　　　彼·柴科夫斯基
　　　　　　1885 年 3 月 4 日

---

① 馆藏信息：ГДМЧ，а³，№ 3301，К. П. № 23888。原件由约·约·科捷克的外甥 В. А. 茹科夫斯基于 1959 年 4 月 25 日随约·约·科捷克的档案资料一并提供馆藏。
② 胡戈·博克：德国出版人，博特与博克出版公司的共同持有者。约·约·科捷克和柴科夫斯基都曾与之合作。
③ С. 古拉克 - 阿尔捷莫夫斯卡娅。

我会向博克询问筹办纪念活动的费用,以及音乐会演出的具体情况,一旦了解相关消息就立即告诉您。

您给令父、令母写信时,请转达我的问候。非常希望我寄给令父的、原是您兄弟写给我的信[①]能归还于我,不过当然,并不着急。

由衷地尊敬您并爱着您的
彼·柴科夫斯基

7. 致索·伊·尤尔根松[②]
[早于1885年6月13日　麦达诺沃]

我会把普切利尼科夫[③]的凭据寄给您。

亲爱的索菲娅·伊万诺夫娜!

我已把朗格尔[④]抄写的《女靴》[⑤]的总谱交给了帕维尔·米哈伊洛维奇·普切利尼科夫,他的收谱凭据由我保管。您和彼得·伊万[诺维奇][⑥]完全不必担心乐队声部的誊写,这由他们[⑦]负责。

---

① 目前无法确认所指是约·约·科捷克的哪一封信,极有可能后来没还给柴科夫斯基。
② 馆藏信息:ГДМЧ, а³, № 489, К. П. № 42。原件由彼·伊·尤尔根松之子鲍里斯·彼得罗维奇·尤尔根松于1923年6月提供馆藏,一同提供并收入馆藏的还有旅行记事簿和柴科夫斯基致其母索菲娅·伊万诺夫娜·尤尔根松的十一封信。本书编者根据一同收入馆藏的信件内容(提到为歌剧《女靴》准备总谱),以及1885年6月13日/25日索·伊·尤尔根松致作曲家的信件(馆藏信息:ГДМЧ, а⁴, № 6067)推测了大致时间。索·伊·尤尔根松在信中提到,柴科夫斯基的信和普切利尼科夫的收谱凭据均已收到。信纸上印有歌剧《叶甫盖尼·奥涅金》中奥莉加咏叹调的一行乐谱,词为"我不会唉声叹气地悲伤"。信的第一页有铅笔留注"133, 95",所指不明。
③ 帕维尔·米哈伊洛维奇·普切利尼科夫:皇家剧院莫斯科办事处主任。
④ 尼古拉·列昂季耶维奇·朗格尔:尤尔根松出版社的抄写员。
⑤ 柴科夫斯基的歌剧《女靴》当时正准备在莫斯科大剧院上演。
⑥ 彼得·伊万诺维奇·尤尔根松。
⑦ 皇家剧院莫斯科办事处。

我不知道塔涅耶夫的地址,① 我们之前沟通过,等他安顿好会先给我来信的。若确有必要先给他写信,可以寄往叶森图基。

如果能在麦达诺沃见到您该多好!如果您会来的话,带上鲍里卡②一起吧。

吻您的双手。

彼·柴科夫斯基③

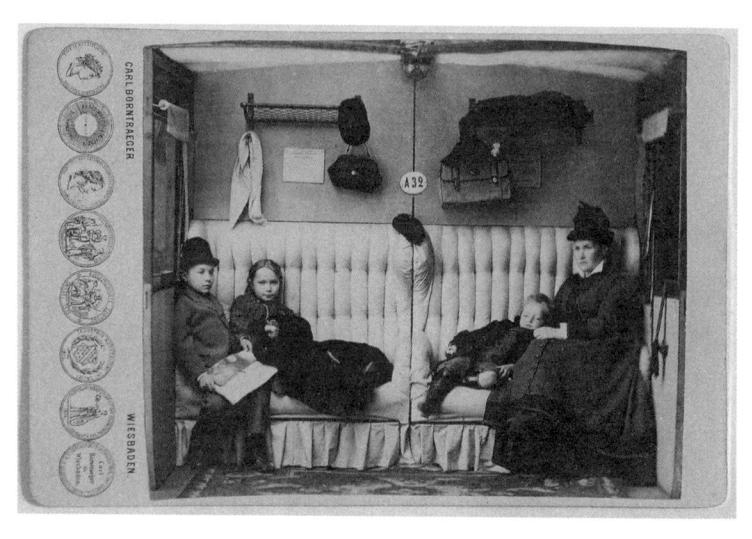

图 4-7　索菲娅·伊万诺夫娜·尤尔根松及其子女
威斯巴登　1877 年
C. 伯恩特雷格（C. Borntraeger）摄

附言:
赠予亲爱的大哥、益友,伟大的作曲家彼·伊·柴科夫斯基。

索·尤尔根松
威斯巴登　[18]77 年

---

① 此时,塔涅耶夫已前往高加索。
② 鲍里斯·彼得罗维奇·尤尔根松:彼·伊·尤尔根松和索·伊·尤尔根松之子。（鲍里卡是鲍里斯的昵称。——译注）
③ 在原件中,下款后有一句被划掉:"无论如何,我都会把普切利尼科夫的凭据寄给您"。由此可以推断,此信开始的一句是后补写的。

图 4-8　彼得·伊里奇·柴科夫斯基
巴黎　1886 年 6 月 9 日
Ch. 罗伊特伦格（Ch. Reutlinger）照相馆摄

附言：
赠予季娜·拉罗什。
　　　　　　　　彼·柴科夫斯基
　　　　　　　1886 年 [10 月] 11 日
　　　　　　　　　麦达诺沃

8. 致季·格·拉罗什[①]

[1886年10月11日/23日　麦达诺沃]

赠予季娜伊达·格尔曼诺夫娜·拉罗什。

尽管您有我的照片，不过您可能会觉得，我有时看起来像一位军事长官或大臣，真有意思。

图 4-9
尤利娅·彼得罗夫娜·什帕任斯卡娅
塞瓦斯托波尔　早于1893年
B.阿尔希波夫（В. Архипов）摄

---

① 馆藏信息：ГДМЧ，а³ № 3346，К. П. № 26158。原件由 Г. Ф. 克拉舍宁尼科夫于 1986 年 1 月 14 日提供馆藏。季娜伊达·格尔曼诺夫娜·拉罗什（1869—1959）：多国外语教师和翻译，Г. Ф. 克拉舍宁尼科夫的妻子。其父格尔曼·奥古斯托维奇·拉罗什（1846—1904）是音乐评论家、文学评论家，莫斯科音乐学院音乐史教授，作曲家柴科夫斯基的朋友。此留言写在寄给季·格·拉罗什的装了照片的信封上，她后来（改随夫姓克拉舍宁尼科娃）在信封上附了一纸说明（用蓝色墨水笔书写）："此信中装了彼·伊·柴科夫斯基亲笔签名的照片。克拉舍宁尼科娃，[19]41 年 4 月 16 日"。本书编者根据柴科夫斯基在照片上的附言推测了 Г. Ф. 克拉舍宁尼科夫所供原件的日期（通常照片写好附言便会寄出）。

9. 致莫·伊·柴科夫斯基^①

[1886年]

莫佳!

我要寄给你一张照片,代替被德拉舒索娃^②拿走的那张。

也请让塔尼娅^③看看!

你的彼·柴科夫斯基

10. 致尤·彼·什帕任斯卡娅^④

[1886年4月9日]

高加索梯弗里斯市区法院,阿纳托利·伊里奇·柴科[夫斯基]转彼·伊·柴科夫斯基。

---

① 馆藏信息:ГДМЧ, a³, № 3303, К. П. № 23928。原件由 В. П. 索洛维约夫-塞多戈于1959年11月10日提供馆藏,一同提供并收入馆藏的还有多份乐谱手稿(例如歌剧《马捷帕》中"戈帕克舞曲"的主题,以及未获完整保存的1881年日记中的片段)。该字条装在所寄照片的信封内,莫杰斯特根据信封上的年份(石上角写着"1886")推测了时间。

② 索菲娅·弗拉基米罗夫娜·德拉舒索娃(原姓佩雷斯利尼):柴科夫斯基的妹夫列夫·瓦西里耶维奇·达维多夫的外甥女。

③ 柴科夫斯基的外甥女塔季扬娜(昵称塔尼娅)·利沃夫娜·达维多娃。

④ 馆藏信息:ГДМЧ, a³, № 2076, К. П. № 1530。原件由塞瓦斯托波尔历史博物馆于1925年12月提供馆藏。

尤利娅·彼得罗夫娜·什帕任斯卡娅(?—1919):剧作家 И. В. 什帕任斯基的妻子。这个写着作曲家在梯弗里斯(今第比利斯)地址的字条,装在1886年4月9日/21日寄自梯弗里斯的信封内,他在信中写道:"我对你们身上所发生的一切都非常关心,希望收到你们的消息"(《作品全集:著述与书信》,XIII,第318页)。由于信中没提供地址,因而作曲家将自己的地址单独写在另一张纸上。该字条很可能曾意外与信件主体分离。什帕任斯卡娅逝世后,此信件保存于塞瓦斯托波尔历史博物馆,后经博物馆工作人员向亚历山大·康斯坦丁诺维奇·格拉祖诺夫征询并经格拉祖诺夫协调,此信件和字条于1925年转入国立柴科夫斯基故居博物馆。柴科夫斯基在1887年5月20日/6月1日致什帕任斯卡娅的信中也留了这个地址(《作品全集:著述与书信》,XIV,第115页)。

众所周知,柴科夫斯基与什帕任斯卡娅之间留下了大量通信,其中保存完整、内容较多且信息全面的通信主要写于1885至1891年(超一百六十封)。

11. 致博·博·科尔索夫①

[1887（？）年1月　莫斯科]

因近期要去您那边办事，我非常希望能去看望您，请您在中午十一点至十二点间等我。

彼·柴科夫斯基

图 4-10
博戈米尔·博戈米罗维奇·科尔索夫
圣彼得堡　早于 1893 年
К. 贝加马斯科（К. Бергамаско）摄

---

① 馆藏信息：ГДМЧ，a⁵，№ 21，К. П. № 9499。原件由 А. П. 霍赫洛夫于 1930 年 2 月提供馆藏。原文：Comme j'ai une course à faire dans vos parages je préfère venir chez vous et vous prie de vouloir bien m'attendre entre 11 et 12. P. Tschaikovsky。日期由本书编者推测。

博戈米尔·博戈米罗维奇·科尔索夫（本名戈特弗里德·戈特弗里多维奇·戈林，1845—1920）：男中音歌唱家。1869 至 1881 年在圣彼得堡歌剧院演唱，1882 至 1905 年在莫斯科大剧院演唱。

图 4-11　科捷克一家合影
　　　　约瑟夫·约瑟夫维奇·科捷克的父亲、母亲和姐妹（叶甫盖尼娅、尤利娅）

12. 致卡·爱·韦伯①

[1887年1月29日] 克林市麦达诺沃

尊敬的卡尔·爱德华多维奇！

很抱歉许久未给您去信，而且到目前为止还未就脚本《庞贝古城的最后一天》给您答复！我读完脚本后得出的结论是：尽管我有意帮助格拉韦特女士，但我不能用这个脚本。因为它出自一位新手，而且几乎无人愿意买下来创作歌剧。我该怎么处理它呢？是还给您，还是交给 В. П. 普罗库宁？衷心祝您成为莫斯科音乐学院教师的愿望会实现（即便不是现在，也会在将来），向您致敬。

彼·柴科夫斯基

---

① 副本，馆藏信息：ГДМЧ，а^{116}，No 3360，К. П. No 25757/1。此副本由俄罗斯国家文学艺术档案馆（РГАЛИ）于1981年提供馆藏（1967年发现于档案馆行政信函集），一同提供的还有律师 И. В. 斯列帕克于1936年提供的认证书，1982年登记录入馆藏。在这封柴科夫斯基写给卡尔·爱德华多维奇·韦伯的信件的副本之外，还有一个信封的副本，上面有作曲家亲笔写的地址：坦波夫市，长街，沃斯克列辛斯基大楼，卡尔·爱德华多维奇·韦伯收"，信封的原件下落不明。本应装在信封内的信件在1936年曾由卡尔·爱德华多维奇·韦伯之子（当时住在中国上海）保管。

卡尔·爱德华多维奇·韦伯（1834—1913）：钢琴家、教育家。此信是对韦伯1886年12月26日来信（馆藏信息：ГДМЧ，а^4，No 399）的答复。韦伯在信中感谢柴科夫斯基的斡旋（据信与莫斯科音乐学院工作有关），并询问作曲家对 А. Д. 格拉韦特的脚本《庞贝古城的最后一天》的看法。该脚本曾委托著名民俗学家 В. П. 普罗库宁（韦伯的外甥，曾随柴科夫斯基学习）转交。本书编者根据作曲家于1月29日当天回到麦达诺沃并写信数封的记录（《日记》，第125页）推测了日期。

图 4-12　安娜·亚科夫列夫娜·亚历山德罗娃-列文森

13. 致安·亚·亚历山德罗娃 - 列文森①

[1887年6至7月　波尔若米]

　　[文本缺失]之前每天都忙得晕头转向，事情实在太多，除了音乐学院的事务往来，我已经许久没和人见面了。不过有句谚语说得好，"山不到默罕默德那边去，默罕默德就到山这边来"。倘若您知道我住在莫斯科，可以早上来找我，或者留个便条，告诉我您希望什么时间见面，我肯定会尽量安排。我总是很期待见到您，但我在莫斯科的朋友、故人多不胜数，要我逐一拜访不像穆罕默德那样"到山这边来"的人，实在分身乏术。

　　我现在住在波尔若米，下榻于普拉斯科维亚·弗拉基米罗夫娜②家，她让我向您问好。我在这儿品山泉，散步，享受安逸时光。想告诉您，尼·德·孔德拉季耶夫③快不行了，他的日子已所剩不多。他因肾病而浮肿，已经完全无法救治。

　　如果您能体验高加索的美妙，该多好！没有一处比波尔若米更迷人（sic！），这里的迷人超乎想象。

　　祝您身体健康，亲爱的安娜·亚科夫列夫娜。

您的彼·柴科夫斯基

---

① 馆藏信息：ГДМЧ，a¹¹⁶，№ 3327，К. П. № 25139。原件由 В. В. 维索茨卡娅于 1973 年 7 月 28 日捐赠馆藏，开始部分散佚。
　　安娜·亚科夫列夫娜·亚历山德罗娃 - 列文森（1856—1930）：钢琴家、教师。作曲家阿纳托利·尼古拉耶维奇·亚历山德罗夫的母亲。本书编者根据信件内容（作曲家提及自己住在波尔若米，以及尼·德·孔德拉季耶夫的病情）推测了大致时间。
② 普拉斯科维亚·弗拉基米罗夫娜·孔申娜（夫姓柴科夫斯卡娅）：阿纳托利·伊里奇·柴科夫斯基的妻子。
③ 尼古拉·德米特里耶维奇·孔德拉季耶夫（1832—1887）：柴科夫斯基最亲密的友人之一，经常在哈尔科夫省苏梅市的庄园里陪伴作曲家。钢琴曲《黄昏的幻想》（Op.19，No.1）即题献给他。孔德拉季耶夫弥留之际，作曲家专程前往亚亨探望，陪伴多日。

14. 致谢·伊·塔涅耶夫[①]

[1887年12月]

柏林，莱比锡大街37号，博特与博克出版公司，寄此转交。

---

① 馆藏信息：ГДМЧ, a³, No 3356, К. П. 632。原件由 Н. Т. 热金于1924年10月提供馆藏（原文：Berlin, Leipzigerstrasse, 37. Bote u. Bock. для передачи.）。热金于1919年将作曲家谢尔盖·伊万诺维奇·塔涅耶夫的档案资料和藏书（存于其兄长弗拉基米尔·伊万诺维奇·塔涅耶夫位于德米亚诺沃的家中）转入国立柴科夫斯基故居博物馆。他在报告中记录了转入博物馆的经过，该报告现存于国立柴科夫斯基故居博物馆的档案馆（馆藏信息：ГДМЧ, в¹⁰, No 2）："我见到谢尔盖·伊万诺维奇的财富处于令人遗憾的被遗忘的境地，书籍和乐谱在顶层最里面的房间堆了一地，一间侧室中还有很多大箱子，里面装着手稿和档案文献。由于无论如何都希望能为俄罗斯音乐留下这位杰出音乐家的宝贵手稿，因此，我在下一次前往克林、办理柴科夫斯基故居博物馆相关事务时，决心去克林文物局张罗一下。我对文物局的工作人员说，在德米亚诺沃有一个相当珍贵的'音乐图书馆'，由于克林当地的庸夫俗子无法理解其珍贵性，应将其交给莫斯科的音乐理论图书馆。我得到的答复是：不应这样评价俄罗斯人民，人们无疑对音乐书籍和乐谱是有兴趣并会加以了解的；克林文物局的工作人员反对集中化，所有文献都必须留在当地。就这样，他们把谢尔盖·伊万诺维奇·塔涅耶夫的'图书馆'从德米亚诺沃搬到了克林"。

谢尔盖·伊万诺维奇·塔涅耶夫（1856—1915）：作曲家、钢琴家和学者。柴科夫斯基的学生和友人。1878至1905年任莫斯科音乐学院教授，1885至1889年任莫斯科音乐学院院长。

柴科夫斯基委托博特与博克出版公司，在他欧洲巡演期间代收信件并转交给他，所以他给很多人都留了此字条中的地址（参见《作品全集：著述与书信》，XIV，第306、310、318页）。他在给Ф.马卡尔留此地址时写道："我委托博克[即博特与博克出版公司的共同持有者]，让他无论我身处何地都把信转寄给我"（《作品全集：著述与书信》，XIV，第287页）。

15. 收件人不详[①]

1888 年 3 月 27 日　维也纳

我由衷表示热烈欢迎。

彼·柴科夫斯基

16. 致维·约（奥）·科捷克[②]

1888 年 9 月 21 日　克林　弗罗洛夫斯科耶

维亚切斯拉夫·奥西波维奇，劳烦每月去一次科列伊沃先生的

[①] 副本，馆藏信息：ГДМЧ，а¹¹⁶，3268，К. П. No 25285。此副本由哈里·戈尔德施米特教授于 1975 年 11 月 23 日提供馆藏（原文：Ich jetzt grьssen die herzlich gut und freundlich. P. Čaikovsky）。据戈尔德施米特所述，原件曾在德国，由个人保管（1975 年），目前下落不明。据签名推测，该字条是写给一位捷克熟人的（身份未知）。戈尔德施米特教授曾向克谢尼娅·尤里耶夫娜·达维多娃、波·叶·瓦伊德曼说明："该字条发现于 1975 年，与发现于捷克的、署名为'Φ. 舒伯特'的不明交响曲一起存放于个人藏品保险柜，显然这部交响曲曾寄给柴科夫斯基过目"。据字条内容判断，戈尔德施密特认为，柴科夫斯基曾向这部不明作曲者的交响曲的持有者建议，将乐谱交给勃拉姆斯或德沃夏克过目，因为他们比自己更了解舒伯特的创作和手稿。除了这个公开的字条之外，柴科夫斯基在 1888 年 3 月 15 日/27 日这一天还给德沃夏克和其他相熟的捷克音乐家写了几封信，但完全没提过"Φ. 舒伯特"的交响曲。据目前所知，柴科夫斯基在这一天写了七封信，写信地点都是维也纳。当天还有一段记录个人情绪的日记："整个上午我都在写信，中午十二点才穿上新大衣出门。真是神奇的一天——在附近理了发；在家用了餐；步行至普雷特；在一家便宜的照相馆拍了照；在民间演艺场看了一场荒诞表演。之后待在家中，处理信件，喝茶[……]就要长途跋涉回到俄国了。接下来还要给[?]写信吗？未必。这可能是我最后一次写日记了吧。垂暮将至，死亡可能不远了。还有什么信是值得写下来的吗？"（《日记》，第 206 页）

[②] 馆藏信息：ГДМЧ，а³，No 3320，К. П. No 24655。原件由 В. В. 科捷克于 1968 年 1 月 6 日提供馆藏。该字条写给柴科夫斯基的学生和好友约·约·科捷克的弟弟维亚切斯拉夫·约瑟夫维奇（奥西波维奇）·科捷克。原件残损，仅个别词句可辨，后根据柴科夫斯基提到的科列伊沃的来信而复原。科列伊沃的信写于一张空白票据上，汇款方地址：基辅，赫雷什查蒂克 35 号，俄罗斯皇家 (转下页)

音乐商店，那里[应该]交给您[25卢布]。[部分文本缺失]

[柴科]夫斯基

17. 致谢·米·特列季亚科夫[①]

[1890年(?)1月 莫斯科]

巴黎大宾馆，特列季亚科夫敬启。

音乐会结束后，我们欢聚一堂；大家都很开心，都感到很幸福。尤尔根松说，票都售罄了。

鲁宾斯坦、柴科夫斯基、

萨福诺夫、马蒙托夫、

鲁卡维什尼科夫、济洛季、

尤尔根松、亚科夫列夫、

卡什金、谢尔盖·雷贝佐夫[和]

安娜·雷贝佐娃

(接上页)音乐协会基辅分会销售代理，博列斯拉夫·科列伊沃图书和音乐商店。收款方地址：敖德萨，城市花园对面，德里巴索夫斯卡娅路"。信件内容："亲爱的彼得·伊里奇！我刚刚收到您的信，正好也收到了彼·伊·尤尔根松的信。他在信中提到从今年9月1日到1890年5月1日每月向科捷克先生提供25卢布的安排。现特告知您，我会按时办理，科捷克将如期收到款项。博·科列伊沃敬上"（馆藏信息：ГДМЧ，a[4]，No 1783）。柴科夫斯基向已故好友约·约·科捷克全家提供了经济援助，包括其父母、兄弟维亚切斯拉夫和尤斯廷、姐妹叶甫盖尼娅（夫姓茹科夫斯卡娅）和尤利娅（夫姓奇斯佳科娃），还资助其姐妹接受教育。

[①] 柴科夫斯基署名电报草稿，馆藏信息：ГДМЧ，a[3]，No 2985，К. П. No 22907/650。原件由俄罗斯艺术史研究院（圣彼得堡）于1950年3月11日提供馆藏（原文：Paris Grand Hotel Tretiakoff. Réunis tous aprés concert gaité complute gunérale rien ne manque a notre félicité Jurgenson dit billets vendus. Rubinstein, Tschaikovsky, Safonoff, Mamontoff, Roukavischnikoff, Siloti, Jurgenson, Jakowleff, Kaschkine, Serge Anne Rebesoff）。电报时间由本书编者根据以下事实推测：1890年1月初，在莫斯科举办了安东·格里戈里耶维奇·鲁宾斯坦和（转下页）

18. 致约（奥）·伊·尤尔根松①

[1890年11月　圣彼得堡]

烦请奥·伊·尤尔根松把总谱《曼弗雷德》②寄过来。

19. 致约（奥）·伊·尤尔根松③

[1890年12月3日　圣彼得堡]

今天请把两份脚本④交给这个捎信人。

20. 收件人不详[或致费·尼·贝格]⑤

1890年

P. Tschaikovsky⑥将在下午三点等候费奥多尔·尼古拉耶维奇。

(接上页) 柴科夫斯基作品音乐会，旨在给以莫斯科音乐学院创建者尼古拉·格里戈里耶维奇·鲁宾斯坦命名的音乐厅（今莫斯科音乐学院大厅）筹措建设资金。谢尔盖·米哈伊洛维奇·特列季亚科夫与尼·格·鲁宾斯坦是挚友，后者在巴黎逝于特列季亚科夫怀中。

① 馆藏信息：ГДМЧ，a³，№ 3353，К. П. № 26591。原件由 B. B. 埃伦伯格于 1990 年 5 月 15 日通过波·叶·瓦伊德曼提供馆藏。约瑟夫（奥西普）·伊万诺维奇·尤尔根松（1829—1910）：圣彼得堡音乐商店的持有者，代理其兄彼·伊·尤尔根松（柴科夫斯基的出版人和朋友）的音乐出版社。

② 柴科夫斯基根据乔治·拜伦的《曼弗雷德》创作的同名交响曲（Op. 58），由尤尔根松出版社在 1886 年出版。

③ 馆藏信息：ГДМЧ，a³，№ 3354，К. П. № 26591。原件由 B. B. 埃伦伯格于 1990 年 5 月 15 日通过波·叶·瓦伊德曼提供馆藏。原件文本写在名片上。

④ 柴科夫斯基的歌剧《黑桃皇后》的脚本，当时圣彼得堡正在筹备歌剧的首演。

⑤ 副本，馆藏信息：ГДМЧ，a¹¹⁶，№ 1171，К. П. № 23502。此副本由莫斯科建筑规划管理局于 1955 年 3 月 10 日提供馆藏。原件是一张名片，上有留言，保存于国立中央巴赫鲁申戏剧博物馆。本书编者根据诗人、小说作家费奥多尔·尼古拉耶维奇·贝格（1840—1909）的来信（馆藏信息：ГДМЧ，a⁴，№ 228，1890 年）推测了大致时间和留言对象。

⑥ "彼·柴科夫斯基"的英语拼写，非手写，印于名片上。

图 4-13 伊万·亚历山德罗维奇·弗谢沃洛日斯基

21. 致伊·亚·弗谢沃洛日斯基①

[18]91年4月6日　[巴黎]

尊敬的伊万·亚历山德罗维奇！

请允许我向您推荐亚·米·马尔科娃②，一位出色的年轻女歌唱家，我认为，她有望成为俄罗斯歌剧从业者的骄傲，她在此领域一定会崭露头角。

谨致问候

彼·柴科夫斯基

---

① 馆藏信息：ГДМЧ，a^3，№ 3331，К. П. № 25927。原件由乌尔曼诺娃-巴库尔金娜于1983年2月16日随柴科夫斯基致爱德华·弗朗采维奇·纳普拉夫尼克的几封亲笔信一并提供馆藏。其中一个信封上写着"爱德华·纳普拉夫尼克敬启"，纳普拉夫尼克在上面写了说明："内含彼·伊·柴科夫斯基关于女高音歌唱家马尔科娃的字条。1891年[？月]25日"。信封内还有两封伊万·亚历山德罗维奇·弗谢沃洛日斯基（1835—1909，戏剧活动家，1881至1899年间任皇家剧院经理）致纳普拉夫尼克的简短信件，一封是对柴科夫斯基的字条的说明，另一封写在皇家剧院管理委员会（也译皇家剧院管理局，后同）的公文用纸上："亲爱的爱德华·弗朗采维奇！我不清楚伊·彼·柴科夫斯基派人给我捎信时，马尔科娃女士是否去过您家了。为了以防万一，我让她明天去剧院谈谈排练的事。我把彼得·伊里奇的字条也寄给您。谨致问候。伊·弗谢沃洛日斯基"（馆藏信息：ГДМЧ，x^2，№ 30）。作曲家给纳普拉夫尼克也捎了字条（内容类似），其副本收录于《作品全集：著述与书信》（XVI-A，第79页）。

② 歌唱家亚历山德拉·米哈伊洛夫娜·马尔科娃于1891年4月在巴黎（当时柴科夫斯基也在巴黎）收到了两个推荐意见。根据纳普拉夫尼克在信封上的说明可知，她在当年10月才转交了柴科夫斯基的推荐。次年4月她再次前往莫斯科拜访作曲家（现存相关书信）："尊敬的彼得·伊里奇！我非常想和您谈谈，征求您的意见。如果方便的话，请抽出一两个小时。请告诉我，明天什么时间可以去拜访。抱歉打扰。谨致问候。亚·马尔科娃。4月25日"（馆藏信息：ГДМЧ，a^4，№ 2380）。1892年4月，马尔科娃首次登台莫斯科大剧院即演出成功，同年9月起加入该剧院剧团。1912年马尔科娃举行告别演出之后，Н. Ф. 芬代森发表了一篇文章。该文章指出，柴科夫斯基向皇家剧院的推荐是正确之举："10月26日（转下页）

22. 致帕·列·皮特森①
[18] 91年9月25日

亲爱的帕维尔·列昂季耶维奇！

我选11月23日。如果奥尔愿意指挥独奏声部，我会非常感谢他。

我还不知道何时能去圣彼得堡，各种悬而未决的因素都会影响

(接上页) 莫斯科大剧院举行了亚·米·马尔科娃的告别演出。马尔科娃在皇家歌剧院[指莫斯科大剧院]工作长达二十年，自1892年4月凭借饰演瓦伦蒂娜（歌剧《胡格诺教徒》）首次登台后，就被聘入莫斯科大剧院剧团。这位歌唱家的优美嗓音带有与众不同的柔和，因此她除了饰演纯粹戏剧性的角色外，还可以饰演那些需要嗓音富于流动性与灵活性的角色，例如歌剧《为沙皇献身》[即《伊万·苏萨宁》，后同]中的安东尼达。1896年，皇家剧院管理委员会为了盛大的加冕演出而挑选该角色的饰演者，马尔科娃从圣彼得堡和莫斯科剧团的众多演员中脱颖而出。她在俄国曾举办过多场音乐会，并且从未停止在慈善音乐会上演唱。多年来，她为了帮助莫斯科国立大学的贫困学生，在莫斯科亲自筹办数场音乐会，反响巨大。近年来，为了照顾生病的儿子，马尔科娃不得不长期住在国外，因而很少演出。1910年起她已经完全告别舞台。在告别演出中，她饰演了埃尔莎（歌剧《罗恩格林》）。歌剧第一幕之后，致敬马尔科娃的活动就开始了"(《俄罗斯音乐报》，1912年第46期第989—990页）。

① 原件是 M. A. 齐伯奎特的个人藏品，首次公布于本书。帕维尔·列昂季耶维奇·皮特森（1831—1895）：钢琴家。圣彼得堡音乐学院教师，俄罗斯皇家音乐协会圣彼得堡分会理事会成员，"贝克尔"（Беккер）钢琴厂主管。1891年8月，皮特森代表俄罗斯皇家音乐协会圣彼得堡分会理事会，邀请柴科夫斯基在圣彼得堡指挥音乐会。在后续讨论演出作品的通信中，作曲家表示，除了他刚完成的交响叙事曲《司令官》在内的数首个人作品外，还要演出贝多芬的《第四交响曲》。然而音乐会被一再推迟，直到1892年3月7日才举行（即俄罗斯皇家音乐协会第十场交响音乐会）。这场音乐会由柴科夫斯基指挥，演出曲目包括幻想序曲《罗密欧与朱丽叶》和改编自芭蕾舞剧《胡桃夹子》的组曲（首演）。此信是对1891年9月24日皮特森来信（馆藏信息：ГДМЧ，a^4，№ 3336）的答复。皮特森在信中提供了可以安排音乐会的时间（1891年11月、12月），并转达了让利奥波德·谢苗诺维奇·奥尔共同指挥的提议，因为作品在演出时会加入独奏声部，奥尔可以帮助柴科夫斯基摆脱"不必要的劳动和排练"。

安排。无论如何，我会在 11 月 23 日再次去北帕尔米拉①，当然也会去拜访您。

谨致问候

彼·柴科夫斯基

图 4-14
亚历山德拉·米哈伊洛夫娜·马尔科娃饰演格林卡的歌剧《为沙皇献身》(即《伊万·苏萨宁》)中的安东尼达
莫斯科大剧院　[1892 年]
莫斯科皇家剧院摄影师 К. А. 费希尔（К. А. Фишер）影印

---

① "北帕尔米拉"是俄罗斯人对圣彼得堡的诗意别称，以纪念古代贸易城市帕尔米拉（位于今叙利亚境内）。——译注

23. 致约(奥)·伊·尤尔根松①

1892 年 1 月 10 日/22 日　巴黎

亲爱的奥西普·伊万诺维奇！劳烦把 200 银卢布②交给送这封信的人。鉴于我放在您那儿的现金已经用完，请先从剧院支出吧。或者能否先欠着，之后从后半个季度的总额中扣除？

抱歉给您造成不便。

您的彼·柴科夫斯基

24. 致康·斯·希洛夫斯基③

[1892 年] 4 月 26 日　[莫斯科]

亲爱的科斯佳！请于明天晚餐前五点左右过来吧。我早就答应了你的愿望，给门卫留了一张便条，写了会安排一个小时的会面，不知他为何他没把便条交给你。既然如此，就让我们把时间安排在明天吧，请 exact④，否则会有很多麻烦。

你的彼·柴科夫斯基

---

① 馆藏信息：ГДМЧ，а³，№ 33521，К. П. № 26591。原件由 В. В. 埃伦伯格于 1990 年 5 月 15 日通过波·叶·瓦伊德曼提供馆藏。此信背面有莫杰斯特的记录："从奥西普·伊万诺维奇·尤尔根松那儿领取了 200 卢布。莫·柴科夫斯基记于 1892 年 1 月 14 日"。

② 银卢布是俄罗斯帝国时期的货币单位，最初由银制成，因此称为银卢布，1917 年十月革命后停止流通。——译注

③ 馆藏信息：РГБ，ф. 417，А. Н. 切尔诺古博夫藏品，编号№ 85。康斯坦丁·斯捷潘诺维奇·希洛夫斯基（艺名洛希洛夫斯基，1849—1893）：艺术家、诗人和音乐家。柴科夫斯基的友人。1888 至 1893 年是莫斯科小剧院的演员。该信是柴科夫斯基对希洛夫斯基来信的答复。收藏者 А. Н. 切尔诺古博夫在此署名信的上方写了铅笔说明："康·斯·希洛夫斯基收"。本书编者根据希洛夫斯基于 1892 年 4 月 25 日写给柴科夫斯基的信（载于：Чайковский на московской сцене. М.-Л., 1940. С. 310）推断了回信日期。（科斯佳是康斯坦丁的昵称。——译注）

④ 准时。（法语）

图 4-15　康斯坦丁·斯捷潘诺维奇·希洛夫斯基
莫斯科　19 世纪 60 年代
М. Н. 科纳尔斯基（М. Н. Конарский）摄

附言：
谨向彼得·伊里奇·柴科夫斯基致以诚挚敬意。
康·希洛夫斯基

25. 致彼·伊·尤尔根松①

[1892 年] 年 12 月 15 日 / 27 日　柏林

彼得·伊万诺维奇！请付给亚历山德拉·伊万诺夫娜·休伯特② 125 银卢布，她知道我需要什么。

彼·柴科夫斯基

---

① 馆藏信息：ГДМЧ，a^3，№ 2590，К. П. № 4501。原件由亚历山德拉·伊万诺夫娜·休伯特于 1928 年 5 月提供馆藏。
② 亚·伊·休伯特曾帮柴科夫斯基处理工作和日常事务，例如为作曲家在克林的住所购置家具与生活物品等。

图 4-16 约瑟夫（奥西普）·伊万诺维奇·尤尔根松和
彼得·伊万诺维奇·尤尔根松
莫斯科 "舍列尔、纳布戈利茨和 K°"（Шерер,
Набгольц и K°）照相馆
辛德勒（Шиндлер）、梅伊（Мей）摄

26. 致奥·伊·尤尔根松①

[1892 年 12 月初　圣彼得堡]

尤尔根松商店：

给彼·伊·柴科夫斯基②留一份《约兰达》③乐谱。

27. 收件人不详④

[18]93 年 9 月 20 日　莫斯科

我亲爱的朋友！

萨福诺夫先生希望您会对聘用薪资的问题作出答复。我向您保证，他会说明一切的。[……]

28. 收件人不详⑤

[Б.м., б. д.]

女士，请您支付 5 法郎[字迹模糊]。

彼·柴科夫斯基

---

① 馆藏信息：ГДМЧ，а³，No 3355，К. П. No 26591。原件由 В. В. 埃伦伯格于 1990 年 5 月 15 日通过波·叶·瓦伊德曼提供馆藏。原件文本写在名片上。

② 在原件中，为符合俄语文法规则，作曲家改了自己名片上名字（П. И. Чайковский）的后两个字母（即改成 П. И. Чайковского）。

③ 柴科夫斯基的歌剧《约兰达》当时正在圣彼得堡筹备首演。

④ 馆藏信息：ГДМЧ，а³，No 272，К. П. No 19542。原件发现于 1938 年未登记藏品，原文为法语，文本有缺失，留言对象不明，由 А. В. 库尔拉耶娃和 С. С. 切尔诺娃辨读并译成俄语。（原文：Moscou. 20 Sept.[18] 93 г. Mon cher ami！Mr' Safonoff a dit vous repondre quant à la question d'argent dans l'affaire de votre engagement. Je tiens à vous assurer que tout ce qu'il vous dit […]）

⑤ 馆藏信息：ГДМЧ，а³，No 275，К. П. No 27997/42。原件发现于柴科夫斯基在克林的住所，原文为法语，文本有缺失，由 А. В. 库尔拉耶娃和 С. С. 切尔诺娃辨读并译成俄语（原文：Madame, veuillez payer 5 francs à [нрзб] P. Tschaikovsky.）。背面是寄信人署名为"Й. 柳杰尔"（Й. Людгер）的信件片段（无日期，有收件人署名，收件人或是作曲家本人，或是莫杰斯特）。

29. 收件人不详[①]

[Б.м., б. д.]

彼·柴科夫斯基[②]感到很遗憾,他至今既没见过您,也没听说过您。

---

① 副本,馆藏信息:ГДМЧ, а[116], № 2843, К. П. № 24886。此副本由伊姆雷·库恩(布达佩斯音乐比赛与节庆局局长)于1970年11月1日捐赠馆藏。原文为德语,写在名片上,留言对象、落笔地点、落笔时间和原件所在地均不详,由阿·格·艾因宾德辨读并译成俄语。(原文:P. Tschaikovsky ganz unglücklich dass er Sie bis jetzt weder gesehen noch gehört hat.)。
② 在原文中,"彼·柴科夫斯基"是印在名片上的俄语名字(П. Чайковский),上方有他的亲笔德语签名。

Моему милому брату Анатолию
Москва 9 декабря
1875.

图 5-1　**彼得·伊里奇·柴科夫斯基**
　　　　莫斯科　1875 年初
　　　　И. Г. 季亚科夫琴科（И. Г. Дьяговченко）照相馆摄

　　　　附言：
　　　　赠予我亲爱的朋友阿纳托利·布兰杜科夫①。
　　　　　　　　　莫斯科　1875 年 12 月 9 日

---

① 阿纳托利·安德烈耶维奇·布兰杜科夫（1859—1930）：大提琴家、教育家。1868 至 1877 年就读于莫斯科音乐学院。

第五章

《小黄雀，小黄雀……》
柴科夫斯基的诙谐书信和音乐礼物

在听众心中，柴科夫斯基的作品主要是歌剧、芭蕾舞剧、交响乐和室内乐，他的音乐是富于戏剧性、悲剧性情感的崇高抒情典范，人们很难把幽默和怪诞与他的音乐联系起来。在诗歌和音乐创作方面的柴科夫斯基——"双关语大师"，是完全不为世人所知的。

20世纪初，柴科夫斯基的朋友 И. А. 克利缅科发表了数篇回忆作曲家的文章，公开了他的信件，随之同时公开了他的幽默诗歌和双关语。克利缅科把自己的手稿连同那些时而出现不雅粗话的文献，全部寄给了作曲家的弟弟莫杰斯特。[①] 1917 至 1922 年，柴科夫斯基署名的诙谐作品的手稿、作曲家写给友人的多封信件，以及克里缅科的档案资料，全部毁于战火。

本章选收了多首作曲家的乐曲和诗歌，这些作品展现了有别于常规印象的柴科夫斯基。这些资料大部分从未出版，例如，

---

① И. А. 克利缅科的手稿收录于：《选集》，第 1 卷。

柴科夫斯基创作的音乐礼物——《阿纳斯塔西娅圆舞曲》和《玛祖卡舞曲》,就是两首没有被收入《作品全集》的钢琴小曲。作曲家的音乐信件和音乐玩笑,或从未出版(如寄给外甥弗拉基米尔·利沃维奇·达维多夫的信),或仅作为副本插图收录于《作品全集》。

〔俄〕阿·格·艾因宾德

1.《阿纳斯塔西娅圆舞曲》
为钢琴创作,双手弹奏,题献给阿·彼·彼得罗娃,1854年①

---

① 阿纳斯塔西娅·彼得罗夫娜·彼得罗娃曾是柴家的家庭教师。彼得罗娃生于圣彼得堡,成长于孤儿院,在尼古拉斯学院得到全面多样的教育,1849年以优异成绩毕业。柴家是她毕业后作为家庭教师任职的第一个家庭,此后彼得罗娃在斯莫尔尼学院任教二十五年。

《阿纳斯塔西娅圆舞曲》作为一份礼物创作于1854年8月奥拉宁鲍姆。彼得罗娃成为柴家的家庭教师时,未来的作曲家住在阿拉帕耶夫斯克,正在备考法学院。1852年柴家搬到圣彼得堡后一直同她保持联系。后来她再次应邀回到柴家任职,辅导双胞胎阿纳托利和莫杰斯特。《阿纳斯塔西娅圆舞曲》是柴科夫斯基现存的最早作品之一。彼得罗娃将她保存的作品手稿赠予了她的学生 H. B. 阿尔费罗娃(彼得罗娃在斯莫尔尼学院的学生)。H. B. 阿尔费罗娃去世后,(转下页)

(接上页) 她的母亲 П. А. 阿尔费罗娃于 1913 年将手稿送交出版。目前，该手稿原件所在不明，这首作品也没被收录进《作品全集》。该手稿复印件曾登载于：*Зайцев Н, Юношеское произведение П. И. Чайковского // День.* 21 окт., 1913, № 285。

柴科夫斯基在作品标题页上写道: "Anastasie-valse composée et dédiée a mademoiselle Anastasie Petroff par Pierre Tschaikowsky Elève de l'ésole Imperiale des Droits. Le 15 Aout, le jour de son depart d'Oranienbaum pour S. Pétersburg"（《阿纳斯塔西娅圆舞曲》由皇家法学院学生彼得·柴科夫斯基作于 8 月 15 日，即从奥拉宁鲍姆出发去圣彼得堡的当天，题献给家庭教师阿纳斯塔西娅·彼得罗娃）。此页上剪贴的椭圆形纸上写着: "Expromtum [sic!] Anastasie-valse par Pierre Tschaikowsky"［彼得·柴科夫斯基的《阿纳斯塔西娅圆舞曲》是一首即兴之作（sic!）]。乐谱最后一页写着: "Le fine couronne l'oeuvre (Proverbe francaise)"［师恩成冠（法国谚语）]。

1.
2.
Cet accord ne
doit pas être touche
（此和弦保持）
Pas jouer
（保持）
Pas jouer
（保持）
Pas jouer
（保持）
Pas jouer
（保持）
Pas jouer
（保持）
Pas jouer
（保持）
197

Le fine couronne l'oeuvre（Proverbe française）
Pierre Tschaikovsky.
［师恩成冠（法国谚语）
皮埃尔·柴科夫斯基］

2. 诙谐书信，致维·瓦·达维多娃，1865年[①]

就像春天的清凉，

就像罗西尼的《小夜曲》，

就像花园中的芬芳，

漫入您窗，

[①] 馆藏信息：ГДМЧ, а², № 36, К. П. 22907。原件由俄罗斯艺术史研究院（圣彼得堡）于1950年捐赠馆藏。维拉·瓦西里耶夫娜·达维多娃（夫姓布塔科娃，1848—1923）：柴科夫斯基的妹夫的妹妹。维拉与作曲家关系很好，全家人一度以为她会成为柴科夫斯基的新娘。这首诗歌是作曲家对维拉的诙谐诗歌的回应。作曲家署名诗歌的手稿所黏的纸上，有维拉所写诗歌的打字机转录副本。诗歌手稿下方有俄罗斯艺术史研究院（圣彼得堡）研究员、音乐学家 А. В. 菲纳金的注释："彼·伊·柴科夫斯基的回应写在信封正面。这首诗的日期（可能）是维·瓦·达维多娃加上去的。А. 菲纳金，1940年5月购自希腊人洛米纳泽"。

维拉所写诗歌如下：世间有个无聊先生 / 在闲逛，他叫作苦闷。/ 他朝我的房间瞥了一眼，/ 便把欢乐带走。/ 生活中的一切对我来说都只是毒药，/ 但如果你们决定 / 将纳多·古斯塔夫送来，/ 我就会再一次复活！（原文：В мире скучный господин / Бродит, имя ему сплин. /Заглянул он в мой покой / И веселье взял с собой. / В жизни все мне лишь отрава, / Но когда Надó Густава / Вы решились мне прислать, /Я воскресла бы опять！）

> 这就是书籍带给您①的欢愉！
> 可是请相信，您不必（надо）再深读
> 您读的纳多（Надó）已够多！②
>
> 　　　　　　　　　　　1865年8月　卡缅卡③

3.《玛祖卡舞曲》

为钢琴改编的作品，双手弹奏，改编自为 А.Н. 奥斯特洛夫斯基的戏剧《僭主德米特里与瓦西利·隋斯基》而作的配乐，题献给维·瓦·达维多娃，1867年④

---

① 在原件中，"给您"（Вам）是后补上去的。
② 原文：Пусть как вешняя прохлада, / Как Россини Серенада, / Как прелестный запах сада, / К Вам несущийся в окно, / Книжка будет Вам отрада！/ Но поверьте, нет, не надо / Много Вам читать Надó！
③ 日期（可能）由收件人维·瓦·达维多娃补写。
④ 馆藏信息：ГДМЧ, лр. № 1, л. 61, К. П. 24465。原件由 Я. И. 拉比诺维奇于1966年提供馆藏，在此之前由收藏家 Л. И. 拉比诺维奇保管。
　　该署名手稿保存于维·瓦·达维多娃的纪念册，其中还保存了几首柴科夫斯基早年作品的第一版，包括题献给维·瓦·达维多娃的钢琴套曲《哈普萨的回忆》(Op.2，附作曲家题词）和赠予她的署名手稿，即后来出版的《玛祖卡舞曲》、歌剧《督军》中的间奏曲和舞曲的钢琴改编谱，显然后两首署名作品也专门为维·瓦·达维多娃而作。柴科夫斯基在《玛祖卡舞曲》上亲笔写的"题献给维·瓦·达维多娃"可视为赠言，也可视为这首小曲的题献词。乐谱上还有字样"1867年6月15日　哈普萨"，但无法确定这是《玛祖卡舞曲》的创作日期，还是作品手稿的赠予日期。可以确定的是：1867年6月柴科夫斯基曾与（转下页）

(接上页) 妹夫达维多夫一家在爱沙尼亚的哈普萨（今哈普萨卢）度假。这首赠予维·瓦·达维多娃的《玛祖卡舞曲》出自柴科夫斯基为小剧院（Малый театр）的戏剧《僭主德米特里与瓦西利·隋斯基》（А. Н. 奥斯特洛夫斯基戏剧）而作的配乐，是钢琴改编谱。关于戏剧配乐的创作过程，无信息留存，权且推测如下：作曲家应 А. Н. 奥斯特洛夫斯基的提议创作了两部戏剧配乐，均用于小剧院演出（剧中还使用了格林卡的歌剧《为沙皇献身》中的波罗乃兹舞曲）。后来《玛祖卡舞曲》被改编为钢琴作品《沙龙玛祖卡舞曲》（Op.9，No.2）。1986 年 4 月，米哈伊尔·维克托罗维奇·普列特尼奥夫在柴科夫斯基生前弹奏过的钢琴上，给正在作曲家故居参观的弗拉基米尔·霍洛维茨演奏了这首《玛祖卡舞曲》，完成了该作品的作曲家署名手稿版的"首演"。

4. 玛·阿·戈洛维纳的纪念册中的杂记（1875—1876 年）[①]

《您为可怜的比什卡编织毛毯……》，1875 年 10 月 20 日

> 您用灵巧的手
> 为可怜的比什卡编织毛毯。
> 您赐予它平静
> 和甜蜜的美梦，

---

① 馆藏信息：РГАЛИ，ф.1949。

玛丽亚·阿列克谢耶夫娜·戈洛维纳：柴科夫斯基的熟人，因肺痨早逝。她和作曲家之间的对话常带调侃语气，通信（悉获保存）中也是如此。本书选收了保存并发现于戈洛维纳纪念册的柴科夫斯基的三个杂记。纪念册中还保存了（转下页）

还有无私的温暖和食物！
这只小狗既不无心，
也不无情，更不冷酷，
它因感激而充满热情。
我想象自己是位诗人，
替它略作表达，
向您道出它的心里话。
我欣然乐意
实现它的请求，并为此
感到荣幸——
"我要向您表达
由衷的谢意。"
现在代表我自己，
希望您每日（关爱动物时）
会经常想起它——
我那轻佻的比什卡，
您要记得，它的主人
也对您万分感激……
他是您忠诚的仆人，
虽然他的双足
已经远行，但心中依然记得，
他像比什卡一样，不会将您忘记！

彼·柴科夫斯基
1875 年 10 月 20 日　莫斯科

(接上页) И. В. 萨马林的诗歌（1877 年）、安·格·鲁宾斯坦的乐谱杂记（无日期）、爱德华·弗朗采维奇·纳普拉夫尼克的画像（绘者身份不明，无日期)，等等。

《卑鄙、无耻的小狗比什卡……》，1876年9月22日

（歌词大意：卑鄙、无耻的小狗比什卡，你将我背叛，不加理睬！你瞧瞧，我在病中，肺痨和急喘折磨着我年轻的心脏，我将死去，诅咒生活！）

《小黄雀，小黄雀……》，1876年9月26日

Moderato assai e con passione

Чи_жик, чи_жик, где ты был, на Фон_тан_ке вод_ку пил! Вы_пил рюм_ку, вы_пил две, за_шу_ме_ло в го - - - - ло_ве!!!

彼·柴科夫斯基

1876年9月22日　莫斯科

（歌词大意：小黄雀，小黄雀，你去哪儿了？去喷泉饮酒了吧！喝下一杯再两杯，叽叽喳喳叫不停！！）

图 5-2
玛丽亚·阿列克谢耶夫娜·戈洛维纳
莫斯科　1875 至 1876 年
A.艾兴瓦尔德（А. Эйхенвальд）摄

图 5-3
玛丽亚·阿列克谢耶夫娜·戈洛维纳
莫斯科　1876 至 1877 年
坎皮奥尼（Кампиони）照相馆摄

图 5-4
亚历山大·尼古拉耶维奇·利特凯
圣彼得堡　1892 年
А. 亚斯沃因（А. Ясвоин）摄

5. 致亚·尼·利特凯的音乐信件①

1891 年 7 月 22 日　麦达诺沃

Allegro agitato

Не зна-ю! Поз-воль-те и нам по-лу-чать пись-ма от Бо-би-ка! Да!

Мы по-лу-чи-ли их це-лых три, да е-ще ка-ких ми-лых! Не зна-ю!

Прежде вы на-хо-ди-ли у-до-воль-ствие в по-се-ще-ни-и Зо-о-ло-ги-ческого Са-да!

Вы тог-да не на-зы-ва-ли се-бя и-ди-о-том! Об-ни-ма-ю Вас!

（歌词大意：出乎意料！鲍比克的信，我们竟能收到！真开心！整整三封信，还写得那么温情！确实出乎意料！你们既已在动物园开怀大笑！就别再自称傻瓜！爱你们，紧紧地拥抱！）

---

① 馆藏信息：ГДМЧ, a³, № 267, K. П. № 20052。原件由 B. A. 利特凯于 1939 年 5 月 6 日捐赠馆藏。亚历山大·尼古拉耶维奇·利特凯（1879—1918）：柴科夫斯基的外甥。这封音乐信件是作曲家的回信。利特凯在 1891 年 7 月 13 日从圣彼得堡寄出的信中，用开玩笑的语气写道："我又来圣彼得堡了，说实话，又一次像傻瓜一样在动物园里坐了一晚，听着同样的歌，聊着同样的天，[……]喝着同样的劣质啤酒。亲爱的别佳舅舅，我很开心回想起我们上星期共度的两天。[……] 前一天我非常惊讶，我在董事会收到两封信，其中一封来自鲍比克[即柴科夫斯基的另一个外甥弗拉基米尔·利沃维奇·达维多夫在家中的绰号]。鲍比克的信是那样亲切温暖。读罢，我立刻回了一封长信。我们竟能收到鲍比克的信！真开心！他还牵挂着我们！出乎意料！其他人都没收到他的信呢！"（馆藏信息：ГДМЧ, a⁴, № 2145）

6. 致弗·利·达维多夫的音乐信件，1893 年①

① 馆藏信息：ГДМЧ, а¹, № 119。根据柴科夫斯基的信件推测，这封寄给外甥弗拉基米尔·利沃维奇·达维多夫的音乐信件写于 1893 年。1893 年 2 月 11 日，柴科夫斯基正在紧张地创作《第六交响曲》（题献给弗·利·达维多夫），他向弗·利·达维多夫讲述了创作过程中高涨的精神状态。此信一开始没有称呼，直接写道："哪怕你在信纸上吐一口痰，然后装到信封里寄给我呢！毫无音信！好吧，上帝与你同在，可我希望收到你的消息，哪怕只是三言两语"（《作品全集：著述与书信》，XVII，第 42—43 页）。

(歌词大意：爱人杳无音信，我已实在等不及！哪怕寄来一张小便条也好！我多想知道，爱人在做什么！我既伤心，又寂寞，唉，哔—哔，嘎—嘎！！汤水寡淡，食不知味！！）

图 5-5
彼得·伊里奇·柴科夫斯基致弗拉基米尔·利沃维奇·达维多夫的音乐信件
[克林 1893 年]

Фотографія В. Барканова
Тифлисъ   Кавказъ

图 6-1　彼得·伊里奇·柴科夫斯基
　　梯弗里斯① 1886年4月9日
　　B. 巴尔卡诺夫（B. Барканов）照相馆摄

---

①　格鲁吉亚城市第比利斯的旧称。

第六章
从一座"纪念碑"到一个人
柴科夫斯基无删减书信选录

柴科夫斯基的书信在很大程度上可以与其音乐作品相媲美,其中不乏优秀的文学范例,是其艺术遗产中不可或缺的组成部分。然而,他的许多书信在各种出版物中均遭删减。由于不同时代的审查规则,[①]在某些情况下,保证作曲家的文字的"道德纯洁""政治正确"和"绝对艺术性"占据了主导,因此出版方往往筛掉了大量有关其生活和创作的内容。更可惜的是,也筛掉了这位伟大艺术家与其同时代人的彼此交流间的风格特征和精神气质。本书编者发现,删减的内容主要来自他与最亲近之人的通信,这些人最受他信赖,在他们面前,作曲家可以毫无顾虑地展现自我。总之,研究者、读者和音乐爱好者所接触到的哪怕最全面地展示其私人生活细节的公开信件,全部是已经被处理过的。

---

① 关于此课题的专项研究,可详见瓦·所·索科洛夫的《柴科夫斯基的无删减书信:不为人知的书信篇页》(Письма Чайковского без купюр. Неизвестные страницы эпистолярии)一文(《选集》,第1卷,第118—134页)。

在 1930 至 1980 年出版的作曲家主要书信①中，编辑的谨小慎微是非常容易理解的，他们是不得已而为之。但有时，这种谨小慎微达到了十分荒诞的程度。一方面在某些情况下是出于道德因素，是为了保护作曲家私生活的隐蔽性，使其不会随便遭外界俗人评判；另一方面是力求在艺术家的生活和创作之间划一道分水岭。然而，相较于当下对文化史上最耀眼的艺术天才的内心世界的全面挖掘，上述动机已并非不容置疑。因为，如果没有完整的信件中的柴科夫斯基，那么我们对作为"一个人"（其特殊用词、个性化的幽默和习惯用语）和作为"创作者"（其音乐中回荡的心灵感受）的柴科夫斯基的认知和理解都会大打折扣。

将删减内容复原是一个利弊参半的过程，涉及一些没有且不可能有统一答案的问题。柴科夫斯基曾提到，他厌恶其他人干涉自己的私人生活："……我该想一想，随着我创作知名度的提升，对我个人的恶意关注也与日俱增，我处在众目睽睽之下，总有一些无所事事的好奇之徒，想要掀起我用来遮住私密生活的帘幕，于是，我会感到烦闷、厌恶，甚至想要永远或长期保持沉默才能让自己重回平静。一想到未来我会真的获得那么一点儿小荣誉，对我的音乐的关注会带来对我个人的关注，我就难以承

---

① 包括：《彼·伊·柴科夫斯基与娜·菲·冯·梅克书信集》，三卷，博·斯·普希比雪夫斯基作序，瓦·亚·日丹诺夫、尼·季·热金编注，莫斯科，1934—1936年；《彼·伊·柴科夫斯基与彼·伊·尤尔根松书信集》，两卷，鲍·弗·阿萨菲耶夫作序，瓦·亚·日丹诺夫、尼·季·热金编注，莫斯科，1938—1952年；《彼·伊·柴科夫斯基的家书》，I. 1850—1879年，瓦·亚·日丹诺夫编注，莫斯科，1940年；《彼·伊·柴科夫斯基与谢·伊·塔涅耶夫书信集》，瓦·亚·日丹诺夫编订，莫斯科，1951年；《彼·伊·柴科夫斯基作品全集：著述与书信》，II、III、V – XVII，莫斯科，1953—1981年。

受。我并不是因为害怕曝光。我可以开诚布公地说，我的良心是纯洁的，我没有什么可羞愧的。但我一想到总有人会费尽心机地窥探我的情感和思想的隐秘世界，窥探我这一生如此小心翼翼地隐藏且不想被大众触碰的一切，我就感到很沉重、很悲伤。"①

我们是否有权毫无保留地公开柴科夫斯基的书信，并由此不可避免地暴露其生活的私密领域呢？对此问题有道德和学术两个角度，明确这两个角度的边界，既是出版方的工作，更是一项重任。出版方的首要任务是努力理解作为"一个人"的柴科夫斯基和作为"一位艺术家"的柴科夫斯基，因为生活与创作是不可分割的。本书尝试摆脱由众多生平传记塑造出来的、大众熟知的"纪念碑式"的柴科夫斯基，完成一场对"鲜活的人"——不为我们所知的柴科夫斯基——的探寻。②

在不同情况下，对柴科夫斯基书信的复原工作有不同难度。一种情况是只需把一些曾经因某种原因未得出版的片段补入新的出版物即可，这些片段就在作曲家本人的署名手稿中，而且字迹清晰可辨。另一种情况是需要破译，因为原件

---

① 1880年8月9至18日致梅克夫人的信（《作品全集：著述与书信》，IX，第233—234页）。
② 对柴科夫斯基书信出版物（包括《作品全集：著述与书信》）中曾被删减的全部内容的破译成果，悉数汇于本书。该项破译工程从20世纪20年代持续至1993年，以柴科夫斯基的署名手稿、莫杰斯特持有的手稿副本为依据。鉴于辨读、破译一手文献的复杂性，破译成果由国立柴科夫斯基故居博物馆保管（馆藏信息：ГДМЧ，дм³，No 712），授权供对其生平和创作研究之用。部分破译成果于1995年首次出版（瓦·所·索科洛夫的《柴科夫斯基的无删减书信：不为人知的书信篇页》），其中系统整理了作曲家书信中大量遭删减的部分，介绍了以往出版物的删减原因，以及编订柴科夫斯基手写文本的"技术层面"的情况，同时完整公开了在《作品全集：著述与书信》中遭到审查的多封信件。

中的一些词、句,甚至段落,已被一些"自觉的编订者"勾掉或涂抹,这些人是不同时期(1893年至20世纪20年代初)有机会接触档案文件的柴科夫斯基的亲属。在某些不明所以的情况下,信纸的某些部分还被剪掉或撕掉,一些删减内容也被出版物编辑标注为"不清晰"或"难以辨认",幸而其中很大部分都可以修复。最后还有一种情况是作曲家的"自我审查"(самоцензурирование),或准确而言是"自我校订"(саморедактирование),这种情况主要见于柴科夫斯基的日记,他会划掉个别词、句,甚至整页。

复原柴科夫斯基书信中的删减部分,可以还原他与通信人的交流方式。作曲家与每个通信人之间都连接着一根特定的"心弦"(душевная струна),信中不带半分虚礼,因为"亲密圈子"(ближний круг)中的人对彼此非常了解,不必羞于表达。他的语言风格通常会有些粗鲁和直接;他不回避使用非规范用语,这类用语或是一种粗犷的"男性幽默",或是在不同情境下的强烈表达。从柴科夫斯基书信中删减的恰恰就是这些文本细节,以及其中对他取向的暗示。

还有一部分柴科夫斯基写给仆人阿列克谢·伊万诺维奇·索夫罗诺夫的信也被删掉了。他切切实实是作曲家最亲近的人,他所了解和知晓的具体生活细节,哪怕是柴科夫斯基的挚爱亲属也有所不知,比如作曲家的日常所需、疾病、习惯、性格缺陷,以及他存不下钱,等等。索夫罗诺夫从孩童时期便开始服侍柴科夫斯基,在某段时期内,他是作曲家单纯的男性好感与自身父性的表达对象。关于柴科夫斯基给予索夫罗诺夫的真正的父亲般关怀的事实，有很多记载留存，但都被解读为"生理上同居"（физическое сожительство）的表现（尽管对此并无任何证据）。那些被小心翼翼删减的部分恰恰表达了柴科夫斯基对仆人的关爱，删减的目的是避免人们在解读作曲家写给索夫罗诺夫和其他人的信件（其中提及索夫罗诺夫并体现了作曲家对其态度）时产生歧义。

柴科夫斯基的弟弟——双胞胎阿纳托利·伊里奇·柴科夫斯基和莫杰斯特·伊里奇·柴科夫斯基——在其生活中的位置最为特殊，出版方对兄弟间通信的文本的干预也最为明显，因为这部分书面"交谈"在情绪表露和消息交流上最为坦诚和直接。

年轻时的柴科夫斯基特别喜欢阿纳托利——双胞胎弟弟中的"老大"，在他身上感受到了特殊的精神上的亲密性（близость）和自身的核心人生信念的"正确性"（правильность）。不同于吊儿郎当的莫杰斯特，阿纳托利更为严谨，也更有条理（他后来成为律师，晚年成为参议员）。然而，作曲家也被这个弟弟一直以来对自己的崇拜及其生活中的风流韵事所困扰。他很关心阿纳托利的声乐和小提琴课程；同样，阿纳托利对这位兄长——自己从小的绝对偶像——在生活中的方方面面也都充满兴趣。有时阿纳托利对作曲家兄长的关注到了近乎病态的狂热，而有时作曲家兄长对弟弟也表达了炽热的情感。1882年阿纳托利与知名赞助人家族（特列季亚科夫家族）的外甥女普拉斯科维亚·弗拉基米罗夫娜·孔申娜结婚后，兄弟间的这种感觉便明显减弱了。

阿纳托利清楚兄长的取向，但从不指责他，他理解兄长和偶像身上的这一"特殊性",因此作曲家也逐渐向他透露了个人生活的隐秘部分。曾在《作品全集:著述与书信》中删掉的一些作曲家与阿纳托利的书信文本的细节,终究在其他出版物中予以公开,这些出版物大多问世于1941年前。但1877年柴科夫斯基婚后的兄弟间通信则全部未曾出版,因为其中大量文本遭到涂损,破译这些信件是相当浩大的工程。

双胞胎中的"老二"——另一个弟弟莫杰斯特,既是作曲家的创作搭档,也在其最隐私的秘密方面最受信赖。然而,莫杰斯特远非首选的《黑桃皇后》脚本作者,而是在作曲家确信弟弟与自己相似的取向不会动摇之后才确定下来。在此之前,他一直想方设法劝说莫杰斯特坚持"走正路"(на путь истинный),并为发现弟弟和自己具有"相似性"而感到非常遗憾。随着时间的推移,他与弟弟的书信口吻从规劝变成推心置腹,这些书信成为他分享别样感情的唯一出口,同时使他深信自己永远可以获得理解。很多写给莫杰斯特的、谈到爱情话题的信里都有一个典型特征,即替换性别代词。比如在谈及喜欢的男性对象时("他"),就像是在说某位女性("她")。这些书信中也不乏相应的专门用语和表达方式。① 他给莫杰斯特的、

---

① 例如"бугр"(同性)、"бугрская"(同性的)、"тётки"(中年同性者)等。"бугрская"(同性的)一词源于法语"bougre"。正统的中世纪传统经常批评异教徒犯有荒淫罪,所以"鸡奸者"的含义源于"bougre"。参见:Gervaise de Latouche, Historie de Dom Bougre, portier des Chartre, XVII в.;"bugger", Dictionnaire d'étymologie francaise d'après les resultats de la science moderne. Par Auguste Scheler, 1862. 现代英语中的"bugger"和法语中的"bougre"都可用作俚语。感谢亚历山大·谢列布雷尼克提供的资料和文献说明。

涉及私密话题的信主要写于 1876 至 1879 年，后来的通信便极少谈及类似话题了。

本章选录了柴科夫斯基致大提琴家卡尔·卡尔洛维奇·阿尔勃莱希特、出版人彼得·伊万诺维奇·尤尔根松、仆人阿列克谢·伊万诺维奇·索夫罗诺夫、弟弟莫杰斯特和阿纳托利的部分信件，这些信件均首次完整公布。以往出版物中曾经删减的部分用双斜线"//"标出。①

〔俄〕瓦·所·索科洛夫

致卡·卡·阿尔勃莱希特②

1.③

1878 年 2 月 14 日 / 26 日　佛罗伦萨

亲爱的卡尔！我需要给费岑哈根④写信，但我根本不会写德语，所以请你将以下内容逐字翻译给他：

---

① 鉴于中文阅读习惯，中译本采用不同字体（楷体）予以区分。——中译本编注
② 卡尔（康斯坦丁）·卡尔洛维奇·阿尔勃莱希特（1836—1893）：德国大提琴家、音乐教育家。曾任莫斯科音乐学院学监，是俄国合唱协会（Русское хоровое общество）创建者之一。
③ 《作品全集：著述与书信》，VII，第 118—119 页。原件下落不明，本书编者根据不明人士为莫杰斯特提供的手抄副本转录，馆藏信息：ГДМЧ, 6¹, № 133。另有莫杰斯特的手抄副本存世，收录于柴科夫斯基的编年书信（1878 年），有删减，馆藏信息：ГДМЧ, 6¹, № 106。
④ 威廉（瓦西里·费奥多洛维奇）·费岑哈根（1848—1890）：德国大提琴家，莫斯科音乐学院教授。柴科夫斯基将《洛可可主题变奏曲》（Op.33，大提琴与管弦乐队）题献给他，并由他首演。

亲爱的朋友！感谢您好心安排"洛伊卡特"①出版我的大提琴作品和小提琴圆舞曲。您曾说，这些作品在国外出版会比交给尤尔根松出版社更畅销。我当时听从了您的建议，让您把作品寄给了洛伊卡特先生。我连稿酬都没想过，只期望能尽快顺利出版。过了一段时间，您告诉我，洛伊卡特先生收到了作品，还提议付给我300马克稿酬。可到现在为止，一年过去了，我不仅没收到这位柏林绅士主动承诺的稿酬，也没看到作品出版。最让我痛苦的是，我得知手稿目前为止还放在洛伊卡特的办公室，被束之高阁。

况且，我在莫斯科有认识的出版人②，他不仅一直很乐于及时出版我交给他的任何作品，还支付了非常丰厚的稿酬，也从来不会让我那些不起眼的作品在他的书架上蒙尘，任凭风吹日晒。他来找过我，尽管他知道我不慎作出了偏向洛伊卡特且有损于他的选择，还是请我将两首乐曲都交给他出版。如此一来，我被迫得出这样的结论：对我而言，继续等待柏林绅士赏脸编辑我的作品，不仅毫无益处，还要忍受一个我根本不需要的、某个荷兰鬼（态度温和的说法！）的肆意任性。鉴于此，请您，我亲爱的朋友，劳驾转告这个德国蠢货（温和的说法），即使每首曲子付我300,000,000马克，我也要坚定拒绝将作品交给他出版。我要求卑鄙的德国佬（温和的说法）立刻将两首乐曲都寄给尤尔根松先生。顺便补充一句，如果他今后再有付费出版我某个作品的想法，就让他见鬼去吧（这也是态度温和！）。我亲爱的朋友，非常抱歉给您带去不便。

您的彼·柴[科夫斯基]

---

① 洛伊卡特（Leuckardt，也称莱卡特）出版社，一家德国乐谱出版社，位于布雷斯劳和莱比锡，持有者为K.赞德。柴科夫斯基曾将《洛可可主题变奏曲》（Op.33）、小提琴作品《谐谑圆舞曲》（Op.34）都交给这家出版社出版。

② 彼得·伊万诺维奇·尤尔根松。

又：今天收到了印着你简评的海报①，我很感动，也很欣喜。Merci②，亲爱的。

你的彼·柴[科夫斯基]

致彼·伊·尤尔根松

1.③

[1873年4月底至5月上旬　莫斯科]

尤尔根松！

我现在将《雪姑娘》④的序曲寄给你。星期日就会完成所有其他部分。你如果方便的话，汇给我15银卢布吧，帮我和我们一家子⑤免于必然将至的死亡，因为我口袋里一个子儿都没有了。

彼·柴科夫斯基

2.⑥

1878年1月17日/29日　圣雷莫

彼得·伊万诺维奇！

刚刚收到你的来信，我很震惊。我已经把格林卡的译文⑦于

---

① 此海报未得留存。
② 谢谢。（法语）
③ 《作品全集：著述与书信》，V，第316页。署名手稿，馆藏信息：ГДМЧ，а³，№ 2140。
④ 为А. Н. 奥斯特洛夫斯基的《雪姑娘（一个春天的童话）》而作的配乐。
⑤ 此处是幽默表达，指仆人米哈伊尔·伊万诺维奇·索夫罗诺夫、阿列克谢·伊万诺维奇·索夫罗诺夫和爱犬比什卡。
⑥ 《作品全集：著述与书信》，VII，第57—58页。署名手稿，馆藏信息：ГДМЧ，а³，№ 2183。
⑦ 应1877年12月彼·伊·尤尔根松之邀，柴科夫斯基将格林卡的五首意大利语咏叹调译成了俄语。

214　12月16日/28日寄给你了。如果格林卡的手稿被弄丢,那我真的会发疯的!我的译文倒没什么可惜,但如果我自己的狗屁大名导致这一珍贵之物在你手里仅剩下一份,那我就只能上吊自尽了。我已经向威尼斯发了电报,如果今天得不到满意的答复,我就亲自去趟威尼斯。上帝呀!怎么会有这样缺德的邮局!!我在意大利真是吃够了邮局的苦头。这里简直就是个柠檬和橙子的国家——混账。

了解到你因回绝代表资格而被人责怪,为了避免事件长期发酵,我向你简要说明一下我的 profession de foi①。

第一,我从来没有,也不会去央求任何一位国外名流的关注。

第二,我的作品决不会因为以下原因而成功:自我感觉良好;代表俄罗斯音乐;无资金,无安排,因政府坚持拒绝补贴而无法筹备演出。一言以蔽之,都是最可笑和棘手的原因。

第三,对我来说,去巴黎要比去展会更好,展会上的各色蠢货费尽心机地招揽众人听听自己的作品,期待被授予一个世界驰名的证书。而在平时,如果是去年的话,我是很想去的——当然不是以代表的身份,因为这个身份要求我给自己之外的所有人鼓掌;当然也不是去拜访名流,而是自费出行。这就是我!如果某人有意愿,那就来听一下我的音乐,否则就算了。我过去就坚信,展会完全不是扩大知名度的好机会,那儿会有超我千倍的追名逐誉者(这样的名誉我完全不在乎),而由于自己性格内向,我可能完全无人关注。

第四,你委婉地指责我,既不顾及自己的利益,也不顾及你的利益。唉,抱歉了,我的朋友。珍惜我对自己的坚持吧,或者唾弃我吧。如果说以前我就不擅长向他人推销自己的"商品",那现在215　我在这方面也还是一无是处。

第五,主要的原因是我不想去巴黎。因为我讨厌那儿,我觉得

---

① 信条、立场。(法语)

在巴黎很无聊；因为我想在乡村度过夏天，想在俄国度过夏天；因为我最终厌倦了自我伪装，受够了这样违背自己的天性，无论我的天性有多糟糕。总之，现在我已然这样：如果人们有意愿，那就去了解、去喜爱、去演奏、去演唱我的作品；请给我戴上月桂，用玫瑰为我加冕，为我焚香；如果人们没有意愿，那就去他的鄙视！这就是我对大众、对名誉和一切粪土的态度。

这封信里的狗屁和粗鄙之言会令你吃惊。我已是恶人，我厌恶一切。唉，我真的太厌恶一切了！！从他人对我拒绝代表资格一事的反应中，我看到很多有趣现象。

再会，亲爱的，请见谅。

你的彼·柴科夫斯基

3.[①]
1879年1月19日/31日　克拉朗

亲爱的朋友！

昨天收到了你的来信。祝贺我的老熟人喜得爱女[②]。祝她现在和永远都是最小的家庭成员，愿我的老熟人的家庭氛围只有平静与欢乐。我认为，时间是一味良药，会将各种生命中的棱角磨平。令我欣慰的是，一切不正常都在一点点回归正常（如果可以这样说的话），伤口会愈合，一切难以解释和未得说明的，都会得到阐释和说明，总而言之，和平和幸福一定会来临……

---

① 《作品全集：著述与书信》，VIII，第55—56页。署名手稿，馆藏信息：ГДМЧ，a^3，№ 2230。

② 1879年1月12日彼·伊·尤尔根松的"事实妻子"（гражданская жена）Н. Н. 佩奇科夫斯卡娅生下女儿叶连娜。彼·伊·尤尔根松在信中写道："今天你的老兄喜得爱女。令人喜忧参半……"（《柴—尤》，第1卷，第74页）。

您在信中提到报上对尼[古拉]·格[里戈里耶维奇]的迫害和诬陷，这让我感到难以言喻的不安。① 我经常感到慌乱，思考如何面对这种卑鄙行径，从自己的角度用什么方法能阻止这种令人愤慨的小品文的迫害，但是很难做出什么。可能，除了我，其他人都不适合就此撰文。我很乐意动笔，也可以写得很好。但是这种论战，特别是和匿名小品文作家的论战，对我来说有一个永远都不可能的<u>原因</u>。你晓得这些恶棍的伎俩。他们搬弄是非，用<u>流言蜚语</u>攻击对手，你也知道，很不幸，这是我的弱点。经验证明，各色可恶下流的作家都可能通过暗示已知的事而让我陷入沉默。如果仅仅<u>事关自己</u>，我对这些暗示是毫不在乎的，但事关我们柴科夫斯基家族的亲人和爱人，我的担心便胜过对世上的一切。这样一来，我就什么都写不出来了。当然，我可以不署名。但是首先，这些诡计多端的恶棍会知道是谁撰文回击的；其次，我为鲁宾斯坦而写的文章只有署名才有意义。晚上我想到还有一个办法。你知道斯塔索夫②吧，他的文章措辞激烈，既不公正也很尖锐。但实际上，尽管他偏见、片面，但他为人并不坏，而且很正派。我想，或许可以向他写信说明：作为一个热爱祖国艺术的、诚实的人，有责任为尼[古拉]·格[里戈里耶维奇]这样的活动家辩护，不能任由他人每天在报上肆意侮辱一个为俄罗斯音乐作出不可估量的贡献的人，因为这个人是<u>无可替代的</u>，全部莫斯科音乐事业都会随着他的离去而灭亡。斯塔索夫那么正

---

① 因报上对尼·格·鲁宾斯坦的攻击，彼·伊·尤尔根松十分气愤："怎么会发生这种事？如此厚颜无耻、异口同声地辱骂和污蔑一个人，而且不只对他本人，还波及他身边所有人，却无人为此发声！上帝啊！如果我文笔好，一定会体面又不带脏话地回击。唉！因为学识不够，思考缺乏条理，我束手无策"（《柴—尤》，第1卷，第73页）。
② 弗拉基米尔·瓦西里耶维奇·斯塔索夫（1824—1906）：俄国评论家、艺术史专家。

直,会让苏沃林①制止他的莫斯科马屁精们朝尼[古拉]·格[里戈里耶维奇]汪汪乱吠的。于是,我就这样写了一封信。

我的信②写得很审慎,我恳请斯塔索夫立即去找苏沃林谈谈,告诉他,他的记者们让《新时代报》扮演了一个很不体面的角色。最后会怎样,我不知道,但我向你发誓,这是我唯一能做的了。请一定并绝对守口如瓶。一旦斯塔索夫给我回信,我会立刻告诉你这次尝试的结果。

我为了取谱纸,去了趟日内瓦,这真是个无聊又俗气的小城。我还听了一场交响音乐会。关于圣克鲁瓦③,我在答复你之前得先了解一下它在什么地方。下封信就会答复你的。就写到这儿吧。

你的彼·柴科夫斯基

4.④

[1879年8月25日] **西马基**

Merci !⑤非常感谢你同意采纳新的乐章。你在信中说,应该保留 Marche miniature⑥。要知道,亲爱的,我有时觉得,这个小进行曲乐章就是一小坨狗屎。坦白讲,我本想将这个垃圾扔掉,而且我

---

① 阿列克谢·谢尔盖耶维奇·苏沃林(1834—1912):记者、出版人,圣彼得堡《新时代报》的持有者。
② 1879年1月18日30日致弗·瓦·斯塔索夫的信(《作品全集:著述与书信》,VIII,第48—51页)。
③ 瑞士城市。彼·伊·尤尔根松提议柴科夫斯基前往此地(形容其为"音乐盒之乡")并与当地乐器制造商建立业务往来,尤尔根松愿承担费用。
④ 《作品全集:著述与书信》,VIII,第335页。署名手稿,馆藏信息:ГДМЧ, а³, No 2261。
⑤ 谢谢!(法语)
⑥ 法语,意为"小进行曲",指《第一组曲》(Op.43)中的小进行曲乐章。

觉得六个乐章实在太多了①。你最好还是按照我昨晚信中写的那样处理，把这首小曲子删掉，即：

1）引子与赋格

2）嬉游曲（对了，我好像忘记把这个词写上去了），这是新乐章

3）行板②

4）谐谑曲（之前是第二乐章）

5）加沃特舞曲

但问题是，在自己的作品还没演奏之前，我无法做出合适的评判。似乎塔涅耶夫很了解这部组曲，我完全相信他的判断，可以给他捎个话，请他坦诚谈谈自己的看法。如果他开诚布公地说，去掉这首小曲子会令人遗憾，那么就保留为六个乐章吧，否则就去掉！我自己会承担损失（没什么好慷慨的），这样才公平。

如果塔涅耶夫让你保留这坨狗屎，那么乐章顺序如下：③

1）引子与赋格

2）嬉游曲

3）谐谑曲

4）狗屎

5）加沃特舞曲

我们很快就会见面了。我想让你按照昨天的地址回一封信。再过几天，我就到那儿去了。

你的彼·柴科夫斯基
（狗屎的父亲）

---

① 在原件中，"太多了"（слишком много）后面的"但是"（но）一词被划掉。

② 在原件中，"行板"（Andante）前面的"之前是"（бывший）一词被划掉。

③ 最终确定的版本将行板乐章改为间奏曲（第三乐章）。小进行曲乐章在《第一组曲》首次出版时，是补充的附加乐章。在近年出版的几版总谱中，小进行曲乐章都作为第四乐章，即一共六个乐章：引子与赋格、嬉游曲、间奏曲、小进行曲、谐谑曲、加沃特舞曲。

5.[①]

[1880年]5月3日　卡缅卡

我已收到校样，正在努力处理。错处，也就是我要更改之处，不计其数，但这不是制版的错，而是那个梅塞尔[②]的错。他的低劣工作带来的需要更正之处越来越多。不过，我预料第三、第四幕的麻烦会比较少。不知你寄来的是二校样还是三校样？为以防万一，还是要提醒：我需要看到最终校样，如果你能一次性寄来四幕校样，那就最好了，这样我目前的更改就都可以订正了。<u>我坚决反对给单首分曲加法语标题</u>，请都去掉，重新把俄语标题居中。何必加法语呢？是因为没有法语文本吗？有些标题的翻译实在很妙，比如 <u>Choeur des filles!!</u> 这听起来像是<u>妓女的合唱！！</u>[③]

拜托，亲爱的，让这一切见鬼去吧。

劳驾费心把节拍器寄给我，早就计划要买一个了，但我总忘，我太需要了。比如，《意大利幻想曲》[④]（我正在配器）没有节拍器的提示是完成不了的。

拜托你照顾好托利亚[⑤]，尽力支持他、关心他。

你的彼·柴科夫斯基

---

① 《作品全集：著述与书信》，IX，第119页。署名手稿，馆藏信息：ГДМЧ，a³，No 2295。
② 尤里·梅塞尔：尤尔根松出版社的校对员。曾在莫斯科音乐学院任教。
③ 此处提到了歌剧《奥尔良少女》的声乐与钢琴缩编谱的出版事宜，柴科夫斯基列举了出版方加上去的法语标题"Choeur des filles"。在以往出版物中，原件中的"妓女的"（блядей）一词均被删掉。
④ 后更名为《意大利随想曲》（Op.45）。
⑤ 双胞胎弟弟阿纳托利（昵称托利亚）·伊里奇·柴科夫斯基。

6.[①]

1880年5月16日　[卡缅卡]

感谢你寄来了节拍器。我已经完成《意大利随想曲》(而不是幻想曲)的乐队总谱和钢琴缩编谱，无论哪个乐谱都需要审读和试奏。歌剧第一幕的校样已经处理完，等第二幕完成修改后，我想将这两幕都再试奏一遍。这样的话，我很可能大约三天后会一次性都寄给你，即随想曲的两版乐谱和歌剧两幕的校样。连篇累牍的错误不能怪罪制版，犯错的是那位不用心的梅塞尔先生，他不顾我的极力请求，不按照标记编排总谱，现在可能有很多漏掉的错误已经印在他可恶稿件上了。真是一个可笑的人，他竟然连一整行缺少文本都没看出来，却在一处少了一个音节的地方用蓝笔画了个十字，旁边写了硕大的"Text fehlt"[②]。这样的笑话不在少数！

如果，在俄语中"少女的合唱"不加前置形容词，比如"侍从的、仆从的、农奴的"等，那么"少女"这个词很可能被理解成"妓女"。比如拉罗什说："我今天在库兹涅茨克桥上遇见了一个少女"。所有人都会觉得，他今天见了一个妓女。法语中的"filles"[③]也一样，如果"fille"这个词前没有"jeunes, vieilles"[④]等，那么往往就指妓女。好比有人说[无法辨认]："j'ai enfilé une fille"[⑤]，这句话不是说："我有了一个相好"，而是说："我胡搞了一次"；而如

[①] 《作品全集：著述与书信》，IX，第131页。署名手稿，馆藏信息：ГДМЧ，a^3，№ 2297。

[②] 缺少文本。(德语)

[③] 女士。(法语，后同)

[④] 年轻的、年长的。(法语)

[⑤] 法语，意为"我有了一个姑娘"。在以往出版物中，原件中的"enfilé"一词均被删掉。

果要表达相反的意思，就会说："une jeune fille"①。因此，你输了。②

亲爱的，写信告诉我，什么时候我会收到第三幕。

你的彼·柴科夫斯基

7.③

[1882年] 9月15日　**卡缅卡**

我亲爱的，今天收到来信，了解到你因为出版社事宜伤心落泪。我个人认为，在你所讲的缺少帮手和校对员等不利条件下，你应该克制自己的出版热情。我完全不懂你的业务，难道除了疯狂的热爱和对各种排版的痴迷外，还有其他什么动因促使你把1000卢布付给你所说的"粪肥"？④目前看来，不适合比作粪肥，在农业中这可是价值连城的帮手，决定了果实的品质和产量。而你买的音乐粪肥能孕育出什么样的果实呢？仅仅是排版仓库里又多了几普特金

---

① 一个年轻姑娘。（法语）
② 在原件中，柴科夫斯基误将"因此"（Итак）的第一个字母写成"我"（Я），故造成后人费解。
③ 《作品全集：著述与书信》，XI，第218页。署名手稿，馆藏信息：ГДМЧ，a³，№ 2391。
④ 彼·伊·尤尔根松在1882年4月11日的信中抱怨道："你无法想象，我与客观阻碍——连一个精力充沛的助手都没有——的斗争有多艰难。快七十个人里，一个志同道合的战友，一个能干的、麻利的都没有，只有一些高价挽留的、能力不强的人。[……] 最重要的弊端是他们的工作见不到成果，徒浪费时间。如果一项工作要做七个月（可能要做到第八个月），那得活多久才能做好十项、百项？！我们只是为了填补空档而勉强出版的 r...o[手稿原文——瓦·所·索科洛夫注]，生意却非常好，买家如雨后春笋一般。为了校对你的三重奏，我已经花了1000卢布从各个出版人手里买下三百首排好的曲子，还有现成的排字盘，而这三百首曲子完全谈不上什么音乐。'粪肥'越来越多，但在农业里粪肥是能派上用的。[……] 一个人必须具备强大的能力才能加工好整部乐曲，这真的太恐怖了！我无法把木头变成卢布。就让警察禁止我从事出版吧……这工作简直是一种病，还是恶性病"（《柴—尤》，第1卷，第257—258页）。

220 属而已，要知道，狗屎①是不会给音乐带来半点儿好处的。我真是想不通！我说这些，完全不是说你应该只满足于彼·伊·柴[科夫斯基]的创作，并让这个"末流创作者"胡乱写的东西尽可能多地出版，反而我一直认为，本人写的东西另有行价，即艺术价值，所以我因为频繁地把自己的作品交给你出版而感到些许惭愧。尽管如此，近期还是会有惊喜给你，是我刚刚完成的六首钢琴小曲②。如果不是奥西普·伊万诺维奇的鼓励，我是万不会给你写信的。我承认自己的财务目标与我在钢琴创作上的灵感并非水火不容。如果不得不让你解囊相助，那就怪罪奥西普·伊万诺维奇吧。③

我非常害怕让费岑哈根处理我的五校样④。我的担心是有根据的，他会弄得很复杂，而且他几乎准备寄来六校样了。你怎么突然想起让他来校对三重奏？看在上帝的份儿上，把我的东西都寄回来吧，只寄给我本人，你要相信，到目前为止，你找不到更好的校对员了。就让我们希望一切顺利吧，费岑哈根的麻烦解决后就能顺利出版三重奏了，记得给我寄样书（一份）。

---

① 在以往出版物中，原件中的"狗屎"（говно）一词均被删掉。
② 《六首小曲》（Op.51）。
③ 彼·伊·尤尔根松于1882年6月20日回信写道："老弟，我早就丢了节操，如今悔之晚矣。我所说的'粪肥'主要指有市价、能变现、能促进生产的东西。比如粪肥的确是'农业中价值连城的帮手'，但说到底，唉……要是没有我的这些'垃圾'，就不会有印刷厂现在的规模了。我从哪儿去弄六百万页的音乐珍品？哎呀！我把上千首曲子说成'垃圾'，又如此高谈阔论地提到音乐出版物，可能不合适吧？[……]如果让我向别人提供'垃圾'，就不会有现在这种干劲和成就了，我的出版物数量也就会非常少了。我统计过什么时候、出版过多少'垃圾'，数量有时很惊人，这些统计数据有时也很有意思。'垃圾'和好东西的区别总是这样，而且将一直如此，即'垃圾'会被遗忘，而好东西可是很有生命力的，甚至可以说'永世不朽'。[……]再会，老弟，我得继续为培育肥土而刨粪了……"（《柴—尤》，第1卷，第260—261页）。
④ 《钢琴三重奏》（副标题为《纪念一位伟大的艺术家》，Op.50，题献给尼·格·鲁宾斯坦）的五校样。

我完成了一部歌剧①，正在配器。我认为，这会是一部优秀的歌剧。我觉得这次不会再让你有所损失了。我想，听众、演员、我本人和贵出版社都会很满意。不过，谁又知道呢！

再会，亲爱的，谢谢你的来信。

你的彼·柴科夫斯基

致阿·伊·索夫罗诺夫

1.②

[1876年]6月7日　卡缅卡

我亲爱的廖尼亚③！你不在身边，我甚是思念，一想到还有整整三个月见不到，我就不寒而栗。你身体如何，过得怎样？5月27日一早我从莫斯科出发，直奔尼济④，我在那儿停留了三天，然后去了基辅，停留了一天。基辅正值酷暑，我在第聂伯河里游了两次泳，第二天就乘上轮船出发了。6月4日早晨抵达卡缅卡时，我却病入膏肓，一整天忽冷忽热，病得很重，到现在还没完全康复。我会在这儿停留两个星期，之后去国外找我的妹妹。殷切期待能收到你的来信，如果你已经往尼济寄信了，信也会送到我手上的。如果你还没写，那现在就动笔吧，要好好记下我在国外地址啊。地址是：France.Vichi. Post restante. M. Pierre de Tschaikovsky⑤。

---

① 歌剧《马捷帕》。
② 《作品全集：著述与书信》，IX，第44页。署名手稿，馆藏信息：РНБ，ф. 834，ед. хр. 25，л. 1–1об.。副本，馆藏信息：ГДМЧ，a[11-6]，№ 540。
③ 廖尼亚是阿列克谢的昵称，后同。——译注
④ 乌克兰哈里科夫省苏姆斯基县的一个乡村，柴科夫斯基的朋友Н. Г. 孔德拉季耶夫的领地。
⑤ 法语，意为"法国维希，留局待领，彼得·柴科夫斯基先生收"。在原件中，地址外画了方框。

再会，亲爱的廖尼亚，深深地吻你。保重身体，不要想我，写信给我。

你的彼·柴[科夫斯基]

2.①
1876年7月3日/15日　维希

我亲爱的廖尼亚！

今天已经是我在维希做水疗的第三天了。我太想念你了，无时无刻不惦念你，唉，为什么我不是个富人呢！那样的话现在就可以让你过来。6月18日我从卡缅卡出发，20日到了维也纳，我在那儿住了一个星期，等妹妹来找我，他们一家当时住在乡下的庄园。我和她只短暂相聚了一天，把她送走后，我启程直赴里昂，同莫杰斯特汇合。我在里昂住了三天，一直和莫杰斯特还有他的学生待在一起，与他们相处得很愉快。可是现在，我非常苦恼，很不安。要不是身体欠佳，我现在就"飞回"莫斯科了。今天我收到了尼古拉·利沃维奇②的信，他说，他去咱家想取些报纸，但看门人告诉他，你来过，把报纸取走了。这是真的吗？你为什么去莫斯科？我在卡缅卡时就收到了你和米沙③的信，当时我特别高兴。我希望在这儿能收到你按我给的地址寄来的信，不过看来，我的小廖尼亚在乡下完全变懒了，④哪怕两三行字也不想写，都不想让我开心一下。

---

① 《作品全集：著述与书信》，VI，第52—53页。署名手稿，馆藏信息：РНБ，ф.834，ед. хр. 25，л. 3-4 об.。副本，馆藏信息：ГДМЧ，а$^{II-6}$，№ 541。
② 尼古拉·利沃维奇·博切奇卡洛夫：莫斯科的一位老先生，是柴家所在贵族圈中的熟人，具体身份不详。——译注
③ 米哈伊尔（昵称米沙）·伊万诺维奇·索夫罗诺夫：柴科夫斯基的第一个仆人，是阿列克谢·伊万诺维奇·索夫罗诺夫的兄弟。
④ 此时阿列克谢正在莫斯科省克林镇泰利克蒂诺村的亲戚家做客。

8月初我将回到俄国,去我妹妹住的乡下,你给我往那儿寄信吧:基辅省切尔卡斯基县斯梅卢镇转卡缅卡,列夫·瓦西里耶维奇·达维多夫①转彼·伊·柴收。

替我亲吻米沙并告诉他,我下次会写信给他的。拥抱你。

你的彼·柴科夫斯基

又:代我向你的母亲、奥莉加②和姐妹们问好。

3.③
1877年10月16日/28日　克拉朗

地址:

Suisse. Canton de Vaud.

Clarens. Pension Richelieu.

M. Pierre de Tchaikovsky.④

亲爱的廖尼亚!

刚收到你的来信,幸福感无法言喻。我在此之前没有任何你的消息,非常担心。谢天谢地,你很健康,亲爱的,请保重自己,勿念。

我还不知道要如何处理公寓⑤事宜。我在等待各种公文和答复。

---

① 柴科夫斯基的妹妹亚历山德拉的丈夫。
② 奥莉加·尼古拉耶夫娜·索夫罗诺娃:米哈伊尔·伊万诺维奇·索夫罗诺夫的妻子。
③ 《作品全集:著述与书信》,VI,第188页。署名手稿,馆藏信息:РНБ, ф. 834, ед. хр. 25, л. 10–11 об.。副本,馆藏信息:ГДМЧ, а[11-6], No 544。
④ 瑞士沃州克拉朗,黎塞留膳宿公寓,皮埃尔·柴科夫斯基先生收。(法语)
⑤ 指位于莫斯科的大尼基茨基街的一套公寓(近莫斯科音乐学院),由柴科夫斯基的妻子安东尼娜·伊万诺夫娜·米柳科娃(1848—1919)租下。作曲家曾在此短居(1877年9月),之后永远离开了妻子,因此引发了公寓及其内物品的归属问题。安东尼娜于10月前往卡缅卡,仆人阿列克谢作为看门人留在公寓,主要通过作曲家在莫斯科的熟人尼古拉·利沃维奇·博切奇卡洛夫了解女主人的消息。

首先需要决定是否会长期住在这儿，以及该如何安排安东尼娜·伊万诺夫娜。无论如何，你可以在公寓住到 12 月 1 日，不能再晚了。在此之前，或是我回俄国，或是叫你到我这儿来。托利亚 11 月末将回俄国，如果我决定离开公寓，就会拜托他处理一切事宜，他会与安东[尼娜]·伊万[诺夫娜]见面，如果她愿意，就让她把所有购置的东西都卖掉吧。我和你的东西都会搬到音乐学院。无论怎样，我都不会再和安东[尼娜]·伊万[诺夫娜]一起生活了（你不要告诉任何人），等我回到莫斯科，就我们两个一起生活。廖尼亚，再稍忍一忍。你要相信，我直到生命的最后一刻都绝不会抛下你，我都会一直像对自己的亲弟弟那样爱护你。

给我写信。你是否缺钱？如果需要钱，我给你一个便条，你交给尤尔根松，就可以从他那儿领钱了。廖尼亚，你不必舍不得，随便吃点儿好的，如果感到无聊就去剧院或者马戏团看看，一切费用由我承担。

现在听好，我需要你办一件事：有一个精装的写满的谱本，里面有我写的交响曲，就是我们带到卡缅卡的那个谱本，里面还夹着一个我刚开始写的总谱①的谱纸薄，把这些都交给尤尔根松，他会把这些乐谱寄给我。请办好这件事。

再会，我亲爱的，我的快乐，吻你。

你的彼·柴科夫斯基②

又：快给我写信吧。

---

① 《第四交响曲》的总谱。
② 在《作品全集：著述与书信》和同一时期写给阿列克谢的多封信件（署名手稿）中，柴科夫斯基的缩写签名（П. Ч.）都被不明人士划掉。

4.①

[1877年10月27日/11月(?)8日 克拉朗]

廖尼亚！

送一桶白葡萄酒给尼古拉·格里戈里耶维奇·鲁宾斯坦。

我给尼[古拉]·利沃维奇写了信，让他安排你到我这儿来。一切就按照他说的办。12月②底我会给你汇去维也纳的路费，我会在维也纳等着你。谢谢你的来信。吻你，我的快乐。

你的彼·柴科夫斯基

致阿·伊·柴科夫斯基

1.③

1877年1月12日 [莫斯科]

亲爱的托利亚！

今天早晨收到了你的来信④，令我很担忧。你怎么突然就忧郁起来了？事实上，我很不解。女士们钟情于你，同僚微笑待你，你是人见人爱的呀！难道是因为没有钱吗！难道金钱是导致你精神萎靡的唯一原因吗？如果真是这样，那我只能投河自尽了，因为我实在难以想象还有什么会比我的情况更复杂、纠结。总之，托利亚，我很想见见你。谢肉节时你能来我这儿待一个星期吗？也许由于父

---

① 《作品全集：著述与书信》，VI，第206页。署名手稿，馆藏信息：РНБ，ф. 834，ед. хр. 25，л. 6–7。副本，馆藏信息：ГДМЧ，а$^{11-6}$，№ 545。
② 此处柴科夫斯基笔误，应为"11月"。
③ 《作品全集：著述与书信》，VI，第109页。馆藏信息：ГДМЧ，а^3，№ 1106。这封信写在有"Э. К."（爱德华·科捷克的首字母）烫印的信纸上。
④ 阿纳托列的信下落不明。

亲年迈多病,我总有机会去圣彼得堡。但"瓦库拉"事件之后,这座首都城市似乎对我很敌视,①你可以预料到,相比在莫斯科,我在圣彼得堡和你一起的时间会少得多。当然,莫斯科的生活对你而言不值一提。等你回信。如果你想在谢肉节之前早一些来的话,那就更好了。我非常、非常想见你。

在收到格拉马②的邀请之前,我是不会去找她的。我和她见过几次,我表现得非常客气。她是个好女人,但是,唉,这对我来说毫无意义,而且我③,坦白说,要是不必拜访她就感到很开心。顺便说,我的工作堆积如山。除工作之外,我每日每夜都在考虑3月在巴黎举办音乐会,在莫斯科和巴黎,所有人都向我提出这个建议。但音乐会需要整整 2000 卢布!哪来这笔钱?尽管所有安排都已就绪,但要是没钱,我就得取消计划④,不会犹豫或观望。除了莫杰斯特,你别向任何人提起此事。来找我吧,我的托利亚!

你的彼·柴科夫斯基

---

① 柴科夫斯基认为,《铁匠瓦库拉》于 1876 年 11 月在马林斯基剧院的首演"非常失败"。他在 1876 年 7 月 2 日致塔涅耶夫的信中写道:"不瞒你说,我很震惊,也很沮丧。主要是表演和制作都无可挑剔,一切都尽心尽力,清晰而精美"(《作品全集:著述与书信》,VI,第 89 页)。

② 亚历山德拉·亚科夫列夫娜·格拉马-梅谢尔斯卡娅(真实姓氏巴雷舍娃,1859—1942):戏剧演员、戏剧表演教育家。毕业于莫斯科音乐学院戏剧系(师从 И. В. 萨马林)。1878 年在圣彼得堡亚历山德拉剧院首次登台,之后在俄国首都和省级的不同舞台上饰演不同角色。柴科夫斯基对她曾有过短期迷恋。

③ 在《作品全集:著述与书信》中,该删减处注有"字迹不清"字样。此句在署名手稿中被不明人士着重涂抹,句末的"我"(я)被压上"但是"(но)一词。因此在《作品全集:著述与书信》中,这句开始于"但是"一词,而在《家书》中,这一句被删掉了。

④ 1875 年,圣-桑曾建议柴科夫斯基与爱德华·科洛纳的乐团合作举办个人作品音乐会。柴科夫斯基后来通过塔涅耶夫咨询了举办音乐会的可能性,圣-桑确认了筹办音乐会所需资金。后因柴科服斯基无法筹到足够的资金,音乐会未举办。

2.[①]
[1877年] 7月9日　圣彼得堡

我心爱的、亲爱的托利亚！

我昨天经历了多次从平静到忍无可忍的、糟糕的情绪变化。虽然我收到了你和科捷克的电报，他还在电报中说你走的时候心情很好，但你的不安和忧愁却令我很难受。

要是我说，我因为怕白白花掉25卢布而没去找拉罗什，那该多残忍无情！多自私！我去找他了，感谢命运，我去了。一开始，他见到我就像见到救世主一样，显然已经到了弥留之际，他像抓着救命稻草一样抓着我。[②] 我想成为他的这根稻草，我应该竭尽所能帮助一个即将离世的朋友。后来，他和我共进午餐，并且一整晚都陪着我们，他对我的妻子很亲切，主要是不想让我们尴尬地 tête-à-tête[③]。况且，这种尴尬仅来自我这方面，而她看起来却很幸福，很满意。晚上我们去了石岛大剧院，之后一起喝茶，我喝了啤酒（少量）。他的在场令我振作起来。今天晚上和妻子有了第一次，有些

---

① 《作品全集：著述与书信》，VI，第153—154页。馆藏信息：ГДМЧ，а³，№ 1111。此信写于柴科夫斯基婚后第三天。在莫斯科弗斯波列（今弗斯波列巷）的圣乔治教堂结婚登记簿上有1877年7月6日他和安东尼娜的婚礼记录（馆藏信息：ЦИАМ，ф.203，оп.756，№ 22，кн. № 16）：新郎"住在本教区波卢埃克托夫大楼"[虽然他在搬到克列斯托沃兹德维任斯基大道之后已有两年没住在此处]，新娘"住在格涅兹德尼基教区的圣尼古拉教堂的柳博奇金大楼"；新郎方的证婚人是"自由艺术家奥西普·约瑟夫维奇·科捷克和枢密院议员阿纳托利·伊里奇·柴科夫斯基"，新娘方的证婚人是"尊敬的治安官彼得·彼得罗维奇·米哈伊洛夫和贵族尼古拉·阿里斯塔霍夫·马哈洛夫"；婚礼仪式由圣乔治教堂的"教区大司祭迪米特里·瓦西里耶夫和教士们主持"。

② 这时期拉罗什开始酗酒。

③ 面对面独处。（法语）

弱，虽然她没有任何反抗，但这次本来就很弱。然而迈出这个<u>第一步</u>却意味了很多，它拉近了我和妻子的关系，因为我一直在研究各种建立我们之间亲密关系的办法。今天，我感觉自己面对她时自在多了。

  天气很差。我不知道我们该怎么熬过今晚，但无论如何都要陪着拉罗什。我答应下午三点去找他。昨天有两次巧遇：第一次在早上，我和妻子手挽手走在涅瓦大街上，遇到了尼古拉·利特凯①，我和他聊了聊，但（不知为何）到最后都没说出"这位是我的太太、我的妻子"；第二次是傍晚去剧院的路上，遇到了<u>康斯坦丁诺夫</u>②，我对他也没说出口，为了从谈话中抽身还花了5卢布，真是花钱如流水。我觉得，这一生最幸福的一天将会是8月1日吧。③

你的彼·柴科夫斯基

3.④

[1877年] 7月13日 圣彼得堡

  托利奇卡⑤，昨天可能是7月6日以来最沉重的一天。这天上午我感到生活永远破灭了，突然有一种强烈的绝望感。快到下午三

---

① 尼古拉·费奥多罗维奇·利特凯（1839—1887）：波罗的海铁路主任，柴科夫斯基的表妹阿·瓦·利特凯（原姓绍贝特，1841—1912）的丈夫。
② 柴科夫斯基的友人、歌剧和戏剧演员康斯坦丁·尼古拉耶维奇·德拉扎里（1838—1903）的艺名，曾撰文回忆柴科夫斯基。
③ 柴科夫斯基计划在这天独自前往卡缅卡。
④ 《作品全集：著述与书信》，VI，第155页。原件下落不明。本书收录的是莫杰斯特的打字机转录副本，馆藏信息：ГДМЧ，б¹，№ 105。
⑤ 托利奇卡是阿纳托利的另一昵称。——译注

点，来了很多人：尼·鲁宾斯坦和他的妹妹索菲①、马洛泽莫娃②、卡·尤·达维多夫③、伊万诺夫④、贝塞尔和拉罗什。大家共进午餐。晚上先送尼[古拉]·鲁[宾斯坦]回莫斯科，然后送马洛泽莫娃和索菲回彼得戈夫。

我和妻子还有拉罗什回来后，像平常一样点了煎牛里脊、伏特加和啤酒。我现在每晚都得小酌一下才能睡得安稳。后来拉罗什突发抑郁，之后就装作很轻松的样子走了。于是，这一天最可怕的时刻来临了，晚上只剩下我和妻子两个人。我们依偎着踱步，突然我感到很平静，很满足……我不明白这是怎么回事！不管怎样，从这一刻起，周围的一切突然变得明亮了，我觉得无论如何<u>她都是我的妻子</u>，这是非常合理的，也应该就这样。[……]⑤

今天我第一次醒来后没感到悲观、无助。妻子对我没有任何敌意，我已经开始像所有那些不爱自己妻子的丈夫那样与她相处了。最主要的是我今天和她待在一起时，已经不会感到局促了，就算不加入她的闲谈，也会非常平静。8月1日对我来说已经不像之前那样，如同一个让我短暂停靠后便永远沉入绝望海洋的遥远的码头。我非常期待和你相见，总之，祝贺我吧。从今天起，可怕的危机过

---

① 索菲娅·格里戈里耶夫娜·鲁宾斯坦（1841—1919）：声乐教师。鲁宾斯坦兄弟的妹妹。
② 索菲娅·亚历山德罗夫娜·马洛泽莫娃（1846—1908）：钢琴家。圣彼得堡音乐学院教授，曾和柴科夫斯基一起在圣彼得堡音乐学院学习。
③ 卡尔·尤里耶维奇·达维多夫（1838—1889）：作曲家、大提琴家。1876至1887年任圣彼得堡音乐学院院长。
④ 米哈伊尔·米哈伊洛维奇·伊万诺夫（1849—1927）：音乐评论家、作曲家。曾就读于莫斯科音乐学院，是柴科夫斯基音乐理论班上的学生。曾供职于《新时代报》。
⑤ 后续内容在莫杰斯特的打字机转录副本中被删掉，所删内容无其他文献可考，此信也未见于阿纳托利参与的手抄副本。

去了，我正在恢复。不过，这危机是多么可怕、可怕、可怕啊！如果没有对你、对其他亲人的爱支撑着我面对难以承受的精神折磨，可能结果会很糟糕，可能不是生病就是发疯。

今天我们会直奔莫斯科。妻子收到通知，她可以领取林地抵押款了。之后我们会去乡下，①7月里有几天会在那儿度过。上帝啊，让我有幸和你相见吧。深深地吻你。

现在，我保证你不用再为我担心，我完全进入痊愈阶段了。

4.②
1877年12月8日/20日 **威尼斯**

托利奇卡！

今天没什么特别的事。天气糟糕，远处的海在咆哮，就算关上窗都能听到嘈杂的声响。昨晚我和阿廖沙③之间发生了一件事，起因是我注意到他悄悄背着我在一块破布上给自己弄着什么药膏。这个星期已经不是第一次发现了。他之前一直安慰我说是突然某处长了什么粉刺。但就在昨晚他面色发红，我怀疑是他身体出了什么问题。于是我追问他到底是什么情况。他避而不答。我突然激动起来，扯坏了领带、衬衫，还摔坏了椅子……当我正陷入这种奇怪的拳脚活动时，突然间和他四目相对了，他看起来那么惊恐害怕，脸色发白，哀求地看着我，惊慌失措地说："您怎么了，请平静一下。"我很快平静下来，阿廖沙却哭了，我好不容易才安抚好他。当然，后来我们和解了。托利亚！你无法想象他是多么可爱而美好的存

---

① 柴科夫斯基的岳母奥莉加·尼卡诺罗夫娜·米柳科娃（1821—1881）在莫斯科省克林镇拥有一座卡拉索夫庄园。
② 《作品全集：著述与书信》，VI，第297页。馆藏信息：ГДМЧ, a³, № 1122, 1123。
③ 仆人阿列克谢。（阿廖沙是阿列克谢的另一昵称。——译注）

在，虽然他看起来粗鲁而且冷漠。原来，他只是长了常见的疖，他知道如果我身边有人稍感不适，我会多担心，所以他才瞒着，不想让我知道。你应该像我一样去了解他，才能认识到他的可爱。不过，有一点真的太令人懊恼了！他既没带书过来（除了叶夫图舍夫斯基的《算术》和《圣经》），又无所事事。第三天我叫他给莫杰斯特写封信，改了他信上所有我能改的错误，和他说了要求，并吩咐他重写。今天他还要写一封这样的信给尼[古拉]·利沃维奇。这个尼[古拉]·利沃维奇可真是好样的！你知道吗，他拿走了所有寄到我公寓的信，复印出来还读了！！我从克拉朗寄给他写的信里提到了阿廖沙，他却建议阿廖沙向我回信说自己近来身体不好，无法前往。总之，他想方设法说服阿廖沙不去找我，还百般吓唬他。真是一个愚蠢的老家伙，一点儿也不诚实。

我的工作①热火朝天。威尼斯越来越让人反感，这里的食物也越来越无法下咽。期盼莫杰斯特来信，而你的信怎么到现在还没寄到？

9日/21日，星期五：今天终于收到钱了。早餐过后我去找银行职员，他换算了与金子等额的数目，②看起来是很大一笔，却勉勉强强应付生活。我给科捷克汇了300马克，未必够他坚持很久。旅馆一个星期可是要247里拉的！不过这其中包括了电报费。可这么算的话，除了旅馆的费用外，我还要每天花5法郎买烟卷、咖啡等，如此一来可能真的会收支相抵，不多不少。我还等着你叫我汇款付清债务呢。恐怕，因为"瓦库拉"事件，你能收到的钱不会多，也许都不够覆盖我的全部必要开销！而且，我似乎正在逐渐变成普希金的"金鱼"童话中的老妇，手上的钱越多，想要的也越

---

① 《第四交响曲》第一乐章的配器。
② 此时期俄国普遍用金子兑换当地货币，直到1897年起才流通金卢布。——译注

多。上帝啊！要是没有梅克夫人，我该怎么办！愿这位女士得到上千次祝福！今天也没收到你的信，我开始有点儿担心了。幸好，亲爱的科捷克每天都会来信。他嗓子完全好了。① 他听了萨拉萨蒂② 的演奏，没觉得有什么好惊叹的。今天我给阿廖沙买了《猎人笔记》和别洛哈的地理书③！我不明白，地理书怎么会出现在圣马可广场的精美书店里。之后就没什么特别的了，明天再继续写"日记"吧。阿廖沙非常、非常可爱。唉，这里的食物真是糟糕！！

10日／22日，星期六：交响曲的第一乐章就快完成了。我今天很忙，非常累。早上我收到了莫杰斯特的信。他想住在圣雷莫（芒通附近）。我非常理解这个选择，在电报中表达了我的态度。我打算周末出发去圣雷莫，把一切安排好。希望那儿会像克拉朗那样井井有条。我就要毫无遗憾地离开威尼斯了，昨天傍晚很想大吃大喝一番，便去了每晚都有酒又有表演的 Birraria di Genova④。这地方有点儿像 Café-chantant⑤，结果里面都没什么人，还一本正经地唱着荒唐的歌，酒很糟糕，也很无聊，我喝了一杯啤酒就回家了。今天外面非常热闹。再过三天就是圣诞节，到处都陈列着礼物，街上熙熙攘攘，呼朋引伴，拥挤不堪。我从旧书商手中花了6里拉买了一个大部头的法语插图版拿破仑史⑥。这会儿正喝着茶，想研究

---

① 约瑟夫·约瑟夫维奇·科捷克在1877年7月4日／16日、5日／17日和6日／18日的来信中提到，他由于疏于治疗而引发了喉咙并发症。其中一封信下款为"你忠实的莫西卡"（馆藏信息：ГДМЧ，a⁴，No 1847—1849）。
② 巴勃罗·萨拉萨蒂（1844—1908）：西班牙小提琴家、作曲家。
③ 屠格涅夫的《猎人笔记》、П. Н. 别洛哈的《通识地理教材》。
④ 意大利语，意为"日内瓦酒馆"，是一家威尼斯饭店。
⑤ 歌舞咖啡馆。（法语）
⑥ 无法确定具体是哪本书，国立柴科夫斯基故居博物馆中的作曲家藏书中未见有关拿破仑的书。

一下这本书。我很健康，平静而愉快。再会，轻吻你。星期三会寄出下一封信。

彼·柴[科夫斯基]

5.①

1877 年 12 月 11 日 / 23 日　星期日

今天完成了交响曲中最难的乐章，即第一乐章。② 早餐后我们去了"丽都"③，又在那家海边饭店喝了咖啡，还捡了一会儿贝壳。阿廖沙非常开心，他很喜欢捡贝壳（捡了差不多一普特贝壳），我也很开心。回去路上有一点儿险，突然降下大雾，两步外根本什么都看不见，于是我们偏离了航道，迷了路，还差点儿撞到帆船，我们原地不动，进退两难。总之我们漂了不是半个小时，而是一个多小时，冷极了。直到现在，我还没收到昨天发给莫杰斯特的电报④的回信，这会儿已经晚上十一点了。我们晚上八点一如往常地喝茶，九点我想散步，便出了门。你晓得那些皮条客猜得到我需要什么，于是他们今天准备陷害我。他们给野兽（我）准备了非常好的诱饵，想要以此引我入套。我十分挣扎，因为诱饵的确不错，但我还是守住了底线。无论他们是想敲诈还是单纯要钱，我都不会上当。为了调查他们，我装作被诱饵吸引的样子跟着她，一直跟着走到一个广场，她在一家咖啡馆附近停下。我还没来得及躲进暗处，一直

---

① 《作品全集：著述与书信》，VI，第 300 页。馆藏信息：ГДМЧ，a³，No 1125。
② 柴科夫斯基在《第四交响曲》第一乐章总谱上写下：威尼斯，1877 年 12 月 11 日 / 23 日。馆藏信息：ГЦММК，ф. 88，ед. хр. 58。
③ 俄语原文"Лидо"来自意大利语"Lido"，意为"岸"，指威尼斯附近的潟湖与海洋之间的岸边地带，是休息疗养之处。
④ 柴科夫斯基关于出发去圣雷莫的电报（《作品全集：著述与书信》，VI，第 299—300 页）。

跟在后面的两个皮条客就溜走了。过了一会儿，他们走了过来。这时，为了结束这一切，我冲到其中一个皮条客面前（印象中是卷发），直截了当地说："别忙活了，我知道你们为什么跟着。你们真的搞错了。但如果你们还要纠缠的话，那就自己看着办吧！"他们哑口无言，就这样我抬头挺胸地走了。

不过，那诱饵真是美丽而诱人啊！你放心，说句老实话，我会战胜自己的……

Pour la bonne bouche①，感谢你亲切又宽慰的信。我今天收到并读信时，感到那么幸福！这封信会给我带来好运的。我不同意让萨沙住在韦尔比夫卡的提议。你自己清楚这个安排是有点儿奇怪的：不伦不类。我现在还不能回俄国，因为莫杰斯特就要来找我了！夏天还有别的安排。要是这之后住在韦尔比夫卡，我则是很乐意的。托利亚，明天见！深深地吻你。

1877年12月12日／24日：你昨天在来信中提到"明天还会写信"，我今天便静静等着，但什么都没收到。不过收到了莫杰斯特的电报②，电报上说阿林娜③生产了，下星期二他就会动身。我决定这个星期五④去圣雷莫找个便宜些、好一些的住处。我会在米兰停留一天。今天没什么特别的，照常工作，按平时的时间散步。皮条客今天没再来了，诱饵也没了。我还没和你提过鸽子吧，我每天都喂鸽子，从头到脚都落满了。离开威尼斯，我没有任何不舍。尽管如此，我还是要说，可能正是得益于威尼斯的安静与平和，最近我感觉很好（呸、呸、呸）。我的神经难得平静下来了，我睡得很

---

① 最后。（法语）
② 莫杰斯特的电报下落不明。
③ 阿林娜·伊万诺夫娜·孔拉季：莫杰斯特的聋哑学生科里亚·孔拉季的母亲。莫杰斯特和科里亚·孔拉季需等她顺利生产后才能从俄国出发去意大利找柴科夫斯基。
④ 柴科夫斯基于1877年7月16日／28日离开威尼斯。

好，不过每天晚上临睡前都会喝点儿啤酒或两杯白兰地。我的胃口一如既往很不错。当然，我把这一切都归功于交响曲，但正是由于在威尼斯的单调生活，没有任何娱乐，我才能如此持续推进，如此勤奋创作。我写歌剧时①是没有写交响曲时的那种感觉的，我不擅长这个体裁，或许作品是合格的，也可能一无所获。而在写交响曲时，我完全能意识到这是自己的一部杰作，也是在我所有作品中形式最完美的。

我还在读《潘登尼斯》②，穿插着读拿破仑史。每天睡前都会读两份报纸：《意大利报》和《威尼斯报》。明天见，亲爱的。

12月13日/25日，星期二：今天是这里的圣诞节，过节方式和我们那儿一样，大家都待在家里，大街上空无一人。前两个星期天气特别好，今天刚下了第一场雨。我像往常一样工作。晚上想去剧院，又怕一个人会无聊，而阿廖沙又不想去，于是我们待在家里品茶。傍晚我稍微散了散步，现在打算读书。对我而言，这是一天中最惬意的时光。拉上百叶窗，我就获得了绝对的安静。阿廖沙正在睡觉，此时周围出奇的安静，甚至能听到灯芯燃烧的声音。我思考着，想象着，读着，回忆着，总而言之，我在休息。你的信还是没来，这倒让我有点儿担心。科捷克的信③我已经收到两封了。

晚安。

---

① 歌剧《叶甫盖尼·奥涅金》从1877年5月开始创作，1878年1月完成。
② 威廉·萨克雷的小说。
③ 约瑟夫·约瑟夫维奇·科捷克于1877年7月10日/22日、10月12日/24日的来信。其中，第一封信提到莫杰斯特会去找柴科夫斯基："我非常开心，莫佳要去找你，那样你就会一直保持健康状态了，之前你的身体状况总是不太好。你瞧，带着诌媚，还带着点儿……卑鄙，去写一封明智的信，多有效！"（馆藏信息：ГДМЧ, a^4, № 1851）信中指的是柴科夫斯基曾致信科里亚·孔拉季的父亲 Г. К. 孔拉季，请他准许莫杰斯特"休假"。

12月14日/26日，星期三：今天终于收到了你的第二封信①，这封信给我带来难以形容的满足。你在信中所说的一切都让我非常愉快，但最让我高兴的是，我开始时不时地想到夏天可能会住在卡缅卡，准确说，不是卡缅卡，而是韦尔比夫卡，我高兴的原因恰恰在于此。而当你收到这封信时，我就已经在圣雷莫了。我今天在贝德克尔旅游指南中看到一篇关于圣雷莫的文章，那是一个令人神往的地方，我1871年②曾经路过那儿，至今仍有印象。不过当地物价不算很低。自从女皇③在那儿住过后，就成了受人追捧之地。现在大公夫人符腾堡王后、奥莉加·尼古拉耶夫娜④都住在那儿，不过还是能找到很多宾馆和膳宿公寓。

---

① 阿纳托利于1877年7月4日在信中写了达维多夫家族[当时住在卡缅卡]对于柴科夫斯基的婚姻及其与妻子关系破裂的态度："[……]思绪万千，难以言表，我相信你在这儿会感觉好一些，你只有在这儿才能振作起来，摆脱那种不信任感。无论你对曾经爱过你的人做了什么，这里的人都依然爱着你，我们不会不再爱你，也不会认为你做了什么愚蠢而不光彩的事。[……]我无法复述这里的人们是怎样理解你的整个经历，每个人都有自己的看法。显然，维拉[即柴科夫斯基的妹夫的妹妹]和安娜[即柴科夫斯基的堂姐]的理解与亚历[山德拉]·伊万诺夫娜是不同的，而亚历[山德拉]·伊万诺夫娜又与阿斯塔菲[即叶夫斯塔菲，家中仆人]的理解不一样。但毋庸置疑的是，没有任何人、任何时候、哪怕一秒，认为你做了什么不妥之事。萨莎已经平息此事，甚至没人觉得这整件事有什么特别的。[……]我完全不想劝你立即动身来这儿，因为我知道，你现在还有些多疑，无论其他人说什么，你终究还是会感到尴尬。我的目的是让你夏天回来，不是来卡缅卡，而是去韦尔比夫卡"（馆藏信息：ГДМЧ，а⁴，№ 4739）。
② 此处柴科夫斯基记错了，他是1872年1月路过圣雷莫的，当时他正在从尼斯回俄国的路上，途经热那亚、威尼斯、维也纳。
③ 沙皇亚历山大二世的妻子玛丽亚·亚历山德罗夫娜（1824—1880）。
④ 沙皇尼古拉一世的次女，曾随诗人 П.И. 普列特尼奥夫、В.А. 茹科夫斯基学习，1846年嫁与符腾堡王储（后为查理一世）。她以慈善活动闻名，在1870年普法战争期间尤为显著。她将斯图加特的宫殿改为车间，向志愿者和各阶层女性开放，安置火车送来的伤员，关心伤员情况。她被称作"伟大的大师、慈善家"。

今天我从清晨到早餐之间都在工作，餐后继续工作。中间散了一会儿步，之后直到晚餐前都没起身。我差不多完成了交响曲的第三乐章。傍晚时分我去了 Birraia di Genova①——真是个生意惨淡的歌舞咖啡馆，不过我尽兴地喝了两杯啤酒。

非常期待你从莫斯科的来信。亲爱的，我给你带去很多烦扰！而我亲爱的尼[古拉]·利沃[维奇]直到现在都没作任何解释，也没来信。

吻你，我亲爱的
你的彼·柴 232

6.②

1878 年 1 月 8 日 / 20 日　星期日　[圣雷莫]　晚十二点

我刚才和莫杰斯特去了剧院，演的是《浮士德》。莫杰斯特笑得很开心。早餐后，我们驱车十俄里到了博尔迪盖拉③。我已收到你的来信，④明天就写回信。我这儿没什么新鲜事，而你怎么关于自己只字不提呢？

1878 年 1 月 9 日 / 21 日，星期一：这是我一生中最讨厌的日子之一。阿廖沙看过医生后坚持说自己什么事都没有，但他按医嘱

---

① 日内瓦酒馆。（法语）
② 《作品全集：著述与书信》，VII，第 32 页。馆藏信息：ГДМЧ，a³，No 1139。
③ 博尔迪盖拉（Bordighera）：意大利的海滨城市，位于圣雷莫附近，当地常见漂亮的别墅和棕榈树。
④ 阿纳托利在 1877 年 7 月 25 日的信中主要提到财务问题："可怜的彼得鲁沙，很抱歉让你破产了。信写得如此简短是因为没时间了。吻你，我珍贵的兄弟，我的欢乐与幸福"（馆藏信息：ГДМЧ，a³，No 4744）（彼得鲁沙是彼得的另一昵称。——译注）。在此之前，阿纳托利在 1877 年 7 月 23 日来信中汇报了他动身前往俄国之前收到的资金的支出情况："[……]剩下的所有费用都由我自己承担：火车票，莫斯科的旅馆、午餐和晚餐，在卡缅卡的茶歇等。我知道这些需要很多开销，但很抱歉，我毫无办法。我没铺张浪费，无论在基辅还是在莫斯科都没去过剧院。莫斯科有很多马车，几乎不需要步行"（馆藏信息：ГДМЧ，a³，No 4743）。

需要每天涂四次软膏，还要每天都沐浴。我一早就心情不好，很烦躁，这个消息让我完全陷入了崩溃。我必须告诉你，阿廖沙最近的行为一直很奇怪。传染病根本没吓到他，他丝毫不觉得惭愧；他没有任何举动或言语来向我表达遗憾和悔恨，只有我打算把他送回俄国的想法才让他害怕。当我向他宣布这个决定时，他哭了。但当我放弃这个决定后，他又显得很轻松，就像什么都没发生过一样。尤其是他令人难忍的无礼，使莫杰斯特也颇为恼火，以至于莫杰斯特最后完全不再帮我了。简而言之，我对这一切感到惊讶，感到被冒犯并痛心到极点。此外，自从可怕的真相被揭露后，我完全无法看到他和科里亚在一起，而科里亚就好像是故意要接近他一样。看着阿廖沙，我感觉到毛骨悚然。难道这就是那个可爱、乖巧的男孩吗？他那么天真、纯洁、无瑕，却受到这种疾病的困扰？我之所以痛苦，还因为他骗了我，他在莫斯科时没告诉我，如果早知道，我自然不会让他过来。他来这儿是为了什么？难道我让他过来，不是为了照顾和关心我的吗？而他呢，却带来了传染病，还一味隐瞒！唉，我特别担心，甚至都没用早餐，一直待在房间里。感谢莫佳替我安排了一切，他跑去找了医生，急匆匆谈了谈，按照我的请求向医生说明，一定要给阿廖沙安排单独的住处，和我们分开。医生答应安排他入住某个 masion de santé①后，莫佳就回来宽慰我。今早的争吵让阿廖沙开始有所收敛了。上帝啊，哪怕他向我说一句表示悲伤、懊悔的话，意识到自己的下流勾当，意识到是自己把这样的病带过来了呢！他没有。即便他只说一个词，我也会心软。我可能会心生怜悯，而怜悯可以抵消一切。我不知道该拿他怎么办。对我而言，他因为得了传染病而变成了陌生人。我不了解他，这是另一个阿廖沙。

---

① 诊疗所。（法语）

对我而言，梅克夫人始终是一个清醒的、富有远见的人。莫佳宽慰了我之后就和科里亚散步去了。他们刚离开不久，邮递员就带着梅克夫人的 letter chargée①出现了。我拆开信读到：她先是告诉我，很高兴我拒绝了代表资格，而当时我特别担心她会生气；之后是她一如既往的温柔话语；最后是寄来的 1500 法郎汇票和用于出版交响曲②的额外资助。有必要告诉你，我现在财务状况不是很好，钱早已用光，只能用莫杰斯特的钱了。这 1500 法郎来得正是时候。这是怎样一位难以捉摸的女士！她能料到何时并如何给我写信才是雪中送炭。莫杰斯特回来后，久久未能回过神来，他为这封如此得体文雅的信感到惊讶。她还随信附寄了她一家人的照片③。

阿廖沙整晚都在涂药膏。我对他既反感又生气，不想看见他。莫杰斯特却表现出难以置信的善良。他也很气愤阿廖沙对我表现出的古怪行为，不过还是很可怜他，照看他上药、湿敷，还处理了各种琐事。

科捷克的信让我很生气。他说，梅克夫人给他的回信很是冷淡，她因为科捷克得了传染病而生气。④然后他开始猜，是谁对梅克夫人搬弄是非，又会对他有何看法。看来搬弄是非的人正是我啊！！我对此非常恼火。尽管如此，我还是立刻给他回信，而且没

---

① 贵重信件。（法语）
② 柴科夫斯基题献给梅克夫人的《第四交响曲》。梅克夫人在 1877 年 12 月 31 日 / 1878 年 1 月 12 日的信中表示，希望帮助作品出版，并写道："很高兴我们的交响曲已经完成，彼得·伊里奇，我迫切想把随附的译文寄去出版，也许您有在国外出版作品的想法。无论怎样，您都可以按照自己想要的方式出版。我非常想在国外传播您的作品，我想向全世界展示我们的作品有多好"（《柴—梅》，第 1 卷，第 150 页）。
③ 梅克夫人子女的照片保存于国立柴科夫斯基故居博物馆的彼得·伊里奇·柴科夫斯基独立馆藏。
④ 1876 年约·约·科捷克从莫斯科音乐学院毕业后成为梅克夫人的家庭音乐伙伴。经他的介绍，梅克夫人与柴科夫斯基建立了通信往来。

表露出气愤，因为我同情他。他让梅克夫人把以前汇给他姐妹的款项转给自己，因为她们不再需要了。娜杰日达·菲拉列托夫娜[①]给他简单回信说，会汇给他的父亲，这意味着他父亲可以按照自己的意愿来支配。这封信确实让可怜的科捷克很难过，但并没有影响他冒出古怪的想法。他在信中最后恳请我转告梅克夫人，他不是因为妓女而染病，而是歌女！！你猜我想到了什么？寄人篱下的生活，我就是科捷克的愚蠢榜样。他还在最近的两封信中非常幼稚地说："如果你因为我依靠梅克夫人而责备我，那我告诉你：你自己就是这样！！"我特别讨厌这句话。还有他的最后一句："这样吧，我留在柏林，靠那个给你2500法郎的女人给我的250法郎活着。"这句话听起来有些怪，像是在指责！你看，这有多伤人！我根本不清楚他留在国外这个决定到底好不好。看来必须请他来好好谈谈了。我现在很难给他建议。他问我是否应该留在柏林，继续随约阿希姆学习。如果我的回答是否定的，可以如实告诉他吗？因为他可能会认为，我这么说是因为不舍得给他钱。

1月10日/22日，星期二：早上我给娜[杰日达]·菲[拉列托夫娜]写了回信。早餐后我去见了医生，他人非常好。阿廖沙明天就去maison de santé[②]，他会独自住单间，每天费用是6法郎，每天都会有人帮他沐浴。你的来信让我很开心，可你的忧郁[③]让我难过，怎么

---

① 梅克夫人。——译注
② 诊疗所。（法语）
③ 阿纳托利在1878年1月4日的信中坦言："真奇怪，我从没想过可以愉快地写信。无论是情书，还是以前给你的家书，写任何东西对我而言都是折磨，但我现在每次给你写信都很开心，这成了逃离周围一切的喘息。这段时期我一直处于可怕的忧郁之中，没什么能让我高兴，我做每件事都感到忧愁和厌恶。不必太在意，我经常有这样的情绪。当你读到这封信时，我可能应该就高兴起来了，可能就有精神了。我现在就像一个女孩一样爱着你。看着你的照片，反复读你的信，有时会流下泪来，梦想着我们能相聚。是啊，老天！要不是因为父亲，我早就搬去莫斯科了。现在就方便多了。"（馆藏信息：ГДМЧ, a⁴, № 4745）。

会这样？去爱吧，托利奇卡！趁着年轻，你有权尽情享受欢愉，但要爱得适度，不要引起悲剧，不要争吵和烦恼！最后，就和卡尔佐娃①成婚吧！不过我完全不建议你结婚，明天我再写信和你说说安东[尼娜]·伊万[诺夫娜]和钱的事。对了，关于帕纳耶娃饰演塔季扬娜②，你有什么安排？阿廖沙今天表现得更好了，他开始学着体谅他人。没有他，我们会很不方便。而现在主要是没有科里亚就寸步难行！

我去睡了，很累。

[1月]11日/23日，星期三：托利亚，我感到很悲伤。大约两个小时前，一个修士来了，把阿廖沙和他的东西都带走了。我们一路送行，走上高山。房子很干净，有一股医院的气味，房间很小，很舒适！我们上山后，神父院长立刻迎过来，承诺会给病人最好的照顾。庆幸的是这个诊疗所里住着一个来自加里西亚的鲁辛人③，他会点儿俄语，他答应给阿廖沙当翻译。把阿廖沙留在那儿，真让人悲伤。我今天已经不再对他生气了。他上午会来找我们，中午十二点在家里用午餐，然后散步，晚上六点半吃晚餐，每天晚上上药四次。他会康复的吧？

我给尤尔根松写了封信，请他在4月1日前的每月1日将100

---

① 柴科夫斯基兄弟的堂姐亚历山德拉·彼得罗夫娜·卡尔佐娃（原姓柴科夫斯卡娅，1836—1899）的女儿尤利娅。
② 阿纳托利在1878年1月4日的信中讲述了他与亚历山德拉·瓦列里扬诺夫娜·帕纳耶娃沟通的详情，即安排她参演将在音乐学院演出的《叶甫盖尼·奥涅金》："我和她及她的姐姐佳吉列娃见面了。似乎，为了参演你的歌剧，她什么都会答应[指进入莫斯科音乐学院]。我已经计划邀请她了。天知道，有些事也许会有办法的"（馆藏信息：ГДМЧ，a⁴，No 4748）。
③ 鲁辛人（Русины）：古俄罗斯族的后裔，喀尔巴阡山—德涅斯特河流域的土著。——译注

卢布交给安[东尼娜]·伊[万诺夫娜]，我会适时领取存在音乐学院的300卢布。你可以从我写给安东[尼娜]·伊万[诺夫娜]的信件草稿里了解其他提议。

经常给我写信吧，说说你最近又在追求谁，父亲和伊丽[莎白]·米哈[伊洛夫娜]①过得怎么样？吻你，我亲爱的。

彼·柴科夫斯基

又：托利亚！！请读一读随信附寄的我写给安东尼娜·伊万诺夫娜的信。把它寄出去吧，如果觉得我写得太蠢，你就以我的名义再写一封。总之，以下几点我绝不让步：第一，2500卢布和一张汇票；第二，按约定每月100卢布，无书面担保；第三，钢琴归我所有。吻你。

7.②
1878年2月13日／25日　佛罗伦萨

昨天一写完信就收到了你的来信，不过今天才有时间回复，因为我昨晚必须写好几封信，写得很累。我想和你好好谈谈你对我袒露的事。托利亚，你如此忧郁，令我非常非常难过，但我不会宽慰你，因为你说过，实际上并没有什么可抱怨的。所以，仗着我年长几岁，要给你几点建议。

你所有正在经历的，我都深有同感。我认为导致你忧郁的原因有两个：第一是神经紧张，这使你经常毫无缘由就陷入忧郁；第二是过度的自尊心。当然，与第一个原因相比，第二个原因影响更

---

① 伊丽莎白·米哈伊洛夫娜·利波尔特（夫姓柴科夫斯卡娅）：伊波利特·伊里奇·柴科夫斯基的第三任妻子。
② 《作品全集：著述与书信》，VII，第113—118页。馆藏信息：ГДМЧ, a³, № 1153。

大，因为它会让你易怒，而这是有害神经的，我就是想和你说这个。实际上，你现在所经历的都是最常见的现象。我认识的那些天资聪颖且异常敏锐的人，没有一个不是因某种不满和壮志未酬而得了与你一样的病，备受折磨。他们都认为自己注定要从事与众不同的事业，或许会彻底失败，或许会像你一样十分成功但没有达到自己的预期。我不想探讨你是否有资格认为自己属于上述范围，因为我不知道你期望着什么。但从我的角度来看，你十分成功。我从不奢望你成为天才的学者型律师或伟大人物。无论过去还是现在，我爱的都是真实的你。我一直觉得你很聪明、善良、高尚、讨人喜欢，而且干练，这样一个为自己开辟人生道路、争取独立社会地位的人是大家都会爱戴的。而这一切都实现了，无论是事业，还是社会上的成功，都毋庸置疑。如果你说，你的雄心壮志只是要成为才华横溢的检察官，那已经完全实现了。大家谈起你时，都说你是一位有才华的检察官，这一点没人怀疑。你很聪明，而且讨人喜欢，这一点大家都认可。你是一个细腻而高尚的人，你是天选之人，即具备了超常理解力的天才，这是不容置疑的事实。总之，你是少有的、能让所有人都产生强烈好感的人。如果这对你来说还不够，那么你说的"自己所求仅是成为优秀的检察官"就完全不是真话。不过，我还是要重申，我不想深入探讨你是否具备成就伟大前程的天资。你要知道，在自己家的厨娘面前，伟人从不伟大。这种情况可以举一反三，也就是说，对自己的兄弟而言，伟人从不伟大。我坦诚告诉你，我始终认为你魅力十足，博人欣赏，所有品质在你身上组成了一个和谐的整体。我认为，你魅力十足的秘密恰恰在于这种和谐性，即任何一种品质的发展都不会影响其他品质。因此，作为总结，我要告诉你：我曾经希望你拥有灿烂美好的前程，而且我认为你正在朝着那个我心中为你设定的目标而不断前进。如果你面对自身的忧郁，不屈服，不泄气，那么我相信，你一定可以获得很高的社会地位，因为你具备获得辉煌事业和幸福生活的所有条件。由于我没在你身上发现任何独特的才能（比如我在音乐上的那种），所以我认为，你将走上世人皆追求的坦途，得益于你和谐而完整的神奇禀赋，你在这条路上是不会屈居末位的。很有可能是我错了，你有理由认为自己是个失败者，不过我还是坦率地把自己的想法告诉你，因为我希望它能给你带去一些帮助。

这就是我想和你解释的：没有什么比过度的自尊所造成的痛苦更加无益。对你说这些，是因为我自己就一直因此痛苦，我从来没对自己取得的成果满意。你可能会说，报上是怎样怎样说我的，我很知名并且应该感到幸福和满足。但我现在很少因此而 et j'ai toujours voulu péter plus haut que mon cul①：不仅想成为俄国的一流音乐家，还想成为全世界的；不仅想成为音乐家，还想成为乐团指挥；不仅想变得异常聪明，还想成为博学多识的人；还想成为优雅得体、善于交际的上层人士，可以在沙龙中大放异彩。我曾想要的可真不少，而在承受了诸多难以忍受的痛苦后，我才渐渐意识到自己的真正价值。正因此，我不想让你承受这些痛苦。现在回想起来，我曾经担心无法进入上层社会或成为善于交际的上层人士而受尽折磨，真的很可笑！没人了解我为这种小事吃了多少苦头，我为了克服自己的腼腆经历了多少次挣扎，比如一想到要和达维多夫②一家用午餐，我竟会两天不食不眠！！更别提我在确认自己完全无法胜任乐团指挥之前，经历了多少痛苦！要过多久才会完全确认自己是个聪明人但并非智力超群？要过多少年才会明白，即便身为作曲家，我也只是具备了才华的"一个人"，并不是独一无二的"现象"。

直到现在，特别是经历了婚姻之后，我才开始懂得，没有什么

---

① 追求超出自己能力范围的东西。（法语）
② 圣彼得堡音乐学院院长。

比不坚守自己的天性更加徒劳无益。况且，生命是短暂的，何必郁郁寡欢，何必因为难以满足的自尊心而痛苦，将时光浪费在面对无法实现的幻想而无病呻吟上？聪明人应去享受生活。

你想不到，托利亚！我甚至替你不具备什么艺术才能而感到庆幸，这种才能只会让你走上一条特殊的道路。这样的人，成长的每一步都会遭遇无数艰难阻碍、阴谋暗算、门派争斗、排挤打压、竞争较量，等等。而那条世人皆追求的道路——通过努力工作取得社会地位——则是可以带来优渥生活的，你可以自己决定付出多少自尊去换取职位升迁，你可以尽职尽责完成本职工作，该付出多少精力和时间就付出多少。你生来严谨认真，因此你绝不会放任自流，损害个人地位。别因为有些不够优秀、才能不佳的人走得更快而难过。正如我在音乐界与那些能力不如我却名气更大、经费更多的人和解一样，你在职场必须容许命运不公平，因为在职场，私人关系和机遇比在任何地方都更重要。

我一直担心自己急于帮你而没能清楚表达想法。透过你的书信，我看得出来，你经常在相信自己能力非凡、沮丧失落与否定自我价值之间摇摆。我想给你指出两者之间的平衡点：你 une nature supérieure① 中没有特别超群的能力，因此你有权俯视生活，洞悉平庸和庸俗常会取得胜利的必然，你要与这种必然和平共处，过好一个平静的旁观者的生活。

比如，如果你现在比以前读书更多，就会给自己带来莫大的享受！当阅读带来了内在的平静，而且这种内在平静是源源不断的，那你就体会到最高的幸福了。艺术也会带来很多愉悦时刻。总之，如果你战胜了过分的自尊心，放下了不惜一切胜过所有人的幻想，那么凭借你吸引大众的能力，这个社会就会让你过得多姿多彩。当

---

① 高尚的天性。（法语）

你不再凭着自己的文雅风度、自己的智慧等出风头，不再让周围人黯然失色，而是将雄心壮志搁置一旁，去观察和研究他人，以这样的目的迈入社会时，你就会察觉社会的美好。不过，就我对你的了解而言，你天生就很有分寸，天真、单纯又颇有礼数，所以不应由我来告诉你如何合理利用社会。

先写到这儿，明天继续。

14 日 / 26 日，<u>佛罗伦萨</u>：今天打算继续开导你，详细谈谈你生活中的一个重要方面，准确来说，是你对生活的不满。我想展开谈的一点是，我发现你追求博学，想要了解各种各样的知识。不过我也注意到，你追求这一目标不是因为渴望知识本身，而是为了炫耀，或为了胜过某个熟人。然而，只有当你回归阅读本身，而不是为了获得虚假的尊严时，阅读才是享受。对！我就想说这个。还要谈谈其他的，比如我突然收到你日记式的书信，读后清楚意识到你<u>恋爱了</u>。①尽管读到你因为爱情而失眠时有些心疼，但还是为你开

---

① 阿纳托利在 1878 年 2 月 5 至 6 日的信中写道："[……]离开音乐会[即帕纳耶娃的演出]后，我见到了尼古拉·德尔维斯[一位男演员]，他拉着我去找帕尔金，在帕尔金家我见到了一群人，其中有马科夫斯基夫妇、戈尔布诺夫和斯维尔斯基。马科夫斯基是一位艺术家，他的妻子是一位非常得体、讨人喜欢的女士，但对我而言她的主要优点在于她是帕纳耶娃的朋友。[……] 亲爱的彼得鲁沙，我是否应该向你坦白，我前所未有地坠入了爱河，这次既像过去一样迷恋，又和过去不一样。我依然厌恶一切，昨天我以为这只是一种任性，是一时心血来潮，但并不是这样，似乎我无法很快从这段爱情中抽身。[……] 和你详细讲一讲吧。首先，我觉得她很漂亮，她的面容和身材无可挑剔。刚和她相识时，我不喜欢她的说话方式和蹒跚步态，但现在我一见到她就很开心。她有一双充满魅力的、美丽而平静的眼睛，她待人总是温和而不失热情。关于她的歌声，我无话可说，真是喜欢极了。唉，我该怎么形容她的一切美好呢？太难了，一句话：她的一举一动、一言一行都让我惊叹。她家中只有父亲、母亲和她自己，她的姐姐已嫁给佳吉列夫。她父亲是个狗娘养的家伙，还是一个疯子。'疯子'就是字面的意思，他住在疯人院，也许与他人隔离。他千方百计让自己的女儿难堪。[……] 现在他看起来是健康的，但和他交谈后就很难相信了。她的母亲是个十足的傻瓜，大多数情况下（转下页）

心。因为爱情可以充实你的生活，我认为帕纳耶娃不可能不喜欢你，我猜你们会有好结果的。

你的"日记"让我很开心！我觉得这是最好的通信形式，这是第一封我可以清楚了解你生活状态的信。在音乐会上，还有在帕尔金①那儿时，我脑海中都是你鲜活的样子，包括我失眠时！你的"日记"是一部最好的长篇小说。

下面，该谈谈我自己了。

我们外出畅游已经是第三天了（星期日），一路顺利。顺便说，des chartreux② 修道院给我留下了诗一般的印象。晚上我沿着河岸散步，无意间听到一个既熟悉又神奇的歌声：

听到这个男孩的神奇歌声成了我住在佛罗伦萨的目的。他去哪儿了呢？昨天清晨我写了一首钢琴曲③。我规定自己每天都要写一

（接上页）听从丈夫的意愿。和他们在一起，我很不愉快，几乎总想避免面对面交谈。总的来说，我的不幸在于很少见到她，而我见到她时总是有别人在场。据我所知，她还没爱上过任何人。她待我如常，毫不轻浮，而且也没给我半点儿可以自认为不同于其他追求者的权利。[……] 我睡得很糟糕，你瞧，爱情让人难以平静。我五点才躺下，辗转难眠。不管我怎么努力，都无法搞清楚自己在想什么。我忘了说，昨天马科夫斯基夫妇发来邀请，请我今晚去他们家，我本以为会见到帕纳耶娃，但她那狗娘养的父亲得知他讨厌的女婿佳吉列夫也会来，就不让小女儿参加了。让莫杰斯特发誓，他不会背叛我，不会把我的恋爱告诉任何人，他这个大嘴巴"（馆藏信息：ГДМЧ，a⁴，№ 4750）。

① К. П. 帕尔金：圣彼得堡一家饭店的老板。
② 夏特勒的。（法语）
③ 《中断的梦》（Op.40，No.12）。

241 首小曲。早餐后我们去了 Palazzo Pitti①。晚上我再一次沿河岸散步，满心期待能见到这个可爱的男孩，直到走累了。突然，我看到远处有一大群人，其中有人在唱着歌，我的心开始剧烈跳动，我跑过去，却大失所望！唱歌的人留着小胡子，他唱得也不错，但这能相提并论吗？回家路上（我们住得离河岸很远），我身后跟着一个外表具有超凡古典美的穿着非常讲究的青年，他竟然主动和我聊天。我们一起走了将近一小时。我非常紧张，犹豫不决。最后我对他说，妹妹在家等着我，便同他告别了，相约后天 rendez-vous②。

我和莫杰斯特整晚都聊起你。他读了自己秋天写的几篇日记③。令人惊讶的是，他的自我不满与你如此相似。同你一样，他有时也会心情低落，认为自己微不足道，等等。

实际上，我想和你说，你和莫杰斯特是人类世界中最为动人的色彩，你们各有千秋，我的生命中没有谁比你们两个更好、更令我愉快，就连你们身上的缺点也讨人喜欢。

我亲爱的弟弟，打起精神来吧，不要害怕与其他人比较，你要接受有人比自己更聪明、更有才华的事实，但也要始终坚信你身上具备的、我昨晚信中提到的"和谐"，与大部分人相比，这种和谐可以让你青云直上。拉罗什比你我都聪明，有何用？阿普赫京④比你我更机智，又如何？要是让拉罗什和阿普赫京变成我的兄弟，而你变成我的朋友，那我宁愿投河自尽！

如果帕纳耶娃爱上你，我会给她写一整套浪漫曲，让她对你无

---

① 意大利语，意为"皮蒂宫"，即佛罗伦萨的皮蒂宫（建于 1440 年）。此处以梅第奇公爵藏品画廊而闻名，其中有拉斐尔、提香、丁托列托、卡拉瓦乔、鲁本斯、戈雅等著名欧洲大师的画作。
② 会面。（法语，后同）
③ 日记未留存。
④ 阿列克谢·尼古拉耶维奇·阿普赫京（1840—1893）：俄国诗人。他是柴科夫斯基在法学院的同窗，也是一生挚友。

以复加地感激。

我要提前寄出这封信,不想再等到明天了。无数次亲吻你的照片,因为明天我就要把照片寄给娜[杰日达]·菲[拉列托夫娜]了。

你的彼·柴科夫斯基

又:紧紧地拥抱你。

8.①

[1878年2月18日/3月2日]　**佛罗伦萨**

我一开怀地读起你的"日记",就顾不上生活秩序了。今天是星期六,我却从星期二起一封信都没给你写。不过我这个习惯终究还是坚持下来,那么就回顾一下每天都发生了什么吧。

2月15日/27日,<u>星期三</u>:这一整天都既痛苦又踌躇。晚上我有一场 rendez-vous,真实的感觉是痛并快乐!最终我决心赴约。我在最浪漫的气氛中度过了最美妙的两个小时;担心、茫然,一有动静就害怕;拥抱、亲吻,远处高耸着一栋孤零零的房子;亲切的闲谈,让人幸福又满足!回家后我觉得很累,筋疲力尽,但留下了美好的回忆。

2月16日/28日,<u>星期四</u>:这天没什么特别的。早餐后在卡西诺②散步。你可能都认不出来现在的卡西诺了,它变得很迷人,这简直是个奇迹。树木披上绿意,鸟儿不停地歌唱,还有绝佳的、僻静的、绿荫覆盖的小径。晚上我去了人民剧院,演出好极了,想象一下吧,这是一场由最幼稚、最勤奋的演员奉上的最令人心碎的<u>悲剧</u>。不过,尽管一切都很糟糕,丑角却发挥了巨大作用。一句话:

---

① 《作品全集:著述与书信》,VII,第128—129页。馆藏信息:ГДМЧ,a^3,No 1153。
② 卡西诺(Cascino):弗洛伦萨阿尔纳河与铁路之间的林地。

这是超乎想象的音乐戏剧和滑稽剧的绝妙组合。观众异常兴奋，票价低得不可思议。我们的豪华包厢几乎就在舞台正上方，这让观看的满足感更强烈了。包厢票价是4法郎，而莫杰斯特赶来时，演出都快结束了。

　　2月17日/3月1日，<u>星期五</u>：今天也没什么特别的。我收到了梅克夫人的信。她特别喜欢我的交响曲。她真是个好人！她的信是那么温暖又温柔。不过你注意到了没有，到现在为止没有一个莫斯科的朋友对我提过交响曲的事。午餐后我出门闲逛，希望遇到我的心上人，但没如愿。不过还有另一件喜事在等着我。我在Lung'Arno①碰到了一群街头卖唱的人，直接问他们是否认识我们见过的那个男孩②。果然，他们都认识他，他们说那男孩今晚九点会到这儿来。今天我又预约了一次 rendez-vous，安排在了<u>星期六</u>。

　　2月18日/3月2日，<u>星期六</u>：我睡得不太好。上午参观了圣十字教堂③，马基维尔、米开朗基罗等都长眠于此。我绕了一大圈回到圣米尼亚托教堂④，独自逛着。在这儿能将整个佛罗伦萨的醉人景色尽收眼底。不知为何，今天心情不太好。我觉得可能因为胃不舒服，不然我无法解释自己的忧郁和恼火，这种状态时常出现。我总体来说过得不错。

　　最多一个星期后我们就出发去瑞士了。我在这儿的生活很好，但开销如流水，所以必须尽快离开。我之后的地址是：Clarens, Villa Richelieu⑤。无论在哪儿我都会时刻想着你的。

---

① 意大利语，意为"阿尔诺河畔"，指佛罗伦萨阿尔诺河的堤坝。
② 佛罗伦萨的街头歌手维托里奥。
③ 佛罗伦萨的圣十字教堂（Santa-Croce），多位佛罗伦萨历史人物安葬于此。
④ 佛罗伦萨南郊的圣米尼亚托教堂（San Miniato），其中保存了卢卡·德拉·罗比亚的镶嵌画和雕塑作品。
⑤ 克拉朗，黎塞留别墅。（法语）

你和帕[纳耶娃]怎么样了？我很惦念你。

吻你
彼·柴科夫斯基

又：舒姆斯基①的逝世令我很悲伤。听说玛莎·戈洛维纳②得了肺病。她给我写过信，但我不知道她得病了。

9.③
[1878年2月22日/3月6日]　**佛罗伦萨**

又要按日期从前往后写了，原谅我吧！最近几天感触颇多。我生活充实，没在混日子。但我过得幸福吗？这就是另一个问题了。不过日子的确满满当当。

1878年2月18日/3月2日，星期六④：这天晚上我的安排如下，先是rendez-vous，之后去见见卖唱的男孩⑤。由于期待见到后者的愉快远超过前者，我顺理成章地忘了前一个安排，整个人沉浸在我们可爱的小男孩即将带来的歌声里。晚上九点整，我如约而至，承诺会把男孩带来的那个人在等着我。除那个人之外，还有很多其他男士也都好奇地等着，我们的小男孩就站在这些人中间。我发现他有点儿长高了，很英俊，我们曾以为他应该不会长得多好看。由于人越来越多，于是我就朝卡西诺的方向走远了一些。亲爱的，我曾经怀疑这不是那个男孩。"我一唱歌，您就能听出来，那就是我。您当时给了我半个银法郎！"那个神奇的声音说的每个字都直击心灵深处。当他唱起歌时，我身上发生了什么？简直无法形

---
① С. В. 舒姆斯基：莫斯科小剧院（Малый театр）的演员。
② 玛丽亚（昵称玛莎）·阿列克谢耶夫娜·戈洛维娜：柴科夫斯基的熟人，因肺痨早逝。
③ 《作品全集：著述与书信》，VII，第133—135页。馆藏信息：ГДМЧ, а³, № 1154。
④ 柴科夫斯基在这封日记式的信中保留了每次提笔的日期。
⑤ 佛罗伦萨的街头歌手维托里奥。

容，我想就算是你听到帕纳耶娃的歌声，都不会如我这般！我落泪了，无法抑制地陶醉在欢喜中。除了你知道的那首歌，他还唱了两首新歌，其中一首 Pimpinella① 非常美。我慷慨地打赏了他和他的同伴。回家路上遇见了莫杰斯特，非常遗憾他刚才不在场。不过，星期一白天我们打算再去听这男孩唱歌。从这晚起，我整个人沉浸于一种感觉，而那个在此之前带给我诸多欢乐的人已经完全从我心中消失了。

[2月]19日/3月3日，**星期日**：没什么特别的事发生。昨晚过得很糟，我感觉不太舒服。晚上我和莫佳在 Pergola② 的主体剧场参加了一场假面舞会。我很期待热烈欢腾的氛围，结果并没有，人很少，服饰难看极了。因为完全没有女士参加，所以都是男士们搭伴跳舞。众多假面中只有一位女士，唉，但她对我而言毫无吸引力，她只会让我感到无聊。

[2月]20日/[3月]4日，**星期一**：狂欢节最后几天，他在中午十二点前身着套装出现了，身边还跟着两个留着小胡子的同伴，他们也身着套装。直到那时我才看清他的模样，他是真正的帅小伙儿，他的目光和笑容是难以形容的亲切。在街上听他唱歌比在室内更棒。他有些腼腆，嗓子都没放开。我点了他所有会唱的歌，③ 然后

---

① 意大利语，音译为"平皮内拉"，有三个含意：一种意大利民歌；女名，源于植物名称；意大利喜剧中的角色，平皮内拉是普尔钦奈拉的朋友。柴科夫斯基以此曲调（他亲自将歌词译成俄语）创作了声乐作品《六首浪漫曲》（Op.38，题献给弟弟阿纳托利）中的第六首《平皮内拉：佛罗伦萨之歌》。

② 意大利语，音译为"佩尔戈拉"，指佩尔戈拉剧院，是佛罗伦萨的两大剧院之一，主要演出歌剧和芭蕾舞剧。

③ 柴科夫斯基档案中没有留下这些歌曲的记录，不过作曲家的确使用了这些歌曲的旋律，例如《意大利歌曲》和《手风琴师之歌》（均出自《儿童曲集》，Op.39）以及钢琴曲《中断的梦》（Op.40，No.12）。

带他去照相留念。照片要在我们离开这座城市后才洗出来,我会给你寄一张①。

[2月]21日 / [3月]5日,<u>星期二</u>:晚上有个rendez-vous,但我决定爽约。幸好我遇见了<u>那个人</u>,可以编个谎话。今晚很空闲,我和莫杰斯特一起在剧院看了一场假面剧,其中有阿莱基诺和科隆比娜②等角色,好笑极了。

[2月]22日 / [3月]6日,<u>星期三</u>:早上收到了萨莎③的来信,让我很感动。今天参观了 <u>Museo Nazionale</u>④,非常有趣。我和莫佳、科里亚在<u>你和我常去的饭店</u>用早餐,还记得这家饭店吗(饭店名叫 Gille e Leta)?我独自在<u>卡西诺</u>散步,走了很远,采了几朵紫罗兰,会夹在这封信里。<u>那男孩</u>午餐后就过来唱歌了,我便先于其他人提前欣赏。明天晚上我们就要前往日内瓦,喜欢佛罗伦萨的莫杰斯特很难过。但不能再继续停留了,在这儿开销如流水一样。

托利奇卡,尽量争取领到《铁匠瓦库拉》的款项⑤并汇给安[东尼娜]·伊[万诺夫娜]吧。

---

① 有几张维托里奥的照片保存于国立柴科夫斯基故居博物馆的彼得·伊里奇·柴科夫斯基独立馆藏和其弟弟阿纳托利·伊里奇·柴科夫斯基独立馆藏。作曲家将其中一张照片寄给了阿纳托利,后者在1878年3月7日的信中写道:"今早收到了维托里奥的照片,感到特别满足。多么聪慧的容貌啊!与其说他可爱,不如说他有趣。我永远都不会忘记他给我带来享受的那两分钟。[……]回到这个让我体验过最为强烈的人生时刻之地,很是烦闷。我不喜欢自己的过去。[……]令我欣慰的是,你对过去的态度是完全不同的,我知道你喜欢回忆"(馆藏信息:ГДМЧ,a⁴,№ 4753)。
② 阿莱基诺和科隆比娜是意大利即兴喜剧中的人物。
③ 妹妹历山德拉·伊里奇娜·柴科夫斯卡娅。所提信件下落不明。
④ 意大利语,意为"国家博物馆",指佛罗伦萨国家博物馆,由国家图书馆、档案馆和画廊组成。
⑤ 歌剧《铁匠瓦库拉》在圣彼得堡马林斯基剧院的五场演出(1877年10月10日至1878年2月8日)的收入。

10.①

[1878年] 9月29日　**莫斯科**

托利奇卡!

我昨天收到了娜[杰日达]·菲[拉列托夫娜]的信。② 她对我提的"如何看待我的离职"这个问题的答复正如我所料。她说,她早就希望我离职,而且早就知道我不会像过去那样把学院教职视为己任。这是一封最能安慰我并最让我心情舒畅的信。她还认为我拒绝达维多夫的提议③是正确的,并认为我应该是完全的自由人,她着重强调了这句话,显然她打算继续提供资助。

我感到非常喜悦和幸福。还有另外一件事让我内心平静:鲁宾斯坦不仅没对我的离职而难过,还着手张罗替补我的空缺,为此他邀请塔涅耶夫来音乐学院任教。为了不让大家都察觉到这样安排的原因,塔涅耶夫会暂时担任钢琴教师,不过他已经受命准备理论课程了。这样一来我就可以随时从容地离开。

这个"随时"要比你想象得更快。别惊讶,我答应科捷克12月会去柏林。如果不被什么事耽搁的话,就会照安排出发。主要是,我

---

① 《作品全集:著述与书信》,VII,第412—413页。馆藏信息:ГДМЧ,a³,No 1183。
② 梅克夫人在1878年9月20日的信中大力支持柴科夫斯基辞掉莫斯科音乐学院的工作。
③ 圣彼得堡音乐学院院长达维多夫曾邀请柴科夫斯基去圣彼得堡学院讲授理论课程。阿纳托利曾向达维多夫当面确认过这项提议,他在1878年9月26至27日的信中写道:"不知道他是否和你提过,他认为这门课程只是基础性的,他确信你不同于其他音乐协会成员,你不必在音乐学院讲授任何课程就可以从音乐协会领取足以保障生活的退休金,完全不可能让你靠讲授和声课为生。我很好奇,你在担任作曲课授课期间,是否完全不能离开圣彼得堡?看起来只要你时间允许,授课期间你是可以离开的,哪怕是一个月。你知道吗,如果给你提供这样的条件,你都拒绝离开莫斯科,那就相当令人费解了"(馆藏信息:ГДМЧ,a³,No 1183)。

确实很想去国外转转,在莫斯科我是一个音符都写不出来的,但我又迫切想工作,以对得起我眼中的自己并弥补在这儿犯下的蠢行。我觉得在克拉朗比在圣彼得堡更利于工作,你同意吗?圣彼得堡人多喧闹,琐事缠身,我没办法沉下心去工作。我是这样安排的:如果不和你住在一起,准确说是在你那儿①住一阵,我是不会出国的。很久以前我就决定,一整个11月或一部分11月和整个12月都住在圣彼得堡,特地体验一下你的社交圈,之后再出国。我要努力工作,初春再回到圣彼得堡,还会住在你那儿。

就这样安排吧,托利亚!别来找我,没必要,最晚11月初我就会去找你。我在这儿的日子就像露宿街头一样,我极其讨厌自己的公寓,完全不想在这儿招待你。更别提住在该死的莫斯科,那儿有幸住着像安[东尼娜]·伊[万诺夫娜]这样"迷人"的人!一想到她这个恶人住在这儿就是为了和我作对,我就受够了。顺便说,她发明了新的"战术",她自己不敢给我写信,于是她让她可敬的母亲动笔,②向我保证她的爱有多强烈,并再次请我在她的姐妹玛莎的婚

---

① 具体指阿纳托利家楼下的已经布置好的房间(一间独立公寓)。在1878年5月2日致阿纳托利的信中,柴科夫斯基写道:"你楼下有没有空闲的、舒适的房间?我可能搬到你那儿住"(《作品全集:著述与书信》,VII,第418页)。
② 现存两封柴科夫斯基的岳母的信。在第一封信(1878年7月24日)中,作曲家的岳母写道:"自从和您相识后,我就真诚地敬爱着您,听说您很快要离开并且与妻子关系破裂,我感到很痛心。向您发誓,我到现在都不清楚安东尼娜怎么对不住您了,以至于您要发如此残忍地惩罚她。很明显,您非常厌恶她。我想帮忙,但您不让我介入,您希望一切都会尽量轻松地终结。因此,尽管您不允许我给您写信,我还是要提出建议,因为之前给您去信后,我和安东尼娜聊了聊。我确信,按这封信中提到的方法可以更容易、更轻松、更快达成目标。安东尼娜对您的爱深沉且真诚,胜过对这世间的一切。如今她的生活支离破碎,处境凄惨,为了避免这段离婚丑闻造成不良影响,她不打算再嫁,和平地离开对您不是更好吗?我提议,您给她一个说明,这样她以后就可以有新的身份,不必再打扰您,(转下页)

礼上担任主婚人,还像以前一样补充说,如果没有我的祝福,这位女士就不愿进入婚姻。我回了一封毕恭毕敬的信①,告诉她,我注定要失去与至亲相见的快乐,正如她亲口说的那样。

可爱的科捷克为我目前的处境感到悲伤。真好笑,②这没什么好悲哀的,我只是感到厌恶和乏味,所以我要远离所有人,或住在城郊,或是住进不同旅店的独立房间。但这种生活对我而言有什么意义呢?我每天会至少要用掉10卢布。

深深地吻你。去安排一下吧,看看你那儿是否有合适的房间。

你的彼·柴科夫斯基

(接上页)您也不必每月按时给她提供补贴,免得经常和她发生摩擦。她会离开莫斯科,搬到圣彼得堡,保证永远不会再为任何事劳烦您,甚至不会再想起您。而彼得·伊里奇,我希望您也可以采取行动,让您的亲朋好友别再散布有关安东尼娜的任何谣言,这样做有损于年轻女子的名誉。[……]我向您诚恳保证,安东尼娜言出必行,请相信我,一旦作出这一决定,她和她的所有家人就都不会再打扰您了。您是一位天才人物,良好的声誉对您来说很宝贵,请相信我,我们不会给您带去污点,我们一定会作为正直的贵族家族践行诺言。满怀敬意的奥莉加·米柳科娃”(馆藏信息:ГДМЧ, a⁴, No 2997)。

在第二封信中,作曲家的岳母邀请他参加自己另一个女儿玛丽亚(昵称玛莎)·伊万诺夫娜·米柳科娃的婚礼,并在信中提醒道:"您爱护玛莎,希望她获得幸福。您的愿望实现了,她因为爱情嫁给了同样爱自己的格鲁津斯基公爵。这是上帝因为玛莎温顺的性格、对母亲的爱戴和尊重而赏赐她的。[……]她爱戴您,尊重您,她希望您能代替她父亲,同我一起祝福她,难道您不想实现她的请求吗? [……]请证明您没有停止对我们的爱护吧,您将给我们带来难以言喻的幸福。忠于您的奥莉加·米柳科娃"(1878年9月,馆藏信息:ГДМЧ, a⁴, No 2997)。

① 柴科夫斯基的回信下落不明。
② 在莫斯科音乐学院刚开始工作期间的信件中,柴科夫斯基特别强调了自己的精神状态,使其亲朋好友颇为不安。阿纳托利在1878年5月29日的信中写道:"我非常担心[……]还是没有你的来信。你不会生病了吧?还是开始酗酒了?拉罗什说,你整天什么都不做,独自在花园散步。还有,从你之前的信里可以看出,你心情忧愁。不会做了什么坏事吧? [……]我现在非常担心,等一切安定下来,等你离开音乐学院,我才能安下心来"(馆藏信息:ГДМЧ, a⁴, No 4769)。

11.①
1879年1月9日／21日　克拉朗

尽管按照顺序，今天应该给莫杰斯特回信，我还是先给你回信了，特别想感谢你一次性寄来了两封信②，里面写了很多有意思的细节。莫杰斯特和你相反，他的信非常短，也没什么内容。不过我丝毫没有批评他的意思，他解释过为什么没时间写信。我向你保证，托利亚，没有一本"小说"能像你的信这样，令我读起来如此兴致盎然。这当然是很好理解的，因为所有"人物"都是我的亲人，尽管亲疏不同，我都很看重。但这些信也让我心神不宁。一方面，我害怕这种你所经营的忙乱不堪的生活，我会不知所措，就像暴风雨中的一粒尘沙。另一方面，我有时又非常羡慕，比如，我会很开心在科里亚家庆祝新年，③会很高兴见到你们大家，看着塔尼娅

---

① 《作品全集：著述与书信》，VII，第34—35页。馆藏信息：ГДМЧ，a³，No 1210。
② 阿纳托利于1879年1月4日、5日的来信。他在详细讲述圣彼得堡的生活时，特意写道："我们在科里亚[即兄长尼古拉]家迎接新年，他家中安排了舞会。[……]我前去找萨温娜[一位女演员]，别以为我对她旧情复燃，哦，并没有，因为她经常邀请我，给我带票，所以我才去找她。[……]萨温娜永远不会，哪怕一分钟，再对我产生爱意了。我可能会和她发生关系，但我并不乐于此，她想从我儿这得到的也不是这个，而我又可以像以前一样出现在她身边了。

　　[……]法尼亚[即作曲家的堂弟米特罗凡·彼得罗维奇·柴科夫斯基]在父亲家吃了午餐。法尼亚很明显喜欢塔尼娅[即塔·利·达维多娃]，每天都会送来糖果，想方设法和我们共处。当然，塔尼娅也注意到了这一点，便开始对他爱答不理了。[……]我们拜访了卡尔佐夫夫妇。萨尼亚[·卡尔佐娃]在家，她学校放三天假，她让这个家不再沉闷，充满欢乐。米沙·卡尔佐夫和乔治·卡尔佐夫两个小伙子也让家里变得十分热闹，我和他们两人都喝了交谊酒。时间在各种胡闹和舞蹈中流逝，直到晚上十一点。我到萨温娜家时，她刚刚从剧院回来，独自坐在豪华的客厅里。她讲了很多关于和她同居的弗谢沃洛日斯基的事，坦白讲，我完全不感兴趣，不过并不妨碍我装装样子"（馆藏信息：ГДМЧ，a⁴，No 4782）。
③ 柴家成员在兄长尼古拉（当时也住在圣彼得堡）家迎接了新年。当天还有弟弟阿纳托利，以及妹妹和弟妹（达维多夫夫妇）和他们的女儿塔季扬娜与维拉。

身着舞裙，奥莉加①招待客人，还有乔治·卡尔佐夫②跳舞，等等。重要的是，有时我特别想和托利亚好好聊一会儿。很遗憾，我无法在圣彼得堡久住！下次，一个半月后，我一定要试着以工作为由，哪儿都不去，就陪着父亲和科里亚。到时看情况吧。

你怀疑我把你的信弄丢了，真好笑，一封都没丢过。自从你用日记的形式写信，来信频繁多了。瞧瞧，这样多方便！

现在聊聊今天，就从晚上开始吧。因为小感风寒，我睡得很不踏实，做了些怪梦，必须和你讲讲，特别是其中一场主要是文字游戏的梦。我梦见自己参加了一场集会，勒南③在集会上发言并说了一句有意思的结语："世上有四件东西应该珍惜——France, reve, tombeau, roi"④。我问旁人，这是什么意思？那人答道：勒南是保皇党，已经因此枪毙了，所以不能直接提起他，而要用双关语，这四个词是说"France, reve ton beau"⑤。在梦中，我深深折服于勒南那平静且侃侃而谈的机智。发言结束后，律师格尔凯⑥走向他，他们开始饮酒，用德语交谈。然后我就醒了，为梦里勒南的双关语惊叹良久。第二个梦是梦到安妮特·默克林⑦想和我在一起，她哭

---

① 兄长尼古拉的妻子。
② 乔治·巴甫洛维奇·卡尔佐夫（1861—1931）：堂姐亚历山德拉·彼得罗夫娜·卡尔佐娃之子，柴科夫斯基的外甥，近卫重骑兵，后成为帕纳耶娃的丈夫。阿纳托利在信中还提到了乔·巴·卡尔佐夫的兄弟米哈伊尔·巴甫洛维奇·卡尔佐夫（1859—1909），他后来也成为一名军人。
③ 约瑟夫·埃内斯特·勒南（1821—1892）：法国哲学家、宗教史学家。
④ 法国、梦想、坟墓和国王。（法语）
⑤ 法国啊，怀念你英俊的国王吧。（法语）
⑥ 奥古斯特·安东诺维奇·格尔凯（1841—1902）：律师。他是俄罗斯皇家音乐协会理事会成员，也是柴科夫斯基的朋友。
⑦ 安娜·彼得罗夫娜·柴科夫斯卡娅（1830—1911，夫姓默克林）：柴科夫斯基的堂姐，幼时玩伴。钢琴曲《小步舞曲》（Op.51，No.3）即为她而作。（在原件中，"安妮特"为法语拼写"Anette"。——译注）

着哀求，我很同情她，但是不能违背人伦道德。我是吓醒的，就决定第一时间把这两个梦讲给你或莫佳。这两个梦是不是很可笑？

我已经完成了第一幕①。独自散步后（阿廖沙不想出门）回到家中，发现桌上有四封信，其中两封是你的（真高兴！），一封是莫佳的，还有一封是娜[杰日达]·菲[拉列托夫娜]的。奇怪了，三天来我一封信都没收到，现在一口气收到了四封。很开心从你信中得知亲爱的瓦洛佳·热德[林斯基]②已经挺了过来，还能跳舞和安排演出。晚餐前我仔细研究了国王与杰努瓦的二重唱，韵脚让人头疼。我流感已经好了，完全恢复了健康。深深地吻你。

你的彼·柴科夫斯基

12.③
1879年2月15日/27日　巴黎

你现在真是爱写信呀！以前两个星期才勉强等来你一封信！现在我只要一去 poste restante④（每星期至少去两次）就能收到你的信！不过从最近两封信里得知你生病了，让我很担心，希望你尽快康复。托利奇卡，为健康着想，你在生活上要有所改变，如此忙乱的生活状态是无法兼顾身体健康与精神状态平稳的。首先，在用餐上要更准时，尽可能时间规律。其次，你该下决心白天不招待任何人。根据我的经验，即便是最礼貌的人也不会意识到自己的来访占用了他人时间。不要招待任何人，坚决拒绝。不到万不得已，你是

---

① 歌剧《奥尔良少女》的第一幕。
② 弗拉基米尔（昵称瓦洛佳）·亚历山德罗维奇·热德林斯基：圣彼得堡地区法院副检察官。阿纳托利的朋友。
③ 《作品全集：著述与书信》，VIII，第112—114页。馆藏信息：ГДМЧ, a³, № 1220。
④ 邮局。（法语）

不会一大早就去看望父亲的吧？但如果离得不太远的话，一切还是面谈方便些。你知道吗，我开始启程倒计时了！我终究不喜欢法国。即便我在这儿有过愉快的浪漫经历（这个我不好意思和你细说），① 我也无法充分享受生活，更不想改变生活。当然，你会说这里没什么值得我留恋的，我可以随时离开，但我想反驳你，要是在歌剧完成之前就回家的话，我会很不愉快的。我还要工作不到两个星期，也可能更短，这可能是我现在最想完成的。我真想从这儿离开，去克拉朗住上两个星期，但那样我会对娜[杰日达]·菲[拉列托夫娜]过意不去！我得在这儿住到2月28日。② 今天或最晚明天，我就去柏林了，会在那儿住两天。嗯，总而言之，再过不到三个星期，我就可以拥抱你了。托利亚！我绝对不能住在你那儿③，我很任性，脾气火暴，必须住在一个安静的地方，必须有一个属于自己的角落。你还记得吧，在圣彼得堡时我曾无论如何都要写配器并补写组曲④。再说，何况还有阿廖沙，两个人对你们来说太挤了！你哪还有地方安顿我呢！所以，鉴于上午你和我都很忙，我们不住在一处也就无所谓了吧？当然，午餐和晚上我会一直陪着你。要知道，我在圣彼得堡会至少住上三个星期，也可能会是整整一个月！亲爱的，尽快想一想怎么安顿我吧。我觉得，最好是住在 La Paix⑤，萨莎曾

---

① 在1879年2月13日/25、2月17日/3月1日和1879年2月26日/3月10日寄给莫杰斯特的信中有更加详细的讲述。馆藏信息：ГДМЧ, a³, No 1537, No 1539, No 1541。
② 1878年底梅克夫人告诉柴科夫斯基，她计划于1879年1至2月访问巴黎，并建议柴科夫斯基于2月前往巴黎，作曲家接受了建议。梅克夫人为他亲自挑选并预订了在巴黎期间（1879年2月6日至28日）的宾馆，并表示将对作曲家以客相待。
③ 阿纳托利及其朋友热德林斯基在圣彼得堡合租的公寓。
④ 为乐队而作的《第一组曲》（Op.43）。
⑤ 法语，意为"和平饭店"，是圣彼得堡一家设施齐备的公寓。

在那儿住过。别忘了，我每年有 8000 卢布左右的收入呢，在这种小事上节省是很可笑的。

今天我收到了萨莎①的信，意外的是还收到了别佳·亨克②的信。他在信中说，维拉在路上得了重病。你难以想象，要不是萨莎来信告知维拉已经脱离危险，我会多担心。塔尼娅已经病倒了，萨莎预感还会有其他人生病的，这让我很不安。我立即发了电报③并预付了回电的费用，以便了解孩子们的情况。尤里④得了麻疹！！一想到此，我就忍不住流泪，而我正好在重温陀思妥耶夫斯基的小说《卡拉马佐夫兄弟》。如果你还没读过，赶紧买一份 1 月的《俄罗斯通报》吧，⑤其中那个叫佐西马的长老在修道院接待访客的场景，刻画了一个悲痛欲绝的女性人物，她所有孩子都死了，当她最后一个孩子死去，她变得精神失常，扔下丈夫，四处流浪。我读到她讲述最后一个孩子死去的场景和她的无尽思念时，不禁失声痛哭，已经好久没读书读哭过了。这段给我留下了很深的印象。⑥

这些天我一直没去剧院。很多有意思的戏剧都值得看看，但精力不允许。我很惊讶自己对戏剧越来越冷淡。现在，只有晚上坐在

---

① 妹妹亚历山德拉在 1879 年 2 月 5 日的来信中，讲述了她的家庭在圣彼得堡的生活情况，其中提到女儿维拉患上了麻疹。
② П. Э. 亨克（1862—1908）：律师，柴科夫斯基的表弟。莉季娅·彼得罗夫娜·亨克（原姓柴科夫斯卡娅，1838—1901）之子。此处指 П. Э. 亨克写于 1879 年 2 月 7 日的信。
③ 此电报下落不明。
④ 尤里·利沃维奇·达维多夫（1876—1965）：柴科夫斯基的外甥，后成为国立柴科夫斯基故居博物馆的主要保管员。
⑤ 陀思妥耶夫斯基的小说《卡拉马佐夫兄弟》刊载于《俄罗斯通报》第 1 期（1879 年 1 月）至第 4 期（1880 年 4 月）。
⑥ 阿纳托利对此小说持不同感想。他在 1879 年 2 月 25 日的回信中写道："我读了《卡拉马佐夫兄弟》，佐西马和丧子女人的那一幕的确很打动人，但其他部分都很糟糕。难道因为佐西马在场，就可以暂时认同谎言的正当性吗？不过，我更愿意在见面时谈论这些"（馆藏信息：ГДМЧ，а⁴，№ 4795）。

家中，身穿睡衣，听不到任何声响也看不到任何人时，我才感到庆幸和满意。我每天都去 Diner de Paris①用午餐。我有了另一个代替总去剧院的弱点：购物！昨天我一口气买了八条领带！！

吻你，我亲爱的
你的彼·柴科夫斯基

又：在你和莫佳的信中，读到在你家中玩方特游戏的那个晚上，我好羡慕啊。真想念我的伙伴们呀。

13.②
1879年2月21日/3月4日　巴黎

这是近几天的简短日记。

18日，星期日：早上很忙。早餐过后步行去了帕德卢③的音乐会，演奏的曲目很有意思，重头是柏辽兹④的 Symphonie Fantastique⑤。在这场音乐会上演出的还有维亚尔多⑥的子女，儿子是小提琴家，女儿是歌唱家，他们都很不错。不过我没听完音乐会就走了。天气很好，我心情愉快地往回走，散步途中顺带欣赏了这座城市的宜人景色，以及各处展现的辉煌和生机。我这天中的其他时间都状态恍惚。晚上七点原有一场 rendez-vous。除了抒情诗中

---

① 法语，意为"巴黎餐厅"，是巴黎一家餐厅，后同。
② 《作品全集：著述与书信》，VIII，第126页。馆藏信息：ГДМЧ, a³, № 1221。
③ 朱尔-艾蒂安·帕德卢（1819—1887）：法国指挥家，1861年组建管弦乐团并领导巴黎的"通俗音乐会"。
④ 路易·埃克托·柏辽兹（1803—1869）：法国作曲家、指挥家，其代表作品《幻想交响曲》创作于1830年。
⑤ 《幻想交响曲》。（法语）
⑥ 波林娜·维亚尔多（1821—1910，原姓加西亚）：西班牙裔法籍次女高音歌唱家。其子保罗·维亚尔多（1857—1914）是小提琴家、指挥家、作曲家。其女玛丽安娜·维亚尔多（1854—1891，夫姓迪韦努瓦）是歌唱家。

惟妙惟肖地描写的既痛苦又甜蜜的感受外,还有我自身固有的、对某些隐约的恐惧的害怕,我感到别样的紧张,但这些都可笑地收场了,我满怀悸动等待的人,不知为何没来 rendez-vous。我很快走出悲伤,吃了一顿丰盛的晚餐。散步回来后,我坐在家中,睡得很糟糕,神经非常紧张。

19 日,星期一:这天很忙。吃了早餐,买了一张剧院的票,据说演出非常逗趣。我想消遣一下,因为一刻不停地工作①和长期压力让我非常疲惫。此外,我对博切奇卡洛夫②很生气,他给莫杰斯特写了一封最为龌龊的信;我对娜[杰日达]·菲[拉列托夫娜]也很生气!没错,生她的气!"头发长,见识短",这句话果然没错。她只不过看起来是位聪明敏锐的女士,仅此而已。我以为已经给她写得很清楚了,可是你看,她在最近一封信中却问我:"为什么不去拜访屠格涅夫和维亚尔多?"③这让我非常恼火,因为我得再次向她解释我的孤僻、我对与人结识的厌恶。在剧院的消遣没让我高兴起来,

---

① 创作歌剧《奥尔良少女》。
② 尼古拉·利沃维奇·博切奇卡洛夫,一位住在莫斯科的老先生,是柴科夫斯基一家所在贵族圈中的熟人,具体身份不详。——译注
③ 柴科夫斯基在 1879 年 2 月 19 日致梅克夫人的信中写道:"我一生都因要与人建立必要关系而痛苦。我天生是个野蛮人。每次与人结识,每次与陌生人见面,都会引发我最强烈的精神痛苦。这种痛苦的本质很难解释清楚,也许是会导致躁狂症的胆小羞怯,也许因为我完全没有社交需求,也许是担心会违背本来的自己,也许是无法强迫自己变得言不由衷(如果不这样就不可能发生首次相识)。总之,我不知道这是怎么回事。只有实在无法推脱时,我才会与人见面,装出一副很开心的样子,必要时还会扮演某种角色(因为在社会生活里没有半点儿不这样的可能),于是我会感到难以置信的苦恼。[……] 我认为,只有经过长期交流,彼此间形成利益(特别是家庭利益)的关联,且在其中能做自己,这样才能享受人类社会。若非如此,则任何一种群体都是负担,而我的精神体质使我对此无力承担。亲爱的朋友,这就是为何我不去拜访屠格涅夫,也不会去任何人家中造访的原因"(1879 年 2 月 19 至 20 日/3 月 3 至 4 日,《作品全集:著述与书信》,VIII,第 121—122 页)。

我没看完就走了，回家后给娜[杰日达]·菲[拉列托夫娜]写了封特别长的信。之后我睡了个好觉，醒来后想到再过一个星期就要离开这儿，心情变得很不错，而且可能到那时歌剧就完成了。

20 日，星期二：早餐过后我给自己定制了一件大衣。照常下午两点（每星期两次）给帕胡尔斯基①上课，之后又是<u>工作</u>。现在已经是午夜十二点了。我对今天的工作非常满意。亲爱的托利亚，你收到这封信后不必再给这个地址寄信了，最好寄信到柏林，我会在那儿住上两天或三天，寄信地址：Berlin，Linkstrasse, 18，II Treppe. Herrn Josef Kotek② 转彼·伊·柴收。再之后，就在圣彼得堡相见了，万岁！唉，要是不必应付亲戚和熟人就好了。往柏林寄信吧，告诉我你在圣彼得堡安排的住处。致千万次温柔的吻。

你的彼·柴科夫斯基

又：复活节是你和我一起在卡缅卡度过，还是我在圣彼得堡自己过？？

14.③
1879 年 2 月 28 日 / 3 月 12 日　　巴黎

亲爱的弟弟，我今天出发了，过几天就可以拥抱你了。出发时心情极佳，尽管囊中羞涩到极点！是的！我总是很贪心，期望获得不符合实际情况的收入，于是我不得不给尤尔根松发电报④，让他往柏林汇款。而我在圣彼得堡也需要用钱，你能不能在 4 月 1 日前

---

① 弗拉季斯拉夫·阿尔贝托维奇·帕胡尔斯基：梅克夫人在巴黎的秘书。波兰钢琴家、小提琴家亨里克·帕胡尔斯基的弟弟。柴科夫斯基曾指导他创作。
② 柏林，林克大街 18 号二层，约瑟夫·科捷克先生。（德语）
③ 《作品全集：著述与书信》，VIII，第 144—145 页。馆藏信息：ГДМЧ, a³, No 1223.
④ 此电报下落不明。

帮我弄到 300 卢布？可不可以把这些钱交给科里亚①？或交给孔拉季②？4 月 1 日我就会收到娜[杰日达]·菲[拉列托夫娜]汇来的 1000 卢布了。此外，莫斯科方面也可能汇来歌剧《奥涅金》③的演出收入。顺便说一下关于《奥涅金》的事。我两天前收到一封尤尔根松的电报④，得知星期六《奥涅金》与管弦乐队进行了首次完整排演，一切都很顺利，演出定于 3 月 17 日。我决定无论如何都要 incognito⑤ 去看演出。当然，你和莫杰斯特也要去。记住这个日程。

我给你寄了一张剪报，你会看到，就算以我对每次失败都夸张、言重的习惯，《暴风雨》也完全不是那么失败的，似乎只有一位先生对圣-桑喝倒彩。⑥我对这类令人不快的事已经完全不在意了。我在那首令人愉悦的交响曲中用心写了一个微小的、悲伤的音调。出发时，我的公文包里会装着一部已经完成的歌剧，而另一部歌剧

---

① 兄长尼古拉。
② 或指莫杰斯特的聋哑学生科里亚·孔拉季。
③ 歌剧《叶甫盖尼·奥涅金》，后同。
④ 此电报没有保存下来。尤尔根松在 1879 年 2 月 26 日 / 3 月 2 日的信中重复了电报内容，柴科夫斯基在回信中坦言："聆听《奥涅金》演出的愿望胜过了我想隐世的倾向，因此，我决心一定要在 17 日到莫斯科，除了匿名前往，别无他法，也就是说，[除了]音乐学院的熟人圈子外，不会让任何人知道我也去了。我希望，卡尔[即卡尔·卡尔洛维奇·阿尔勃莱希特]能好心地将我'藏'起来，让我可以好好欣赏自己的作品而不会让任何人生疑"（《作品全集：著述与书信》，VIII，第 140 页）。但柴科夫斯基的计划没有实现，他参加了歌剧的最后一次排演（1879 年 3 月 16 日），以及莫斯科音乐学院学生在学院小剧场的首演（1879 年 3 月 17 日）。他多次应邀上台，接受献花。歌剧结束后，在"埃尔米塔日"饭店举办了盛大的庆功晚宴，晚宴上既有"音乐学院的熟人圈子"，也有许多贵宾和亲属，其中还有安东·鲁宾斯坦。
⑤ 隐姓埋名地。（英语）
⑥ 此剪报没有保存下来。这场巴黎的音乐会（1879 年 2 月 25 日 / 3 月 9 日）由科洛纳指挥，音乐会上演奏了柴科夫斯基的交响幻想曲《暴风雨》、圣-桑的歌剧《艾蒂安·马塞尔》中的舞曲。

则即将上演。① 我就要和一些心心相印的人见面了，但一想到那个在这儿结识的年轻小姑娘，就不禁悲伤。她非常讨人喜欢，却陷入堕落的深渊，而我无法拯救她！② 对此我很遗憾！更令人不快的是，我担心没有足够的费用去柏林！我已经很久没处于如此困境了。

我平生第一次读卢梭的 Les confessions③。天啊，这书真是无与伦比！④ 有的地方令我震惊。他讲的东西是我非常理解而且从没与人提起过的，因为我不会表达。我突然发现，这些东西已经被卢梭完整地表达出来了。

我会从柏林发电报，告诉你去圣彼得堡的日期和时间。

吻你，亲爱的

彼·柴[科夫斯基]

---

① 依次指《奥尔良少女》和《叶甫盖尼·奥涅金》。
② 柴科夫斯基同一时期写给莫杰斯特的信中提到过这位"姑娘"，显然阿纳托利也非常清楚这个代号的意思。
③ 《忏悔录》。（法语）
④ 柴科夫斯基 1879 年 3 月 4 日 /16 日致梅克夫人的信中写道："这本书吸引人的地方在于，你不知道你会更加惊讶于哪一面，是卢梭令人喜欢的一面，还是他令人厌恶的一面。尽管他具备各种优秀道德品质，但他时而还是会做出一些招人憎恶、鄙视的行为。他最无耻的行为是让他和他心爱的、美丽的女子所生的五个孩子成了 enfants trouvés [弃婴（法语）]，把他们交给孤儿院抚养，又这样整整过了十年且没有丝毫痛苦，可见他不打算了解这些孩子的命运！！这种行为冒犯了我，让我愤怒。我陷入了几小时的沉思，试图把这种惊人的冷酷无情与他在生活中明显表现出善良和有爱的片刻相媲和。[……] 我现在想知道，卢梭的同时代人是如何评价他的。将他的自传与别人的评价相比较，可以找到理解他与众不同的个性的关键之处。这种个性之所以吸引着我，是因为其中某些弱点与我的弱点惊人地相似。当然，这种相似性并不涉及智慧，尽管他的智慧很荒谬，却很伟大，而我根本不具备这种智慧，也不可能对此妄议"（《作品全集：著述与书信》，VIII，第 147—148 页）。

致莫·伊·柴科夫斯基

1.①

[1869年] 10月12日　[莫斯科]

亲爱的弟弟！

我忙得不可开交，很难抽出时间写信，所以也很少去信关心你。这些就是我近来忙的事：

1）把安东·鲁宾斯坦的《伊凡雷帝》的序曲改编为四手联弹；

2）完成并校订民歌的四手联弹谱；②

3）创作序曲《罗密欧与朱丽叶》；

4）为新开的曲式学备课③。

除了这些，我还必须把大部分时间留给康斯坦丁诺夫④，他从敖德萨来这儿短期停留，却完全占用了我的时间。我现在经常待在家中；几乎总在晚上出门，经常和来看望我的比比科夫⑤结伴。

不过，别想歪了，我和他在荆棘丛生的道德之路上互相扶持，努力像鸽子一样纯洁。我几乎完全不与格鲁津斯基和佩塔申卡⑥见面；后者曾经带着邪恶的意图从我窗前望向 vis-à-vis⑦那座军官大楼。我努力谢绝这些损坏名誉的造访，而且已见成效。

---

① 《作品全集：著述与书信》，V，第179页。署名手稿，馆藏信息：РНБ, ф. 834, ед. хр. 36, л. 17–18 об.。

② 《俄罗斯民歌钢琴四手联弹五十首》于1869年在尤尔根松出版社出版。

③ 柴科夫斯基曾在莫斯科音乐学院讲授曲式学课程。

④ 康斯坦丁·尼古拉耶维奇·德拉扎里的艺名。

⑤ В.И. 比比科夫：柴科夫斯基在莫斯科的熟人。

⑥ 帕维尔·伊万诺维奇·格鲁津斯基公爵（逝于1875年）和彼得（昵称佩塔申卡）·彼得罗维奇·奥科内什尼科夫都属于莫斯科的相同取向圈，柴科夫斯基对此二人持负面态度。

⑦ 对面。（法语）

这里正在连续上演意大利歌剧：马尔基西奥姐妹①是非常优秀的歌唱家，但在阿尔托②之后，我再也无法欣赏任何一位歌唱家的演唱了。顺便说，这位特别迷人的女士就住在圣彼得堡，而且已经在那儿住了一个半月了（我不太清楚原因）。尽量去看望一下她吧，你见到她时会想到，我差一点儿就和她缔结婚约了。

我很高兴你喜欢梅尼希科娃③。我是为数不多的喜欢她的莫斯科人之一。至于我的歌剧④，还没有任何消息。我觉得这部歌剧完全不会上演了，不过刚刚还是给格杰奥诺夫⑤写了一封信，请他回信告诉我确切消息。如果当时我能脸皮厚一些、世故一些，那么这部歌剧现在都已经上演了吧。

这些天，你以前的朋友彼得罗夫斯基⑥经常醉醺醺地来找我。阿

---

① 芭芭拉·马尔基西奥和卡洛塔·马尔基西奥：意大利歌唱家。曾是圣彼得堡的意大利歌剧院演员。
② 玛格丽特-约瑟芬·德西雷·阿尔托（1835—1907）：比利时次女高音和女高音歌唱家。1868 至 1870 年、1875 至 1876 年间在莫斯科的意大利歌剧院演唱，曾是柴科夫斯基的未婚妻（1868 年）。柴科夫斯基的《浪漫曲》（Op.5，F 小调）和《六首浪漫曲》（Op.65）均题献给她。
③ 亚历山德拉·格里戈里耶夫娜·梅尼希科娃（1840—1902）：俄国歌唱家。1860 至 1871 年间在莫斯科大剧院演唱，是柴科夫斯基的歌剧《督军》中玛丽亚·弗拉西耶夫娜一角的首位饰演者。柴科夫斯基将声乐浪漫曲《别信，我的朋友》（Op. 6，No.1）题献给她。
④ 歌剧《水妖》。
⑤ 斯捷潘·亚历山德罗维奇·格杰奥诺夫（1816—1878）：1867 至 1875 年任皇家剧院经理。柴科夫斯基提到的信写于 1869 年 10 月 12 日（《作品全集：著述与书信》，V，第 177—178 页），背景情况是：柴科夫斯基已将歌剧《水妖》交给皇家剧院，却迟迟未收到回复。由于这部歌剧一直没得到机会上演，作曲家便将之销毁，将歌剧音乐用于其他作品，如芭蕾舞剧《天鹅湖》，以及为 A.H.奥斯特洛夫斯基的《雪姑娘（一个春天的童话）》而作的配乐等。
⑥ 德米特里·尼古拉耶维奇·彼得罗夫斯基（1847—1913）：莫杰斯特在法学院的朋友。

加丰①没接待他,做得很好。

我只收到了一封瓦洛佳②从巴黎寄来的信,他很好,似乎和留明③相处得很愉快。

吻你,我亲爱的莫季卡④,希望收到你的来信。

你的彼·柴科夫斯基

又:比比科夫向你致吻。

2.⑤

1876 年 9 月 28 日 [莫斯科]

亲爱的莫佳!我把你的信弄丢了,所以无法一条条回复你的反婚论据。我记得信中许多论据都没什么说服力,也有许多观点和我完全一致。我记得,你曾预言了孔德拉季耶夫、布拉托夫⑥和 tutti quanti⑦的命运。请相信,如果我的想法会实现,那就一定不会步这些先生们的后尘。⑧之后你在信里说,应该无视 qu'en dira-t'on⑨!这只在某种程度上可行。有些人,是不会因为我的缺陷而鄙视我的,那只是因为他们在还没开始怀疑我本质上是一个声誉尽

---

① 尼·格·鲁宾斯坦的仆人。柴科夫斯基当时住在尼·格·鲁宾斯的公寓(位于沃兹德维任卡街的莫斯科音乐学院旧楼)。

② 弗拉基米尔(昵称瓦洛佳)·斯捷潘维奇·希洛夫斯基(1852—1893):曾在柴科夫斯基的音乐理论班上学习,后成为作曲家的密友。两人的交往不仅体现在创作方面,也体现在财务方面(柴科夫斯基曾向他借款数年)和一定的情感层面(均属相同取向圈)。柴科夫斯基题献给他的作品有两首钢琴曲(收录于 Op.10),可能还包括《第三交响曲》。

③ 康斯坦丁·伊万诺维奇·留明:弗拉基米尔·斯捷潘维奇·希洛夫斯基的监护人。

④ 莫季卡是莫杰斯特的另一昵称。——译注

⑤ 《作品全集:著述与书信》,VI,第 75—76 页。馆藏信息:ГДМЧ,a^3,№ 1367。

⑥ 米哈伊尔·伊万诺维奇·布拉托夫:柴科夫斯基的法学院同学。

⑦ 所有其他人。(意大利语)

⑧ 柴科夫斯基认识的相同取向人士都婚姻失败。

⑨ 他人言论。(法语)

失的人之前，就是爱着我的。比如，萨莎①就是这样！我知道，她已经猜到一切，也原谅一切。很多我爱的、我尊敬的人，对我都是这样的态度。难道你认为，当我意识到自己被同情、被原谅，但实际上自己根本没有任何过错时，不会感到痛苦吗！难道你觉得，那个想到爱着自己的人有时可能会为自己感到羞耻的念头，不是致命的吗！你要知道，已经这样无数次了，而且未来也会如此。总而言之，我想通过结婚或者公开与某位女士同居的方式堵住那些卑鄙恶棍的嘴。我根本不在乎他们会怎么想，但他们会伤害我身边的人。无论如何，亲爱的莫佳，不要为我担心。这个计划不会像你想得那么快就实施。我的习惯和品位早已根深蒂固，无法像扔掉一副旧手套一样立即戒掉。更何况我的意志并没那么坚定，给你写过信后，我差不多有三次屈服于天然的欲望②。你能想象吗！我甚至最近去乡下找了布拉托夫，他家里只有一位和他同样取向的弹唱艺人。我之前极少去找他，这次却疯狂沦陷了！！所以，你信里说的完全正确，无论怎么发誓，都无法克服自己的弱点。

但我终究还是会坚持自己的想法，请相信，无论如何我都会实现的。我这样做并非一时起兴或不加思考。不管怎样，我都不会给自己套上枷锁，除非能够完全确保我的平静与自由，否则我是不会和某位女士合法或非法同居的。目前我心里还没什么明确的计划。

亚历[山德拉]·阿尔卡[季耶夫娜]·达维多娃③不久前来过。我和她见过两次，她非常可爱。《瓦库拉》将在10月初开始排演，我对

---

① 妹妹亚历山德拉。
② 在原件中，此处最初用的是"увлечение"（追求、迷恋、钟情）一词，柴科夫斯基删掉了第一个字母，于是改成了"влечение"（爱好、欲望、吸引）。
③ 亚历山德拉·阿尔卡季耶夫娜·达维多娃（1849—1902）：作家。圣彼得堡音乐学院院长、大提琴家达维多夫的妻子。曾出版刊物《上帝的世界》，并为刊物《北方通报》撰稿。

此丝毫不担心。我们还会再见面吗？现在，我认为你可以给出一个肯定的答复了。最后，我还是忍不住要说，<u>我超级喜欢科里亚①，喜欢极了</u>。不管怎样，我今年冬天都要见到你们两个。

彼·柴科夫斯基

又：代我向孔拉季夫人和索尼娅②问好。

3.③
[1877年] 7月8日　<u>圣彼得堡</u>

莫佳！我知道你在为我担心，我想让你放下心来。我的婚礼是在7月6日举行的，托利亚参加了。不瞒你说，这天对我来说非常难熬，因为不得不忍受婚礼仪式、漫长的晨宴，以及启程和送别④等。我一路上睡得很好。昨天我们过得非常愉快，晚上划了船，去了克列斯托夫斯基岛上的某个娱乐场所⑤，这一夜过得非常平静。我们没履行初夜，而且可能也不会很快发生。但我告诉自己，这没什么可担心的。我妻子有个明显的优点：她在任何事上都盲目服从我，她非常随和，对一切都满意；除了支持和安抚我，她别无所求。现在我还无法说爱她，但我觉得，一旦我们彼此习惯了对方，我会爱上她的。

下面是我想和你商量的，我的好莫佳！8月之前我会一直和妻

---

① 科里亚·孔拉季：莫杰斯特的聋哑学生。
② 科里亚·孔拉季的母亲阿林娜·伊万诺夫娜·孔拉季和家庭教师索菲娅·亚历山德罗夫娜·叶尔绍娃（昵称索尼娅、芙法）。
③ 《作品全集：著述与书信》，VI，第53页。馆藏信息：ГДМЧ, a³, № 1467。
④ 婚礼之后，柴科夫斯基夫妇出发前往圣彼得堡。
⑤ 可能指7月7日在圣彼得堡的克列斯托夫斯基岛上"利瓦季亚"花园中举行的音乐娱乐晚会。

子在一起,去她母亲在乡下的家里,① 还会去莫斯科和其他地方。8月1日我会从莫斯科出发,直接去找萨莎,②不管怎样我都会在她那儿住上几天。我真希望你可以多待几天,等我到萨莎家,要是能见到你,那就太开心了!如果你没办法多停留几天的话,可否晚些时日再来萨莎家?但按照我的估算,你别晚于7月15日。不管怎样,尽量安排和我见个面吧。

我已经在格列博沃完成《奥涅金》的大半,非常希望在学年开始之前能将其他部分写完,但我不知道是否来得及。轻轻地、温柔地吻你,就写到这儿吧。爱你,尽管现在被各种琐碎烦恼包围,但一想到你就心情变好了。

你的彼·柴科夫斯基

又:代我亲吻科里亚,向阿林娜·伊万诺夫娜和她的丈夫③,还有索菲娅·亚历山德罗夫娜④问好。

4.⑤

[1878年]5月18[至20]日　布拉伊洛夫⑥

明天我要把这封信直接寄往格兰季诺。如果你一到那儿就能看到我的信,那我就太高兴了。我亲爱的莫佳!要是能得知你过得很好,我就会非常开心。但是,唉!我知道你现在住在卡缅卡,而且

---

① 1877年7月17至19日柴科夫斯基和妻子在其岳母家中做客(位于莫斯科省克林镇的卡拉索夫庄园)。
② 妹妹亚历山德拉住在卡缅卡。
③ 科里亚·孔拉季的父母。
④ 科里亚·孔拉季的家庭教师。
⑤ 《作品全集:著述与书信》,VII,第262—267页。馆藏信息:ГДМЧ, a³, No 1490。
⑥ 梅克夫人在乌克兰(卡缅涅茨-波多利斯基省)的庄园,柴科夫斯基受梅克夫人之邀住在此处(当时梅克夫人不在此地)。

我知道住在那儿对你来说是一种折磨：一方面，你不得不去格兰季诺①；另一方面，我又不住在那儿。后一种猜测不是因为我自大，而是因为，与你分开令我多痛苦，那么或许我不在你身边就会令你多孤独。不过，时间当然是很有用的，我今天已经不像昨天那样思念亲人，明天会比今天再轻一些。阿廖沙昨天的到来对我来说是很大的安慰和快乐。不过，关于昨晚和今天的具体情况，你要从我给萨莎的信②中获悉了。如果你已经错过了的话，他们会转寄给你的。

5月19日，晚上七点：今天散步回来后，心情特别愉悦。然而，我突然收到一封来自卡缅卡的急电，由此得知，我两天前从日梅林卡发出的电报还没送到，这让我既吃惊又难过。

你能想象吗，莫佳，尽管我完全自由，无人打扰，也没有人限制我做任何事。但我还是来不及完成想做的事，这让我有点儿恼火。今早我想把小提琴曲③修改一遍，但我连一半都没完成。我想给科捷克、你，还有娜杰[日达]·菲拉[列托夫娜]写信，但我连给你的这一页信还没写完，因为我想在太阳落山之前出去走走，然后用晚餐，弹琴，睡觉。我怎么才能按计划把三封信都写完呢？

我对布拉伊洛夫仍然很满意。这里没有迷人的本地特色，也没有什么过时的景致，一切都是新的，连房屋都看起来更像城市而非乡村。一切都那么豪华、那么宽敞、那么舒适。我越来越喜欢现在这个花园，今天我翻过花园围墙，不远处的一小块方形林地映入眼帘，我立即前往。原来那是天主教修士的花园的遗迹，1840年之前这儿曾是天主教的领地，现在是修道院，林地围墙之外是已经废

---

① 孔拉季家拥有一座位于格兰季诺的庄园，莫杰斯特夏天会一同前往。
② 1878年5月18日致亚历山德拉的信（《作品全集：著述与书信》，VII，第259—260页）。
③ 《回忆留恋的地方》（Op.42，小提琴与钢琴）中的某个乐章。

弃的、如画一般漂亮的大门。树木都很古老，很粗壮，草地郁郁葱葱，简直太美了。而在此处所见之景，正是我喜欢此地的最主要原因。这里有广阔的想象空间。我坐在一棵巨大的橡树下，想象修士们曾经一起散步，想象他们怎样克制肉身，而自己该怎样克制欲望。我开始想念阿斯[塔普卡]，想沉醉于她的美，然后……没什么，没什么……嘘！①

阿廖沙非常客气。明天我再和你说说他的事。

5月20日：今天收到了你的信②。如果你想让我担心，那么这个目的实现了！是的！你又一次十分严肃地提到那个我认为已经无话可说的话题，对此我非常痛心，也深感遗憾。我以为你最终会接受这个结论：我们住在一起的梦想实际上完全不会实现。可你又开始提起！小莫佳，这是我最后一次和你简单说说自己的想法。

第一，既然你决心在莫斯科生活，那么就只能住在我这儿，或是和我同住，这都无所谓。正如你所说，讨论你是独自一人生活，还是住在科尔莱弗家③，都没什么意义。如果非要比较的话，和粗鲁却诚实的孔拉季及其愚蠢、粗俗、任性却是个文明人的妻子住在一起，要胜过和臭名昭著的放高利贷的老头科尔莱弗及其妻子住在一起。她外表的温柔永远都不会让我忘记她是如何小心翼翼提醒我支付犹太人式的利息，到现在为止我还在向她丈夫偿还这笔利息。

---

① 此句引自果戈理的《狂人日记》，书中主人公想起自己爱慕的对象时，会多次重复这句话。柴科夫斯基在与弟弟的通信中多次引用此句，用作表露自己爱慕之情的"密码"。阿斯塔普卡即叶夫斯塔菲·罗季奥诺维奇·克里文科，曾经是柴科夫斯基一家住在卡缅卡时的仆人。柴科夫斯基写此信时，他已在达维多夫家（住在卡缅卡）供职。

② 莫杰斯特的信件下落不明。

③ 列夫·巴甫洛维奇·科尔莱弗（骑兵上尉）是孔拉季家族的亲戚，同时也是柴科夫斯基的债权人。

第二，你不能和我住在一起的理由成百上千。1）我终究没那么爱科里亚，无法为了他完全彻底改变生活方式。2）我认为最好让科里亚亲眼看到他父母身上的缺点，对此你曾强词夺理地说，看到父母身上的缺点（谁没有缺点呢？）要比目睹我完全无力为他改变自己的缺陷和缺点更不利于他的成长。3）作为接纳科里亚的家庭的一家之主这份责任，让我无力承担。4）我不想让恶言恶语伤害一个无辜的孩子，别人一定会说，我要把他培养成自己的情人，况且还是个哑巴情人，这样就可以避免遭人诽谤和议论。5）我非常易怒，追求绝对安静，不想被有孩子的生活所累，何况还是科里亚这样一个令人头疼的、一堆麻烦事的孩子。6）原则上我完全反对与任何人同住，哪怕是和我最珍重、最亲近的人，因为这会产生金钱往来，而金钱上的往来往往伴着误解。如果你要来找我，哪怕住上几年，也就是说你一个人来我这儿做客，那就是另一回事了。但是，如果你和比我们俩都富有的科里亚一同搬来与我同住，我就会把你看作是独立的室友，那么这样就会出现无数各种各样细微的疑惑、误解和解释，而这是不会导致任何好结果的。

想必你也注意到，我说这些时像一个利己主义者，现在应该把话题从我的幸福转向你的幸福了。所以，下面我将站在你的道德利益、物质利益的角度，谈谈你和孔拉季分开的不便之处。

第一，实话实说，当你特别想远离阿林娜·伊万诺夫娜时，你说自己只要能达成目的，有3000卢布甚至2000卢布就够了。我打心底对你这种天真和不自知非常吃惊。因为谁都可以这么说，但你不行。尽管你现在很难、很苦，但终究是因为你全然不会支配金钱。我认为，对你来说，不愁吃穿的生活就是最大的幸福，你是无法过另一种生活的。除了科里亚的父母，还有谁更适合也更方便关照你的生活条件？也就是说，还有谁能保障一切就位，比如房子、桌子、仆人和洗衣工这些主要生活所需呢？第二，读到这几行，你可能会怀疑我并不想从你的角度考虑，觉得我忘了你对阿[林娜]·伊[万诺夫娜]的怨恨。关于这一点，我想说，也许我对鲁宾斯坦①的怨恨更大，不过我从没提过，毕竟当时需要下榻他家，我一直忍着，忍到有机会不必争吵也不会尴尬地从他家搬出去。第三，和孔拉季的争吵、不睦是无法避免的，如果你带着科里亚离开，那会让科里亚非常难过，你自己也会因为虚假的轻松而失落。第四，你的自由将转瞬即逝，只要你在金钱方面依赖孔拉季，你就无法成为一个无拘无束的人。不过区别在于，如果你住在他们家，这种依赖就是正常的，而一旦你搬走，这种依赖就不正常了。第五，从孔拉季家搬出来后，你的担子会成倍增加。因为无论你怎么说，对于你而言重要的是住在他们家时可以想走就走，但当你和科里亚搬出去单独生活，就将永远受到家庭的牵绊了。第六，毫无疑问，搬走后的第一个月你就会感到资金紧张。短期内只有你自己会觉察，没什么大问题，但要是你骇然发现这对科里亚也产生了影响，你就会深陷痛苦，会比你现在讨厌阿[林娜]·伊[万诺夫娜]难受、痛心一千倍。

啊！我还可以再列出一千个理由。但有什么用呢？如果你不听我的劝告，依然我行我素，那么我就会晓得、会感觉到、也会预见很多不幸。在对待从孔拉季家搬出去的问题上，你非常盲目，就像我去年对待婚姻一样。虽然不完全一样，但也差不多。告诉我，莫佳，难道你认为，我没有把和你在另一种良好而平常的生活条件下相聚，看作是最大的幸福吗？难道你怀疑我对你无限的爱吗？如果是这样，那就怀疑吧。我从没有一刻怀疑你对我的爱，因此我请求你为我做出牺牲。请为了我，留下，打消离开孔拉季家的想法。只

---

① 尼古拉·格里戈里耶维奇·鲁宾斯坦。柴科夫斯基从1866年1月起寄居在鲁宾斯坦的公寓，其公寓三度易址。直到1871年9月柴科夫斯基单独租了一套公寓，生活才相对稳定下来。

要你和科里亚一起留在孔拉季家,我就放心了。尽量别对科里亚的母亲怀有敌意,她毕竟是他的生母。尽量少和她碰面或会面,但要在他们家住下。就应该这样,因为你在履行自己对科里亚的义务方面有多认真严肃,多无与伦比,多崇高伟大(sic!),那么你在生活中就有多轻浮。如果你想离开孔拉季家,搬到我这儿,或者搬到我附近住,如果你想来帮助我,那么你会非常失望的。这只会让我非常焦虑、担心和痛苦,而我真的已经承受太多。谁知道呢,也许情况会发生变化,也许不需强求,命运自然会安排我们相聚?我在莫斯科的生活并不稳定。也许,我才会搬到你那儿住,或者搬到离你不远的地方住下!而这是另一个问题了。看在上帝的份儿上,现在什么都别做。与其向孔拉季家提议在他们家度过整个夏天,是不是与 status quo① 和解并继续像以前一样才更好?也就是,冬天和他们一起过,夏天和我还有萨莎一起在卡缅卡或国外或随便什么地方度假。唉,就按你的心意吧。我现在是最后一次和你谈这个,我不会改变看法。无论你怎么做,我对你的爱永远不会动摇,但我永远都不会同意你如此草率就承担艰难重任的打算。我爱你和托利亚胜过世上的一切,但我注定要和你们分离,我对此已经习惯了。不过我完全没有放弃希望,命运终有一天会让我们团聚的。必然如此!可能这样也有好的一面,会使你我的团聚更加快乐幸福!在日常生活中怀着团聚的希望就如同期盼节日一样,等待让人多么愉悦!不过,我那奇怪的、易怒的脾气应该会 à la longue② 让住在一起的人厌烦和难以忍受吧。

现在我要乘车去工厂③。回来再继续写信。

---

① 现状。(法语)
② 逐渐。(法语)
③ 梅克夫人在布拉伊洛夫的糖厂。

晚上七点：我乘车去了工厂，它非常壮观宏伟。我带着阿廖沙，工厂经理（西皮奥伯爵）带着我们参观了整个工厂。他对我像对待上级一样，使我很不好意思。我们从工厂出发前往森林，快到时下起了暴风雨。尽管乌云刚一打湿地面就散了，但我有些担心，于是我们就返程了。我怕你会对这封信生气，如果我的某些表达比较尖锐，请原谅我，亲爱的莫佳。我真的只希望你过得好。在我看来，你对科里亚的态度，就如同你以崇高的信徒美德戴上的十字架一样。为什么要这样？也许这会导向最好的结果，也许不会，但是我非常了解这个十字架的全部重量。我由衷觉得，如果你不听我的话，就会遭受很多苦难。不过还是随你去吧，无论如何，你在我心里永远最重要。

　　阿廖沙非常可爱、有趣。他看到每个人都对我非常尊敬，于是他对我也比平时更为恭敬了。我们在林中散步时，争论来又争论去。他很健谈，让我对俄语的了解也变丰富了。比如，"Шамарова куча"是蚁群的意思；死狗尸体用他的话说叫作"требушина"①，等等。

　　我很好也很快活，只是担心你。你何时会收到这封信？你刚一到格兰季诺就开始行动，我预感不会很顺利。和你提一个请求：我们7月份需要见一见；如果你想让我去格兰季诺，没问题，不过我还得先在韦尔比夫卡住一段时间。拜托了！我非常想拥抱你。

你的彼·柴科夫斯基

5.②

[1878年12月]4日／16日　　**佛罗伦萨**

　　鬼知道这是怎么回事！我现在看起来蠢极了，这种状态让我想

---

① 俄语俗语（同 требуха），指（牲畜）内脏、下水。
② 《作品全集：著述与书信》，VII，第511—512页。馆藏信息：ГДМЧ, а³, № 1517.

到一个人正在奋力奔跑,却突然从地面冒出一堵墙。我到现在还没收到我那不幸的手稿①!我刚到这儿的一个半星期里,兴冲冲地配器。一边等着前三个乐章,一边将末乐章缩编为四手联弹。但一天天过去了,还是没收到包裹。看来我注定要彻底无所事事了,你知道我的工作特点,如果先前的工作不完成,我是绝不会开始新的工作的。要是手上没有工作,我在这儿的生活就毫无意义。从创作材料用尽的那一刻起,生活就不再有 charme ②。昨天收到了托利亚的信③,至少有些许慰藉。从这封期待已久的信中,我了解到,两个星期前他就把手稿交给尤尔根松④去邮寄了。那个老傻瓜到底在想什么?总而言之,我很郁闷,心情很不好,虽然一个对其他方面都很满意的人是没什么资格发脾气的。天气不好,街道和屋顶都有积雪。此时不知是雪还是雨,一直在下着,天气糟糕极了。不过一旦放晴,天气就会好得让人感叹。

现在要和你说件事。阿廖沙昨天去教堂时,我恰好要找些纸,于是在他的箱子里发现了一份非常有趣的手写稿。这是一本日记,看起来像是他去年在圣雷莫时写的。⑤ 我饶有兴趣地读了起来。原来那时他只是表现得麻木不仁,实际上他非常痛苦和忧愁。⑥ 我读后颇为动容。趁他正在镇上买邮票,我借机摘录了几处,⑦ 这些非常重要。

---

① 《第一组曲》(Op.43)前三个乐章的草稿。柴科夫斯基把草稿遗落在了圣彼得堡,因此无法着手配器。他后来委托阿纳托利将草稿寄到了佛罗伦萨。
② 乐趣。(法语)
③ 阿纳托利于1878年6月26日的来信。馆藏信息:ГДМЧ,a³,№ 1517。
④ 约(奥)·伊·尤尔根松(彼·伊·尤尔根松的弟弟),被称作"圣彼得堡的尤尔根松",是圣彼得堡音乐商店的持有者。
⑤ 柴科夫斯基于1877年12月至1878年1月与莫杰斯特、科里亚·孔拉季、仆人阿列克谢住在意大利的圣雷莫。
⑥ 当时仆人阿列克谢被诊断得了传染病。
⑦ 柴科夫斯基的摘录完整保留了阿列克谢的拼写方式和标点符号用法。

1878年1月，第一处：

我们去找了谢卡医生，询问我是从什么时候开始出现情况的，有什么病症。我开始头疼，我以为自己会感觉很不好，但并没有！我最终决定说出自己得了什么病！因为我担心科里亚，不希望他无辜被我牵连。于是我说，自己在莫斯科时得了下疳。医生给我做了检查，说我染了病，当时我难堪极了！唉，我感到糟糕透了，莫杰[斯特]·伊里奇把这件事告诉了彼·伊和其他人。彼·伊对我说："你无论如何都不能和我们住在一起了，因为科里亚要来找我，他可能会被传染，你应该去圣彼得堡或者柏林找科捷克！"我必须马上作出决定。不过我说先等一会儿，于是起身回到自己房间，哭了很久！！

第二处：

……他告诉我不要用手碰任何东西！他们给我敷了点儿什么，量不大。一想到他对我大吼的样子就感觉好像是被撞了一下。我不想洗澡，这两天状态很糟糕。没人和我说话，但我装作很轻松，好像什么都没发生一样。

第三处：

我去看医生，医生对我非常冷漠。他让我坐下，然后他拿起一本册子，问了些问题，说我只需每天涂两次药，明天或后天再来，没什么危险。我跑回家，心里很高兴，认真地告诉彼得·伊里奇。突然，他开始大吼、哭泣，还对说我"真该死"，他让我最好和医生都从这儿滚开，不想看见我！我没吃早餐，直接回了房间，又哭了一会儿。

第四处：

……彼·伊很高兴马上就可以和我分开了。莫·伊告诉我这个消息，我得知后高兴地吃了午餐。彼·伊说："可能是我们走，你留下。"我什么都没说，晚上收拾了自己的衣服。科里亚捉弄我，我没任何反应。但他不让我敲钟，所以我推了他一下。按照医嘱，我擦了药，躺下睡觉。但我睡不着，不知是什么原因，也许是我太担心，也许是失眠。他们刚散步回来，在聊天。彼得·伊里奇说什么"为爱复仇""没什么钱""要给他治病"。莫杰·伊里奇说"怎么办"。然后大家就各自回屋睡觉了。听到这些，我很伤心，我无话可说，把头埋进枕头里，我哭了。

第五处：

……我太生气了，回到自己房间。为了不哭出来，我喝了一杯伏特加，整理了一下自己的东西，等着好兄弟来接我。和主人分开让我很伤心，我不知道自己怎么了，我哭了那么多次却没人发现。来了一个年轻人，看穿着像是黑衣修士，他上楼找我们，和莫·伊谈话。我被叫了过去，莫·伊说，那个人是来接我的。我回屋穿上外衣，这是我最后一次哭了，为了不让他们发现，我洗了脸，穿好衣服就跟着他走了……

第六处（他对科里亚的描述很有意思）：

科里亚总是捉弄我，我开始怕他了，他就像是我的敌人。他一走动，我全身就像有棍子打在后背和腿上一样。我开始讨厌散步，很少和他们待在一起……我们去了博尔迪盖拉，科里亚非常顽皮，他抽出一根棍子放在我脚下，想要绊倒我，他用棍子打我的腿，戳我的眼睛，摘我的帽子，还有各种讨厌的举动。我闭口不言，什么都没说，但这一切都让我很生气，尽管我爱科里亚，但我对他这些顽劣行为很气愤……

莫佳，我猜这些摘录对你心理上会有一定益处，我说的对吧？它们会让你想起去年的时光。幸好无事可做，我全都摘抄完了。深深地吻你，代我轻吻科里亚。

你的彼·柴科夫斯基

又：16日/28日我会去巴黎，地址是 Hôtel de Hollande①。不过我预感还有一封你的信会寄到这儿来。

6.②
1879年1月6日/18日　克拉朗

莫佳！托利亚让我用日记的形式写信，我同意试一试。很可能我的日记没什么意思，就写写看吧。

5日/17日，星期五：九点起床。好一顿取笑阿廖沙，他牙龈肿了一小块，肿肿的脸颊看上去十分滑稽。我喝完咖啡照例出门散步。当时我被一种强烈的欲望占据了，散步时一直在期待某些相遇的情景。我走到俄国公寓附近，意识到里面有很多可爱的姑娘，心跳就停住了。我停下脚步，希望能从窗外看到哪怕一个。这真是可悲的妄想！除了打扫卫生的清洁女工，谁都没看到。散步回来，我开始工作，成果③显著：完成了第一幕终场（圣女贞德的领唱和天使合唱）之前的大重唱。午餐时我心情愉快，和玛丽④开怀大笑。看她送来了胡萝卜，我就问她最爱什么，胡萝卜还是男人的吻？她坚定回答：吻。午餐后我独自散步，因为阿廖沙感觉不太舒服。回来后我度过了非常痛苦的两个小时：要为明天准备圣女贞德和天使们的重要场景的脚本。这对我来说非常之难。之后，一想到在这部作品结束前还有堆积如山的工作，我整个人开始坐立不安。这真是我的不幸！我总是匆匆忙忙，急不可耐，迫不及待地奔向一切就绪的时刻。再之后，我和阿廖沙玩了会儿牌，他饥饿难耐，急着要去

---

① 荷兰饭店。（法语）
② 《作品全集：著述与书信》，VII，第27—28页。馆藏信息：ГДМЧ, a³, № 1528。
③ 歌剧《奥尔良少女》。
④ 玛丽·萨维翁：克拉朗一家膳宿旅馆的服务员。

吃晚餐。顺便一提，又有胡萝卜送过来了。可怜的阿廖沙吃过晚餐就去睡了，他还没完全康复。我给娜[杰日达]·菲[拉列托夫娜]写了一封信，还在晚上十二点前读了一会儿狄更斯的《小杜丽》。都是一些"神奇"小事！我睡得不是很好。

6日/18日，星期六：阿廖沙九点把我叫醒。他的脸肿得让人忍俊不禁。尽管他说感觉不错，但从他的眼神能看出来，完全不是这样。今天的工作出乎意料地顺利，所以午餐时我很开心，和玛丽谈笑风生。我独自散步。天气特别好，寒凉但晴朗。此时在这儿散步很有意思，只要随便走走，就会看到很多男孩、女孩和大人乘着雪橇从山上滑下来。我再次远远欣赏了一下所有偶遇的姑娘。我去了克拉朗公墓，那里添了很多新墓。之后我在蒙马特教堂附近的一个长椅上坐了许久，倍感惬意。回家后收到科捷克的信，还有彼·伊·尤尔根松的信和500法郎支票，①之后开始创作歌剧的第二幕第一场。阿廖沙感觉不太舒服，我让他坐下，喝了茶。他发烧了，不过我并不担心，因为从各方面来看，不是很严重。现在是晚上七点多。我迫切等着晚餐。总的来说，我对自己很满意。工作、用餐、睡眠（少有例外）都完全正常。再会，莫佳，吻你。

你的彼·柴科夫斯基

7.②
1879年2月17日/3月1日　巴黎

我想对你简要讲讲我的短小浪漫经历。几乎是到这儿的第一天，我从 Diner de Paris 出来时发现一个年轻的女孩，她看起来穷困却衣

---

① 所提信件和支票都没保存下来。
② 《作品全集：著述与书信》，VIII，第118—119页。馆藏信息：ГДМЧ, a³, № 1539.

着整洁，长得非常漂亮，特别是那双动人的大眼睛。我看着她，她好像也好奇地看了我一眼。第二次在游廊遇见时，她还是那种眼神，不过我离开时她并没跟着我。一连几天，我从 Diner de Paris 出来时都会遇见她，我无意与她结识，不过我感觉自己开始恋爱了。午餐之前我一直很不安，一想起她就心跳暂停。我决定不能再这样，于是一连两天都没去游廊。但第三天（意志薄弱的人总是这样），我不仅去了，而且决定无论如何都要认识一下。所以在遇见她时，我向她示意，让她跟着我。很快，我们就认识了，和她交谈后得知，她是做帽子的，现在无家可归，于是我给了她3法郎。道别时，我说可能会再见的。显然，我度过了慵懒而痛苦的几天，这期间我经常自问，是否允许自己延续这种习惯？最终我决定出发，去见她，和她一起喝杯咖啡，在密林深处散步。从谈话中我发现，她是一个非常有礼貌的姑娘，并非骗子。按照她的建议，我在一个名为 Rue S-t Denis[1] 的小旅馆订了房间。这晚过得既愉快又不安，因为如果我们没进屋就什么都不会发生了。我们平静地告别。当我问她，是否介意和这样一个老头子来往时，她答道："Et Bien, Jeuez : je Vous aime comme mon père !"[2] 我告诉她我是瑞典人，名叫弗雷德里克·奥登堡，她称呼我"弗雷德里克"时真的太好笑了。这是星期三发生的事。今天是星期六，我今天还没见到她。Rendez-vous 安排在明天，但我太想见她了，于是今天我又去游廊找她。遗憾的是，和她交往（她非常可爱、有趣，而且在金钱方面相当有分寸）带来的全部快乐，都伴随着某种看不见又令人痛苦的恐惧，实际上没什么可怕的。

---

[1] 圣丹尼斯。（法语）
[2] 好吧，您知道吗：我像爱自己的父亲一样爱你！（法语）

莫佳！得知你喜欢我的脚本①，真是太高兴了。我一如往常地认真工作，希望离开之前能全部完成，还剩下不到两个星期了。这段邂逅是一件好事，如果没有发生的话，我可能会特别无聊。现在我对巴黎的感觉确凿无疑，我对它毫无感情，自从看了 Le Gendre② 之后就再没去过剧院。尽管我照搬在克拉朗时那种消磨时光的方式，却对一切都提不起兴趣，无论是商场、柏油路、饭店、电灯，还是浮华与世事，一切对我而言都毫无吸引力。我大部分时间都待在家中，但完全没有在克拉朗时的那种每一天、每一刻的幸福感。

得知你曾经资金紧张，我很难过。为什么不来封信？我总归还是能从尤尔根松手里借一点儿。差不多十七天后我们就可以见面了。吻你。

你的彼·柴科夫斯基

又：尽管这儿有可爱的路易斯，我还是倒数着从这儿离开的日子。

8.③

[1879 年] 2 月 22 日 / 3 月 6 日　　巴黎

亲爱的莫佳！

昨天对我而言是个意义重大的日子。我完全没想到自己会<u>完成整部歌剧</u>④。当你不知不觉间写完你的小说的最后一笔时，⑤ 你就

---

① 歌剧《奥尔良少女》的脚本。
② 意大利语，意为"女婿"，指埃米尔·奥吉耶和朱利安·桑多的喜剧《普瓦里埃先生的女婿》，柴科夫斯基于 1879 年 2 月 12 日在巴黎的法兰西喜剧院看了这部喜剧。
③ 《作品全集：著述与书信》，VIII，第 129 页。馆藏信息：ГДМЧ, a³, № 1540。
④ 歌剧《奥尔良少女》。
⑤ 莫杰斯特正在创作中篇小说《雄蜂》。

会明白，这种如释重负会带来多大的幸福感。不管怎么说，我在将近两个半月里的每一天的同一时间都在作曲，时而非常轻松，时而相当费力，真是一个让人疲倦的工作。不过，我现在终于可以好好休息了！因为配器已经是现在最主要的工作了，就好比是在图案现成的画布上刺绣！今天我把散落的小碎片都整理好了，还完成了组曲①；明天我将调整组曲中赋格的一些细节；从后天起，直到我抵达圣彼得堡之前，都不会再坐下来工作了！要知道，对于一个人来说，勤奋在于持之以恒地追求他所设立的目标，那就是可以<u>无所事事的资格</u>，这才是真正的胜利！

昨天晚上，我在巴黎散步时就像完全换了一个人，就像<u>无所事事、游手好闲</u>的人在闲逛，也许正是因此，多年来我对这座城市全部的喜爱和以前年轻时的能量，都在昨晚奔涌而出。也许还有一件事也有推动作用：星期日 Châtelet② 的音乐会要演出我的《暴风雨》。③ 我在音乐商店的柱子和窗户上看见了自己的名字，感觉在巴黎像是在家里一样。不过，我和你说，一方面我很高兴，另一方面我也很担心。我知道，如果演得不好，听众就会喝倒彩。到目前为止，我的作品在国外一直都如此。所以，最好还是在我离开之后再演出。不过没办法，星期日还要再受些折磨，只是稍许而已。在这方面，我已然饱经世事，很清楚"我的时代"在未来，而这个未来在有生之年是等不到了。

总之，昨天和今天我都在巴黎大摇大摆、趾高气扬，意识到自己可以吊儿郎当，这让我很高兴。要是你看到自己的哥哥穿着新大衣，戴着高筒帽，戴着优雅的手套四处游荡，你可能会认不出我

---

① 《第一组曲》(Op.43)。
② 法语，意为"夏特莱"，指巴黎的夏特莱剧院，该剧院主要演出戏剧和音乐会。
③ 交响幻想曲《暴风雨》(Op.18) 于 1879 年 2 月 25 日 / 3 月 9 日在夏特莱剧院演出，科洛纳指挥。

的。昨天我 j'ai entrevu M-selle Louise①。在离开之前，和她相处了愉快的几个小时。

今天要去 Variétés②，在那儿将上演非常成功的 Le grand Casimir③。

9.④
1880年3月1日/13日　巴黎

昨晚回家后收到你的来信⑤，我亲爱的莫佳，你可以尽情想象我是以怎样的兴致和愉悦品读你的来信的。作为回报，我要和你详细讲讲最近几天发生的事。给你写完上一封信的第三天，我和萨沙⑥在香榭丽舍大道散步，和孔德拉季耶夫在路边的 Café de Paris⑦ 用午餐，都没什么重要的事发生。我们从这儿出发去看了喜剧《暴发户》⑧。由于前两件事都很无趣，我曾想跳过第三个安排，直接去林荫道散步。但我还是去看剧了，而且后来散步到凌晨三点。我在 Passage des Panoramas⑨ 遇到了我的路易斯，她穿着得体，毫不华丽。我们俩都很高兴相遇，便结伴散步，一路上听她闲聊讲个不停。于是我产生了强烈的愿望，激情被点燃了。我们来到了她的住

---

① 匆匆见了路易斯。（法语）
② 法语，意为"杂耍剧场"，专为杂耍表演而建，后来也演出轻歌剧。
③ 法语，意为"伟大的卡齐米尔"，指夏尔·勒科克的轻歌剧（1879年）。
④ 《作品全集：著述与书信》，IX，第66—67页。馆藏信息：ГДМЧ，a³，No 1578。
⑤ 莫杰斯特于1880年2月26日/3月9日的来信。馆藏信息：ГДМЧ，a⁴，No 5143。
⑥ 亚历山大·亚历山德罗维奇·列戈申：尼古拉·德米特里耶维奇·孔德拉季耶夫（柴科夫斯基的友人）的仆人。柴科夫斯基欣赏这位少年，因为他文化水平很高，在仆人里不常见。（萨沙是亚历山大的昵称。——译注）
⑦ 巴黎咖啡馆。（法语）
⑧ 《暴发户》是博尼埃根据阿方斯·都德的小说改编的喜剧。
⑨ 全景廊街。（法语）

271 处，决定在这儿下榻，因为只有晚上来她这儿才不会引起门房注意，可以确保安全。我们又一同散了会儿步，不知喝了多少杯啤酒和格罗格酒，在某个酒馆点了干酪汤和腌白菜，最后凌晨一点出发去她那儿。这一切都是那么神秘而浪漫。我们悄悄踮起脚尖，一进屋就吹灭了蜡烛。我已不记得上次体会到这种放松是什么时候了。但是，唉！当这种愿望得到满足后，我就非常想离开，回到自己家中。于是我再一次①悄悄踮着脚尖下楼，用她的钥匙开了门。凌晨三点半我才躺下睡觉，尽管极度疲惫，却没怎么睡着，也没睡好。醒后头痛欲裂，读了晨报并与孔德拉季耶夫闲聊，独自用了早餐，然后出门散步。下午四点和尼[古拉]·德[米特里耶夫]一同去了 Bois②。我们在 Taverne de Londres③用了餐，还买了喜歌剧院的票。今天上午我买了《让·德尼维尔》④的票，想去看看，期待一饱眼福。不过，你知道我有多倒霉？女主角生病了，演出取消了。就这样我们去杂耍剧场看了正在上演的梅亚克和哈勒维的喜剧《小妈妈》，这个选择没令人失望，这部剧颇有魅力，主人公是一个年轻的交响乐作曲家，留着长发，神经敏感。说实话，这部剧虽然有些讽刺，却是我看过的最有趣的一部了。⑤其中一个场景是作曲家穿着睡袍，坐在钢琴前创作。而听到台上响起的"交响曲"第二乐章，我差点笑破肚皮。扮演这一角色的演员杜普伊，与众不同且极为出色。看完演出回到家，我和尼[古拉]·德[米特里耶维奇]饮了一杯潘

---

① 在原件中，此处删掉了"低声地"（шепотом）一词。
② 法语，意为"森林"，可能指布洛涅森林（巴黎西郊的公园）。
③ 伦敦饭店。（法语）
④ 《让·德尼维尔》(1880 年) 是法国作曲家莱奥·德利布的喜歌剧。
⑤ 有趣的是，莫杰斯特后来创作的话剧《交响曲》(1890 年) 中的主人公也是一位交响乐作曲家，此人物身上的某些特点与柴科夫斯基相似。

趣酒，然后就躺下休息了。我睡得很好。明天晚上就要出发了，我已经预订好座位。天气开始变差。深吻你们，科里亚、阿廖沙。

彼·柴科夫斯基

又：明天我再写一些。

10.①

1880年3月5日／17日　柏林

今天没什么愉快的事，但过得并不无聊。上午去了水族馆②，里面的黑猩猩让我非常开怀。它和小狗相处得融洽极了，它们在一起玩得那么好，一直闹来闹去。它的跳跃力非常惊人。它绕过小狗，跑到小狗够不到的地方，笑得多可爱！它智商很高，它和饲养员之间就像是孩子和保姆一样，有趣极了。中午十二点我喝了咖啡，把馅饼当作早餐，然后又去了博物馆③。可能你现在都认不出这个博物馆了。你是否记得，里面的画作曾经摆得多无序、多没体系？而现在，体系和秩序都极为清晰。我确信博物馆对绘画的理解有了很大提升。很多作品都令我兴味盎然，特别是弗兰芒画派的作品。而我对特尼尔斯、沃弗曼和勒伊斯达尔的欣赏，胜过被大加赞赏的鲁本斯，在后者笔下就连基督也有胖胖的、粉红的大腿，以及双颊上那不自然的绯红。有时候我觉得自己快要成为精通的行家了：还没看到名字，我就凭风格认出了柯勒乔的画！！怎么样！！柯勒乔应该是一位做作的画家，因为他笔下所有男性的脸庞和体态都像梵蒂

---

① 《作品全集：著述与书信》，VII，第71—72页。馆藏信息：ГДМЧ，а³，№ 1581。
② "水族馆"其实是柏林的一所动物园。
③ 腓特烈大帝博物馆（今博德博物馆。——译注），其中藏有拜占庭和波斯绘画，以及17至18世纪的欧洲绘画和雕塑作品。

冈的耶稣，而所有女性都像博尔赫斯宫里的达那厄①。之前博物馆里的雕塑还没来得及观赏，今天准备去看看。我下午四点才用午餐，和往常一样别无二致；但心情不太好，因为一直被坐在对面的一位先生盯着，让我既恼火又很不自在。午餐之后、去剧院之前，我在独自散步途中结识了一个少年。他是德国人，却非常帅气。散步结束时我想给他些施舍，但他拒绝了，他完全出于对艺术的爱，而且对留胡子的人有好感。我不得不约定下次rendez-vous并且说了谎，把时间定在明天，而我今天就要离开这儿了。我觉得《荷兰人》②非常聒噪无趣，演员演得非常糟糕，歌剧女主角（马林格）什么都没唱出来，甚至都不如普通人。演出还没结束，我就离开了。我去见了比尔泽③，然后在散步期间又结识了一个人。我用过晚餐也喝了啤酒。亲吻并拥抱你、科里亚和阿廖沙。

你的彼·柴科夫斯基

11.④

1880年8月7日

莫佳，要是你得知我刚从基辅回来，肯定会大吃一惊。我领到了尤尔根松的汇款，也办好了家里人交代的事，还采购了未来几个月可以足不出户的储备用品。尽管采买羊毛、丝绸、温度计、拐杖、香水、洁面用品等，以及交代给我的所有采买，都让人特别疲惫，不过我全程都很愉快，像富翁一样挥金如土，午餐时给自己点

---

① 达那厄是希腊神话中阿尔戈斯国王阿克里西俄斯的女儿。
② 在柏林歌剧院演出了瓦格纳的歌剧《漂泊的荷兰人》。
③ 本亚明·比尔泽（1816—1902）：德国指挥家，组织并领导多场通俗音乐会，柏林音乐厅的持有者。
④ 《作品全集：著述与书信》，IX，第229—230页。馆藏信息：ГДМЧ，a^3，№ 1603。

了一份冰激凌,购买自己所需,间或欣赏了基辅皇家公园的各种美景,<u>还绝非一无所获地发生了奇遇</u>,这些都令我很开心。我连续两晚去了"花园城堡"①,像个孩子一样开心地欣赏了布拉茨一家表演的杂技,还有四个维也纳犹太人的表演,我记得他们唱的歌:

节目之间还穿插了各种有趣的笑话。在基辅的第二天,有一半时间因为一件事而败兴:我碰到了热尼亚·孔德拉季耶夫②(这还不算什么!),得知多瑙罗夫③和他都住在基辅,而且多瑙罗夫的偏头痛发作了。我不得不去看望他,晚上不得不在他那儿留宿。我到现在才确信,自己从来没喜欢过多瑙罗夫。我并不开心见到他,他外表看上去丝毫没变,而且为人也还是那样,不仅爱撒谎,还喜欢吹嘘自己的成功。原来,几乎所有参加了最近这场战争的士兵都曾和他交往。所有人都惊叹他的智慧和才华,也都知道他的浪漫史,他对此看似惊讶,实则非常高兴。

我昨晚到这儿时,看到托利亚已经来了,他是从科里亚家④过来的,途径兹纳缅卡。托利亚看起来非常健康,他晒黑了,精神十足,而且心情不错。看来他已经完全莫斯科化了,完全不思念故人,也一点儿都不惦念圣彼得堡,而且对未来在莫斯科的生活满怀憧憬。⑤

---

① 基辅的一处花园兼饭店。
② 叶甫盖尼(昵称热尼亚)·德米特里耶维奇·孔德拉季耶夫:尼古拉·德米特里耶维奇·孔德拉季耶夫的兄弟。
③ 谢尔盖·伊万诺维奇·多瑙罗夫(1838—1897):外交部官员。作有多首颇受欢迎的声乐浪漫曲,曾将柴科夫斯基的声乐浪漫曲译成法语。
④ 兄长尼古拉及其在库尔斯克省的乌科洛沃庄园,阿纳托利之前在此做客。
⑤ 阿纳托利已从圣彼得堡调往莫斯科,担任区法院检察官。

这让我很高兴。他最近一直在讲拉罗什的事,真的太有意思了,我的上帝,这真是文学描写的典型!他十足卑鄙、恶劣,在卡捷[琳娜]·伊万[诺夫娜]①和自由生活之间左右摇摆,最后以从卡捷[琳娜]·伊万[诺夫娜]的母亲手中拿到 5000 银卢布而告终,自此再没去看望鲁宾斯坦和托利亚,还与卡捷[琳娜]·伊万[诺夫娜]一起乘船去了巴黎。我很想知道他们是否已经抵达,接下来会怎么办。不过,[这]很可能是拉罗什的最后一丝希望了,他会在巴黎重整旗鼓的。他出发之前就坐上了马车,开始讲究穿戴,同时十分小心,避免遇到托利亚。

我还是很喜欢卡缅卡,而一想到西马基②又会心头一动。

莫佳,你想住在珀拉奇亚③的房间还是大房间的厢房?告诉我吧,哪个都可以。谢谢你的来信。吻你。托利亚拥抱你。

彼·柴科夫斯基

12.④

[1880 年] 8 月 9 日　　星期六[卡缅卡]

亲爱的莫多沙⑤!为了让你星期四就收到我们的最新消息,我今天就得写信。这不,我赶紧坐下来开始写信了。一切都不太顺利,很多人都病了:Miss Eastwood⑥(disenteria sanguinensis)、弗

---

① 叶卡捷琳娜(昵称卡捷琳娜)·伊万诺夫娜·西涅利尼科娃:大地主的女儿,格尔曼·奥古斯托维奇·拉罗什的"事实妻子"。
② 梅克夫人在布拉伊洛夫的庄园,1880 年 7 月柴科夫斯基曾住在此处。
③ 家庭教师 П. О. 科斯捷茨卡娅在家中的绰号。
④ 《作品全集:著述与书信》,IX,第 231 页。馆藏信息:ГДМЧ, a^3, № 1604。
⑤ 莫多沙是莫杰斯特的另一昵称。——译注
⑥ 英语,意为"伊斯特伍德女士",即英国人玛丽亚·弗米尼奇娜·伊斯特伍德,达维多夫家中幼子的家庭教师。

列贡特①（febris gastrica）、塔尼娅（migrenia obstinatis）、托利亚（和以前一样每天都有十五种不知名称的病症）、珀拉奇亚（也是某种 febris），②但他们病得都不重。不知为何，大家对演出③都失去兴趣了，都勉强敷衍。今天是米沙④的生日，我送了他一块手表（也给鲍勃送过），我很开心。维拉·布塔科娃⑤从韦尔比夫卡赶来参加午餐会，这让大家都变得有点儿紧张。今天我去看望了亚历[山德拉]·伊万[诺夫娜]⑥，她身体感觉好多了，还像以前那样念叨着"现在的孩子不像以前那样受教育了"。孩子们的丽莎⑦阿姨心情不太好，她和我聊起塔尼娅的病情，长期生病令塔尼娅备受折磨，也让她伤心，她说着说着突然大哭起来。托利亚住在宽敞的房间里，就是你知道的那间厢房，但他一整个白天都在我的房间里待着。我正在处理协奏曲和随想曲⑧的校样。我把欠阿廖沙和叶夫斯塔菲的债还上了，我对叶夫斯塔菲的喜爱比以前更强烈了。上帝啊，这是怎样一个天使般的存在，我多想服从她，陪伴她，属于她！在你信中

---

① 弗列贡特·康斯坦丁诺维奇·比斯特费尔德：达维多夫家中男孩们的家庭教师。
② 柴科夫斯基用病症的拉丁语医学名称打趣，原件中各人名之后括号内依次是：血痢疾；胃热；偏头痛；发热（即感冒）。
③ 指在达维多夫家中演出的 B.亚历山德罗夫（笔名 B.A.克雷洛夫）的喜剧《一块肥肉》。
④ 德米特里（昵称米沙）·利沃维奇·达维多夫。
⑤ 维拉·瓦西里耶夫娜·布塔科娃（原姓达维多娃，1848—1923）：柴科夫斯基的妹夫列夫·瓦西里耶维奇·达维多夫的妹妹，海军中将伊万·伊万诺维奇·布塔科夫的妻子。19世纪60年代末，维拉爱上柴科夫斯基，作曲家没有回应她的单相思并拒绝了她的求婚。《哈普萨的回忆》（Op.2）和浪漫曲《睡吧》（Op.57, No.4）即题献给她。
⑥ 亚历山德拉·伊万诺夫娜·达维多娃（原姓波塔波娃，1802—1895）：十二月党人瓦西里·利沃维奇·达维多夫的妻子，列夫·瓦西里耶维奇·达维多夫的母亲。
⑦ 伊丽莎白（昵称丽莎）·瓦西里耶夫娜·达维多娃（1823—1904）：列夫·瓦西里耶维奇·达维多夫的姐姐。
⑧ 《第二钢琴协奏曲》（Op.44）、《意大利随想曲》（Op.45）。

读到你和瓦尼亚的事,让我对瓦尼亚产生了片刻好感。但一切都很短暂,一切都是暂时的,只有阿斯塔普卡①的美是绝对的。我会一生一世对这种美卑躬屈膝。

莫佳,写信告诉我,你觉得什么时候差不多可以来找我了?请科里亚原谅我,把信寄到下一个地址。亲吻并拥抱你们两个。

彼·柴科夫斯基

13.②
1880年12月8日　莫斯科

我昨晚到了莫斯科。还记得在切雷舍夫澡堂给我们(你、科里亚、阿纳托利和我)搓澡的那个服务员吗?阿纳托利在寄到卡缅卡的信里说,他在另一家澡堂看到了这个人,他还成了那家澡堂服务员中受人追捧的对象。我一路脑子里都在想象。阿纳托利以为我不是昨天而是今天才会来,所以我今晚无处留宿了,于是我就去了那家澡堂。唉,可惜给我搓澡的是另一个人!但我走的时候看见了他,于是当晚收到了邀请,我赴约了。我像瓦洛佳·希洛夫斯基那样在澡堂大约待了三个小时,喝酒,吃东西,请掌柜在内的所有人吃饭,最后,终于只剩下我和瓦夏③。多美好啊!没什么,没什么,嘘……

我希望会在莫斯科收到你的信,我非常在意你的喜剧④的命运。

---

① 叶夫斯塔菲(昵称阿斯塔普卡)·罗季奥诺维奇·克里文科。
② 《作品全集:著述与书信》,IX,第323—324页。馆藏信息:ГДМЧ, a³, № 1608。
③ 昵称,同瓦洛佳。——译注
④ 莫杰斯特的喜剧《恩人》(1874年),署笔名"戈沃罗夫"。

听说是萨温娜①把它搬上了纪念演出的舞台,我对此非常激动和开心。期待你的消息。

今天会排演《奥涅金》②。你会来吗?如果你的喜剧要上演的话,就顾不上歌剧演出了吧。

我在排演时将见到别吉切夫③,会和他聊聊《恩人》,之后告诉你具体情况。卡缅卡曾给我留下最为悲伤的回忆,但对我而言,前往那里仍然是莫大的幸福。现在要去排演了,深深地吻你。

你的彼·柴科夫斯基

14.④

[1881年] 7月26日 [卡缅卡]

莫佳!我今天实在没太多时间写信。我在基辅停留了四天四夜,由于第二天就用完了身上的钱,我只能等着来自卡缅卡的支援。我感到寂寞难耐。找姑娘并非毫无结果。我见到了一位非常讨人喜欢且情愿付出一切的姑娘,但奇怪的是我丝毫不开心。我每晚都去"花园城堡",这里所有的小曲我都倒背如流。我花了一大笔钱,对此我非常后悔。我花80银卢布买了很多书!!这是图什么呢?最终我要忍受从基辅转车去法斯托夫的辛苦(上帝啊!铁路真是太让人憎恨了)。终于,我如愿回到了卡缅卡,这个实际上让

---

① 玛丽亚·加夫里洛夫娜·萨温娜(1854—1916):圣彼得堡亚历山大剧院的戏剧演员。莫斯科和圣彼得堡皇家剧院导演伊万·亚历山德罗维奇·弗谢沃洛日斯基(1835—1909)的妻子。莫杰斯特的喜剧《恩人》演于1881年2月9日由萨温娜筹办的公益演出。

② 此时正在筹备歌剧《叶甫盖尼·奥涅金》在莫斯科大剧院的演出(1881年1月11日首演)。

③ 弗拉基米尔·彼得罗维奇·别吉切夫(1828—1891):剧作家。曾任莫斯科皇家剧院剧目审查员,1864至1881年负责剧院管理工作,是柴科夫斯基来往密切的熟人。

④《作品全集:著述与书信》,X,第177—178页。馆藏信息:ГДМЧ, а³, № 1641。

我心有憎怨而且确实鲜有乐趣的我的卡缅卡呀。回到这儿，廖瓦①表现出来的喜悦让我特别感动。你知道吗，在整个混乱的家庭纠纷中，除了他，我不怜悯任何人（包括萨莎和塔尼娅）。他从不抱怨，却默默承受着比别人更多的痛苦。不久前，塔尼娅刚治好了新长出来的吗啡脓肿，②她看起来更有精神了，而今天又失眠头痛，便卧床休息了。总而言之，这不是什么好事。萨莎的新闻比较令人欣慰。她在那儿结识了很多朋友，遇到了熟人，③过得很愉快。不过，唉！大家给她写的有关塔尼娅的谎话，她都信了，所以她回来时会更加失望的。吻你和科里亚。

彼·柴科夫斯基

15.④

[1882年] 3月28日　莫斯科

你会收到我这封信吗？你会等得到它吗？简要写写最近发生的所有事吧。离开华沙后的路上，我又出现睡眠问题，但整个旅途都很平静，时而愉悦舒适。托利亚和尤尔根松前来迎接我。⑤ 托利亚很开心，幸福溢于言表。而一个小时后，一件事破坏了整个美好气氛。他告诉我，怀疑自己好像是出现了感染症状。当然，我马上就看出来这是无稽之谈。当天，我结识了巴拉莎⑥，以及她的父亲和

---

① 列夫（昵称廖瓦）·瓦西里耶维奇·达维多夫。
② 塔季扬娜·利沃夫娜·达维多娃因无法忍受头痛折磨而服用吗啡（经常在家中），逐渐染上毒瘾。
③ 亚历山德拉（昵称萨莎）·伊里尼奇娜·柴科夫斯卡娅在卡尔斯巴德接受治疗。
④《作品全集：著述与书信》，XI，第 95 页。馆藏信息：ГДМЧ, a³, No 1659。
⑤ 柴科夫斯基参加了 1882 年 4 月 4 日在莫斯科举行的弟弟阿纳托利和普拉斯科维亚·弗拉基米罗夫娜·孔申娜的婚礼。
⑥ 阿纳托利的未婚妻、特列季亚科夫兄弟的外甥女普·弗·孔申娜，昵称巴拉莎。

兄长①，如今就要和他们成为亲属了。巴拉莎非常讨人喜欢，是一位可爱的女士，她内心单纯、为人坦率，没任何歪心思。当天托利亚不是嗓子不舒服就是嘴唇或鼻子不舒服，他认为这都是染病的表现。我安慰了他一阵，他才意识到自己这是躁狂症。昨天他差点儿就确信不止他一人染病，还有巴拉莎也染病了，而且她也有肿胀的症状。他去看了医生，医生告诉他并没有染病，他却以为医生的语气是在隐瞒实情。当晚他完全陷入了绝望，就连我也被吓到了，无法再劝慰他。这晚真的非常难熬。从午餐直到凌晨三点，他只得假装幸福开心，因为巴拉莎一整晚都陪着我们，我们去了克里姆林宫，然后参加了晨祷和开斋，因为我们无法单独交谈，因为还有其他人同行，我俩心里更害怕了。他整夜无眠，一直在想感染的地方。今早他变得歇斯底里，偏赶上有人来拜访！唉，我这受的是什么罪！理性告诉我，托利亚是患了躁狂症，但我却因为他的恐惧动摇了，也开始相信他被感染了。

希望一切不愉快都会烟消云散，明天我们会把这件事当成笑话。我收到你的来信了。莫佳，你说<u>你欠我的</u>，②这话是怎么说出口的？你好好想想，如果当时没有你和科里亚的话，我会怎样？你们才是我的救命恩人！没有你们，我整个冬天该过得多痛苦、多愁闷。每每想起你们，我的双眼就会湿润起来。直到现在和你们分别后，我才意识到自己失去了什么！

紧紧地拥抱你。

你的彼·柴科夫斯基

又：明天会再次写信的。

---

① 普·弗·孔申娜的父亲弗拉基米尔·德米特里耶维奇·孔申（1824—1915）是莫斯科著名的制造商和慈善家，是特列季亚科夫兄弟的妹夫。普·弗·孔申娜的兄长弗拉基米尔·弗拉基米罗维奇·孔申是一位商人。

② 柴科夫斯基曾资助莫杰斯特去意大利过冬。

16.①

[1882年3月29日　莫斯科]

　　莫佳！昨天我在信里写了自己痛苦不安的状态，所以今天要赶快与你分享一个令人开心的消息：托利亚不再想象自己染病了。他放松下来，又恢复了精气神。这种状态会保持很久吗？无法预测。很快家里人就要来此相聚了，希望接待家人的忙碌能冲散他这种idée fixe②。我每天都去孔申家，不久就能和他们拉近了。很想向你描述一下他们家的每一位成员，却总是没有时间，生活太疯狂了。特别怀念我们一起在意大利的时光，那真是一场甜蜜的梦。

　　我是在尤尔根松家写这封信的，现在得赶快去和阿尔勃莱希特共进午餐了。

　　深深地吻你。

你的彼·柴科夫斯基

　　又：对了，昨天已经收到你的来信。

17.③

[1882年] 12月8日　**莫斯科**

　　亲爱的莫佳！要是我还没动身出发，可能会让你生气吧。种种原因使我不得不再停留一个星期。一是工作④还没完成；二是想参加星期五的宗教音乐会，音乐会上将演唱我的《晚祷礼拜》；⑤

---

① 《作品全集：著述与书信》，XI，第95—96页。馆藏信息：ГДМЧ，a³，№ 1660。
② 执念。（法语）
③ 《作品全集：著述与书信》，XI，第291—292页。馆藏信息：ГДМЧ，a³，№ 1686。
④ 歌剧《马捷帕》第一幕的配器。
⑤ 这场音乐会举行于1882年7月13日。

三是我想听一听交响[音乐会]上演奏的塔涅耶夫的前奏曲;① 四是很多人都让我再待些日子,托利亚也很希望我留下来。今天塔尼娅就要去圣彼得堡了,幸好她不会也住在莫斯科。托利亚很怕她会住下来。我觉得她可能也不会让你开心起来。② 我就要走了,无论如何星期日都会出发,可能邮递员也会在那天出发,当天我会给你发电报的。分享一个这期间的趣事:我和瓦洛佳·希洛夫斯基和好了,在"萨拉托夫"③和他喝了两次酒,一同喝酒的还有戈利岑④和三位 molto belli cocchieri⑤ 的马车夫。Uno di questi tre mi piace moltissimo e sono un poco innamorato⑥。但是,这种不乏欢畅时刻的生活带来的更多是疲惫,令我精疲力竭,所以 et je soupire après ma liberté⑦。况且,大量时间就这样白白流逝了,而且还要花很多钱。再会,亲爱的。要记住,我会至少在你那儿 incognito⑧ 住上三天左右。吻你。

彼·柴科夫斯基

---

① 在1882年7月11日俄罗斯皇家音乐协会的音乐会上,演奏了塔涅耶夫的《俄罗斯主题前奏曲》。
② 外甥女塔季扬娜·利沃夫娜·达维多娃为了不让家人知道自己非婚怀孕,离开了卡缅卡。
③ 一家莫斯科小酒馆,是莫斯科相同取向圈最常去的酒馆之一。
④ 阿列克谢·瓦西里耶维奇·戈利岑公爵(1832—1901):外交官。五品文官,低级宫廷侍从。柴科夫斯基的熟人。
⑤ 非常英俊。(意大利语)
⑥ 我特别欣赏其中的一位。(意大利语)
⑦ 我十分怀念自己的自由。(法语)
⑧ 隐姓埋名地。(英语)

18.①

18 [83 年] 4 月 22 日 [/5 月 4 日]　巴黎

莫佳！不要为我操心。我向你保证，我完全不焦虑，身体也很健康。当然，如果可能的话，我是不会留在巴黎的，但如果留在这儿是必要的，也只能这样了。重要的是你不要责怪自己。你已经做了一切该做的。至于说你会在整个过程中弃我于不顾，这说起来就很可笑了。你认为哪种对我而言更好？是和你一起承担这份降临在我们身上的不幸，还是明知你在受苦，我却在罗马某处逍遥自在？根本没必要提这个。我们俩都是各种不幸的巧合情势下的牺牲品。

昨天这里过节②，各处都停业关门。凛冽的北风呼啸着，我穿上了厚实的大衣。回来时，塔尼娅已经睡下了，我陪丽[莎维塔]·米[哈伊洛夫娜]③闲坐了一会儿，看塔尼娅一直没醒，我就走了。你想象一下吧，昨天午餐过后她们仨④去赛马场看了完整表演后一个个心满意足的样子。一个月前我们能想到类似的安排吗？今天她们和我讲起来时，我惊得都要跳起来了。

我昨天又是很晚才用午餐，之后在香榭丽舍大道散步，发现了好一家俱乐部，一家真正的俱乐部！我一直在观察那群沉溺于享乐

---

① 《作品全集：著述与书信》，XI，第 133—134 页。馆藏信息：ГДМЧ，a³，No 1698。
② 可能指天主教复活节。
③ 伊丽莎白（昵称丽莎、丽莎维塔）·米哈伊洛夫娜·莫拉斯：曾是科里亚·孔拉季的家庭教师。应莫杰斯特之邀，去巴黎照顾塔·利·达维多娃。之后留在塔·利·达维多娃身边。
④ 伊·米·莫拉斯、塔·利·达维多娃及其女仆萨莎。

放纵的里沃利和拉布斯那样的人①。他们尖叫、大喊、疯跑,时而手牵手并高声唱着回旋歌,还能听到阵阵呼喊声:"que cherches tu donc, Susanne?"②或者:"je ne sais ce que j'ai, je crois que je suis enceinte"③,又或者:" ah, mesdames, nous aurons chacune un homme ce soir"④,等等。后来,我在那儿还目睹了一场神秘的戏剧性事件,见面时提醒我给你讲一讲。

我睡得很好。工作⑤非常勤快。塔尼娅今天可以独自入睡了,她感觉良好,心情愉快。我已经不再指望自己的期待何时能实现,没有任何会实现的迹象,而你也已经离开超过两个星期了。

廖瓦给我汇了600卢布。今天特别冷,许多行人都穿着毛皮大衣。

可能我会在塔尼娅生产⑥之前就完成歌剧。我很开心,因为肩上的重担就要卸下来了,而我也害怕之后会无事可做,等待只会让人更难熬。不过,谁知道呢,也许一切都会又快又顺利地解决。莫

---

① 柴科夫斯基在4月18日/30日的信中曾向莫杰斯特描述过(其中所有姓氏和人名均是化名,除了列昂尼德·卡尔洛维奇·拉布斯,他是俄国歌唱家,1870至1874年就读于莫斯科音乐学院):"然后去了香榭丽舍大道,在附近的Chan-tants咖啡馆逛了逛。这里很有趣,因为走到哪儿都会看到奥科内什尼科夫、里沃利、瓦西里·伊格纳季奇和拉布斯这样的人。尽管这些人来自不同国家,但惊人的是,他们都是同一类型。但说实话,这一切还是没能令我放松下来,而且夜晚是我这一天中最难熬的,我不知该如何消磨这段时光,而且我完全无心看剧,甚至有点儿排斥剧院"(《作品全集:著述与书信》,XII,第129页。馆藏信息:ГДМЧ, a³, No 1696)。
② "苏珊娜,你在找什么呢?"(法语)
③ "我不明白自己是怎么了,我好像怀孕了"。(法语)
④ "嘀,女士们,今晚我们每个人都有男伴了"。(法语)
⑤ 歌剧《马捷帕》第二幕的钢琴缩编。
⑥ 写此信时正值塔·利·达维多娃临产。她于三天后(即4月26日)诞下一个男婴,取名乔治·列昂,后过继为尼古拉的养子(即格奥尔基·尼古拉耶维奇·柴科夫斯基)。

佳，说真的，你不必挂念我。

你的彼·柴科夫斯基

19.①
1890 年 3 月 2 日 / 14 日　佛罗伦萨

可能你已经收到我那封简短的信了，那我就不再重复说我对第七场及其他各场有多满意了。② Brindisi③的第二段是必要的；我没发电报，因为这一情节丝毫不会延缓我的进度。第二段的节奏应该和第一段一样，而且我认为，从"今天是你，而明天是我"开始的词应该保留。赌场用语我是一个都不懂，因为脚本里没写清楚，特别是苏林说的："我赌鲁日"④，什么是"鲁日"？

必须给"赌徒之歌"安排一个开始的唱段，只是我不知道该怎么安排。也许阿普赫京最清楚。我记得前三行是：

"啊，那岛屿究竟在何处，
那里有赐予勇气的魔草，
兄弟们！
……
……

---

① 《作品全集：著述与书信》，XV-Б，第 81 页。馆藏信息：ГДМЧ，а³，№ 1930。
② 歌剧《黑桃皇后》的脚本由莫杰斯特编写，他将个别场景寄到了佛罗伦萨。
③ 意大利语，意为"饮酒歌"，即歌剧《黑桃皇后》第七场（终场）的赫尔曼咏叹调"我们的生活是什么"。
④ 莫杰斯特在 1890 年 3 月 7 日的信中指出，该词不应读作"鲁日"（руж），而是"鲁捷"（руте）："这个词的意思是每局用三张牌，只有其中一张牌赢了才能继续"（馆藏信息：ГДМЧ，а⁴，№ 5423）。

圣徒！"①

不过，这并不重要。

啊呀！我之前忘了写信告诉你，想让你帮我完成《向你致敬，叶卡捷琳娜》中的词，②在"我们温柔的母亲"之后再加两句。

你怎会认为，我要把女声安排在终场？③ 这是完全不可能的，是不成样子的牵强！毕竟除了姑娘没人可以出现在赌场，而安排一整首妓女合唱又有些太过了……

你为什么会觉得我要改动合唱的词？一字不改。为了音乐需要，我刚刚又加了两处词，这不算什么。

你收到这封信时，我已经在罗马了，我决定在那儿进行钢琴缩编，会在电报里告诉你新地址的。昨天早晨收到 pra ordre de M-r Conrady④的 810 法郎。我还在等着关于这项汇款的说明，不过我猜，这是科里亚预支我的退休金吧。

夏天要来了。我根本无法与佛罗伦萨和平共处，除了我住的房间和卡西诺的几处人烟稀少之地，佛罗伦萨的一切都让我厌恶。最

---

① 莫杰斯特在1890年3月7日的信中作过解释：这是 K. Ф. 雷列耶夫的诗歌，但除了第一节外，诗歌的其他部分并不适合赌场场。他在信中摘引了诗歌的前两节[啊，那岛屿究竟在何处，/那里有赐予勇气的魔草，/兄弟们！/在那诵读着"少女"的地方，/坟墓下飞动着/圣徒！（"少女"指伏尔泰作于1755年的反教权诗《奥尔良的少女》，或译《贞德》。——译注）]。歌剧《黑桃皇后》的脚本还摘引了普希金的中篇小说《黑桃皇后》的卷首语。

② 1890年3月9日，莫杰斯特将他根据杰尔扎文的诗歌创作的合唱《向你致敬，叶卡捷琳娜》中的几段词寄给了作曲家兄长（馆藏信息：ГДМЧ, a⁴, No 5524）。

③ 莫杰斯特在1890年11月23日的信中写道："第七场合唱中的一些词让我很为难，可能需要你改一下。我认为，是否安排女声加入这个合唱取决于你，没有她们，是更合理的。但我不知道为什么女性不能出现在赌场。为了声乐效果的美感，一定程度的牵强是允许的"（馆藏信息：ГДМЧ, a⁴, No 5516）。

④ 孔拉季先生安排。（法语）。

近我对旅馆的餐食也开始厌恶,受够了一成不变的东西。拥抱你和科里亚,请代我谢谢他。

下次我会给<u>科里亚</u>写信的。①

纳扎尔②向你们问好。

---

① 柴科夫斯基在1890年3月6日/18日的信中对Н. Г. 孔拉季的汇款表达了感谢(《作品全集:著述与书信》,XV-Б,第93—94页)。

② 纳扎尔·菲尔索维奇·利特罗夫:莫杰斯特的仆人。1890年春季在佛罗伦萨陪伴柴科夫斯基。

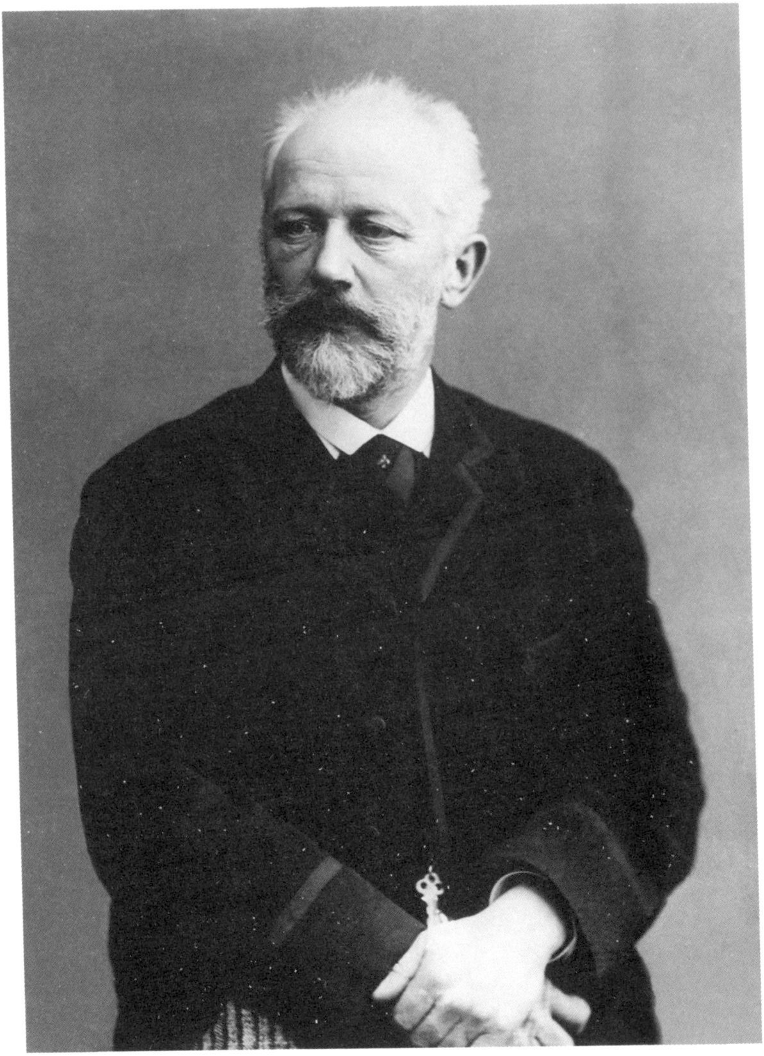

图 7-1　彼得·伊里奇·柴科夫斯基
　　　　1889 年末至 1890 年初
　　　　А. Н. 帕塞蒂（А. Н. Пазетти）照相馆摄

第七章

人生点滴

档案与文件中的柴科夫斯基

  柴科夫斯基作为音乐家的整个自觉之路,是从一名圣彼得堡音乐学院学生到驰名世界大师的成长过程。从人生经历而言,这是一个出生于俄国知名矿业工程师家庭的人,以其艺术征服整个文明世界的蜕变之路。从社会履历而言,这是一个九等官员(法学院毕业后)升到七等文官(退休时)并就此度过余生的过程。

  "不为人知的柴科夫斯基"的其中一面是他在特定的社会和现实环境下的私人生活。伟大作曲家的这一方面常被避免谈及,仿佛他是在虚无缥缈的幻境中生活和创作一样。事实上,柴科夫斯基最具灵感且伟大的作品都诞生于他凭借身份和资源而跻身的社会环境下的世俗生活。本章公开的档案与文件资料展示了音乐家从出生到逝世的完整生平轨迹中的一部分细节,以及他逝世后俄国全体民众在震惊中对心爱的作曲家的哀悼和怀念。

  本章开篇呈现的档案是柴科夫斯基的出生证明。在乌德穆尔特共和国中央国家档案馆(伊热夫斯克)所保存的卡姆斯克-沃特金斯克工厂报喜大教堂的登记簿上,记载了柴科夫斯基的出生信息,即第187号新生男婴的登记内容:此男婴出生于

1840年4月25日，受洗于5月5日；其父卡姆斯克-沃特金斯克工厂矿业主管、中校和贵族伊利亚·彼得罗维奇·柴科夫斯基，与其合法妻子亚历山德拉·安德烈耶夫娜，二人均为东正教教徒。其中还记录了他的教父是卡姆斯克-沃特金斯克报喜大教堂大司祭瓦西里·叶戈罗维奇·布利诺夫，他的教母是矿区警察局局长、十等文官阿列克谢·谢尔盖耶夫·瓦利采夫的妻子娜杰日达·季莫费耶夫娜。洗礼仪式由下述人士参与完成：卡姆斯克-沃特金斯克报喜大教堂大司祭瓦西里·叶戈罗维奇·布利诺夫、执事亚历山大·纳戈尔尼奇、执事米哈伊尔·阿尼西莫夫、司事亚历山大·塞尼洛夫。

一些档案记载了柴科夫斯基1859年从皇家法学院毕业、任职司法部的经历。比如，毕业证书中的字样："兹证明，法学院学生彼得·柴科夫斯基品德优良，已完成全部学业课程。[……]授予其九等官职"。再如，根据司法部履职证明书上的记录，他"自皇家法学院毕业后，根据司法部1859年5月23日第7号令分配至司法部下辖司供职，官职九等①"，并在司法部第一分局任职。1862年他凭工龄升至八等文官（官级为八等），同时向俄罗斯音乐协会②递交了"贵族彼得·柴科夫斯基"的入学申请书。众所周知，他于1863年辞职，这在司法部履职证明文件中也有相应记录："1863年5月1日因个人申请免去高级科长助

---

① 即官级为九等。
② 俄罗斯音乐协会于1868年获得皇家称号，后略。——译注

理职务，聘入司法部下辖司"。1866年柴科夫斯基搬到莫斯科，凭工龄升至七等文官。直到1867年创作第一部交响曲《冬日梦幻》后，司法部才下令："因个人申请予以解聘"，从此他彻底离开了司法部。也就是说，在保留国家机构职位的最后四年里，柴科夫斯基完成了圣彼得堡音乐学院的学业，搬到莫斯科，并在莫斯科音乐学院任教了两年，而这两年里他已有多首作品在当时的俄罗斯音乐协会莫斯科分会的音乐会上演出了。

从1867年起，在全部官方文件中柴科夫斯基都是"退职七等文官"，例如，十七年后皇家授予他的授勋嘉奖令中的字样"特嘉奖退职七等文官、作曲家"。

作为职业作曲家，他的整个创作之路长达二十八年。他在莫斯科音乐学院任教的十二年间创作丰硕（从《第一交响曲》到《第四交响曲》，从歌剧《督军》到《叶甫盖尼·奥涅金》），还发表了超六十篇内容广泛且翔实的乐评。而当时作为莫斯科音乐学院教授，他的工作待遇又如何呢？俄罗斯国家文学艺术档案馆（РГАЛИ）的馆藏中保存了作曲家于1866年、1872年和1875年与俄罗斯皇家音乐协会莫斯科分会签订的协议，协议显示，薪酬确有逐步提高，但职责不变："每星期授课不少于十小时"，而且"无条件遵守"；他必须提前十分钟到教室，迟到会扣薪，请病假亦会扣薪，若再不遵守则完全扣除。协议条款还规定，柴科夫斯基可以通过增加课时提高收入，但附加了严格规定。例如，除音乐学院外，不可在任何地方授课；家中授课的前提条件是"不对外公开招生"，每个学生每小时收费不少于 5 银卢布①。

这就是他创作四部交响曲、五部歌剧、芭蕾舞剧《天鹅湖》、三首弦乐四重奏、多首管弦乐序曲和钢琴协奏曲等作品时的工作条件!

柴科夫斯基一生被房租、账单、字据和债务缠身。本章收录的另一些档案文件真实地记录了这位作曲家的生活。1885 年,在创作交响曲《曼弗雷德》和歌剧《女靴》期间,他以 1000 卢布租下了位于克林附近麦达诺沃的别墅。现存合同中明确规定了女房东的哪些物品可以使用,以及若造成损坏需要承担的责任。其中还规定:作曲家和未来的共同居住人都"必须持有合法居住证,并及时在相关部门登记、注册"。作曲家本人、共同居住人和随行仆从都有义务"谨慎用火",并确保会清理垃圾和废弃物品坑。

本章中最重要的文件之一是柴科夫斯基的遗嘱。作曲家的第一封遗嘱立于 1887 年(时年四十七岁)。他于 1891 年 9 月 30 日订立的家庭正式遗嘱(包含四份文件)②保存在克林的档案馆。该遗嘱继承人包括:弟弟莫杰斯特、仆人阿列克谢·索夫罗诺夫、外甥弗拉基米尔和尤里、侄儿格奥尔基,以及妻子

---

① 银卢布(金属货币)和卢布(纸质货币)都是俄罗斯帝国时期的货币单位。随着银卢布贬值,到 19 世纪末两种货币相差无几,在实际生活中常混用或替换。当时人们常说,"在沙皇父亲的统治下,3 卢布就能买一头牛"。感谢中山大学历史学系副教授肖瑜老师提供的帮助。——中译本编注

② 均收录于本章。

安东尼娜·伊万诺夫娜。作曲家指定其出版人、好友尤尔根松及其子作为遗嘱执行人。而在阿列克谢·索夫罗诺夫的遗孀提供的那份遗嘱中，则附有尤尔根松于 1893 年 11 月 6 日提交的申请，其中写明要放弃其作为柴科夫斯基遗嘱执行人的身份。这是由作曲家的出版人和作曲家的继承人——主要是持有多数作品版权的外甥弗拉基米尔——之间的矛盾所致。

作曲家起草的、留给仆人阿列克谢·索夫罗诺夫的委托书是一个特例。该委托书既反映了他在处理法律文件时的谨慎和认真（这是法律工作给他留下的习惯），也说明了索夫罗诺夫在他生活中的位置。根据这份文件，柴科夫斯基不仅将单纯的经济问题委托了索夫罗诺夫，还授权他可在"任何司法机关、行政机关与任何机构官员"面前代表自己的利益。

保存于国立柴科夫斯基故居博物馆并在本书中公开的、有关作曲家患病、逝世和葬礼的文件资料，具有不言而喻的重要价值。其中仅电报就有一百二十八份！那些时日，柴科夫斯基兄弟和俄罗斯皇家音乐协会理事会收到了大量信件，还有人寄来悼诗，例如，1893 年 11 月 5 日从佩尔希诺寄给作曲家弟弟阿纳托利的、署名为 M. K. 索博列夫的信中有两首诗，分别是《悼念伟大的俄罗斯作曲家彼得·伊里奇·柴科夫斯基，1893 年 10 月 25 日凌晨三点在圣彼得堡逝于霍乱》和《献给他（霍乱时期两杯生水害死了他，而据我本人判断霍乱流行已经过去了）》[①]。这

[①] 馆藏信息：ГДМЧ, a^{12}, No 44。

位索博列夫在信中说，他有幸在下诺夫哥罗德见到了阿纳托利，当时阿纳托利正担任副省长。他在悼诗中表达了自己对柴科夫斯基的音乐之于俄国意义的思考，并对自己太晚得知心爱的作曲家去世的消息而深表遗憾。仅以这封信及其中的悼诗就能说明，柴科夫斯基在当时的俄国享有怎样惊人的声望。

在现存资料中，还有一段写在"Б. М. 索洛维约夫"的名片上的纪念作曲家的感人文字。1894 年 4 月 18 日，阿纳托利在作曲家兄长的墓前发现了这张名片，并在名片背面将此事记录下来。①

柴科夫斯基逝世的消息公布后，引发了关于其安葬地点的讨论。在位于克林的作曲家故居博物馆档案中，保存了莫斯科市民于 1893 年 10 月 27 日（新历 11 月 8 日）发给阿纳托利的电报。同样保存于此的，还有将作曲家安葬于莫斯科的请愿书，莫斯科音乐学院有超过两百位教授和学生在这份请愿书上签了字。

雕塑家 В. А. 别克列米舍夫与俄罗斯皇家音乐协会之间关于制作纪念雕像的通信，在俄国纪念柴科夫斯基的各项活动中尤为特别，该雕像后来落成于圣彼得堡音乐学院。值得注意的还有保存于俄罗斯皇家音乐协会卷宗的一封美国公使呈文，内容是请求协助在美国落成作曲家雕塑的相关事宜。

总而言之，本章公布的档案与文件，仅是与这位伟大音乐家的生平和名字有关的一小部分。

〔俄〕阿·格·艾因宾德

---

① 馆藏信息：ГДМЧ, a^{12}, 39/25。

柴科夫斯基的档案与文件

1. 出生证明①

证　明

兹证明，根据维亚特卡教堂宗教事务所陛下令，1840年报喜大教堂的沃特金斯克工厂萨拉普尔矿区出生登记簿第187号登记信息如下：矿业主管、中校和贵族伊利亚·彼得罗维奇·柴科夫斯基与合法妻子亚历山德拉·安德烈耶夫娜之子彼得，于4月25日出生，1840年5月5日受洗；其教父和教母为卡姆斯克-沃特金斯克的大司祭瓦西里·布利诺夫和矿区警察局局长、十等文官阿列克谢·瓦利采夫之妻娜杰日达·季莫费耶夫娜。

1846年2月

---

① 副本，馆藏信息：ГДМЧ，а¹²，No 249，К. П. No 23644。此副本由列宁格勒苏联内务部档案管理总局（ГАУ МВД СССР）修复工作室于1956年11月12日提供馆藏。原件馆藏信息：РГИА，ф. 1405，оп. 63，д. 3356，л. 10。该证明文件为作曲家出生六年后（即1846年）应其父母请求，根据卡姆斯克-沃特金斯克工厂报喜大教堂出生登记簿（馆藏信息：ЦГА УР，ф. 409，оп. 1，д. 148，л. 71 об.-72）上的登记信息开具，其出生信息登记于1840年5月5日（受洗日）。在维亚特卡宗教事务所发给沃特金斯克工厂办公室的、有关1846年2月12日寄出的家中子女出生证明的通知上，也有相关字样："兹有维亚特卡宗教事务所向卡姆斯克-沃特金斯克工厂矿业主管伊利亚·柴科夫斯基寄出其子彼得和伊波利特、其女亚历山德拉的出生与受洗时间证明文件，共三份，编号为No 756、No 757和No 758。敬请办公室告知，文件已下发。副神父格里戈里·皮涅金"。该文件上还有柴父的领取的记录："三份出生证明已领取。伊·柴科夫斯基，1846年2月20日"。见：П. И. Чайковский и Удмуртия. К родословной：Сборник документов. Ижевск，2001. С.84。

2. 皇家法学院预备班申请书①

退役少将柴科夫斯基之妻亚历山德拉·安德烈耶娃
致皇家法律学院委员会

申 请 书

烦请安排吾子彼得进入皇家法学院预备班，使他到法定年龄后可通过自费形式入贵校学习。附所需文件：出生和受洗证明；贵族出身证明；天花疫苗接种和健康状况证明。恳请接收。

退役少将、工程师之妻
亚历山德拉·柴科夫斯卡娅

日期：1850年9月11日

住址：第1海军行政区第1街区彼得斯楼（米里奥娜亚街）

3. 皇家法学院入学承诺书②

承 诺 书

本人矿业工程师、团退役少将伊利亚·彼得罗维奇·柴科夫斯基，常住址：圣彼得堡市铸造行政区谢尔盖耶夫斯基大街第4街区尼古拉耶夫少将楼，特承诺每年8月1日前向皇家法学院支付吾子彼得在贵校就读期间的住宿费等自付费用，共450银卢布。如退学，本人有义务将其带走。

少将伊利亚·柴科夫斯基
1852年8月24日

---

① 副本，馆藏信息：ГДМЧ，а¹²，№ 187，К. П. № 23532。此副本由列宁格勒州国家历史档案馆（ГИАЛО）于1952年提供馆藏。原件馆藏信息：ЦГИА СПб，ф. 355，д. 3390，л. 1。该申请书上标有收录编号、收录日期和柴科夫斯基当时的年龄："早于1850年8月1日，十岁四个月。"

② 副本，馆藏信息：ГДМЧ，а¹²，№ 188，К. П. № 23532。此副本由列宁格勒州国家历史档案馆（ГИАЛО）于1952年提供馆藏。原件（柴父署名手写文件）馆藏信息：ЦГИА СПб，ф. 355，д. 3390，л. 5。

4. 皇家法学院毕业证书[①]

皇家法学院委员会

兹证明,本院学生彼得·柴科夫斯基品德优良,修毕全部课程。成绩如下:

神学:良好。宗教法:优秀。国家法:很好。民法:优秀。刑法:优秀。民事诉讼法:优秀。刑事诉讼法:优秀。边界法和边界诉讼法:非常好。地方法:优秀。罗马法:优秀。法律常识:优秀。俄国法律史:优秀。金融法:优秀。法医学:优秀。逻辑学:非常好。心理学:非常好。俄语:优秀。拉丁语:非常好。德语:非常好。法语:优秀。世界史和国家史:非常好。世界地理和国家地理:非常好。国际统计学和国家统计学:非常好。数学:良好。自然历史和物理学:良好。

根据法学院钦定章程,授予九等官职,盖章签发毕业证书,以兹证明。

编号 № 593

1859 年 5 月 29 日 圣彼得堡

[①] 馆藏信息:ГДМЧ,a¹²,№ 4/4,К. П. № 19742。此文件与俄罗斯皇家音乐协会下设音乐学院入学申请书、柴父向俄罗斯音乐协会递交的声明一同收于俄罗斯音乐协会 18/23 号卷宗 "贵族彼得·柴科夫斯基的音乐学院录取材料"。该卷宗与所附描述清单(馆藏信息:ГДМЧ,a¹²,№ 4/1)曾保存于列宁格勒音乐学院(今圣彼得堡音乐学院),1938 年转入馆藏。描述清单上列有七份文件,包括三封柴科夫斯基致音乐学院监察员 B. A. 科洛格里沃夫的关于旷课警告的信件,以及音乐学院颁发的毕业证书。

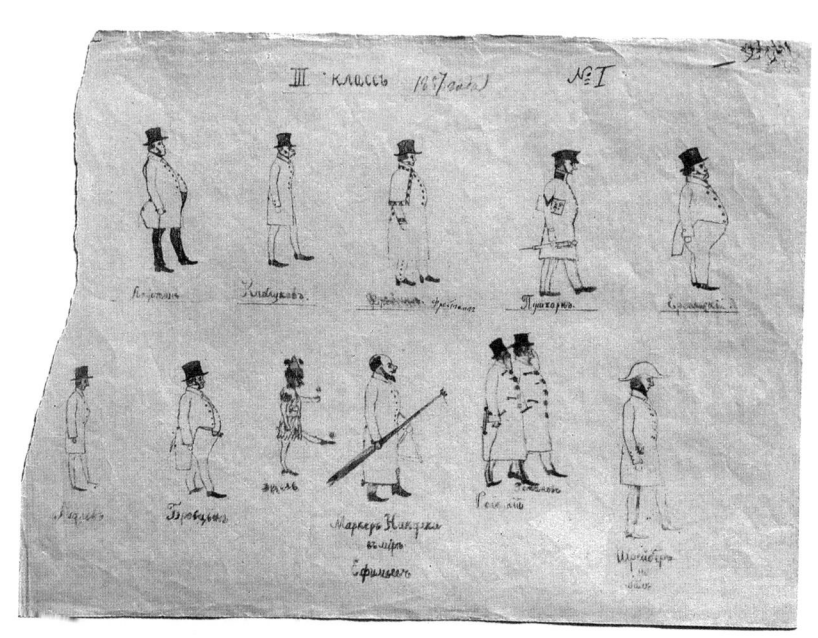

图 7-2　法学院师生讽刺画（五幅）
　　　　圣彼得堡　1856 至 1858 年
　　　　B. B. 亚科夫列夫（В. В. Яковлев）绘

361

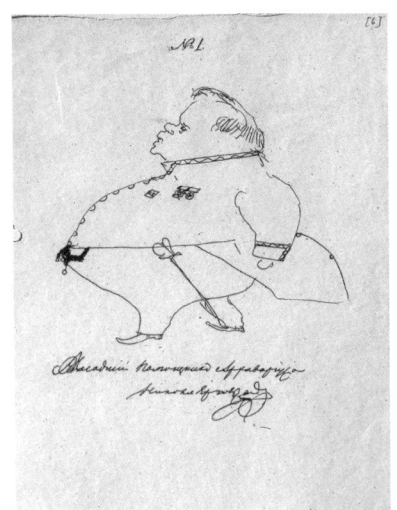

图 7-3　彼得·伊里奇·柴科夫斯基法学院毕业班合影
　　　　圣彼得堡　1859 年 5 月 29 日

　　一排右六（坐）：彼得·伊里奇·柴科夫斯基
　　三排右四（柱前）：诗人阿·尼·阿普赫京

5. 入学申请书①

贵族彼得·柴科夫斯基
致俄罗斯音乐协会理事会

申 请 书

本人希望进入音乐协会新成立的学校接受音乐教育，并主要学习音乐理论，在此谨向学会理事会递交申请，恳请幸获录取，随函附皇家法学院于1859年5月29日颁发的毕业证书和50银卢布。

贵族彼·伊·柴科夫斯基

---

① 副本，馆藏信息：ГДМЧ，а¹²，No 4/2，К. П. No 19742。此副本与俄罗斯皇家音乐协会卷宗一同于1938年转入馆藏。在这份柴科夫斯基署名的手写文件上，有不明人士作注："收取编号No 128"（黑色墨水笔迹）；"1862年8月22日收取"（黑色墨水笔迹）；"/"（红色墨水笔迹）。圣彼得堡音乐学院成立后三四年间的官方名称为"音乐学校"。1865年4月9日，俄罗斯音乐协会（1868年起获得皇家称号）总理事会会议提出，"有必要公开授予高等音乐学校'学院'的名称，且仅此名称[……]"（馆藏信息：ЦГИА СПб，ф. 408，оп. 1，д. 52，л. 19 об.），一年后正式获批使用"学院"名称（*Пузыревский А. И., Саккетти Л. А.* Очерк пятидесятилетия деятельности С.-Петербургской консерватории. СПб.，1912. С. 18–19）。柴科夫斯基在申请书中写的"主要学习音乐理论"表明，他当时已经励志要成为作曲家，而当时在俄国乃至欧洲的音乐教育体系中，均尚未设立专业作曲班（多年后才引入俄国的音乐学院）。

图 7-4　尼古拉·格里戈里耶维奇·鲁宾斯坦
　　　　与安东·格里戈里耶维奇·鲁宾斯坦
　　　　莫斯科　[19 世纪 70 年代]
　　　　Ф. Г. 麦比乌斯（Ф. Г. Мебиус）照相馆摄

6. 圣彼得堡音乐学院教授委员会会议纪要[①]

编号№ 17

<u>1865 年 10 月 12 日教授委员会第 22 次会议纪要</u>

参会人员：

<u>院长</u>：安·格·鲁宾斯坦

<u>教授</u>：维尼亚夫斯基、格尔凯、德雷肖克、扎连巴、莱舍蒂茨基和雷佩托

[……]

第 2 条

教授委员会决定，委托高年级理论班学生柴科夫斯基和雷巴索夫，根据席勒的《欢乐颂》的俄译本，为 1865 年毕业公开考试创作康塔塔，并与乐队合作演出。[……]

[①] 副本，馆藏信息：ГДМЧ，а¹²，№ 195，К. П. № 23532。此副本由列宁格勒州国家历史档案馆（ГИАЛО）于 1952 年提供馆藏。原件馆藏信息：ЦГИА СПб，ф. 361，д. 3，л. 28。与柴科夫斯基相关的部分已修复。

7. 圣彼得堡音乐学院教授委员会会议纪要[①]

编号№ 19

1865 年 12 月 20 日教授委员会第 26 次会议纪要

根据年度考试结果，音乐学院教授委员会审核决定：音乐学院学生阿尔勃莱希特、贝塞尔、戈米利乌斯、克罗斯、雷查德、雷巴索夫和柴科夫斯基先生完成了音乐学院钦定章程第 18 条中规定的全部大纲课程，兹授予"自由艺术家"称号。

[……]

安·格·鲁宾斯坦 [……]

[①] 副本，馆藏信息：ГДМЧ，а[12]，№ 194，К. П. № 23532。此副本由列宁格勒州国家历史档案馆（ГИАЛО）于 1952 年提供馆藏。原件馆藏信息：ЦГИА СПб，ф. 361，д. 3，л. 32。学生姓氏上方有对应专业的缩写字母，"柴科夫斯基"上方是字母"т"，即"理论"（теория）。1861 年 10 月 17 日音乐学院章程获批，其中首次规定：完成全部大纲课程的音乐学院毕业生可获得"自由艺术家"称号，并获得与此荣誉称号相对应的职业音乐家的公民权利。凭此称号可免纳税、免服兵役，充分说明了音乐家在俄国的社会地位。俄国第一所音乐学院——圣彼得堡音乐学院——的创始人安·格·鲁宾斯坦享有同样优待。

8. 圣彼得堡音乐学院毕业证书[①]

俄罗斯音乐协会圣彼得堡音乐学院
毕业证书

音乐学院委员会兹证明,少将工程师之子、七等文官彼得·伊里奇·柴科夫斯基,东正教信仰,二十九岁,于1865年12月修毕本学院全部音乐课程,考试成绩如下:

主科:作曲理论(扎连巴教授)、配器法(安·鲁宾斯坦教授),优秀;管风琴演奏(施蒂尔教授),良好。

副科(必修):钢琴演奏,很好;指挥,及格。

根据音乐学院钦定章程第19条规定,音乐学院委员会授予彼得·柴科夫斯基"自由艺术家"称号,经俄罗斯音乐协会主席于1865年12月31日批准,授予其该称号的所有权、优先权。鉴于彼得·柴科夫斯基的卓越才能,特别授予银质奖章。

---

① 馆藏信息:ГДМЧ, e¹, No 49, К. П. No 19742。此文件由列宁格勒音乐学院(今圣彼得堡音乐学院)于1938年提供馆藏,一同转入馆藏的还有俄罗斯皇家音乐协会卷宗。柴科夫斯基于1865年毕业,1870年领取了音乐学院毕业证书。相关历史缘由为:1866年1月柴科夫斯基刚从音乐学院毕业时,出台了《关于音乐学院颁发毕业证书、文凭和奖章》的规定(见:История Ленинградской консерватории. Л., 1964. С. 36–37),其中规定"对成就和能力最突出的音乐学院毕业生授予金质和银质奖章"。当时学院决定将银质奖章授予第一届毕业生柴科夫斯基和克罗斯(见:Пузыревский А. И., Саккетти Л. А. Очерк пятидесятилетия деятельности С.-Петербургской консерватории. СПб., 1912. С. 25)。于是,柴科夫斯基在一年后(1866年12月)第二届毕业典礼上被授予了奖章(见:Финдейзен Н. Ф. Очерк деятельности С-Петербургского отдедления Императорского Русского музыкального общества. 1859–1909. СПб., 1909)。1867年上半年,安·格·鲁宾斯坦院长退休后,音乐学院章程再次修订,同样再次修订的还有毕业证书、文凭的授予和办理办法,以及奖章的授予办法。因此,柴科夫斯基直到1870年才领到毕业证书,由当时新任院长尼·伊·扎连巴签发,而其毕业证书上便不可能有学院创始人、首任院长、柴科夫斯基的老师安·格·鲁宾斯坦的签字了。

编号 № 28 毕业证书经盖章签发，于 1870 年 3 月 30 日颁予彼得·柴科夫斯基，以兹证明。

主　　席　叶连娜[大公夫人]
音乐学院院长　尼·扎连巴

9. 俄罗斯音乐协会莫斯科分会理事会协议①

本人八等文官彼得·伊里奇·柴科夫斯基，1866 年 5 月 1 日与俄罗斯音乐协会莫斯科理事会签订此协议，期限三年（1866 年 9 月 1 日起，1869 年 9 月 1 日止）。协议内容如下：

第一条，本人柴科夫斯基，承诺在莫斯科音乐学院履行教授职责，讲授音乐理论课程，每星期授课不少于十小时，只要音乐学院有相当数量的、需要相应课时的学生，便无条件遵守。

第二条，本人柴科夫斯基，承诺课前十分钟到达音乐学院；若上课后迟到十五分钟，则视为旷课一小时，须向院长说明迟到原因。与院长协商后，可补授所欠课时，或从本人薪酬中扣除课时费。每旷课一小时扣除 5 银卢布。

第三条，若本人生病，首次旷课后的课时，由院长安排其他教授或助教代授。若病假不超过一个月，则由助教代课，本人领三分之一薪酬，另三分之二薪酬归代课助教所有；若病程超一个月，则

---

① 副本，馆藏信息：ГДМЧ，а¹²，№ 230，К. П. № 23565。原件馆藏信息：РГАЛИ，ф. 658，оп. 2，№ 27。从圣彼得堡音乐学院毕业后，柴科夫斯基于 1866 年赴莫斯科音乐学院就职，并与当时的俄罗斯音乐协会签订了第一份协议。之后的 1869 年协议上有铅笔修订字迹，1872 和 1875 年的协议均获保存。在莫斯科音乐学院工作期间，所有协议中的主要条款均无变动。1872 年起，柴科夫斯基的薪酬有所提高：1866 年课时费（以星期为计量单位，每星期最少十小时）为 75 银卢布；1872 年课时费为 90 银卢布；1875 年全年薪酬为 2770 银卢布，显然这一年的薪酬为全年课时总收入。在 1875 年的协议中，柴科夫斯基的职责相应有所变化。

本人薪酬为零，由其他教授（非助教）代课，直至本人康复为止；其他教授（非助教）代课期间，本人薪酬停发。因病而旷的首次课节可另由其他课节替代，或按计算后的课时费从本人薪酬中扣除。

第四条，本人柴科夫斯基，每年每星期课时薪酬为75银卢布，年薪总额按九个月领取，即止于假期开始之前。薪酬可随课时变化而增减，此类课时费按每学年年薪的月均三分之一月计算。

第五条，本人柴科夫斯基，必须尊敬学生，对男女学生不得有任何无礼行为或言语。

第六条，本人承诺，除音乐学院外，不在其他任何地方授课，家中辅导必须遵守以下规定：不对外公开招生；每小时收费不少于5银卢布。

第七条，本人柴科夫斯基，在未征得音乐学院委员会和俄罗斯音乐协会理事会同意情况下，不得参与俄罗斯音乐协会之外的任何音乐会。

第八条，本人柴科夫斯基，承诺完全遵守由协会理事会制定、协会主席批准的各项规定，不得违反。

第九条，如有违约，违约方应支付违约金500银卢布。

第十条，若出现任何根据音乐学院委员会意见和协会理事会最终意见规定的可辞退行为，本人柴科夫斯基主动离职，不必向本人支付第九条规定的违约金。

第十一条，本协议神圣不可违背。原件由协会理事会保管，本人柴科夫斯基持有理事会认证的副本。

协议签署双方：退职八等文官彼得·柴科夫斯基；俄罗斯音乐协会莫斯科分会、音乐学院院长、十二等文官鲁宾斯坦之子尼古拉·格里戈里耶维奇，世袭名誉公民亚历山大·亚历山德罗维奇·托列茨基，尼古拉·彼得罗维奇·特鲁别茨科伊公爵。

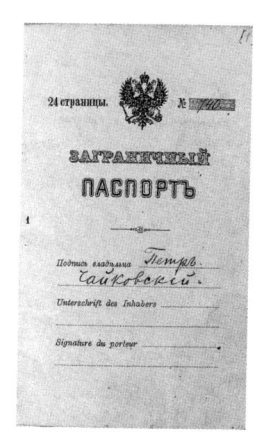

图 7-5　彼得·伊里奇·柴科夫斯基的出国护照
1870 年

10. 尼·彼·特鲁别茨科伊致德·亚·奥博连斯基[①]

尊贵的陛下，德米特里·亚历山德罗维奇公爵：

您的来信（编号 № 57）已收到。您在信中告知，继承人皇太子公爵和太子妃公爵夫人已经同意采用莫斯科音乐学院教授柴科夫斯基先生用俄国国歌和丹麦国歌创作的庄严序曲。我已即时向柴科夫斯基先生转达了两位陛下对其创作的亲切关怀，并向他转交了您随信所附的、陛下赐予他的珍珠镶嵌袖扣。

谨向您致以最崇高的敬意，很荣幸成为您最忠实的仆人。

尼古拉·特鲁别茨科伊公爵
1868 年 1 月 29 日　莫斯科

[①] 副本，馆藏信息：ГДМЧ，а[12]，№ 5，К. П. № 20234。此副本由列宁格勒州国家历史档案馆（ГИАЛО）于 1940 年 3 月 25 日提供馆藏，原件馆藏信息：ЦГИА СПб，ф. 408，д. 234，л. 9。此文件记载了皇室邀请柴科夫斯基为丹麦公主达格玛尔和俄罗斯皇位继承人的成婚仪式而以俄国国歌与丹麦国歌创作序曲的相关事宜。尼古拉·彼得罗维奇·特鲁别茨科伊是当时的俄罗斯音乐协会莫斯科分会理事会成员。德米特里·亚历山德罗维奇·奥博连斯基是当时的俄罗斯音乐协会副主席。

11. 俄罗斯皇家音乐协会申请书①

致圣彼得堡的俄罗斯皇家音乐协会

谨向协会 1870 年 1 月 21 日信函回复如下：吾子七等文官彼得·伊里奇·柴科夫斯基，生于 1840 年 4 月 25 日，曾就读于皇家法学院，1859 年②毕业并获九等官职，后供职于司法部下辖司。他因酷爱音乐，进入圣彼得堡音乐学院学习，修毕全部课程后从司法部退职，并于莫斯科音乐学院担任教授至今。出生证明现存于法学院，如确有必要，可连同本人保管的退职令原件一并取走。若急需，可通过司法部副部长、五等文官阿达莫夫开具司法部工龄与任职的确切说明。

退职少将、工程师伊利亚·柴科夫斯基
1870 年 1 月 22 日

12. 借据③

借　　据

本人七等文官彼得·伊里奇·柴科夫斯基，向少将德米特里·谢苗诺维奇·申欣借款 1000 银卢布（现金）。自今日（1876 年 10 月 26 日）起的六个月后，应凭此借据 [……] 向申欣本人或由申欣本人指定的其他人，归还 1000 银卢布。

莫斯科　1876 年 10 月 26 日

---

① 馆藏信息：ГДМЧ，а^{12}，No 4/5。此文件由列宁格勒音乐学院（今圣彼得堡音乐学院）于 1938 年提供馆藏。柴父署名的手写文件共两页（黑色墨水笔迹），有不明人士作注：左上角注"柴科夫斯基卷"（铅笔笔迹），右上角注"6"（红色铅笔笔迹）。柴父在此信中提请音乐协会，按规办理其子的音乐学院毕业证书。
② 原件中写的是"1858 年"，其中数字"8"被不明人士划掉，并用红色铅笔改为"9"。
③ 馆藏信息：ГДМЧ，а^{15}，No 41，К. П. No 19721，л. 1。此文件用黑色墨水笔、蓝色铅笔书写，一直由柴科夫斯基本人保管，1938 年登记录入馆藏。

* * *

　　七等文官彼得·伊里奇·柴科夫斯基（住址：特维尔行政区第1街区施莱辛格大楼）于1876年10月26日亲自呈报借据一份，办理人：彼得·尼古拉耶维奇·舒宾斯基（地址：特维尔行政区第4街区342号，莫斯科公证人办事处）。[……]兹收取市政办事费80戈比。[……]编号№ 3842。

公证人　舒宾斯基

* * *

　　[……]

　　凭此借据收到还款300卢布。[……]签名：少将德米特里·谢苗诺维奇·申欣。

　　凭此借据付讫500卢布。签名：阿纳托利·伊里奇·柴科夫斯基。

　　凭此借据收到全部还款。签名：少将德米特里·谢苗诺维奇·申欣，1882年2月11日。

　　付讫210卢布。

13. 互助储金会申请书[①]

　　"自由艺术家"彼得·伊里奇·柴科夫斯基
　　致俄罗斯皇家音乐协会圣彼得堡分会互助储金会管理委员会

申　请　书

　　兹申请加入互助储金会，委托管理委员会据章程第12条向总会递交本人申请，并告知后续进展。另，本人自愿按互助储金会章程

---

① 副本，馆藏信息：ГДМЧ, а116, № 1680а, К. П. № 23641。此副本由列宁格勒苏联内务部档案管理总局（ГАУ МВД СССР）修复工作室于1956年11月12日提供馆藏。原件馆藏信息：ЦГИА СПб, ф. 408, оп. 3, д. 383, л. 1。文件为制式表格，打字机打出，柴科夫斯基手写填入姓名、称号、支付款项和个人信息等，上有柴科夫斯基的弟弟阿纳托利用铅笔填写的地址。

第 13 条规定，支付年度会费 24 银卢布，并遵守章程中的全部规定。

彼得·伊里奇·柴科夫斯基

个人信息：

何时出生：1840 年 4 月 25 日

是何国籍：俄国

婚否：已婚

若已婚，需写明配偶名字及其生年：安东尼娜·伊万诺夫娜，1848 年

子女姓名及其生年：

何处工作或职业：音乐创作

地址（弟阿纳托利·伊里奇·柴科夫斯基处）：圣彼得堡，近涅夫斯基大街，新街 2 号楼

14. 互助储金会申请书[①]

互助储金会成员彼得·伊里奇·柴科夫斯基

致俄罗斯皇家音乐协会圣彼得堡分会互助储金会管理委员会

申 请 书

兹申请借款 400 银卢布，本人承诺六个月后还款[②]，从薪酬内扣除。

彼得·柴科夫斯基
1879 年 11 月 5 日

---

① 副本，馆藏信息：ГДМЧ，a[116]，№ 16806，К. П. № 23641。此副本由列宁格勒苏联内务部档案管理总局（ГАУ МВД СССР）修复工作室于 1956 年 11 月 12 日提供馆藏。原件馆藏信息：ЦГИА СПб，ф. 408，оп. 3，д. 383，л. 2。文件为制式表格，打字机打出，柴科夫斯基手写填入姓名、日期、借款数目、还款期限等，文件左侧有互助储金会管理委员会和理事会成员的签字批示。

② 文件为制式表格，柴科夫斯基划掉了其中的"每月还款"选项。

15. 互助储金会申请书[①]

互助储金会成员彼得·伊里奇·柴科夫斯基

致俄罗斯皇家音乐协会圣彼得堡分会互助储金会管理委员会

申　请　书

兹申请借款 200 银卢布，本人承诺十二个月后还款[②]，从薪酬内扣除。

彼得·柴科夫斯基

1881 年 2 月 5 日

16. 四级圣弗拉基米尔大公勋章嘉奖令[③]

承蒙全俄皇帝和专制君主、波兰国王、芬兰大公[④]亚历山大三世恩典，特嘉奖退职七等文官、作曲家彼得·柴科夫斯基功德齐圣徒四级圣弗拉基米尔大公勋章[⑤]，以表厚爱。

---

① 副本，馆藏信息：ГДМЧ，а116，No 1680в，К. П. No 23641。此副本由列宁格勒苏联内务部档案管理总局（ГАУ МВД СССР）修复工作室于 1956 年 11 月 12 日提供馆藏。原件馆藏信息：ЦГИА СПб，ф. 408，оп. 3，д. 383，л. 4。文件为制式表格，打字机打出，柴科夫斯基手写填入姓名、日期、借款数目、还款期限等，文件左侧有互助储金会管理委员会和理事会成员的签字批示。

② 文件为制式表格，柴科夫斯基划掉了其中的"每月还款"选项。

③ 馆藏信息：ГДМЧ，а12，No 15。圣弗拉基米尔大公勋章设立于 1782 年 9 月 22 日，除了已被授予"世袭荣誉公民"头衔的商人，圣弗拉基米尔大公勋章的获得者（不论勋章等级）都可被授予世袭贵族身份。柴科夫斯基的祖辈也曾获得该勋章，例如，1861 年柴父被授予圣弗拉基米尔大公勋章。

④ 关于帝俄时期的历史及帝王头衔，可详见尼古拉·梁赞诺夫斯基与马克·斯坦伯格合著的《俄罗斯史》（第八版，上海人民出版社，2013 年）的第 25 章。——译注

⑤ 圣弗拉基米尔大公勋章由叶卡捷琳娜二世于 1782 年为奖赏成功而设立，上刻"利益、荣誉和光荣"，军官（1855 年起）和文官（1872 年起）达到一定年资后，即被授予四级圣弗拉基米尔大公勋章。——译注

此令于 1884 年 2 月 23 日下发勋章局，由俄罗斯帝国皇家勋章局签字并盖章生效。

颁发时间：1884 年 2 月 28 日

颁发地点：圣彼得堡

勋章局事务处主任

勋章局办公厅勋章处处长

编号№ 239

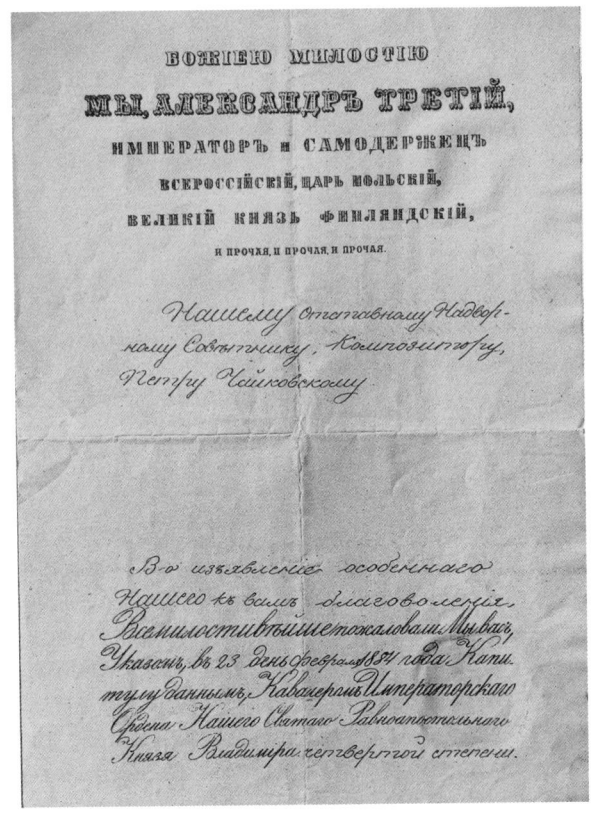

图 7-6 四级圣弗拉基米尔大公勋章嘉奖令
圣彼得堡　1884 年 2 月 28 日

17. 麦达诺沃别墅租赁协议①

麦达诺沃。1885年2月5日，五等文官之妻娜杰日达·瓦西里耶夫娜·诺维科娃与七等文官彼得·柴科夫斯基达成此协议。

本人诺维科娃，将名下二层别墅租与柴科夫斯基，租期十二个月，自今年2月1日至1886年2月1日。该私邸建于本人名下庄园内，位于莫斯科省克林镇麦达诺沃村[sic!]。一层有九个间房和一个前厅，二层有五个房间。厨房位于独立建筑内，有三间仆人房。别墅内配了一座冰窖、一间四轮马车车棚、一间公共洗衣房。上述所有资产在整个租期内租金为1000卢布。双方履约如下：

第一，本人诺维科娃，承诺以自用家具布置出租的房间，为柴科夫斯基提供所有必要的生活用品及无偿使用权，详细清单应由本人现在（非签署协议时）交给柴科夫斯基，柴科夫斯基应在抵达别墅当天确认清单。

第二，本人柴科夫斯基，承诺将领取的清单内所有用品按原样交还，任何丢失、损坏或残破的物品均按原价赔偿或尽快自费修复。

第三，本人柴科夫斯基，承诺签署本协议时向诺维科娃支付租金500卢布，另500卢布于今年6月1日支付。否则，诺维科娃有

---

① 馆藏信息：ГДМЧ，а¹²，No 16，К. П. No 19475，2 л.。此文件用黑色墨水笔书写，由 Г. А. 索夫罗诺夫于1938年3月18日提供。该协议记录了柴科夫斯基首次定居克林的日期（麦达诺沃旧属克林）。作曲家在该别墅租住多年，之后搬到同属克林一带的弗罗洛夫斯基耶。之后曾一度返回麦达诺沃的别墅，并于1893年4月由此迁入另一处位于克林的住所（今国立柴科夫斯基故居博物馆）。柴科夫斯基住在麦达诺沃期间，创作了歌剧《女巫》、交响曲《曼弗雷德》和其他作品。在他签下此租赁协议并搬入麦达诺沃别墅的同一年（1885年），作曲家斯克里亚宾及其家人也在麦达诺沃租住了别墅。后来斯克里亚宾经常来此消夏，1898年几乎整年住在这里，据推测，他那时就住在柴科夫斯基曾经住过的、与诺维科娃签下租赁协议的别墅里。

权拒租,并拒退已收租金。本人柴科夫斯基,承诺[……]清扫房间并向诺维科娃或其授权人交还所提供的清单上的全部物品。

第四,本人柴科夫斯基及所有共同居住人,必须持有合法居住证,并及时在相关部门登记、注册,所有过失由本人柴科夫斯基承担。

第五,本人柴科夫斯基,若因故觉得别墅生活不便,有权按照双方约定条件将别墅转租。

第六,本人柴科夫斯基及所有共同居住人、仆人,都必须谨慎用火,本人柴科夫斯基不负责财产保险。

双方,诺维科娃和柴科夫斯基,以及双方合法委托人,应神圣不可侵犯地执行本协议。本人诺维科娃持有原件,柴科夫斯基持有副本。①

五等文官之妻
娜杰日达·瓦西里耶夫娜·诺维科娃

      *   *   *

2月17日全数收到500卢布。

5月16日全数收到500卢布。

五等文官之妻
娜杰日达·瓦西里耶夫娜·诺维科娃

      *   *   *

协议补充。本人诺维科娃,承诺打扫花园,种植并浇灌花朵;每年春秋两季各清理污水坑、垃圾坑两次[sic!],费用自理;每日按需给马匹送水两次[sic!]。

---

① 协议及后附协议补充内容的执笔者不详。

本协议续签两年，本协议对另一个 2 号别墅生效，租金 800 卢布。

* * *

全数收到 1886 年 2 月 1 日至 1887 年 2 月 1 日租金。五等文官之妻娜杰日达·瓦西里耶夫娜·诺维科娃。

* * *

1888 年 2 月 1 日全数收到 400 卢布。五等文官之妻娜杰日达·瓦西里耶夫娜·诺维科娃。

18. 俄罗斯皇家音乐协会莫斯科分会公函[①]

2 月 1 日莫斯科分会会员大会根据协会钦定章程第 47、48 条，一致推选作曲家彼得·伊里奇·柴科夫斯基接替 В. П. 祖博夫担任分会会长一职，任期三年。望协会总理事会收悉。

根据钦定章程第 40 条，莫斯科分会理事会敬请批准柴科夫斯基先生担任莫斯科分会会长一职。

分会主席　　谢尔盖·特列季亚科夫

分会主席　　彼得·尤尔根松

分会主席　　尼古拉·阿列克谢耶夫

分会主席　　亚历山大·巴拉诺夫斯基

---

① 副本，馆藏信息：ГДМЧ，а¹²，№ 212，К. П. № 23560。原件馆藏信息：ЦГИА СПб，ф. 408，оп. 1，д. 269，л. 5。文件是俄罗斯皇家音乐协会莫斯科分会的制式表格，上有编号（№ 984）和日期（1885 年 2 月 10 日）。

图 7-7　俄罗斯皇家音乐协会总理事会荣誉会员推选公函

19. 官廷授予退休金诏令[①]

内阁接旨。沙皇陛下有令，鉴于作曲家彼得·伊里奇·柴科夫斯基对俄国音乐的杰出贡献，由内阁向其发放退休金，每年 3000 卢布。

* * *

奉陛下旨意，内阁负责执行。

宫廷大臣沃龙佐夫 - 达什科夫伯爵

* * *

在此请求阁下，批准将 1887 年 12 月 31 日陛下命内阁发放作曲家彼得·伊里奇·柴科夫斯基的每年 3000 卢布退休金纳入本年度预算开支，以便自 1888 年 1 月 1 日起发放。

内阁总理助理

图 7-8　佛罗伦萨音乐学院通讯院士证书
　　　　1888 年 2 月 27 日

---

① 副本，馆藏信息：ГДМЧ，а¹²，No 19，К. П. № 20074。此副本于 1939 年登记录入馆藏。原件馆藏信息：РГИА，ф. 468（Кабинет Е. И. В），д. 434. л. 1-1 об。此文件用黑色墨水笔和铅笔书写，并有多位官员附言。

20. 俄罗斯皇家音乐协会莫斯科分会公函[①]

致俄罗斯皇家音乐协会总理事会

2月7日莫斯科分会荣誉会员与正式会员大会根据协会钦定章程第48条，一致推选以下人士担任莫斯科分会会长：康斯坦丁·瓦西里耶维奇·鲁卡维什尼科夫（接替因个人原因离职的 К. С. 阿列克谢耶夫）、帕维尔·伊万诺维奇·霍里托年科（原职位空缺）、彼得·伊里奇·柴科夫斯基（根据章程第48条接替轮任离职人员）。

莫斯科分会理事会谨请协会总理事会收悉，确认莫斯科分会会长人选。

会　　　长　谢·塔涅耶夫

事务处主任　尼·西托夫斯基

21. 司法部履职证明[②]

履 职 证 明

申请人七等文官彼得·伊里奇·柴科夫斯基，曾供职于司法部下辖司。

个人情况如履历所示：二十七岁，东正教信仰，贵族，无祖传或自置产业，无额外收入。皇家法学院毕业后，根据司法部1859年5月23日第7号令，分配至司法部下辖司供职，官职九等，1859年5月30日起计。同年6月3日，派遣至司法部下辖司第一分局工作。1859年12月9日，任初级科长助理。1860年2月9日，任高级科长助理。第一分局二科科长离休期间，代行科长职责二十八天。根

---

① 副本，馆藏信息：ГДМЧ, а¹², No 213, К. П. No 23560。原件馆藏信息：ЦГИА СПб, ф. 408, оп. 1, д. 269, л. 69–69 об.。文件是俄罗斯皇家音乐协会莫斯科分会的制式表格，上有编号（No 1246）和日期（1888年2月22日）。

② 馆藏信息：ГДМЧ, а¹², No 18。此文件附页（共两页）上有1890至1893年间柴科夫斯基在各居住地（基辅、华沙、莫斯科、圣彼得堡）的警察局登记记录。

据参政院1862年7月12日决议，凭工龄晋升为八等文官，1862年5月13日起计。1862年12月23日，获沙皇恩赐150银卢布。1863年5月1日，因个人申请免去高级科长助理职务，聘入司法部下辖司。根据参政院1866年10月20日决议，凭工龄晋升为七等文官，1866年5月10日起计。根据司法部司长令，1867年1月7日借调至司法部部长直属五等文官雷平斯基特使处工作。根据司法部1867年9月19日第77号令，因个人申请予以解聘。

休假情况：1860年休假十五天，准时返岗；1861年6月24日起出国二十八天，自此休病假，同年9月18日返岗并提交诊断书，上级认为超期理由正当；1863年6月1日起休假三个月；1864年7月4日起休假三个月；1865年5月1日起休假三个月。没有因被诉和受审而发配、辞退和处罚的记录，保留因工作出色而获得功勋荣誉的权利。据此下发七等文官柴科夫斯基履职证明文件，附司法部下辖司公章，以兹证明。

1868年5月23日

签字：一级圣安娜勋章、一级圣斯坦尼斯拉夫勋章、功德齐圣徒三级圣弗拉基米尔大公勋章、1853至1856年战争的安德烈耶夫绶带铜质奖章的获得者，五等文官、司法部司长　埃森

公章：司法部办公厅主任　弗·阿达莫夫

*　　*　　*

该证明文件所供七等文官彼得·伊里奇·柴科夫斯基，1877年7月6日与贵族女士安东尼娜·伊万诺夫娜·米留科娃，于近库德林的弗斯波利亚的莫斯科圣乔治教堂举行了首次合法婚礼。

莫斯科圣乔治教堂公章为证。见证人：德米特里·拉祖莫夫斯基神父。

执事　亚历山大·克雷洛夫

　　　　　　　＊　　＊　　＊

据 1877 年 7 月 6 日第 76 号令

表彰退职七等文官彼得·伊里奇·柴科夫斯基为俄国音乐事业所作的杰出贡献，遵照 1887 年 12 月 31 日宫廷特使下发皇家剧院经理第 1328 号诏令，由内阁指定向其发放退休金，每年 3000 卢布。皇家剧院圣彼得堡管理局特据此拟文，签字并盖公章，以兹证明。圣彼得堡，1888 年 5 月 4 日。

签字：皇家剧院圣彼得堡管理局副主任　П. 多梅尔希科夫
公章：办事员　克拉舍夫斯基
　　　　　　　＊　　＊　　＊

司法部办公厅现向退职七等文官柴科夫斯基交予副本，以替换完全残破的履职证明旧件。印花税已缴。圣彼得堡，1889 年 12 月 16 日。

司法部办公厅主任、顾问[签字]、副经理[签字]

22. 俄罗斯皇家音乐协会圣彼得堡分会贺函[①]

尊敬的彼得·伊里奇！

二十五年前，您成为一名音乐工作者，从此以源源不断、真诚而崇高的创作献身艺术，快速跻身于最杰出的音乐家之列。纯粹的灵感、持久而宝贵的创作精力、对音乐创作使命所秉持的严肃的艺术态度、无私的奉献精神，使您的作品具备了独特魅力！您的作品

---

① 馆藏信息：ГДМЧ, e^1, No 28/2, К. П. No 27663/2。此文件发现于柴科夫斯基个人藏品，上有安东·格里戈里耶维奇·鲁宾斯坦、奥古斯特·安东诺维奇·格尔凯等人的签字。本书编者根据 1890 年 12 月 6 日《莫斯科公报》上的新闻，推断此贺函发布日期为 1890 年 12 月 3 日。

不仅为俄国社会注入了深刻的审美、崇高的乐趣,俄罗斯音乐也因此取得了辉煌而迅速的进步。

当所有人都欢欣地回忆今天,当社会各界向您致以当之无愧的问候和祝贺时,俄罗斯皇家音乐协会圣彼得堡分会对您的创作与所获荣誉尤其铭感,衷心向您的全部付出道一声"谢谢"。与所有了解您的重要性和独特魅力的人一样,我们确信,您所走过的道路只是今后实现的更大成就的一部分。确信于此,更感欣慰:我们的艺术前景有了保证。

23. 圣彼得堡音乐学院贺函[①]

尊敬的彼得·伊里奇!

圣彼得堡音乐学院祝贺您投身光荣事业二十五周年,我们为能与艺术界同人共享这个美妙的、载入俄罗斯音乐史册的日子,由衷感到纯粹的喜悦。

在为俄罗斯音乐倍感欣喜之余,我们心怀尤其正大而高尚的自豪感,因为上天赋予您的卓越天赋,突出地表现在了音乐领域,并得到发展,您在自身创作灵感所指引和开辟的道路上,独当一面,大步向前。

您的名字,您以充满灵感的天赋带来的一切,您对艺术的虔诚热爱,您作为真正的艺术家对目标的执着追求,在音乐学院的历史上留下了不可磨灭的篇章。

---

① 馆藏信息:ГДМЧ, e¹, No 24, К. П. No 27663/5。此文件发现于柴科夫斯基的个人藏品,上有利亚多夫、奥尔等五十多人的签字。本书编者根据1890年12月6日《莫斯科公报》上的新闻,推断此贺函发布日期为1890年12月3日。

谨以此心情向您表示热烈祝贺，深信并确信，您将继续为 alma mater①及所有期待我们的艺术走向繁荣的人士，带来诸多光明的时刻。

图 7-9　敖德萨市音乐工作者援助协会
荣誉会员推选公函
敖德萨　1893 年 3 月

---

① 母校。（拉丁语）

图 7-10　布鲁塞尔音乐家协会荣誉贺词
　　　　　1893 年 1 月 30 日

24. 圣彼得堡音乐学院学生集体贺函①

尊敬的彼得·伊里奇！

圣彼得堡音乐学院学生向您表示热烈祝贺，殷切期待您莅临。天赋卓越的您，曾在此就读，由此为艺术作出了不可估量的巨大贡献，声名远扬。

我们这些后辈，在您曾经活动的园地里，在见证了您的"第一步"的院墙内，正经历着您过去所经历的起步阶段。因此，我们精神百倍，在鼓舞下积极投入、奋进，并全身心热爱。就算在我们中间没有一个人敢于追求——哪怕是向往——那个能够达到您现在成就的未来，您也一直是值得我们努力效仿的、耀眼而意义重大的榜样。

愿上帝保佑您长寿，让您继续在荣誉之路上前行，成为所有深谙艺术的崇高意义并决心为之尽己全力、尽己才能的青年艺术工作者的指路人。

---

① 馆藏信息：ГДМЧ，e^1，No 27/2，К. П. No 27663/2。此文件发现于柴科夫斯基的个人藏品，上有 A. T. 格列恰尼诺夫等百余位音乐学院学生的签字。本书编者根据 1890 年 12 月 6 日《莫斯科公报》上的新闻，推断此贺函发布日期为 1890 年 12 月 3 日。

图 7-11 彼得·伊里奇·柴科夫斯基与俄罗斯皇家音乐协会哈尔科夫分会理事会成员合影
哈尔科夫 1893 年 3 月 14 日
А. К. 费杰茨基（А. К. Федецкий）照相馆摄

从左至右（前排）：В. П. 克雷洛夫、А. Н. 扎列斯卡娅、彼得·伊里奇·柴科夫斯基（坐于中间）、А. Н. 彼得罗夫、И. И. 斯拉京
从左至右（后排）：П. М. 维尔霍夫斯基、Ф. Ф. 莱泽尔、Г. И. 鲁宾斯坦

25. 家庭正式遗嘱①
1891年9月30日

以圣父、圣子和圣灵之名,本人退职七等文官彼得·伊里奇·柴科夫斯基,头脑清晰,记忆正常,根据法律(1863年颁布的法规第1部第10卷第118条附录)赋予我的权利,将本人身后名下的全部不动产交由侄儿格奥尔基·尼古拉耶维奇·柴科夫斯基(本人的兄长尼古拉·伊里奇·柴科夫斯基的养子)继承,包括:庄园及庄园内所有建筑物和经营项目;庄园内所有动产、牲畜、粮食;所有权利和义务。本人全部存款同样由格奥尔基·尼古拉耶维奇·柴科夫斯基继承,他应将其中七分之一分给我的仆人、预备役上等兵阿列克谢·索夫罗诺夫。

我本人和继承人应得的作品演出所得,无论是演于皇家舞台、境外首都及俄罗斯各省歌剧舞台,还是我已经完成及未来可能创作的作品的演出所得(即每场演出所得),都由我的外甥、现皇家法学院学生弗拉基米尔·利沃维奇·达维多夫继承,他每年应按如下要求使用。

第一,将歌剧《黑桃皇后》和《约兰达》,以及其他由本人的弟弟莫杰斯特·伊里奇·柴科夫斯基编写脚本的歌剧的演出所得中

---

① 馆藏信息:ГДМЧ, a¹², No 31/2, К. П. No 2027, 2 л.。文件为打字机打出,由阿列克谢·索夫罗诺夫的遗孀于1926年3月提供馆藏。另有两份打字机打出的遗嘱保存于国立柴科夫斯基故居博物馆,其中一份极可能曾由弗拉基米尔·利沃维奇·达维多夫保管,另一份由 С. Д. 拉祖莫夫斯基于1930年5月提供馆藏,同时还提供了奥古斯特·安东诺维奇·格尔凯抄写的副本。本书收录的遗嘱不是柴科夫斯基最早写的,而是由他订立于逝世前的1891年。作曲家在1887年8月30日之前,在他写了四年间的日记本中,曾写道:"[……]我在田野间散步。天色灰暗,秋意浓浓,却不乏愉悦——居家,写了数天日记;散步;弹奏舒曼的《格诺费娃》;晚餐后继续弹琴,<u>写下了遗嘱</u>"(《日记》,第175页)。

的五分之一，分给莫杰斯特·伊里奇·柴科夫斯基。若应分给莫杰斯特的金额不足1800银卢布，则弗拉基米尔·利沃维奇·达维多夫应从上述范围外其他歌剧的演出所得中支出相应金额，以凑齐1800银卢布。

第二，分给我的合法妻子安东尼娜·伊万诺夫娜·柴科夫斯卡娅1200银卢布。

第三，分给我的侄儿格奥尔基·尼古拉耶维奇·柴科夫斯基1200银卢布。

第四，分给我的仆人、预备役上等兵阿列克谢·索夫罗诺夫600银卢布。

若当年剧院演出所得总额低于上述要求的金额，即低于分给我的弟弟莫杰斯特、妻子安东尼娜、侄儿格奥尔基和仆人索夫罗诺夫的总计4800银卢布，则应将当年剧院演出所得总额平分为五等份，分给莫杰斯特·伊里奇·柴科夫斯基2.5份，分给安东尼娜和格奥尔基·柴科夫斯基各一份，分给阿列克谢·索夫罗诺夫0.5份。

若上述在本遗嘱中涉及的继承人离世，则离世者应得份额的全部总额都应分给弗拉基米尔·利沃维奇·达维多夫。若弗拉基米尔·利沃维奇·达维多夫先于本人离世，则本遗嘱中所有指定分给他的演出所得，都应分给我的侄儿格奥尔基·尼古拉耶维奇·柴科夫斯基，且他和他的监护人应按照本遗嘱规定的每年分配要求，予以执行。

本人所有稿酬，以及属于本人及本人继承人的、本人音乐作品的合法所有权，由我的外甥弗拉基米尔·利沃维奇·达维多夫继承。若弗拉基米尔·利沃维奇·达维多夫先于本人离世，则由格奥尔基·尼古拉耶维奇·柴科夫斯基继承。

本人动产中有一块镶着黑色珐琅的金怀表，上面装饰着星星、圣女贞德和阿波罗，还有两个缪斯女神金像。目前两个缪斯金像失窃，如果连同表链一起寻回，就一并遗赠我的外甥弗拉基米尔·利沃维奇·达维多夫；如果他离世，就赠予我的外甥尤里·利沃维奇·达维多夫。

本人其他动产，即乡下或城中常住的住所中一切属于本人的物品，例如家具、衣服、鞋履、家居布品、乐器、书籍、乐谱、金属花环和公众赠礼，总之，全部物品一律交给我的仆人、预备役上等兵阿列克谢·伊万诺维奇·索夫罗诺夫保管。

本遗嘱在本人离世后生效，指定彼得·伊万诺维奇·尤尔根松和鲍里斯·彼得罗维奇·尤尔根松为遗嘱执行人。阿门。本人退职七等文官彼得·伊里奇·柴科夫斯基，已在亲笔手写的家庭遗嘱上签字。①

* * *

该家庭正式遗嘱由退职七等文官彼得·伊里奇·柴科夫斯基亲自订立并亲笔签署。本人过目该遗嘱时，亲眼见到立遗嘱人，其精神状态良好，记忆正常。

证明人签字：莫斯科一等行会②商人、世袭荣誉公民彼得·伊万诺维奇·尤尔根松。

该家庭正式遗嘱由立遗嘱人、退职七等文官彼得·伊里奇·柴科夫斯基亲自订立，由他亲笔签署。本人过目该遗嘱时，亲眼见到立遗嘱人，其精神状态良好，记忆正常。

证明人签字：莫斯科市民帕维尔·伊万诺维奇·尤拉索夫。

---

① 在奥古斯特·安东诺维奇·格尔凯抄写的副本中，签字旁空白处有说明："以上由彼得·伊里奇·柴科夫斯基手写。格尔凯注。"

② 俄语中的"行会"（гильдия）一词约产生于1712年。商人行会是生意人的一种职业组织，共分为三个等级，加入行会需缴纳会费。一等行会商人在俄国属于半特权阶层，仅次于贵族和神职人员，具有对外贸易的优惠权［https://fb.ru/article/390707/kupets-pervoy-gildii-eto-chto-opredelenie-privilegii-spisok-i-foto（访问日期：2023年11月27日）］。——译注

＊　＊　＊

1893年11月19日，根据俄国君主陛下令，圣彼得堡地区法院第七分院审理了关于确认执行退职文官彼得·伊里奇·柴科夫斯基家庭正式遗嘱的案件。判决如下：

退职七等文官彼得·伊里奇·柴科夫斯基，1893年10月25日逝世，批准执行其于1891年9月30日订立的家庭正式遗嘱，特在该遗嘱上签字并向参政院发布通知。

收费：遗嘱公示费3卢布，办公手续费3卢布60戈比，印花税80戈比，继承税960卢布。

＊　＊　＊

1893年11月6日，世袭荣誉公民彼得·伊万诺维奇·尤尔根松申请放弃柴科夫斯基遗嘱执行人身份，1893年11月22日开庭判决如下：

根据1893年11月19日的判决，征收八等文官弗拉基米尔·利沃维奇·达维多夫960卢布继承税，延期一年执行；从皇家剧院管理委员会应付柴科夫斯基继承人的演出所得中抵扣。

上述通告收取打印办公手续费、印花税共7卢布40戈比，上缴圣彼得堡财政部分局，凭1893年11月25日第10060号收据计入国库收入。

该遗嘱向八等文官弗拉基米尔·利沃维奇·达维多夫签发。印花税已于1893年11月25日缴纳。

副审判长
维什涅夫斯基

图 7-12　彼得·伊里奇·柴科夫斯基及其外甥弗拉基米尔·利沃维奇·达维多夫
巴黎　1892 年 6 月
范·博施（van Bosch）照相馆摄

图 7–13　彼得·伊里奇·柴科夫斯基身着剑桥大学
　　　　　音乐博士学位服
　　　　　剑桥　1893 年 6 月 1 日（新历 13 日）
　　　　　弗洛伦斯·梅特兰（Florence Maitland）摄

26. 致索夫罗诺夫委托书①

尊敬的阿列克谢·伊万诺维奇先生！

在此向您授权，可按照民事和刑事诉讼程序，向任何司法机关、行政机关与任何机构官员，就正在审理的、今后或将审理的与本人相关的所有事务提请诉讼。您可以提交诉状、声明、缺席说明与其他文件，可提出争议，领取我的文件和款项，您可以递交自诉状、上诉状与撤诉。您根据本授权书而作的一切决议，我都不予反驳、干涉。本授权书归莫斯科省克林镇农民、预备役上等兵阿列克谢·伊万诺维奇·索夫罗诺夫所有。

彼得·伊里奇·柴科夫斯基
麦达诺沃　1891 年 12 月 12 日

柴科夫斯基患病和离世消息的社会反响

1. 康斯坦丁·康斯坦丁诺维奇大公致莫杰斯特的电报
1893 年 10 月 24 日／11 月 5 日　斯特列利尼亚②

大公夫人和我都非常担心彼得·伊里奇。如果您能发来有关他身体状况的消息，我们将不胜感激。请原谅这个鲁莽的请求。

康斯坦丁

---

① 馆藏信息：ГДМЧ, а¹², No 32, К. П. No 19792。此文件于 1938 年 7 月 20 日从 М. 索夫罗诺娃手中购入。柴科夫斯基署名的委托书草本（主体部分由公证人手写，黑色墨水笔笔迹）于起草后次日（1891 年 12 月 13 日）完成公证、核实、签认，并增加了授权索夫罗诺夫以柴科夫斯基的名义购买动产和不动产的条款。公证后的文件保存于国立柴科夫斯基故居博物馆（馆藏信息：ГДМЧ, а¹², No 33, К. П. No 19792）。

② 馆藏信息：ГДМЧ, а¹², No 40/79, 1 л.。此文件用铅笔书写（电报员手写）。国立柴科夫斯基故居博物馆初建时，曾被划入莫杰斯特·伊里奇·柴科夫斯基独立馆藏。

* * *

1893 年 10 月 25 日 / 11 月 6 日　斯特列利尼亚①

我们深感痛心，沉痛悼念彼得·伊里奇。长久以来，我们一直都真诚地爱戴着他。愿上帝让他的灵魂安息，请节哀。

康斯坦丁、伊丽莎白

2. 演员 M.H. 叶尔莫洛娃及其丈夫 H.П. 舒宾斯基致莫杰斯特的电报②

1893 年 10 月 26 日 / 11 月 7 日　莫斯科

亲爱的莫杰斯特·伊里奇，我们为您的悲伤而由衷悲痛；俄国上下都与您感同身受，这已是唯一的慰藉。

叶尔莫洛娃、舒宾斯基

3. 莫斯科市民致阿纳托利的电报③

1893 年 10 月 27 日 / 11 月 8 日　莫斯科

我们认为有责任向您传达您已故兄长彼得·伊里奇的心愿，即安葬于俄国心脏——莫斯科，葬于尼古拉·格里戈里耶维奇·鲁宾斯坦墓旁，或安葬于城镇克林。作为莫斯科人，我们恳请您实现已故作曲家的心愿，由衷期盼将世人铭记的作曲家的骨灰安葬在我们

---

① 馆藏信息：ГДМЧ，a¹²，№ 40/80，1 л.。此文件用铅笔书写。国立柴科夫斯基故居博物馆初建时，曾被划入莫杰斯特·伊里奇·柴科夫斯基独立馆藏。

② 馆藏信息：ГДМЧ，a¹²，№ 40/27，1 л.。此文件用铅笔书写。国立柴科夫斯基故居博物馆初建时，曾被划入莫杰斯特·伊里奇·柴科夫斯基独立馆藏。

③ 馆藏信息：ГДМЧ，a¹²，№ 34，К. П. № 20131。此文件发现于 1939 年未登记藏品，共一页，打字机打出，背面有字样："急待回复[……] 立即转交尊敬的阿纳托利·伊里奇·柴科夫斯基，他今晚将前往圣彼得堡"。

的城市。随电附莫斯科市民签名。

勃洛克^①回电

莫斯科

4. 将柴科夫斯基安葬在莫斯科的申请②

以下签名的莫斯科人,见证了彼得·伊里奇多年来活跃于首都音乐生活的身影,以及他与首都艺术需求的密切关系,衷心希望伟大作曲家的骨灰能安葬在莫斯科。

5. 斯摩棱斯克省首席贵族致莫杰斯特的电报③

1893 年 10 月 28 日 / 11 月 9 日　杜吉诺

请接受卓越作曲家格林卡的同胞的悼词。上帝已为您兄长对其挚爱艺术的奉献画下了终点,愿他敏感的灵魂获得安宁。永远怀念他留给祖国的引人入胜的动人歌曲。

斯摩棱斯克省首席贵族

---

① 尤里·伊万诺维奇·勃洛克(1858—1934):莫斯科"儒勒·勃洛克"股份公司创始人。他将很多当时最先进的新技术引入俄国,大力引进美、英工厂设备,使自行车、打字机和爱迪生留声机进入俄国人的生活。他还是柴科夫斯基的好友,曾用留声机记录了作曲家的声音,也录制并保存了多位著名俄罗斯文化活动家的声音。

② 馆藏信息:ГДМЧ, а¹², No 34, К. П. 20131。此文件发现于 1939 年未登记藏品,共九页,用黑色墨水笔书写,附有莫斯科音乐学院约两百位师生的签字,包括塔涅耶夫、伊·沃·格尔日马里、帕·奥·帕布斯特、伊·安·拉夫罗夫斯卡娅、亚·鲍·戈登魏泽尔、康·尼·伊古姆诺夫、格涅辛姐妹、阿·安·布兰杜科夫、亚·费·格季凯和尼·卡·梅特纳等。

③ 馆藏信息:ГДМЧ, а¹², No 40/28, 1 л.。此文件用铅笔书写。国立柴科夫斯基故居博物馆初建时,曾被划入莫杰斯特·伊里奇·柴科夫斯基独立馆藏。

柴科夫斯基纪念雕像的相关历史资料

1. 北美公使布雷肯里奇呈文①

纪念柴科夫斯基募捐组织委员会敬启！

北美驻圣彼得堡公使已向外交部发出照会，表示纽约市卡内基音乐大厅②计划对已故沙皇亚历山大三世下令为新建莫斯科音乐学院制作的作曲家柴科夫斯基的雕像③，进行复刻。布雷肯里奇公使特提出申请，恳请贵国政府指派同一位雕塑家为纽约音乐机构复刻该雕像，并告知所需费用；如不妥，恳请告知公使该雕塑家的姓名和住址。

* * *

宫廷内阁根据宫廷部部长令，兹通知相关事宜并附北美照会原件。谨请委员会，无需将后续事宜直接通知外交部内务司。附件退回。

代理宫廷内阁部长
经办人

---

① 馆藏信息：ГДМЧ, а¹², No 36/31, К. П. No 19741, 2 л.。此文件与俄罗斯皇家音乐协会卷宗一同于1938年转入馆藏。文件用打字机打出，根据北美公使致俄国外交部照会（馆藏信息：ГДМЧ, а¹², No 36/32, К. П. No 19741），由沙皇陛下办公厅经济事务部（Хозяйственный отдел Кабинета Е. И. В.）办事员转录于公文用纸上（1895年5月12日）。

② 卡内基音乐大厅（Carnegie-Music Hall）：纽约市音乐厅，曾是纽约市主要的音乐会演出场所，1891年落成，柴科夫斯基曾任客席指挥。1898年改称卡内基大厅（Carnegie Hall）。——译注

③ 弗拉基米尔·亚历山德罗维奇·别克列米舍夫（1861—1919）制作的柴科夫斯基雕像。呈文中混淆了莫斯科音乐学院和圣彼得堡音乐学院。1895年莫斯科音乐学院刚刚启动新楼建设（见当时报界评论），而雕刻家别克列米舍夫为圣彼得堡音乐学院制作的雕像落成于1898年。别克列米舍夫的信件也侧面说明了呈文中的混淆，在他随信附寄的雕像照片中，其中一张供寄往美国，但并未提及在莫斯科音乐学院落成柴科夫斯基雕像的事宜。

在莫斯科音乐学院新楼的大音乐厅、小音乐厅内，都有音乐学院创始人安东·鲁宾斯坦的浮雕。楼前的柴科夫斯基纪念雕像落成于1954年，参与制作的雕塑家有 В. И. 穆希娜、Н. Г. 泽林斯卡娅、З. Г. 伊万诺娃，设计师有 А. А. 扎瓦尔津、Д. Б. 萨维茨基。制作此雕像以纪念作曲家一百周年诞辰的决议通过于1940年。

2. 别克列米舍夫致俄罗斯皇家音乐协会副会长①
1896 年 6 月 12 日

尼古拉·伊万诺维奇阁下敬启。

来信收悉，谨此答复如下。鉴于您对制作彼得·柴科夫斯基雕像提出的全部要求，必须预先告知您，我将尽最大努力在指定期限内完成。但考虑到可能出现的意外情况，很难确定会在 1897 年 9 月 1 日提供成品。

劳务费烦请分期支付：泥塑完成并经委员会认可后，请支付 5000 卢布；其余可在交付成品后支付。

向您，尼古拉·伊万诺维奇·斯托亚诺夫斯基阁下致敬。

弗拉基米尔·别克列米舍夫

3. 别克列米舍夫致俄罗斯皇家音乐协会总理事会成员②
1897 年 2 月 12 日

尊敬的奥古斯特·安东诺维奇阁下：

我已束手无策。明天就应该为柴科夫斯基的雕像塑形了，但黏土持续遇水，以至雕像受损。这样下去，我不得不重新开工。而由此浪费的时间并非因本人失误。

此外，这期间我雇了一位技术优秀的塑形师。然而一个星期后他就去其他地方工作了。

---

① 副本，馆藏信息：ГДМЧ，а¹²，No 36，К. П. No 23560。原件馆藏信息：ЦГИА СПб，ф. 408，оп. 33，д. 343，л. 169об.。

② 馆藏信息：ГДМЧ，а¹²，No 36/43，К. П. No 19741。此文件由列宁格勒音乐学院（今圣彼得堡音乐学院）于 1938 年随俄罗斯皇家音乐协会卷宗一同提供馆藏。（收信人全名为奥古斯特·安东诺维奇·格尔凯，后同。——中译本编注）

我也无法马上着手塑形，因为委员会代表至今都没来视察工作。我既不清楚委员会是否会对成品满意，也不知道是否会签字，以确认验收我制作的柴科夫斯基的泥塑。

尊敬的奥古斯特·安东诺维奇，恳请指示我该怎么办。

由衷向您致敬

弗拉基米尔·别克列米舍夫

4. 别克列米舍夫致俄罗斯皇家音乐协会总理事会成员[①]
1897年12月4日

奥古斯特·安东诺维奇阁下：

关于您来信询问的彼得·伊里奇·柴科夫斯基大理石雕像的进展情况，我可以告诉您，除座椅外，整个雕像已经完成，但我并未参与正在进行的座椅部分。12月20日我将返回罗马，签收并包装成品。工期因下述两个原因有所延误：

第一，石膏内的雕像没有完好运抵罗马，我不得不重新发运，以代替受损部分，虽然已尽力快速解决，依然损失了整整一个月的时间。

第二，原供雕塑用的大理石不合格，必须用新的替换。

在此向委员会深表歉意，我无法在12月交付彼得·伊里奇的雕像，因为我想尽力完美地完成这项工作。

尊敬的阁下，请接受我最崇高的敬意。

弗拉基米尔·别克列米舍夫

[①] 馆藏信息：ГДМЧ, а[12], No 36/44, К. П. No 19741。此文件由列宁格勒音乐学院（今圣彼得堡音乐学院）于1938年随俄罗斯皇家音乐协会卷宗一同提供馆藏。

5. 别克列米舍夫致俄罗斯皇家音乐协会总理事会成员[①]
1898年1月6日/18日　罗马

奥古斯特·安东诺维奇阁下：

彼得·伊里奇·柴科夫斯基的雕像今日完工了，但我希望座椅采用抛光的大理石，为此至少还需要两个星期，但这会使雕像更美观。我为没有预先通知委员会而致歉，今天已经命令工人开工了。雕像将于1月25日从罗马运出。请问，委员会是否已经在音乐学院内准备了放置雕像的基座？如果建筑师需要基座尺寸，可以问问我在圣彼得堡的工作室。我本人预计1月20日到圣彼得堡。

请阁下您接受我最崇高的敬意。

弗拉基米尔·别克列米舍夫

6. 别克列米舍夫致俄罗斯皇家音乐协会总理事会成员[②]
1898年5月23日

尊敬的奥古斯特·安东诺维奇！

给您寄去两张柴科夫斯基雕像的照片。一张供寄往美国；另一张寄给您，作为我们共同完成柴科夫斯基纪念雕像落成工作的留念。

由衷向您致敬
弗拉基米尔·别克列米舍夫

---

① 馆藏信息：ГДМЧ, а¹², № 36/48, К. П. № 19741。此文件由列宁格勒音乐学院（今圣彼得堡音乐学院）于1938年随俄罗斯皇家音乐协会卷宗一同提供馆藏。

② 馆藏信息：ГДМЧ, а¹², № 36/50, К. П. № 19741。此文件由列宁格勒音乐学院（今圣彼得堡音乐学院）于1938年随俄罗斯皇家音乐协会卷宗一同提供馆藏。

附录一　图片来源

图 1-1　ГДМЧ, а³, № 393, К. П. 20532
图 2-1　ГДМЧ, а³, № 1128, К. П. 25528
图 2-2　ГДМЧ, а³, № 354, К. П. 27664/1
图 2-3　ГДМЧ, в², № 237, К. П. 28101/19; ГДМЧ, в², № 236, К. П. 28101/18
图 2-4　ГДМЧ, а¹, № 79, К. П. 28074/83-84
图 2-5　ГДМЧ, а¹, № 80, К. П. 28074/85-86
图 2-6　ГДМЧ, а⁷, № 57, К. П. 20020
图 2-7　ГДМЧ, а⁷, № 427, К. П. 24173
图 2-8　ГЦММК
图 3-1　ГДМЧ, а³, № 378, К. П. 28068
图 3-2　ГДМЧ, к. уч. 546/53
图 3-3　ГДМЧ, а⁷, № 79, К. П. 20784
图 3-4　ГДМЧ, а⁷, № 500, К. П. 2580/2
图 3-5　ГДМЧ, 彼得·伊里奇·柴科夫斯基独立馆藏, б¹, 9/75, К. П. 28024/71
图 3-6　ГДМЧ, б², № 27
图 3-7　ГДМЧ, 彼得·伊里奇·柴科夫斯基独立馆藏, б¹, 31/81, К. П. 27979/81
图 3-8　ГДМЧ, 彼得·伊里奇·柴科夫斯基独立馆藏, б¹, № 35, К. П. 28191/1
图 3-9　ГДМЧ, 彼得·伊里奇·柴科夫斯基独立馆藏, б¹, 9/9, К. П. 28024/9
图 3-10　ГДМЧ, 彼得·伊里奇·柴科夫斯基独立馆藏, б¹, 9/7, К. П. 28024/7
图 3-11　ГДМЧ, 彼得·伊里奇·柴科夫斯基独立馆藏, б¹, 31/4, К. П. 27979/4
图 4-1　仅存副本, ГДМЧ, а¹, № 3293
图 4-2　ГДМЧ, 彼得·伊里奇·柴科夫斯基独立馆藏, б¹, 8/30, К. П. 27979/4
图 4-3　ГДМЧ, 彼得·伊里奇·柴科夫斯基独立馆藏, б¹, 9/28, К. П. 23888
图 4-4　ГДМЧ, а⁷, № 391, К. П. 23888
图 4-5　ГДМЧ, 彼得·伊里奇·柴科夫斯基独立馆藏, б¹, 13/9, К. П. 28020
图 4-6　ГДМЧ, 彼得·伊里奇·柴科夫斯基独立馆藏, а³, № 963, К. П. 23888
图 4-7　ГДМЧ, 彼得·伊里奇·柴科夫斯基独立馆藏, б¹, 10/34, К. П. 28024
图 4-8　ГДМЧ, 照片馆藏, № 34, К. П. 26152
图 4-9　ГДМЧ, 彼得·伊里奇·柴科夫斯基独立馆藏, б¹, 11/33, К. П. 28025/30
图 4-10　ГДМЧ, 彼得·伊里奇·柴科夫斯基独立馆藏, б¹, 31/224, К. П. 27979/219
图 4-11　ГДМЧ, а⁷, № 393, К. П. 23888
图 4-12　ГДМЧ, а¹, № 1880, К. П. 2275
图 4-13　ГДМЧ, а⁶, № 157, К. П. 2055
图 4-14　ГДМЧ, в³, № 271/6, К. П. 20066
图 4-15　ГДМЧ, 彼得·伊里奇·柴科夫斯基独立馆藏, б¹, 9/61, К. П. 28024/57

图 4-16　ГДМЧ, a^6, № 90, К.П. 16998
图 5-1　ГДМЧ, a^3, № 392, К.П. 4066
图 5-2　ГДМЧ, 彼得·伊里奇·柴科夫斯基独立馆藏, $б^1$, 10/19, К.П. 28024/96
图 5-3　ГДМЧ, 彼得·伊里奇·柴科夫斯基独立馆藏, $б^1$, 13/33, К.П. 28020
图 5-4　ГДМЧ, 彼得·伊里奇·柴科夫斯基独立馆藏, $б^1$, 31/222, К.П. 27979/217
图 5-5　ГДМЧ, a^1, № 119
图 6-1　ГДМЧ, a^3, № 364
图 7-1　底片, ЦГАКФФД
图 7-2　ГДМЧ, a^{12}, № 3
图 7-3　ГДМЧ, a^3, № 1164, К.П. 25821
图 7-4　ГДМЧ, a^3, № 107, К.П. 24904
图 7-5　ГДМЧ, a^{12}, № 6
图 7-6　ГДМЧ, a^{12}, № 15
图 7-7　ГДМЧ, e^1, № 49/a
图 7-8　ГДМЧ, e^1, № 48
图 7-9　ГДМЧ, a^{12}, № 51
图 7-10　ГДМЧ, a^3, № 25
图 7-11　ГДМЧ, a^3, № 756, К.П. 10293
图 7-12　ГДМЧ, 彼得·伊里奇·柴科夫斯基独立馆藏, $б^1$, № 127, К.П. 28141/82
图 7-13　ГДМЧ, a^3, № 989, К.П. 24151

〔俄〕加·伊·别洛诺维奇　整理

附录二　人名索引

（条目后页码为原书页码，即本书页边码）

A

Адамов В. С., 弗拉基米尔·斯捷潘诺维奇·阿达莫夫，168, 186, 187, 315, 324

Адамович Г. В., Г. В. 阿达莫维奇，10, 30

Айнбиндер А. Г., А. Г. 阿达·格里戈里耶夫娜·艾因宾德，30, 167, 193, 195, 301

Акулина, 阿库林娜，54

Александр II, 亚历山大二世，56, 80, 87, 288

Александр III 亚历山大三世 20, 21, 31, 313, 314, 317, 318, 336

Александров А. Н., 阿纳托利·尼古拉耶维奇·亚历山德罗夫，189

Александрова-Левенсон А. Я., 安娜·亚科夫列夫娜·亚历山德罗娃-列文森，31, 179, 180, 189

Алексеев А. П., 亚历山大·帕夫洛维奇·阿列克谢耶夫，59, 64, 72, 87, 88

Алексеев А. С., 亚历山大·斯捷潘诺维奇·阿列克谢耶夫，46, 47, 49, 52, 54-58, 65, 86

Алексеев В. А., 韦涅季克特·亚历山德罗维奇·阿列克谢耶夫，87, 94, 104, 134, 137, 138, 140-146, 149, 151, 154, 159, 161-165

Алексеев К. С., К. С. 阿列克谢耶夫，323

Алексеев Н. В. 尼古拉·В. 阿列克谢耶夫，321

Алексеева (в замуж. Шейн) М. Н., М. Н. 阿列克谢耶娃（夫姓舍因），165

Алексеева (урожд. Ассье) Е. А., 叶卡捷琳娜·安德烈耶夫娜·阿列克谢耶娃（原姓阿西尔），43, 47-49, 52, 54-56, 58, 60, 64, 65, 75, 86, 87

Алексеева (урожд. Чайковская) Н. И., 娜塔利娅·伊波利托夫娜·阿列克谢耶娃（原姓柴科夫斯卡娅），6, 93

Алферова Н. В., Н. В. 阿尔费罗娃，206

Алферова П. А., П. А. 阿尔费罗娃，206

Альбрехт К. К., 卡尔·卡尔洛维奇·阿尔勃莱希特，19, 213, 214, 279, 283, 294, 310

Алябьев А. А., А. А. 阿里亚比耶夫，85

Ан И. Ф., И. Ф. 安，142, 164

Анисимов М., 米哈伊尔·阿尼西莫夫，302

Аносов П. П., 帕维尔·彼得罗维奇·阿诺索夫，70, 87

Апухтин А. Н., 阿列克谢·尼古拉耶维奇·阿普赫京，242, 282, 308

Арендс А. Ф., 安德烈·费奥多罗维奇·阿伦茨，20

Ариша, 阿丽莎，45, 46, 65, 85

Арто Д. М. Ж. де Падилла, 玛格丽特-约瑟芬·德西雷·阿尔托，255, 295

Асафьев Б. В., 鲍里斯·弗拉基米罗维奇·阿萨菲耶夫，283

Ассье (урожд. Гогель) А. Г., 阿马利娅·格里戈里耶夫娜·阿西尔（原姓高格里），34, 39-41, 53, 56, 58, 65, 66, 71, 72, 80, 85-88, 91

Ассье (урожд. Попова) Е. М., Е. М. 阿西尔（原姓波波娃），38, 39

Ассье А. А. см. Чайковская А. А., 亚历山德拉·安德烈耶夫娜-阿西尔 见亚历山德拉·安德烈耶夫娜·柴科夫斯卡娅

Ассье А. М., А. М. 阿西尔，38, 39, 41, 42, 85

Ауэр Л. С., 利奥波德·谢苗诺维奇·奥尔，182, 193, 343

Б

Бадаев А.С., А. С. 巴达耶夫, 57, 58, 87–89

Бадаева, 巴达耶娃, 78, 89

Байрон Дж. Г., 乔治·拜伦, 22, 191

Балакирев М. А., 米利·阿列克谢耶夫·巴拉基列夫, 17, 30

Барановский А., 亚历山大·巴拉诺夫斯基, 321

Баташа см. Губерт А. И, 巴塔莎 见亚历山德拉·伊万诺夫娜·休伯特

Бегичев В. П, 弗拉基米尔·彼得罗维奇·别吉切夫, 277, 298

Беклемишев В. А., 弗拉基米尔·亚历山德罗维奇·别克列米舍夫, 305, 337–339, 344

Беллини В., 温琴佐·贝利尼, 86

Беллок Л., Л. 贝洛克, 164

Белонович Г. И., Г. И. 别洛诺维奇, 6, 345

Белоха П. Н., П. Н. 别洛哈, 229, 287

Бенардаки М. П., 玛丽亚·巴甫洛夫娜·别纳尔达, 15

Берг Ф. Н., 费奥多尔·尼古拉耶维奇·贝格, 181, 191

Беренс А. П., 安德烈·彼得罗维奇·贝伦斯, 95, 161

Берлиоз, 柏辽兹, 252, 293

Беррар И. И., И. И. 贝拉尔, 84

Бессель, 贝塞尔, 226, 310

Бетховен Л., 路德维希·贝多芬, 192

Бибиков В. И., В. И. 比比科夫, 254, 294

Бильзе В., 本亚明·比尔泽, 273, 297

Бистерфельд Ф. К., 弗列贡特·康斯坦丁诺维奇·比斯特费尔德, 275, 297

Блинов В. Е., 瓦西里·叶戈罗维奇·布利诺夫, 51, 52, 59, 67, 70, 71, 86, 87, 135, 163, 302, 305

Блинов М. В., 米哈伊尔·瓦西里耶维奇·布利诺夫, 30

Блок А. А., 亚历山大·亚历山德罗维奇·勃洛克, 22

Блок Ю. И., 尤里·伊万诺维奇·勃洛克, 335, 343

Бок Г., 胡戈·博克, 173, 188, 190

Бонье П. Э., П. Э. 博尼埃, 296

Бочечкаров Н. Л., 尼古拉·利沃维奇·博切奇卡洛夫, 222, 224, 228, 232, 252, 285, 287

Брамс И., 约翰内斯·勃拉姆斯, 190

Брандуков А. А., 阿纳托利·安德烈耶维奇·布兰杜科夫, 344

Брекинридж, 布雷肯里奇, 336

Булатов М. И., 米哈伊洛维奇·布拉托夫, 255, 256, 295

Бунин И. А., И. А. 布宁, 30

Бутаков И. И., 伊万·伊万诺维奇·布塔科夫, 297

Бутакова (урожд. Давыдова) В. В., 维拉·瓦西里耶夫娜·布塔科娃 (原姓达维多娃), 15, 198, 206, 207, 275, 297

Бюффон Ж.-Л. Л., Ж.-Л. Л. 布丰, 141, 164

В

Вагнер Р., 里夏德·瓦格纳, 297

Вайдман П. Е., 波·叶·瓦伊德曼, 6, 9, 33, 91, 186, 190, 191

Вакар М. А., М. А. 瓦卡尔, 89

Вакар П. А., П. А. 瓦卡尔, 89

Валуев А. А., 阿列克谢·阿列克谢耶维奇·瓦卢耶夫, 168, 187

Валькова В. Б., В. Б. 瓦尔科娃, 30

Вельцев (Вальцов) А. С., 阿列克谢·谢尔盖耶夫·瓦利采夫, 302, 305

Вальцева (Вальцова) Н. Т., 娜杰日达·季莫费耶夫娜·瓦利采娃, 57–59, 62, 63, 66, 68, 70, 72–74, 76, 80, 87, 94, 161, 302, 305

Варламова О. М., О. М. 瓦尔拉莫娃, 6

Вебер К. Э., 卡尔·爱德华多维奇·韦伯, 178, 189

Веничка см. Алексеев В. А., 维尼奇卡 见韦涅季克特·亚历山德罗维奇·阿列克谢耶夫

Венявский Г., Г. 维尼亚夫斯基, 309
Верховский П. М., П. М. 维尔霍夫斯基, 330
Виардо (в замуж. Дювернуа) М., 玛丽安娜·维亚尔多（夫姓迪韦努瓦）, 252, 293
Виардо (в замуж. Гарсиа) П., 波林娜·维亚尔多（夫姓加西亚）, 252, 293
Виардо П., 保罗·维亚尔多, 252, 293
Винокур Г. О., Г. О. 维诺库尔, 22, 31
Витторио, 维托里奥, 241–245, 290
Волконский С. М., С. М. 沃尔孔斯基, 24, 31
Воронцов-Дашков И. И., И. И. 沃龙佐夫-达什科夫, 322
Воуверман Ф., Ф. 沃弗曼, 273
Всеволожский И. А., 伊万·亚历山德罗维奇·弗谢沃洛日斯基, 181, 182, 192, 292, 298
Вуверман см. Воуверман Ф., Ф. 符弗曼 见 Ф. 沃弗曼
Высоцкая В. В., В. В. 维索茨卡娅, 189

Г

Габриели Дж., 乔瓦尼·加布里埃利, 18
Галеви Л., Л. 哈勒维, 272, 297
Ганус С. А., С. А. 甘努斯, 6
Гедеонов С. А., 斯捷潘·亚历山德罗维奇·格杰奥诺夫, 255, 295
Гедике А. Ф., 亚历山大·费奥多罗维奇·格季凯, 344
Генке (урожд. Чайковская) Л. П., Л. П. 亨克（原姓柴科夫斯卡娅）, 292
Генке П. Э., П. Э. 亨克, 250, 293
Герке Авг. А., 奥古斯特·安东诺维奇·格尔凯, 249, 293, 331, 338, 339, 341
Герке Ант. А., Ант. А. 格尔凯, 309
Герман Й., 约瑟夫·格尔曼, 80, 89
Гизо Э. Ш. П., 伊丽莎白·夏洛特·波琳娜·基佐, 141, 164
Глазунов А. К., 亚历山大·康斯坦丁诺维奇·格拉祖诺夫, 189

Глама-Мещерская (наст. фам. Барышева) А. Я., 亚历山德拉·亚科夫列夫娜·格拉马-梅谢尔斯卡娅（真实姓氏巴雷舍娃）, 225, 286
Глинка В. А., В. А. 格林卡, 75, 89, 137, 164
Глинка М. И., 米哈伊尔·伊万诺维奇·格林卡, 14, 131, 182, 207, 214, 284, 336
Гнесины, 格涅辛姐妹, 344
Гогель А. И., 亚历山大·伊万诺维奇·高格里, 34
Гогель Г. Г. фон., 乔治·亨利·冯·高格里, 91
Гогель Г. Ф., 格里高利·费奥多罗维奇·高格里, 34
Гогель К. Ф., К. Ф. 高格里, 71, 91
Гоголь Н. В., Н. В. 果戈理, 23, 295
Гойя Ф., Ф. 戈雅, 290
Голицын А. В., кн., 阿列克谢·瓦西里耶维奇·戈利岑公爵, 280, 298
Головина М. А., 玛丽亚·阿列克谢耶夫娜·戈洛维纳, 200, 202, 203, 207, 244
Гольденвейзер А. Б., 亚历山大·鲍里索维奇·戈登魏泽尔, 344
Гольдшмидт Г., 哈里·戈尔德施米特, 190
Гомилиус Л. Ф. (Гомиллиус), Л. Ф. 戈米利乌斯, 310
Гончаров И. А., И. А. 冈察洛夫, 23
Горбунов И. Ф., И. Ф. 戈尔布诺夫, 289
Горовиц В. С., 弗拉基米尔·萨莫伊洛维奇·霍洛维茨, 207
Граверт А. Д., А. Д. 格拉韦特, 178, 189
Гречанинов А. Т., А. Т. 格列恰尼诺夫, 343
Гржимали И. В., 伊万·沃茨采霍维奇·格尔日马里, 344
Грузинский П. И., кн., 帕维尔·伊万诺维奇·格鲁津斯基公爵, 254, 294
Губерт (урожд. Баталина) А. И., 亚历山德拉·伊万诺夫娜·休伯特（原姓巴塔林娜）, 20, 184, 193
Гугентоблер Ж., Ж. 古根多波列尔, 162
Гулак-Артемовская С., С. 古拉克-阿尔捷莫夫斯卡娅, 172, 173, 188

Гусев Н. Н., Н. Н. 古谢夫, 31

Д

Давыдов Вас. Л., 瓦西里·利沃维奇·达维多夫, 297

Давыдов Вл. Л., 弗拉基米尔·利沃维奇·达维多夫, 25, 113, 137, 140, 142–146, 148, 152, 155–159, 162–164, 195, 204, 205, 207, 223, 275, 304, 329–333, 343

Давыдов Д. Л., 德米特里·利沃维奇·达维多夫, 275, 297

Давыдов К. Ю., 卡尔·尤里耶维奇·达维多夫, 190, 226, 239, 246, 289, 290, 295

Давыдов Л. В., 列夫·瓦西里耶维奇·达维多夫, 111, 118, 119, 152, 162, 163, 171, 188, 189, 206, 277, 281, 292, 297, 298

Давыдов Ю. Л., 尤里·利沃维奇·达维多夫, 163, 165, 251, 293, 304, 331

Давыдова А. А., 亚历山德拉·阿尔卡季耶夫娜·达维多娃, 256, 295,

Давыдова (урожд. Потопова) А. И., 亚历山德拉·伊万诺夫娜·达维多娃（原姓波塔波娃）, 276, 287, 297

Давыдова (урожд. Чайковская) А. И., 亚历山德拉·伊里尼奇娜·达维多娃（原姓柴科夫斯卡娅）33, 57–59, 62–66, 68, 69, 71–73, 76, 77, 79, 81, 87, 93, 95, 96, 99, 102, 104, 106, 109, 114, 115, 119, 135, 138, 141, 148, 151, 158, 161–163, 171, 187, 188, 206, 231, 246, 250, 251, 256–258, 262, 277, 287, 290, 293, 296, 298, 340

Давыдова В. В. см. Бутакова В. В., 维拉·瓦西里耶夫娜·达维多娃 见维拉·瓦西里耶夫娜·布塔科娃

Давыдова В. Л., В. Л. 达维多娃, 250, 251, 287, 292

Давыдова Е. В., 伊丽莎白·瓦西里耶夫娜·达维多娃, 276, 297

Давыдова К. Ю., 克谢尼娅·尤里耶夫娜·达维多娃, 190

Давыдова Т. Л., 塔季扬娜·利沃夫娜·达维多娃, 163, 176, 189, 248, 251, 275–277, 280, 281, 292, 298, 299

Дагмар, принцесса см. Мария Федоровна имп., 达格玛公主 见玛丽亚·费奥多罗夫娜女皇

Дворецкий Л. И., Л. И. 德沃列茨基, 31

Дворжак А., 安东宁·德沃夏克, 190

Двоскина Е. М., Е. М. 德沃斯金娜, 6

Делазари (Де Лазари) К. Н., 康斯坦丁·尼古拉耶维奇·德拉扎里（德·拉扎里）, 226, 254, 286

Делиб Л., 莱奥·德利布, 18, 297

Дервиз Н. Г. Фон, 尼·格·冯·德尔维斯, 289

Державин Г. Р., Г. Р. 杰尔扎文, 299

Диккенс Ч., 查尔斯·狄更斯, 267

Доде А., 阿尔丰斯·都德, 296

Домерщиков П. П., П. П. 多梅尔希科夫, 325

Донауров С. И., 谢尔盖·伊万诺维奇·多瑙罗夫, 274, 297

Доницетти Г., 盖塔诺·多尼采蒂, 86

Достоевский Ф. М., 费奥多尔·米哈伊洛维奇·陀思妥耶夫斯基, 23, 251, 293

Драшусова (урожд. Переслени) С. В., 索菲娅·瓦西里耶夫娜·德拉舒索娃（原姓佩雷斯利尼）, 176, 189

Дрейшок А., А. 德雷肖克, 309

Дювернуа (семья), 杜维诺瓦家族, 116, 117, 139, 142, 144–146, 149, 151, 154, 156, 157, 159, 160

Дювернуа Л., 柳霞·杜维诺瓦, 148

Дювернуа Э., 埃米莉·杜维诺瓦, 116

Дюпюи А., А. 杜普伊, 272

Дюрбах (урожд. Марло) К., 卡特琳·裘尔巴赫（原姓马洛）, 96, 161

Дюрбах Ф., 芬妮·裘尔巴赫, 6, 30, 86, 88, 93–165

Дюрбах Фр.弗雷德里卡·裘尔巴赫, 91, 93, 96, 105, 107, 112, 114, 116, 117, 120, 132, 139, 144–146, 148, 149, 156, 158–162, 165

Дягилев П. П., П. П. 佳吉列夫, 289

Дягилева (урожд. Панаева) Е. В., Е. В. 佳吉列娃（原姓帕纳耶娃）, 289

Е

Евреинов И. И., 伊万·伊万诺维奇·叶夫列伊诺夫, 58, 87, 289

Евреинов П. И., 彼得·伊万诺维奇·叶夫列伊诺夫, 37, 39, 43, 58, 65, 70, 80, 85, 87–89, 96

Евреинова (урожд. Чайковская) А. П., 亚历山德拉·彼得罗夫娜·叶夫列伊诺娃（原姓柴科夫斯卡娅）, 85

Евреинова (урожд. Келлер) М. А., М. А. 叶夫列伊诺娃（原姓凯勒尔）, 80, 89

Евтушевский В. А., В. А. 叶夫图舍夫斯基, 228

Елена Павловна, вел. кн., 叶连娜·帕夫洛夫娜大公夫人, 311

Елизавета Маврикиевна, вел. кн., 伊丽莎白·马夫里基耶夫娜大公夫人, 335

Ермолова М. Н., М. Н. 叶尔莫洛娃, 335

Ершова С. А. (Фофа), 索菲娅（昵称索尼娅、芙法）·亚历山德罗夫娜·叶尔绍娃, 257, 258, 295

Ж

Жданов В. А., 瓦西里·亚科夫列维奇·日丹诺夫, 283

Жегин Н. Т., 尼古拉·季莫菲耶维奇·热金, 190, 283

Жедринский В. А., 弗拉基米尔·亚历山德罗维奇·热德林斯基, 249, 293

Жерве де Латуш Ж.-Ш., Ж.-Ш. 热尔韦·德·

拉图什, 283

Жуковская (урожд. Катек) Ю. И., Ю. И. 茹科夫斯卡娅（原姓卡捷克）, 178, 188, 191

Жуковский В. А. (поэт), В. А. 茹科夫斯基（诗人）, 288

Жуковский В. А., В. А. 茹科夫斯基, 85, 89, 188

З

Заварзин А. А., А. А. 扎瓦尔津, 344

Зайцев Н., Н. 扎伊采夫, 206

Залеская А. Н., А. Н. 扎列斯卡娅, 330

Зандер К., К. 赞德, 283

Заремба Н. И., 尼古拉·伊万诺维奇·扎连巴, 17, 30, 309, 311, 341

Зверев Н. С., Н. С. 兹韦列夫, 20

Зеленская Н. Г., Н. Г. 泽林斯卡娅, 344

Зигель (урожд. Силина), 西格尔（原姓西林娜）, 51

Зигель А. Х. фон, 安德烈·赫里斯季安诺维奇·冯·西格尔, 51, 79, 80, 86

Зилоти А. И., 亚历山大·伊里奇·济洛季, 18, 180, 181

Зильберквит М. А., М. А. 齐伯奎特, 192

Зина см. Ольховская З. И., 季娜 见季娜伊达·伊里尼奇娜·奥利霍夫斯卡娅

Зубов В. П., В. П. 祖博夫, 321

И

Иванов А. В., 阿尔达利翁·瓦西里耶维奇·伊万诺夫, 82, 89

Иванов М. М., 米哈伊尔·米哈伊洛维奇·伊万诺夫, 226, 286

Иванова З. Г., З. Г. 伊万诺娃, 344

Игумнов К. Н., 康斯坦丁·尼古拉耶维奇·伊古姆诺夫, 344

Иоахим Й., Й. 约阿希姆, 235

Иосса А. А., 亚历山大·安德烈耶维奇·约

сá, 70, 88

Иствуд М. Ф., Мария · Фермини́чна · Иствуд, 275, 297

К

Кавелин Д. А., Дмитрий · Александрович · Кавелин, 56, 87

Караваджо М., Микеланджело · Караваджо, 290

Карл I, Карл I, 288

Каролина, Каролина, 95, 99, 138, 161

Карр Б. А., Бернхард · Амадеус · Карр, 93, 161

Карр К., Кэтрин · Карр, 93, 109, 161

Карташев В. С., В. С. Карташев, 57, 58, 94

Карташевы, семья Карташевых, 62, 97

Карцевы (Карцовы), Карцев (Карцов), семья, 168, 187

Карцов Г. П., Георгий · Павлович · Карцов, 248, 292

Карцов М. П., Михаил · Павлович · Карцов, 292

Карцова А. П., Александра · Петровна · Карцова, 187, 236, 288, 292

Катя, Катенька см. Чайковская Е. И., Катя、Катенька см. Екатерина · Ильинична · Чайковская

Кашкин Н. Д., Николай · Дмитриевич · Кашкин, 18, 180, 181

Кейзер М. К., Мария · Карловна · Кейзер, 85, 89

Клейн Л. С., Л. С. Кляйн, 31

Клименко И. А., И. А. Клименко, 195, 206

Климовицкий А. И., А. И. Климовицкий, 31

Кнорр И., Иван · Кнорр, 153-156, 158, 160, 164

Когель Г., Густав · Когель, 15

Кологривов В. А., В. А. Кологривов, 340

Колонн Э., Эдуард · Колонна, 15, 286, 294, 296

Кольрейф Л. П., Лев · Павлович · Кольрейф, 21, 259, 260, 296

Коля см. Конради Н. Г., Коля см. Н. Г. Конради

Кондратьев Е. Д., Евгений · Дмитриевич · Кондратьев, 274, 297

Кондратьев Н. Д., Николай · Дмитриевич · Кондратьев, 20, 179, 189, 255, 271, 272, 285, 297

Конради А. И., Алина · Ивановна · Конради, 231, 257, 260-262, 287, 295

Конради Г. К., Г. К. Конради, 253, 258, 260-262, 287, 295

Конради Н. Г., Н. Г. Конради, 112, 113, 162, 222, 233, 234, 236, 246, 257, 258, 260-262, 265, 266, 272, 273, 276-278, 282, 287, 295, 296, 299

Константин Константинович, вел. кн., Константин · Константинович, великий князь, 335

Константинов см. Делазари К. Н., Константинов см. Константин · Николаевич · Делазари

Коншин В. В., Владимир · Владимирович · Коншин, 278, 298

Коншин В. Д., Владимир · Дмитриевич · Коншин, 278, 298

Коншина П. В. см. Чайковская П. В., Прасковья · Владимировна · Коншина см. Прасковья · Владимировна · Чайковская, 279

Конюс Ю. Э., Юрий · Эдуардович · Конюс, 18

Корейво Б. В., Болеслав · Викторович · Корейво, 180, 191

Коробейников П., П. Коробейников, 78

Корреджо (Корреджио) А., А. Корреджо, 273

Корсов Б. Б., Богомир · Богомирович · Корсов, 177, 189

Костецкая П. О. (Пелазия), П. О. (прозвище Пелация) · Костецкая, 275, 297

Котек В. И. (О.), Вячеслав · Иосифович

（奥西波维奇）· 科捷克，180, 191

Котек И. И.，约瑟夫 · 约瑟夫维奇 · 科捷克，172-174, 188, 191, 225, 228, 234, 235, 246, 247, 252, 258, 265, 268, 286-288

Котик см. Котек И. И.，科季克 见约瑟夫 · 约瑟夫维奇 · 科捷克

Крашенинников Г. Ф.，Г. Ф. 克拉舍宁尼科夫，188

Кривенко Е. Р. (Астапка, Остапка)，叶夫斯塔菲（昵称阿斯塔菲、阿斯塔普卡、奥斯塔普卡）· 罗季奥诺维奇 · 克里文科，171, 188, 259, 276, 287, 296, 297

Крисков Н. И.，尼古拉 · 伊万诺维奇 · 克里斯科夫，79, 80, 82, 89

Кросс Г. Г.，Г. Г. 克罗斯，310

Крылов А.，亚历山大 · 克雷洛夫，324

Крылов В. А.，В. А. 克雷洛夫，297

Крылов В. П.，В. П. 克雷洛夫，330

Кузнецов К. А.，К. А. 库兹涅佐夫，31

Кун И.，伊姆雷 · 库恩，193

Кун Э.，艾米利娅 · 库恩，145, 146, 149

Курлаева А. В.，А. В. 库尔拉耶娃，6, 193

Кюндингер Р. В.，Р. В. 坎丁格，13

Л

Ла Мотт Фуке Ф. де，Ф. 德 · 拉莫特 · 福凯，89

Лавровская Е. А.，伊丽莎白 · 安德烈耶夫娜 · 拉夫罗夫斯卡娅，344

Лангер Н. Л.，尼古拉 · 列昂季耶维奇 · 朗格尔，175, 188

Ларош (в замуж. Крашенинникова) З. Г.，季娜伊达 · 格尔曼诺夫娜 · 拉罗什（夫姓克拉舍宁尼科娃），176, 188

Ларош Г. А.，格尔曼 · 奥古斯托维奇 · 拉罗什，18, 220, 225, 226, 242, 275, 286, 292, 297

Лассо О.，奥兰多 · 迪 · 拉索，18

Легошин А. А，亚历山大 · 亚历山德罗维奇 · 列戈申，271, 296

Лезель Ф. Ф.，Ф. Ф. 廖泽尔，330

Лекок Ш.，夏尔 · 勒克舍，296

Лешетицкий Т.，Т. 莱舍蒂茨基，309

Линдегрейн，林德格雷恩，44, 47, 49

Литке А. Н.，亚历山大 · 尼古拉耶维奇 · 利特凯，207

Литке В. А.，В. А. 利特凯，207

Литке Н. Ф.，尼古拉 · 费奥多罗维奇 · 利特凯，226, 286

Литров Н. Ф.，纳扎尔 · 菲尔索维奇 · 利特罗夫，282, 299

Лихачев И. А.，И. А. 利哈切夫，12, 30

Люджер Й.，Й. 柳杰尔，193

Лядов А. К.，阿纳托利 · 康斯坦丁诺维奇 · 利亚多夫，343

М

Макиавелли Н.，尼可罗 · 马基雅维利，244

Макиавель см. Макиавелли Маккар Ф.，马基雅维利 见马卡尔 · Ф. 马基雅维利，190

Маковские，马科夫斯基家族，289

Маковский В. Е.，В. Е. 马科夫斯基，289

Максимилиан, герцог Лейхтенбергский, 莱赫滕贝格公爵，马克西米利安，139, 164

Маллингер М.，М. 马林格，273

Малоземова С. А.，索菲娅 · 亚历山德罗夫娜 · 马洛泽莫娃，226, 286

Мамонтов С. И.，С. И. 马蒙托夫，180, 181

Манзей Н. Н.，Н. Н. 曼泽，81

Мария Александровна, имп.，玛丽亚 · 亚历山德罗夫娜女皇，14, 232, 288

Мария Николаевна, вел. кн.，玛丽亚 · 尼古拉耶夫娜大公夫人，139, 164

Мария Федоровна, имп.，玛丽亚 · 费奥多罗夫娜女皇，313, 314

Маркизио Б.，芭芭拉 · 马尔基西奥，255, 294

Маркизио К.，卡洛塔 · 马尔基西奥，255, 294

Маркова А. М.，亚历山德拉 · 米哈伊洛夫

娜·马尔科娃，181, 182, 192

Марковы, 马尔科夫家族，82, 89

Массне Ж., 朱尔·马斯内，6, 15, 30

Массон М., 米歇尔·马松 141, 164

Махалов Н. А., Н. А. 马哈洛夫，286

Машевский, 马舍夫斯基，13

Мейсас А., А. 梅萨斯，142, 164

Мейтланд Ф., Ф. 梅特兰，163, 334

Мекк (урожд. Давыдова) А. Л. фон, А. Л. 冯·梅克（原姓达维多娃），14, 287

Мекк Н. Ф. фон, 娜杰日达·菲拉列托夫娜·冯·梅克，14, 21, 171, 187, 229, 234, 235, 242, 243, 249-252, 258, 267, 283, 288, 290, 292-295, 297

Мельяк А., А. 梅亚克，272, 297

Меньшикова А. Г., 亚历山德拉·格里戈里耶夫娜·梅尼希科娃，255, 295

Мерклинг (урожд. Чайковская) А. П., 安娜·彼得罗夫娜·默克林（原姓柴科夫斯卡娅），249, 292

Мессер Ю., 尤里·梅塞尔，219, 220, 284

Мессинг, 梅辛克，45, 49

Метнер Н. К., 尼古拉·卡尔洛维奇·梅特纳，344

Микеланджело, 米开朗基罗，244

Милюкова А. И. см. Чайковская, 安东尼娜·伊万诺夫娜·米柳科娃 见安东尼娜·伊万诺夫娜·柴科夫斯卡娅

Милюкова М. И., 玛丽亚·伊万诺夫娜·米柳科娃，247, 291

Милюкова О. Н., 奥莉加·尼卡诺罗夫娜·米柳科娃，247, 287, 291, 295

Михайлин В. Ю., В. Ю. 米哈伊林，30

Михайлов П. П., П. П. 米哈伊洛夫，286

Мишло О., О. 米什洛，142, 164

Молас Е. М., 伊丽莎白·米哈伊洛夫娜·莫拉斯，280, 298

Монгольфье А., А. 蒙哥里菲叶，164

Москвин Г. Г., 格里高里·格里戈里耶维奇·莫斯克温，82, 89

Моцарт В. А., 沃尔夫冈·阿马多伊斯·莫扎特，86

Мухина В. И., В. И. 穆希娜，344

Н

Нагорничный А., 亚历山大·纳戈尔尼奇，302

Надо Г., Г. 纳多，198, 206

Наполеон Бонапарт, 拿破仑·波拿巴，229, 287

Направник Э. Ф., 爱德华·弗朗采维奇·纳普拉夫尼克，192, 207

Нератов И. А., И. А. 涅拉托夫，50, 51, 86

Нератова (урожд. Великопольская) Ф. Е., Ф. Е. 涅拉托娃（原姓韦利科波利斯卡娅），51, 55, 86, 87

Нератова Н. И., 娜塔利娅·伊万诺夫娜·涅拉托娃，102, 161

Николай I, 尼古拉一世，80, 164, 288

Николай II, 尼古拉二世，154, 159, 165

Новикова Н. В., 娜杰日达·瓦西里耶夫娜·诺维科娃，318-321

Новосильцева Е. Н., Е. Н. 诺沃西利采娃，31

Ноймайр А., А. 诺伊迈尔，31

О

Ободовская А. Д., 亚历山德拉·德米特里耶夫娜·奥博多夫斯卡娅，74

Ободовский А. Г., 亚历山大·格里戈里耶维奇·奥博多夫斯基，74, 88

Оболенский Д. А., 德米特里·亚历山德罗维奇·奥博连斯基，313, 314

Ожье Э., Э. 奥吉耶，296

Озерецкий Д. С., Д. С. 奥泽尔茨基，23

Оконешников П. П., 彼得·彼得罗维奇·奥科内什尼科夫，254, 298

Олышев В. А., В. А. 奥雷舍夫，59, 64, 67, 68, 70, 73, 75, 76, 79, 87, 88

Олышева С. И., 索菲娅·伊万诺夫娜·奥雷

舍娃，62, 65, 73-75, 79, 88, 89

Ольга Николаевна, вел кн., 奥莉加·尼古拉耶夫娜大公夫人, 232, 288

Ольховская Е. Н., Е. Н. 奥利霍夫斯卡娅, 119, 163

Ольховская (урожд. Чайковская) З. И., 季娜伊达·伊里尼奇娜·奥利霍夫斯卡娅（原姓柴科夫斯卡娅）, 33, 37, 39-46, 49, 52, 54, 56, 57, 65-67, 70-72, 76, 77, 85-87, 93, 99, 100, 104, 108, 109, 142, 157, 159, 161-163

Ольховская (урожд. Чайковская) Л. В., 莉季娅·弗拉基米罗夫娜·奥利霍夫斯卡娅（原姓柴科夫斯卡娅）, 59, 79, 87, 95, 99, 101, 104, 106, 109, 113, 120, 123, 131, 134-136, 138-140, 142, 144, 145, 148, 149, 152, 154-157, 158, 161-164

Орлов В. Н., В. Н. 奥尔洛夫, 22, 31

Островский А. Н., А. Н. 奥斯特洛夫斯基, 12, 198, 207, 284, 295

П

Пабст П. А., 帕维尔·奥古斯托维奇·帕布斯特, 344

Паделу Ж. Э., 朱尔-艾蒂安·帕德卢, 252, 293

Палкин К. П., К. П. 帕尔金, 241, 289

Пальчикова (в замуж. Логинова) М. М., 玛丽亚·马尔科夫娜·帕奇科娃（夫姓洛吉诺娃）, 13, 14, 102, 141, 142, 161, 164

Панаева А. В., 亚历山德拉·瓦列里扬诺夫娜·帕纳耶娃, 236, 241, 242, 244, 245, 289, 292

Пахульский В. А., 弗拉季斯拉夫·阿尔贝托维奇·帕胡尔斯基, 252, 293

Пеладжини, 佩拉基尼, 48

Пенн С., 萨姆纽尔·彭恩, 53, 86, 88

Пенны (Пеновы), 彭恩（彭诺夫）家族, 53, 70, 72, 86

Петерссен П. Л., 帕维尔·列昂季耶维奇·皮特森, 182, 192, 193

Петров А. Н., А. Н. 彼得罗夫, 330

Петрова А. П., 阿纳斯塔西娅·彼得罗夫娜·彼得罗娃, 101, 161

Петровский Д. Н., 德米特里·尼古拉耶维奇·彼得罗夫斯基, 255, 295

Печковская Н. Н., Н. Н. 佩奇科夫斯卡娅, 20, 284

Плеская Н. А., 娜塔利娅·安德烈耶夫娜·普莱斯卡娅, 171, 187

Плетнев М. В., 米哈伊尔·维克托罗维奇·普列特尼奥夫, 207

Плетнев П. А., П. А. 普列特尼奥夫, 87, 288

Победоносцев К. П., К. П. 波别多诺斯采夫, 20, 21, 31

Попов А. В., 亚历山大·瓦西里耶夫·波波夫, 96, 101-103, 161

Попова А. В., 阿纳斯塔西娅·瓦西里耶夫娜·波波娃, 58, 59, 63, 66, 68, 70, 72-74, 76, 83, 87-89, 93-103, 107, 109, 123, 131, 136, 137, 140, 144, 161-164

Попова Е. В., 伊丽莎白·瓦西里耶夫娜·波波娃, 94, 98, 161

Попова М. В., 玛丽亚·瓦西里耶夫娜·波波娃, 93, 101, 161

Прокунин В. П., В. П. 普罗库宁, 178, 189

Пузыревский А. И., А. И. 普齐列夫斯基, 340, 341

Пушкин А. С., 亚历山大·谢尔盖耶维奇·普希金, 10, 16, 18, 30, 87, 91, 123, 163, 286, 299

Пчельников П. М., 帕维尔·米哈伊洛奇·普切利尼科夫, 175, 188

Пшибышевский Б. С., 博·斯·普希比雪夫斯基, 283

Р

Рабинович Л. И., Л. И. 拉比诺维奇, 206

Рабинович Я. И., Я. И. 拉比诺维奇, 206
Рабус Л. К., Л. К. 拉布斯, 281, 298
Разумовский Д. В., 德米特里·瓦西里耶夫·拉祖莫夫斯基, 324
Разумовский С. Д., С. Д. 拉祖莫夫斯基, 343
Рапинова Г. Т., 格拉菲拉·季莫费耶夫娜·拉宾诺娃, 54, 86
Рафаэль Санти 拉斐尔·桑西 290
Ребиндер К. М., 卡尔·马克西莫维奇·雷宾德尔, 47, 49, 86
Резебов С., 谢尔盖·雷贝佐夫, 180, 181
Резебова А., 安娜·雷贝佐娃, 180, 181
Рейхардт, 雷查德, 310
Ренан Ж. Э., 约瑟夫·埃内斯特·勒南, 248, 249, 292
Репетто Э., Э. 雷佩托, 309
Риволь, 里沃利, 284, 298
Роббиа Л. Делла, 卢卡·德拉·罗比亚, 290
Романов А. И., 亚历山大·伊帕托维奇·罗曼诺夫, 69, 70, 72, 88
Романов А. С., 亚历山大·谢苗诺维奇·罗曼诺夫, 69, 88
Романов В. И., 瓦西里·伊帕托维奇·罗曼诺夫, 53, 57, 62, 64, 66, 69, 70, 73, 80, 86, 88, 94, 164
Романов Н. В., 尼古拉·瓦西里耶维奇·罗曼诺夫, 138, 164
Романова Л. В., 莉季娅·瓦西里耶夫娜·罗曼诺娃, 64, 69
Романовы, 罗曼诺夫家族, 65
Россини Дж., 焦阿基诺·罗西尼, 86, 88, 198
Рубенс П. П., П. П. 鲁本斯, 273, 290
Рубинштейн А. Г., 安东·格里戈里耶维奇·鲁宾斯坦, 24, 1 31, 180, 181, 191, 207, 254, 286, 294, 309–311, 341, 343
Рубинштейн В. А. (урожд. кн. Чекуанова), В. А. 鲁宾斯坦（原姓奇库阿诺娃）, 24
Рубинштейн Г. И., Г. И. 鲁宾斯坦, 330

Рубинштейн Н. Г., 尼古拉·格里戈里耶维奇·鲁宾斯坦, 19, 191, 216, 217, 224, 226, 246, 261, 275, 284, 286, 296, 310, 313, 335, 344
Рубинштейн С. Г., 索菲娅·格里戈里耶夫娜·鲁宾斯坦, 226, 286
Рукавишников К. В., 康斯坦丁·瓦西里耶维奇·鲁卡维什尼科夫, 180, 181, 323
Руссо Ж. Ж., 让-雅克·卢梭, 254, 294
Рыбасов И. И., И. И. 雷巴索夫, 310, 311
Рылеев К. Ф., К. Ф. 雷列耶夫, 299
Рюисдаль Я., Я. 勒伊斯达尔, 273
Рюмин К. И., 康斯坦丁·伊万诺维奇·留明, 255, 295

С

Савина М. Г., 玛丽亚·加夫里洛夫娜·萨温娜, 276, 292, 297
Савицкий Д. Б., Д. Б. 萨维茨基, 344
Савьон М., 玛丽·萨维翁, 267, 268, 296
Саккетти Л. А., Л. А. 萨凯蒂, 340, 341
Самарин И. В., И. В. 萨马林, 207, 286
Санда Ж., Ж. 桑多, 296
Саразат см. Сарасате П., 萨拉扎特 见巴勃罗·萨拉萨蒂
Сарасате П., 巴勃罗·萨拉萨蒂, 229, 287
Сафонов В. И., В. И. 萨福诺夫, 180, 181
Свирский, 斯维尔斯基, 289
Сегалин Г. В., Г. В. 塞加林, 23
Семенников А. С., А. С. 谢苗尼科夫, 50, 51, 59, 68, 70, 86, 88
Семенникова (урожд. Кун) С. И., 苏珊娜·伊万诺夫娜·谢苗尼科娃（原姓库恩）, 50, 51, 86
Семенникова Е. А. (Катя), 叶卡捷琳娜（昵称卡佳）· А. 谢苗尼科娃, 72
Сенилов А., 亚历山大·塞尼洛夫, 302
Сен-Санс К., 卡米耶·圣-桑, 122, 253, 286, 294

Серебреник А., 亚历山大 · 谢列布雷尼克, 283
Синельникова Е. И., 叶卡捷琳娜 · 伊万诺夫娜 · 西涅利尼科娃, 275
Ситовский Н., 尼 · 西托夫斯基, 323
Скрябин А. Н., 亚历山大 · 尼古拉耶维奇 · 斯克里亚宾, 342
Слепак И. В., И. В. 斯列帕克, 189
Соболев М. К., М. К. 索博列夫, 304
Соболевские, 索博列夫斯基家族, 43
Соболевский П. Г., П. Г. 索博列夫斯基, 85
Соколинская (урожд. Давыдова) И. Ю., 伊琳娜 · 尤里耶夫娜 · 索科林斯卡娅（原姓达维多娃）, 6, 30
Соколов В. С., 瓦列里 · 所罗门诺维奇 · 索科洛夫, 19, 209, 283
Соколов И. М., И. М. 索科洛夫, 26
Соловьев Б. М., Б. М. 索洛维约夫, 304
Соловьев-Седой В. П., В. П. 索洛维约夫-塞多戈, 188
Софронов А. И., 阿列克谢 · 伊万诺维奇 · 索夫罗诺夫, 19, 165, 170, 171, 187, 211, 213, 221–224, 227–230, 232–236, 249, 258, 259, 263–268, 272, 273, 276, 284, 285, 296, 304, 329–331, 333, 343
Софронов Г. А., Г. А. 索夫罗诺夫, 342
Софронов М. И., 米哈伊尔 · 伊万诺维奇 · 索夫罗诺夫, 222, 284, 285
Софронова М., М. 索夫罗诺娃, 343
Софронова О. Н., 奥莉加 · 尼古拉耶夫娜 · 索夫罗诺娃, 223, 285
Стасов В. В., 弗拉基米尔 · 瓦西里耶维奇 · 斯塔索夫, 217, 284
Степан, 斯捷潘, 171, 187
Стояновский Н. И., 尼古拉 · 伊万诺维奇 · 斯托亚诺夫斯基, 337
Стремоухов П. М., 彼得 · 米哈伊洛维奇 · 斯特列穆霍夫, 48, 86
Суворин А. С., 阿列克谢 · 谢尔盖耶维奇 · 苏沃林, 217, 284
Суздалев П. К., П. К. 苏兹达列夫, 31

Т

Танеев В. И., 瓦西里 · 伊万诺维奇 · 塔涅耶夫, 190
Танеев С. И., 谢尔盖 · 伊万诺维奇 · 塔涅耶夫, 31, 175, 180, 188, 190, 218, 246, 279, 283, 286, 298, 323, 344
Тастю А., 阿马贝尔 · 塔斯图, 141, 164
Теккерей У., 威廉 · 萨克雷, 287
Тенирс Д., Д. 特尼尔斯, 273
Тинторетто Я., Я. 丁托列托, 290
Тициан, 提香, 290
Толстой Л. Н., 列夫 · 尼古拉耶维奇 · 托尔斯泰, 9, 24, 26-28
Торлецкий А. А., 亚历山大 · 亚历山德罗维奇 · 托列茨基, 313
Третьяков С. М., С. М. 谢尔盖 · 米哈伊洛维奇 · 特列季亚科夫, 21, 180, 181, 321, 322
Третьяковы, 特列季亚科夫家族, 298
Трубецкой Н. П., 尼古拉 · 彼得罗维奇 · 特鲁别茨科伊, 313
Тургенев И. С., 伊万 · 谢尔盖耶维奇 · 屠格涅夫, 252, 287, 293
Тучемские, 图切姆斯基家族, 62
Тучемский Н. С., Н. С. 图切姆斯基, 74
Тучемский С. Ф., 西尔维斯特 · 费奥多罗维奇 · 图切姆斯基, 52, 59, 61, 63–65, 67, 68, 70, 73, 74, 76, 79, 80, 86, 88

У

Усатов Д. А., Д. А. 乌萨托夫, 20
Успенский Б. А., Б. А. 乌斯宾斯基, 30
Успенский Г. И., 格列布 · 伊万诺维奇 · 乌斯宾斯基, 23

Ф

Фаня см. Чайковский М. П., 法尼亚 见米特

罗凡·彼得罗维奇·柴科夫斯基

Фейнберг И. Л., И. Л. 法因贝格，31

Филиппов, 菲利波夫，13, 162

Финагин А. В., А. В. 菲纳金，206

Финдейзен Н. Ф., Н. Ф. 芬代森，192, 341

Фитценхаген В. (В. Ф.), 威廉（瓦西里·费奥多洛维奇）·费岑哈根，213, 221, 283

Фридрих II, 腓特烈二世（大帝），297

Х

Хоритоненко П. И., 帕维尔·伊万诺维奇·霍里托年科，323

Хохлов А. П., А. П. 霍赫洛夫，189

Ч

Чайковская (урожд. Ассье) А. А., 亚历山德拉·安德烈耶夫娜·柴科夫斯卡娅（原姓阿西尔），12, 14, 33-85, 91, 93, 95, 104, 111, 115, 134, 135, 140, 149, 158, 161, 163, 167, 186, 302, 305, 306

Чайковская А. И. см. Давыдова А. И., 亚历山德拉·伊里尼奇娜·柴科夫斯卡娅 见亚历山德拉·伊里尼奇娜·达维多娃

Чайковская (урожд. Милюкова) А. И., 安东尼娜·伊万诺夫娜·柴科夫斯卡娅（原姓米柳科娃），223, 226, 227, 236, 247, 285-287, 291, 304, 316, 324, 329, 330

Чайковская А. С., А. С. 柴科夫斯卡娅，85

Чайковская Е. И., 叶卡捷琳娜·伊里尼奇娜·柴科夫斯卡娅，44, 47-50, 52, 55, 85, 86

Чайковская (урожд. Липпорт) Е. М., 伊丽莎白·米哈伊洛夫娜·柴科夫斯卡娅（原姓利波尔特），236, 289

Чайковская З. И. см. Ольховская З. И., 季娜伊达·伊里尼奇娜·柴科夫斯卡娅 见季娜伊达·伊里尼奇娜·奥利霍夫斯卡娅

Чайковская Л. В. см. Ольховская Л. В., 莉季娅·弗拉基米罗夫娜·柴科夫斯卡娅 见莉季娅·弗拉基米罗夫娜·奥利霍夫斯卡娅

Чайковская (урожд. Денисьева) О. С., 奥莉加·谢尔盖耶夫娜·柴科夫斯卡娅（原姓杰尼西耶娃），118, 132, 136, 153, 163, 165, 248, 292

Чайковская (урожд. Коншина) П. В., 普拉斯科维亚·弗拉基米罗夫娜·柴科夫斯卡娅（原姓孔申娜），111, 162, 165, 179, 190, 212, 278, 298

Чайковская (урожд. Никонова) С. П., 索菲娅·彼得罗夫娜·柴科夫斯卡娅（原姓尼科诺娃），165

Чайковский А. И., 阿纳托利·伊里奇·柴科夫斯基，19, 102, 110, 111, 115, 144, 148, 154, 162, 165, 177, 190, 206, 211-213, 223-254, 262, 264, 274-276, 278-280, 286-298, 304, 316, 335, 342, 343

Чайковский Г. Н. (Жорж-Леон), 格奥尔基·尼古拉耶维奇（又名乔治·莱昂）·柴科夫斯基，118, 119, 132-134, 136, 145, 153, 161, 163, 299, 329-331

Чайковский И. И., 伊波利特·伊里奇·柴科夫斯基，24, 33, 58, 59, 61-68, 71, 72, 76, 77, 79-81, 87, 96, 99, 102, 104, 106, 110, 113-115, 132, 135, 138, 142, 144, 148-151, 156, 158, 161, 162, 165, 340

Чайковский И. П., 伊利亚·彼得罗维奇·柴科夫斯基，12, 33-89, 93, 95, 104, 109, 114, 134, 141, 155, 161, 162, 164, 186, 187, 225, 236, 248, 289, 292, 302, 305-307, 314, 315, 340-342

Чайковский М. И., 莫杰斯特·伊里奇·柴科夫斯基，15, 17, 19, 23-28, 30, 31, 34, 85, 86, 91-93, 102, 110, 112, 113, 119, 133-135, 137-159, 161-165, 167-169, 176, 186, 189, 193, 195, 206, 211-213, 222-225, 228-231, 233, 242, 243, 245, 246, 248, 249, 251-283, 294-299, 304, 329, 330, 343, 344

Чайковский М. П., 米特罗凡·彼得罗维奇·柴科夫斯基, 292

Чайковский Н. И., 尼古拉·伊里奇·柴科夫斯基, 33, 57–59, 62, 65, 70–73, 77, 80, 84, 96–99, 104, 106, 107, 111–113, 115, 119, 123, 131–145, 148, 149, 153–155, 158, 159, 162, 163, 165, 248, 253, 274, 292, 294, 297, 299, 329

Чайковский П. П., 彼得·彼得罗维奇·柴科夫斯基, 97, 161

Чайковский П. Ф., 彼得·费奥多罗维奇·柴科夫斯基, 85

Чернова С. С., С. С. 切尔诺娃, 6, 193

Черногубов А. Н., А. Н. 切尔诺古博夫, 6, 193

Чертков В. Г., В. Г. 切尔特科夫, 26

Чехов А. П., 安东·巴甫洛维奇·契诃夫, 18

Чешихин В. Е., 切希欣, 31

Чистякова (урожд. Катек) Ю. И. (О.), 尤利娅·约瑟福夫娜（奥西波夫娜）·奇斯佳科娃（原姓科捷克）, 172–174, 178, 188, 191

Чудаков А. П., А. П. 丘达科夫, 30

Ш

Шателен А. К., 亚历山大·卡尔洛维奇·沙捷连, 74, 89

Шателены, 沙捷连家族, 74, 75

Шекспир У., 威廉·莎士比亚, 25

Шеншин Д. С., 德米特里·谢苗诺维奇·申欣, 315, 316

Шерчин В. Т., 维克托·季莫费耶夫·谢尔琴, 45, 54

Шиллер Ф., 弗里德里希·冯·席勒, 310

Шиловский В. С., 弗拉基米尔·斯捷潘诺维奇·希洛夫斯基, 255, 276, 280, 295

Шиловский К. С., 康斯坦丁·斯捷潘诺维奇·希洛夫斯基, 183, 193

Широкшин В. П., В. П. 希洛克申, 70, 85, 88

Широкшина Е П., 叶卡捷琳娜·彼得罗夫娜·希洛克申娜, 88

Шоберт (в замуж. Литке) А. В., 阿马利娅·瓦西里耶夫娜·绍贝特（夫姓利特凯）, 96, 102, 137, 161, 164, 286

Шоберт (урожд. Ассье) Е. А., 伊丽莎白·安德烈耶夫娜·绍贝特（原姓阿西尔）, 66, 71, 72, 75, 80, 83, 84, 87–89, 99–102, 137, 161, 164

Шоберт В. В., 瓦西里·瓦西里耶维奇·绍贝特, 66, 71, 80, 87, 88

Шопен Ф., 弗雷德里克·肖邦, 13

Шпажинская Ю. П., 尤利娅·彼得罗夫娜·什帕任斯卡娅, 20, 177, 189

Шпажинский И. В., И. В. 什帕任斯基, 189

Штиль Г. Г., Г. Г. 施蒂尔, 311

Шуберт Ф., 弗朗茨·舒伯特, 190

Шубинский Н. П., Н. П. 舒宾斯基, 335

Шубинский П. Н., 彼得·尼古拉耶维奇·舒宾斯基, 315, 316

Шульц, 舒尔茨, 64, 64

Шуман Р., 罗伯特·舒曼, 343

Шумский С. В., С. В. 舒姆斯基, 244, 290

Э

Эвениус, 埃韦尼乌斯, 43

Эджворт М., М. 艾琪渥斯, 141, 64

Эдисон Т., Т. 托马斯·爱迪生, 343

Эллерберг В. В., В. В. 埃伦伯格, 191, 193

Эссен О. В., О. В. 埃森, 324

Ю

Юрасов П. И., 帕维尔·伊万诺维奇·尤拉索夫, 332

Юргенсон Б. П., 鲍里斯·彼得罗维奇·尤尔根松, 175, 188, 304, 311

Юргенсон И. (О.) И., 约瑟夫（奥西普）·伊万诺维奇·尤尔根松, 181, 183–185, 191, 193, 221, 264, 296

Юргенсон П. И., 彼得·伊万诺维奇·尤尔根松, 18, 19, 21, 24, 165, 175, 180, 181, 184, 188, 191, 193, 213-221, 223, 224, 236, 253, 268, 270, 274, 279, 283-285, 294, 296, 304, 321, 331, 333

Юргенсон С. И., 索菲娅·伊万诺夫娜·尤尔根松, 175, 188

Я

Яковлев В. В., В. В. 亚科夫列夫, 306

Яковлев С. П., С. П. 亚科夫列夫, 180, 181

Якушев И. Б., И. Б. 亚库舍夫, 31

W

Wallace A., A. 华莱士, 31
Wallace I., I. 华莱士, 31
Wallace S., S. 华莱士, 31
Wallechinski D., D. 威勒金斯基, 31

附录三
彼得·伊里奇·柴科夫斯基的主要家庭成员*

父亲	伊利亚·彼得罗维奇·柴科夫斯基 （1795—1880）	昵称伊利奇卡，与玛丽亚·卡尔洛夫娜·凯泽尔（早逝）育有一女，后续弦亚历山德拉·安德烈耶夫娜·阿西尔。
母亲	亚历山德拉·安德烈耶夫娜·阿西尔 （夫姓柴科夫斯卡娅，1812—1854）	昵称萨莎、萨申卡，与伊利亚育有两女五子，其子彼得（即作曲家柴科夫斯基）排行第四。
姑母	娜杰日达·季莫费耶夫娜·拉宾诺娃 （原姓瓦利采娃，生卒不详）	帮忙照料伊利亚与亚历山德拉的子女，影响了柴科夫斯基的童年时期。
姨母	叶卡捷琳娜·安德烈耶夫娜·阿西尔 （夫姓阿列克谢耶娃，生卒不详）	昵称卡佳、卡捷琳娜，音乐家、女低音歌唱家，影响了柴科夫斯基的童年、青年时期，与其父母来往密切。
姨母	伊丽莎白·安德烈耶夫娜·阿西尔 （夫姓绍贝特，生卒不详）	昵称丽莎、利扎维塔，帮忙介绍家庭教师，与父母来往密切。
姐姐	季娜伊达·伊里尼奇娜·柴科夫斯卡娅 （夫姓奥利霍夫斯卡娅，1829—1878）	昵称季娜，伊利亚与玛丽亚唯一的女儿，柴科夫斯基同父异母的姐姐。
姐姐	叶卡捷琳娜·伊里尼奇娜·柴科夫斯卡娅 （生卒不详）	昵称卡佳，伊利亚与亚历山德拉的第一个孩子，幼年夭折。
哥哥	尼古拉·伊里奇·柴科夫斯基 （1838—1911）	昵称科里亚，格奥尔基（外甥女塔季扬娜的非婚生子）的养父。

---

* 整理自本书注释，按长幼、亲疏排序。其中难免遗漏，仅供读者参考。——中译本编注

(续表)

妹妹	亚历山德拉·伊里尼奇娜·柴科夫斯卡娅（夫姓达维多娃，1841—1891）	昵称萨莎、萨申卡，嫁与十二月党人之子列夫·瓦西里耶维奇·达维多夫（1837—1896），塔季扬娜、弗拉基米尔、尤里的母亲。
弟弟	伊波利特·伊里奇·柴科夫斯基（1843—1927）	昵称波利亚、波利尼卡。
弟弟	莫杰斯特·伊里奇·柴科夫斯基（1850—1916）	昵称莫佳、莫季卡、莫多沙，双胞胎之一，剧作家、歌剧脚本作家，柴科夫斯基的第一部俄语传记的作者。
弟弟	阿纳托利·伊里奇·柴科夫斯基（1850—1915）	昵称托利亚、托利奇卡，双胞胎之一。
堂姐	安娜·彼得罗夫娜·柴科夫斯卡娅（夫姓默克林，1830—1911）	幼时玩伴，一同成长。
堂姐	莉季娅·弗拉基米罗夫娜·柴科夫斯卡娅（夫姓奥利霍夫斯卡娅，1836—1892）	昵称丽达，自幼孤儿，被柴科夫斯基一家收养。
堂姐	亚历山德拉·彼得罗夫娜·柴科夫斯卡娅（夫姓卡尔采娃，也作卡尔佐娃，1836—1899）	昵称萨莎。
表姐	阿纳斯塔西娅·瓦西里耶夫娜·波波娃（生卒不详）	昵称纳斯佳、纳斯塔西娅，与柴科夫斯基一同成长，在与家庭教师芬妮·裘尔巴赫的通信中常提到他的青少年时期（由此推断她比柴科夫斯基年长）。
表妹	阿马利娅·瓦西里耶夫娜·绍贝特（夫姓利特凯，1841—1912）	姨母伊丽莎白·安德烈耶夫娜·阿西尔（夫姓绍贝特）的女儿，与柴科夫斯基一同成长。
妻子	安东尼娜·伊万诺夫娜·米柳科娃（夫姓柴科夫斯卡娅，1848—1917）	1877年与柴科夫斯基结婚，二人的婚姻关系维持了一个月左右。

（续表）

岳母	奥莉加·尼卡诺罗夫娜·米柳科娃 （生卒不详）	柴科夫斯基的妻子安东尼娜的母亲。
外甥女	塔季扬娜·利沃夫娜·达维多娃 （1861—1887）	昵称塔尼娅，妹妹亚历山德拉之女，其非婚生子被尼古拉收养，取名格奥尔基·尼古拉耶维奇·柴科夫斯基。
外甥	弗拉基米尔·利沃维奇·达维多夫 （1871—1906）	昵称瓦洛佳，家中绰号鲍比克，妹妹亚历山德拉之子，十二月党人，柴科夫斯基的遗嘱继承人。
外甥	尤里·利沃维奇·达维多夫 （1876—1965)	妹妹亚历山德拉之子，柴科夫斯基的遗嘱继承人。
外甥	亚历山大·尼古拉耶维奇·利特凯 （1879—1918）	昵称萨沙，表妹阿马利娅之子。
侄儿	格奥尔基·尼古拉耶维奇·柴科夫斯基 （？—1940）	尼古拉的养子，柴科夫斯基的遗嘱继承人。
仆人	阿丽莎（生卒不详）	姐姐季娜伊达的保姆。
仆人	阿列克谢·伊万诺维奇·索夫罗诺夫 （1859—1925）	昵称廖尼亚、阿廖沙，柴科夫斯基的仆人（自幼服侍）与遗嘱继承人。
仆人	叶夫斯塔菲·罗季奥诺维奇·克里文科 （生卒不详）	昵称阿斯塔菲、阿斯塔普卡、奥斯塔普卡，柴科夫斯基一家在卡缅卡时的仆人，后随妹妹亚历山德拉在其丈夫（达维多夫）家中服侍。